政府信息公开一本通

ZHENGFU XINXI GONGKAI YIBENTONG

王学堂 编著

中国法制出版社
CHINA LEGAL PUBLISHING HOUSE

序

政府信息公开是一项有利于保障公民知情权、参与权、表达权和监督权，加强对行政权力制约与监督的制度安排。2008 年 5 月 1 日《中华人民共和国政府信息公开条例》实施，标志着政府信息公开制度正式登上历史舞台。虽然这只是一部行政法规，但其意义却不能低估。因为它第一次为公民的知情权提供了法律保障，第一次将信息公开规定为政府的法定义务，是行政法治发展道路上的重要里程碑。

政府信息公开是现代法治国家确认公民知情权的结果，是与知情权相对应的政府的法律义务。政府信息公开条例的制定与实施不仅是规范信息公开制度、建设阳光政府和法治政府的重要举措，更为保护公民知情权提供了法律依据。历经十余年施行至今，广大行政机关每年需要处理的政府信息公开申请数量在 50 万件左右。这也就意味着，广大行政机关每年作出约 50 万个正式的政府信息公开处理决定。这 50 余万个政府信息公开处理决定，成为政府信息公开处理决定类型的超级试验场，各种可能的处理决定类型，基本上都已经在实践中出现过了。海量的政府信息公开处理决定，以及海量的政府信息公开诉讼案件判决，为政府信息公开处理决定提供了足够丰富的实践基础。[①]

---

① 后向东：《论政府信息公开处理决定类型化》，载《行政法学研究》2019 年第 4 期。

新修订的政府信息公开条例自2019年5月15日起施行以来，好评如潮。新条例扩大了主动公开范围、规范了依申请公开程序，将许多行之有效的经验和做法上升为法律规定，增强了制度的针对性、可操作性和实效性，给行政机关政府开展信息公开工作带来了便利。但各级政府信息公开工作部门在政府信息公开答复、行政复议、行政诉讼过程中仍遇到了不少问题。

2007年8月，我从区法院调入区政府法制局，在第一线接触了信息公开工作，处理了12年来区政府层面的所有政府信息公开申请、行政复议和行政诉讼，积累了第一手素材。行政机关应当保障公民的知情权，但申请政府信息公开的权利有时会沦为个别申请人或者部分群体性申请人要求上级行政机关对下级行政机关施压、以谋求超出合法合理范围利益的筹码，严重扰乱了行政管理秩序，影响社会和谐稳定。个别当事人申请政府信息公开的主要目的不再是满足知情权，而是通过申请政府信息公开为相关案件收集证据，或通过提起大量信息公开申请来施加压力，从而谋求与知情权无关的其他实体权益。

从司法角度看，政府信息公开案件数量由少到多，案件类型日趋多元，所涉领域不断拓展。近年来，该类案件已经成为人民法院最主要的行政案件类型之一。

基于对目前政府信息公开司法、行政复议以及申请办理实务的研究，有了要编写这本政府信息公开工具书的动因。以司法案例为视角，及时了解、掌握人民法院政府信息公开司法案例中的法律适用标准，对于依法做好政府信息公开工作大有裨益。对政府机关而言，详细梳理出政府信息依申请公开受理主体、受理方式、登记、审查、答复、归档和办理流程标准，将条例中的原则性要求进一步标准化、具体化、明晰化，确保公众通过“依申请公开”渠道可知、可感、可量化是其任务之一。

《中共中央关于全面推进依法治国若干重大问题的决定》明确提出“全面推进政务公开。坚持以公开为常态、不公开为例外原则”，行政机关应当严格依照政府信息公开条例的规定，紧紧围绕党和政府中心工作和公众关切，做好政府信息公开工作。继续加强对政府信息公开相关规范性文件的培训学习，统一各级行政机关政府信息公开部门工作人员的法律理解和认识。完善依申请公开工作的管理和服务，统一和规范政府信息公开答复文书样式，严格遵守法定的答复期限，认真核对信息公开申请事项和答复内容，做到有问必有答，所答即所问。

广大公务员特别是政府信息工作人员有必要完整、准确、深入地了解学习有关内容，以提高相关行为的自觉性、准确性和针对性，提高工作水平，这就需要一本工具书。

本书的特点如下：

一是逐条进行了解读，对条文重点内容、修订前后的差异进行了提示；

二是收录了目前政府信息公开领域的常用政策、司法解释，方便查找；

三是对最高人民法院审理的政府信息公开案例进行了整理，为了方便读者检索，还将案号一并进行了收录，较好地满足了读者的专业研究要求；

四是对地方法院审理的典型信息公开案例进行了收集与整理，以更好地指导基层工作实践；

五是结合基层政府信息公开处理实务需要，对相关案例、工作实务进行了收录，以方便基层读者工作需要。

由于个人法律水平有限，资料收集难免有缺漏，对案例的理解可能不到位，敬祈读者指正。

王学堂
2021 年 7 月
于佛山

目　　录

第一章　总　　则 …………………………………………………… 1
第一条　【立法宗旨】 …………………………………………………… 1
第二条　【政府信息的定义】 ………………………………………… 13
第三条　【组织领导】 ………………………………………………… 25
第四条　【工作机构及职责】 ………………………………………… 38
第五条　【基本原则】 ………………………………………………… 45
第六条　【信息公开的及时与准确】 ………………………………… 55
第七条　【信息公开的逐步增加原则】 ……………………………… 60
第八条　【政府信息规范标准信息化管理】 ………………………… 64
第九条　【监督批评建议权】 ………………………………………… 70
第二章　公开的主体和范围 ………………………………………… 72
第十条　【政府信息公开的主体】 …………………………………… 72
第十一条　【政府信息的准确一致性原则】 ………………………… 87
第十二条　【政府信息公开指南和目录】 …………………………… 90
第十三条　【信息公开的方式】 ……………………………………… 92
第十四条　【不予公开的政府信息】 ………………………………… 98
第十五条　【第三方合法权益信息豁免】 ………………………… 120
第十六条第一款　【内部事务信息】 ……………………………… 129
第十六条第二款　【过程性信息】 ………………………………… 144
第十七条　【政府信息公开审查机制】 …………………………… 178

第 十 八 条 【政府信息管理动态调整机制】…………… 180

第三章 主动公开 ……………………………………… 182

第 十 九 条 【主动公开】………………………………… 182
第 二 十 条 【行政机关主动公开的事项范围】……… 200
第二十一条 【市县乡政府的公开范围】……………… 201
第二十二条 【主动公开内容的不断增加】…………… 217
第二十三条 【政府信息公开的途径】………………… 221
第二十四条 【政府信息公开平台】…………………… 223
第二十五条 【政府信息查阅场所】…………………… 226
第二十六条 【主动公开的时限】……………………… 248

第四章 依申请公开 ………………………………… 250

第二十七条 【依申请公开】…………………………… 250
第二十八条 【便利政府信息获取】…………………… 257
第二十九条 【申请获取政府信息的方式】…………… 258
第 三 十 条 【告知补正】………………………………… 277
第三十一条 【收到政府信息公开申请的时间】……… 290
第三十二条 【征求第三方意见】……………………… 302
第三十三条 【答复时限】……………………………… 319
第三十四条 【多机关共同制作的政府信息】………… 329
第三十五条 【信息公开申请权的滥用】……………… 330
第三十六条 【信息公开的答复方式】………………… 348
第三十六条第一项 【已主动公开信息的答复】………… 351
第三十六条第二项 【可公开信息的答复方式】………… 352
第三十六条第三项 【不予公开的答复】………………… 361
第三十六条第四项 【信息不存在的告知】……………… 363
第三十六条第五项 【非本机关信息的答复】…………… 394

第三十六条第六项 【不予重复处理】 …………………… 406
第三十六条第七项 【工商不动产登记信息查询】 ……… 417
第三十七条 【政府信息的区分处理】 …………………… 424
第三十八条 【提供信息的现有性】 ……………………… 429
第三十九条 【分渠道处理】 ……………………………… 441
第 四 十 条 【提供政府信息的具体形式】 …………… 460
第四十一条 【自身信息的更正】 ………………………… 470
第四十二条 【信息公开的费用收取】 …………………… 476
第四十三条 【特殊公民的帮助】 ………………………… 477
第四十四条 【申请主动公开制度】 ……………………… 478
第四十五条 【信息公开工作制度】 ……………………… 479

第五章 监督和保障 ………………………………………… 480

第四十六条 【信息公开考核评议制度】 ………………… 480
第四十七条 【日常监督检查制度】 ……………………… 481
第四十八条 【定期培训】 ………………………………… 483
第四十九条 【信息公开工作年度报告】 ………………… 483
第 五 十 条 【年度报告的内容】 ………………………… 484
第五十一条 【救济途径】 ………………………………… 488
第五十二条 【处分规定】 ………………………………… 508
第五十三条 【法律责任】 ………………………………… 511

第六章 附 则 ……………………………………………… 516

第五十四条 【具有管理公共事务职能的组织适用本条例】 ……………………………… 516
第五十五条 【公共企事业单位不适用本条例】 ………… 521
第五十六条 【生效时间】 ………………………………… 523

附　录 ………………………………………………………………… 531

中华人民共和国政府信息公开条例 ……………………………… 531

（2019 年 4 月 3 日）

最高人民法院关于审理政府信息公开行政案件若干问题的规定 ………………………………………………… 544

（2011 年 7 月 29 日）

后　记 ………………………………………………………………… 549

第一章　总　　则

第一条　【立法宗旨】[1] 为了保障公民、法人和其他组织依法获取政府信息，提高政府工作的透明度，建设法治政府，充分发挥政府信息对人民群众生产、生活和经济社会活动的服务作用，制定本条例。

◆ **解读**

本条是关于政府信息公开条例立法目的的规定。立法目的条款是对制度作用、功能与价值的概括。新条例将“促进依法行政”调整为“建设法治政府”。推行政府信息公开是提高政府科学执政、民主执政、依法执政能力，构建社会主义和谐社会的必然要求，是推进社会主义民主建设法治政府的重要举措，是建立行为规范、运转协调、公正透明、廉洁高效的行政体制的重要内容。政府信息的公开拓宽了群众参政议政的渠道，加强了对政府行政行为的监督，推进了行政机关依法行政，密切了政府与人民群众的关系，促进了勤政廉政建设，得到了人民群众的拥护和支持。

本条例的立法目的包括以下四个方面：一是保障公民、法人和其他组织依法获取政府信息。二是提高政府工作的透明度。我国是人民民主专政的社会主义国家，一切权利属于人民，人民通过各种

① 本文条旨为编者所加。

方式和途径管理国家事务、经济建设、文化事业和社会事务。一切国家机关和国家工作人员必须依靠人民的支持，经常保持同人民的密切联系，倾听人民的意见和建议，接受人民的监督，努力为人民服务。三是建设法治政府。党的十八大把法治政府基本建成确立为到2020年全面建成小康社会的重要目标之一，意义重大、影响深远、任务艰巨。四是充分发挥政府信息对经济社会活动和人民群众生产、生活的服务作用。政府信息公开是转变政府职能、深化行政管理体制改革的重要举措，是推动政府信息资源开发应用、实现国家信息化发展战略的基础，是维护人民群众利益、构建社会主义和谐社会的必然要求，具有深远的政治意义、社会作用和经济价值。

《中华人民共和国政府信息公开条例》于2017年6月启动首次大修，2019年4月15日国务院公布了修订后的条例，并明确自2019年5月15日起施行。新条例从原来的38条增加到56条，将该项法律制度实施10多年来的实践经验进行了全面总结，解释、修正了原有规则，在部分章节上进行了功能再造。条例总则部分根据整个条例的理论逻辑和框架结构，重新进行了优化设计，对一些基础性的概念和基本要求作出明确规定，理顺了政府信息公开工作机制。

新条例调整了条例的立法目的。立法目的条款是对制度作用、功能与价值的概括。新条例第一条将“促进依法行政”调整为“建设法治政府”，依法行政只是对政府行政工作的一项基本要求，本次修订提高了工作标杆，强调了政府信息公开制度的工具性作用，在于促使行政机关优质高效地为公民和社会提供公共服务，追求法治政府的境界，是一个基本价值理念的大提升。本次修订，对公开范围和申请进行了一定幅度的限缩，会对信息公开制度未来的发展产生制约。本次修订重点针对实践突出问题，充分吸收了理论研究的新成果，适时将经过实证检验的规范性文件和司法解释有关内容吸收到条例中，使得条例更加完整，实践可操作性更强，体现了行政实践和判例、法律实施的良性互动，对进一步深化推进政府信息工作法治化产生了深远影响，同时也将深刻影响到政府信息公开行政诉讼司法审查标准的优化调整。

◆ **政策解释**

司法部负责人就政府信息公开条例修订答记者问①

国务院总理李克强签署国务院令，公布了修订后的《中华人民共和国政府信息公开条例》，自 2019 年 5 月 15 日起施行。日前，司法部负责人就修订条例有关问题回答了记者的提问。

问：为什么要修订条例？

答：党中央、国务院高度重视政务公开工作。2008 年 5 月 1 日起正式施行的条例对于推进我国政府信息公开工作，保障人民群众依法获取政府信息，促进政府职能转变、建设法治政府，发挥了积极作用。随着改革的深入和信息化的快速发展，条例在实施中遇到一些新情况、新问题：一是人民群众参与公共决策、关心维护自身权益的积极性增强，对政府信息公开的广度、深度提出了更高要求，但有的行政机关存在公开内容不够全面准确，公开深度不能满足群众需要的问题；二是依申请公开制度实施中遇到一些问题，有的申请人向行政机关反复、大量提出信息公开申请，或者要求为其收集、整理、加工政府信息，占用了大量行政资源，影响政府信息公开工作的正常开展；三是由于制定条例时

---

① 新华社：《坚持“公开为常态，不公开为例外”——司法部负责人就政府信息公开条例修订答记者问》，载新华网，www. xinhuanet. com/2019 - 04/15/c_ 424370889. htm，最后访问时间：2020 年 11 月 30 日。

我国政府信息公开工作刚刚起步，尚处于探索阶段，有些制度规定比较原则，实践中容易引发争议。为了解决上述问题，需要对现行条例进行修订。

问：条例修订的总体思路是什么？

答：修订条例的总体考虑是，坚决贯彻落实党中央、国务院关于全面推进政务公开的指示精神，积极回应人民群众对于政府信息公开的需求，从我国现阶段的国情出发，在总结实践经验的基础上，推进政府信息公开制度的完善。具体把握以下四点：

一是积极扩大主动公开，坚持“公开为常态、不公开为例外”的原则，凡是能主动公开的一律主动公开，切实满足人民群众获取政府信息的合理需求；

二是平衡各方利益诉求，既要保障社会公众依法获取政府信息的权利，也要保护国家秘密、商业秘密和个人隐私，同时要防止有的申请人不当行使申请权、超出行政机关公开政府信息的能力，影响政府信息公开工作的正常开展；

三是坚持问题导向，研究梳理现行条例实施中遇到的突出问题，将行之有效的经验和做法上升为法律规定，增强制度的针对性、可操作性和实效性；

四是研究国外政府信息公开的新经验、新做法，对适合我国国情的予以借鉴。

问：条例具体制度设计如何体现“公开为常态、不公开为例外”？

答：一是扩大主动公开的范围。修订后的条例在现行条例规定的基础上，对各地区、各部门实践中主动公开的政府信息进行重新梳理分析，扩大了主动公开的范围和深度，明确各级行政机关应当主动公开机关职能、行政许可办理结果、行政处罚决定、公务员招考录用结果等 15 类信息。同时，规定设区的市级、县级人民政府及其部门，乡（镇）人民政府还应当根据本地方的具体情况主动公开与基层群众关系密切的市政建设、公共服务、社会救助等方面的政府信息。条例还提出，行政机关应当按照上级行政机关的部署，不断增加主动公开的内容。

二是明确不公开政府信息的具体情形。为了落实“公开为常态、不公开为例外”的原则，条例规定了不予公开的政府信息，具体包括：依法确定为国家秘密的政府信息，法律、行政法规禁止公开的政府信息，公开后可能危及国家安全、公共安全、经济安全、社会稳定的政府信息，公开会对第三方合法权益造成损害的政府信息。同时，考虑到行政机关内部事务信息不具有外部性，对公众的权利义务不产生直接影响，过程性信息处于讨论、研究或者审查过程中，不具有确定性，行政执法案卷信息与当事人、利害关系人之外的其他主体没有直接利害关系，且通常涉及相关主体的商业秘密和个人隐私，条例规定，行政机关内部事务信息、过程性信息及行政执法案卷信息可以不予公开，但法律、法规、规章规定上述信息应当公开的，从其规定。

三是建立健全政府信息管理动态调整机制、依申请公开向主动公开的转化机制，推动政府信息公开工作深入开展。要求行政机关对不予公开的政府信息进行定期评估审查，对因情势变化可以公开的政府信息应当公开；行政机关可以将多个申请人申请公开的政府信息纳入主动公开的范围，申请人也可以建议行政机关将依申请公开的政府信息纳入主动公开的范围。

问：修订后的条例删去了现行条例第十三条关于公民、法人或者其他组织申请获取相关政府信息需“根据自身生产、生活、科研等特殊需要”的条件，请问这是基于什么考虑？

答：现行条例第十三条规定，除行政机关主动公开的政府信息外，公民、法人或者其他组织还可以根据自身生产、生活、科研等特殊需要，向国务院部门、地方各级人民政府及县级以上地方人民政府部门申请获取相关政府信息。经过反复的研究论证，修订后的条例删去申请获取相关政府信息需“根据自身生产、生活、科研等特殊需要”的规定，主要考虑有两点：一是进一步保障公民、法人或者其他组织依法获取政府信息的权利；二是在条例的实施过程中，对于“自身生产、生活、科研等特殊需要”如何把握，有关方面存在不同的理解，容易引发争议。在征求意见过程中，专家学者和社会公众认为取消这一规定能够体现建设阳光透明法治政府的总体方向，方便社会公众依法申请获取相关政府信息。

需要注意的是，删去“自身生产、生活、科研等特殊需要”的条件限制并不意味着可以没有规则、不当行使政府信息公开申请权。对于同一申请人反复、大量提出政府信息公开申请的问题，修订后的条例也规定了不予重复处理、要求说明理由、延迟答复并收取信息处理费等措施。对于申请人以政府信息公开申请的形式进行信访、投诉、举报等活动的，行政机关应当告知申请人通过相应渠道解决。

问：行政机关对政府信息公开申请应当如何答复处理？

答：修订后的条例根据实践发展经验补充、完善了依申请公开程序，要求行政机关建立健全政府信息公开申请登记、审核、办理、答复、归档的工作制度，加强工作规范。条例规定，对于公民、法人或者其他组织提出的政府信息公开申请，行政机关根据下列情况分别作出答复：所申请公开信息已经主动公开的，告知申请人获取该政府信息的方式、途径；所申请公开信息可以公开的，向申请人提供该政府信息，或者告知申请人获取该政府信息的方式、途径和时间；行政机关依据条例的规定决定不予公开的，告知申请人不予公开并说明理由；行政机关经检索没有所申请公开的信息的，告知申请人该政府信息不存在；所申请公开的信息不属于本行政机关负责公开的，告知申请人并说明理由，能够确定负责公开该政府信息的行政机关的，告知申请人该行政机关的名称、联系方式；行政机关已就申请人提出的政府信息公开申请作出答复，申请人重复申请公开相同政府信息的，告知申请人不予重复处理；所申请公开信息属于工商、不动产登记资料等信息，有关法律、行政法规对信息的获取有特别规定的，告知申请人依照有关法律、行政法规的规定办理。

问：条例在方便公众获取政府信息方面有哪些具体措施？

答：为了强化便民服务要求，提高政府信息公开实效，条例主要作了如下规定：

一是要求各级人民政府加强政府信息资源的规范化、标准化、信息化管理，加强互联网政府信息公开平台建设，提高政府信息公开工作的质量和效率；

二是规定依托政府门户网站，逐步建立具备信息检索、查阅、下载等功能的统一政府信息公开平台；

三是要求在政务服务场所设置政府信息查阅场所，并配备相应的设施、设备，为公民、法人和其他组织获取政府信息提供便利。

◆ 案例

李某君与公安部政府信息公开案[①]

再审申请人（一审原告、二审上诉人）：李某君

再审被申请人（一审被告、二审被上诉人）：公安部

北京市第二中级人民法院一审认为，公民、法人或者其他组

---

① 案号：最高人民法院（2016）最高法行申4405号。

织提起行政诉讼，其请求事项应当属于行政诉讼受案范围。请求事项不属于行政诉讼受案范围的，已经立案的，应当裁定驳回起诉。本案中，李某君向公安部申请公开的事项不属于《中华人民共和国政府信息公开条例》① 的调整范围，其起诉不属于人民法院受案范围。

李某君不服，提起上诉。北京市高级人民法院二审认为，本案中，李某君向公安部提出的政府信息公开申请，实质上是对公安部其他行政行为的咨询质疑，不属于政府信息公开条例的调整范围，其起诉亦不属于人民法院受案范围，因此李某君的起诉不符合法定起诉条件，应予驳回。裁定驳回上诉，维持一审裁定。

李某君向最高人民法院提出再审申请。

最高人民法院认为，政府信息公开条例之立法宗旨在于“保障公民、法人和其他组织依法获取政府信息，提高政府工作的透明度，建设法治政府，充分发挥政府信息对人民群众生产、生活和经济社会活动的服务作用”。公民、法人和其他组织向行政机关申请公开政府信息，应当符合上述条例的立法宗旨。否则，政府信息公开的制度功能非但无从发挥，反而有可能产生制度异化后的负面效果。

行政诉讼是解决行政争议，保护民众合法权益，监督行政机关依法行使职权的法律救济途径。对于行政争议，应当依照行政诉讼法的规定提起行政诉讼，寻求权利保护。已经司法程序处理终结的争议，当事人应当尊重生效裁判。人民法院既要充分保障当事人正当诉权的行使，也有义务识别、判断当事人的请求是否具有足以利用国家审判制度加以解决的实际价值或必要性，从而避免因缺乏诉的利益而不当行使诉权的情形发生。

---

① 本书案例中的法律法规均为案件裁判当时有效的法律法规，下文不再赘述。

本案中，再审申请人因对处理信访事项的行为不服，申请行政复议、提起行政诉讼，并经司法程序处理终结。继而又以申请政府信息公开形式要求获取公安部支撑行政复议不予受理决定的证据、事实依据和法律依据等信息，实质上是对行政复议不予受理决定提出质疑，试图以政府信息公开之名义再度启动已告终结的纠纷处理程序，已明显偏离政府信息公开的制度功能，不符合《中华人民共和国政府信息公开条例》的立法宗旨。在公安部对再审申请人作出被诉答复后，其又提起包括本案在内的多起行政诉讼案件，以期达到扩大影响、反映信访诉求的目的，这些诉讼并不具有依法应予保护的诉讼利益，与行政诉讼法旨在保护公民、法人和其他组织合法权益的立法目的相悖，浪费了行政资源和司法资源，已构成信息公开申请权及诉权的滥用。原审法院裁定驳回再审申请人起诉并无不当。

裁定驳回再审申请人李某君的再审申请。

周某达与某区人民政府政府信息公开案①

再审申请人（一审原告、二审上诉人）：周某达

被申请人（一审被告、二审被上诉人）：某区人民政府

最高人民法院认为，政府信息公开制度设立的目的，是依法保障公民、法人和其他组织的知情权。《中华人民共和国政府信息公开条例》第一条规定，为了保障公民、法人和其他组织依法获取政府信息，提高政府工作的透明度，建设法治政府，充分发挥政府信息对人民群众生产、生活和经济社会活动的服务作用，制定本条例。周某达作为（2005）江民一初字第253号民事案件中的被告、（2005）江执字第430号执行案件中的被执行人、杭政复〔2016〕

① 案号：最高人民法院（2018）最高法行申3653号。

23 号行政复议案件中的申请人，其明确知晓某区锦城镇万马路 13－19 号房屋转移登记至案外人谢某萍名下的原因、事实根据和法律依据的情况下，向某区人民政府申请公开“某区人民政府在谢某萍这本房产证封面上盖上某区人民政府的公章的依据、法律文书依据、法律条款依据”，某区人民政府向周某达作出的〔2017〕第 1 号政府信息公开告知书，载明了涉案法律文书依据，并认为加盖公章的依据、法律条款依据不属于政府信息。该告知书符合《中华人民共和国政府信息公开条例》的规定，亦不存在侵犯周某达知情权的问题。据此，一、二审法院裁定驳回周某达的起诉，并无不当。裁定驳回再审申请人周某达的再审申请。

张某等与某镇人民政府国家赔偿案[①]

原告：张某 1

原告：张某 2

二原告法定代理人：张某 3

被告：某镇人民政府（以下简称镇政府）

原告张某 1、张某 2 的法定代理人张某 3 与镇政府因纠纷导致行政诉讼，后经昆明铁路运输中级法院于 2017 年 11 月 3 日作出生效判决：确认镇政府强制拆除行为违法；赔偿张某 3 屋内物品损失 30000 元。2019 年 1 月 23 日，原告张某 1、张某 2 的法定代理人张某 3 以二原告的名义向被告镇政府邮寄提交《申请》：(1) 请求调取 2014 年土洞小组搬迁全部人员名单；(2) 请求调取根据（2014）28 号补充文件（土洞小组）后续纳入搬迁人员名单和 2014 年 5 月 4 日前出生的小孩后续全部纳入的人员名单；(3) 请求向二原告支付自 2016 年 7 月 4 日强拆房屋之日起的拆迁安置房、拆迁生活补助和医

---

① 案号：昆明铁路运输中级法院（2019）云 71 行终 41 号。

疗保险补助或者赔偿房屋。

昆明铁路运输法院认为，《中华人民共和国政府信息公开条例》第一条规定："为了保障公民、法人和其他组织依法获取政府信息，提高政府工作的透明度，建设法治政府，充分发挥政府信息对人民群众生产、生活和经济社会活动的服务作用，制定本条例。"国家设置政府信息公开制度的目的在于保障公民对政府信息的知情权及一定程度的政府决策参与权，进而提升政府工作的透明度。从不履行政府信息公开法定职责之诉的形式要件而言，公民向行政机关提出了政府信息公开申请但逾期未获答复，本案诉讼具备了形式要件；但从实质要件而言，不履行政府信息公开法定职责之诉的目的在于保障公民对政府信息的知情权和一定程度的政府决策参与权，本案中的二原告分别属于《中华人民共和国民法总则》规定的限制民事行为能力人和无民事行为能力人，明显不具备《中华人民共和国政府信息公开条例》中规定的政府信息公开知情权、参与权等"合法权益"的权利能力要求，其法定代理人代为提起的本案诉讼不符合不履行政府信息公开法定职责之诉的实质要件要求，其起诉没有事实依据。裁定驳回原告张某1、张某2的起诉。

高某民与某市人力资源和社会保障局政府信息公开案①

高某民于2017年5月26日向某市人力资源和社会保障局申请公开市人社局在（2017）粤0308行初290号、291号案中采购律师服务的全部采购文件（包括但不限于采购活动记录、采购预算、招标文件、询价通知书、评标标准、评估报告、定标文件、合同文本）等政府信息。2017年6月1日，市人社局作出《信息公开复函》，告知高某民，在行政诉讼过程中，市人社局作为诉讼当事人

① 案号：广东省深圳市盐田区人民法院（2017）粤0308行初290号。

委托代理人参加诉讼、提供法律服务，系依法行使诉讼权利，并非履行管理职能的行政行为，该过程中产生或制作的信息不属于政府信息范畴，决定不予提供相关信息。高某民不服提起行政诉讼。

另查明，高某民因与某公司存在劳资纠纷，频繁提出信访诉求，提起行政复议和行政诉讼。自 2016 年至 2017 年，市人社局对高某民的政府信息公开申请共答复 19 次，某市人民政府对高某民的政府信息公开行政复议申请共答复 14 次。一审法院共受理行政诉讼案件 27 宗，其中涉及律师采购服务信息公开案件 12 宗。一审法院于 2017 年 11 月 28 日作出《行政判决书》，判决驳回高某民请求市人社局公开“某市社会保险基金管理局作为深府复决〔2017〕55 号案的被申请人，采购广东某律师事务所律师服务的全部采购文件”，高某民已向某市中级人民法院提起上诉。

综观高某民向一审法院提起诉讼的 12 宗涉及律师采购服务的信息公开案件，其典型特征是：（1）“一案一公开”。即高某民对市人社局提起一宗普通行政诉讼，则相应提起该宗案件律师采购服务的政府信息公开案件。（2）申请公开的内容相同或类似，主要围绕：行政机关聘请律师的法律依据、经费来源、诉讼代理合同、招标文件、询价通知书等内容。（3）诉讼理由均主要为“行政机关无权聘请律师出庭应诉”。

法院认为，高某民因其与案外人某公司存在劳资纠纷，向市人社局提出多项信息公开申请，进而提起行政复议和行政诉讼。基于上述行政诉讼，高某民针对行政机关委托律师作为代理人的行为又提起律师采购服务信息公开申请，进而又提起行政复议和行政诉讼。2016 年至 2017 年，高某民共提起针对市人社局的律师采购服务的信息公开行政诉讼案件 12 宗，本案是其中之一。由于市人社局的律师采购服务属于政府采购范围，广东某律师事务所是中标单位，其在一年内向市人社局提供行政诉讼法律服务。故本案中，高某民提起的涉及律师采购服务的信息公开申请及信息公开行政诉讼案件，虽然针对案件不同，但实质内容同一，高某民提起的多起同一类型的诉讼在（2017）粤0308行初290号案件中诉求已得到实体审理。高某民运用信息公开申请，循环诉讼，消耗了大量的行政资源，明显违背政府信息公开条例的立法目的。当事人提起此类反复、大量政府信息公开申请进而提起行政诉讼的情形，不具有正当性，明显没有合法权益需要保护。裁定驳回高某民的起诉。

第二条　【政府信息的定义】本条例所称政府信息，是指行政机关在履行行政管理职能过程中制作或者获取的，以一定形式记录、保存的信息。

◆ **解读**

本条对政府信息的定义予以了明确界定。

本条例的适用范围，通过对政府信息内涵的界定，可以明确本条例使用的主体范围，第一类是行政机关；第二类是法律法规授权的具有管理公共事务职能的组织，如地震局、气象局、银监会、证监会、保监会等；第三类是与人民群众利益密切相关的公共企事业单位，如学校、医院、供水、供电、供气、通信等机构。

2019年4月15日，国务院修订后的《中华人民共和国政府信息公开条例》，限缩了政府信息的概念。新条例第二条规定，政府信息是指行政机关在履行行政管理职能过程中制作或者获取的……该条的修改，旨在对司法实践中长期存在争论的“政府信息”概念进行进一步明确，与旧条例相比，新增加了定语“履行行政管理”职能过程中制作或者获取的……对原来较为宽泛无边的海量政府信息进行了大幅度限缩。如此修改亦更加符合政府信息公开条例的立法目的，即保障公民对行政管理事务的知情权、参与权、监督权。行政管理职能是指行政机关履行经济调节、市场监管、公共服务、社会管理、环境保护等政府职责，区别于行政机关内部管理和内部监督职责。行政法学理论上，行政机关主要是行使行政职权，履行行政职责的主体。值得注意的是，公安机关既是行政机关亦是刑事侦查机关，公安机关在履行行政管理职责时产生的信息是政府信息，而公安机关在履行刑事侦查职能时制作或者获取的信息不是政府信息。本次修改，表明政府信息公开工作的特点主要是通过公开行政信息，提高政府工作的透明度，与行政机关的职责和社会功能一致。该修订对于政府信息公开实务操作和司法审查中，辨识与界定政府信息具有标尺作用。

政府信息的界定要素：（1）产生主体，政府信息产生主体为各级政府及其职能部门，以及法律法规授权的具有管理公共事务职能的组织，政府信息是与履行行政管理职能密切相关的信息。（2）产生过程，政府信息产生过程为行政机关对外行使行政管理职能过程中产生的信息，不仅包括本机关在履行行政管理职能过程中制作、加工的信息，还包括在履行职责过程中从其他机关、组织、个人那里获取的信息。但不包括行政机关的内部工作流程、人事管理（如具体执法负责人、经办人信息）、财务管理信息以及过程性信息、从事民事活动产生的信息、咨询和答疑、党务信息和党政联合文件（如三定方案）等。过程性信息在行政事项终结后一般应予公开，但属内部决策性（如讨论记录、会议纪要、磋商信函、请示报告等）的过程信息应不予公开。（3）产生方式，即由行政机关制作或者获取的信息。获取是指行政机关基于行政管理需要，从公民、法人或者其他组织获取并加以保存的各种信息。上级行政机关基于行政审批所获取的下级行政机关报送的相关审批材料，应由制作主体即下级行政机关予以公开。（4）存在形式，即行政机关以记录或者保存的方式产生的信息，它应当是以一定形式记录、保存的信息，既可以是纸质文件，也可以是胶卷、磁带、磁盘以及其他储存介质。没有载体的口头消息、社会传闻，不属于政府信息，行政机关无法提供。不需要行政机关再进行制作、收集、研究，也不需要进行汇总、分析、加工。

◆ **案例**

陈某军与公安部政府信息公开案①

再审申请人（一审原告、二审上诉人）：陈某军

再审被申请人（一审被告、二审被上诉人）：公安部

为从制度上解决当前道路交通安全管理实践中存在的部分突出问题，公安部在进行研究论证并征求有关部门意见的基础上，形成了《中华人民共和国道路交通安全法修正案（送审稿）》。公安部在提交给有关部门的《公安部关于〈中华人民共和国道路交通安全法修正案（送审稿）〉的说明》中有如下文字内容："近几年，一些全国人大代表和政协委员提出提案建议，要求修改完善法律，明确在车辆定期检验环节督促当事人履行处理交通违法和事故的责任，为执法工作提供充足依据。"2016年1月13日，陈某军向公安部邮寄提交《公安部政府信息公开申请表》。陈某军在《公安部政府信息公开申请表》中将"所需信息的内容描述"一栏填写为"贵部在《中华人民共和国道路交通安全法修正案（送审稿）》说明中提到：'近几年，一些全国人大代表和政协委员提出提案建议，要求修改完善法律，明确在车辆定期检验环节督促当事人履行处理

① 案号：最高人民法院（2017）最高法行申3662号。

交通违法和事故的责任，为执法工作提供充足依据’。现申请公开这些提案建议。”2016年1月14日，公安部收到陈某军邮寄的上述《公安部政府信息公开申请表》。2月3日，公安部对陈某军作出（2016）年（答）75号《政府信息公开答复书》。4日，公安部向陈某军邮寄送达75号答复书。6日，陈某军收到该答复书。

北京市第二中级人民法院一审认为，行政机关向申请人提供的政府信息，应当是正式、准确、完整的。而行政机关在日常工作中制作或者获取的内部管理信息以及处于讨论、研究或者审查中的过程性信息，一般不属于政府信息公开条例所指应予公开的政府信息。本案中，陈某军向公安部申请公开的信息，即为公安部在参与《中华人民共和国道路交通安全法》的修改工作中获取的，处于讨论、研究或者审查中的过程性信息，不属于政府信息公开条例所指应公开的政府信息。据此判决驳回陈某军的诉讼请求。

陈某军不服一审判决，向北京市高级人民法院提起上诉。

北京市高级人民法院二审认为，《中华人民共和国立法法》第二条第一款规定，法律、行政法规、地方性法规、自治条例和单行条例的制定、修改和废止，适用本法。本案中，陈某军所申请的信息为公安部在参与《中华人民共和国道路交通安全法》的修改工作中获取的相关提案建议，并非公安部在履行行政管理职能过程中制作或获取的信息，不属于政府信息公开条例的调整范畴，75号答复书不予公开的结论正确，亦未侵害陈某军的合法权益。据此判决驳回上诉，维持一审判决。

陈某军不服，向最高人民法院申请再审。

最高人民法院认为，政府信息公开条例第二条规定，本条例所称政府信息，是指行政机关在履行行政管理职能过程中制作或者获取的，以一定形式记录、保存的信息。因此，政府信息公开条例的调整对象只能是“政府信息”，政府信息产生的主体只能是行政机关，不包括各级人民代表大会及其常委会、人民政治协商会议全国委员会及政治协商会议地方委员会。现陈某军向公安部申请公开的信息为“全国人大代表和政协委员提出的提案建议”，并非政府信息公开条例所指“政府信息”，不属于政府信息公开条例所调整的范畴。据此裁定驳回再审申请人陈某军的再审申请。

李某与某市审计局政府信息公开案①

再审申请人（一审原告、二审上诉人）：李某

再审被申请人（一审被告、二审被上诉人）：某市审计局

最高人民法院经审查认为，根据中共中央办公厅、国务院办公厅联合下发的《党政主要领导干部和国有企业领导人员经济责任审计规定》（中办发〔2010〕32 号）② 第六条第一款、第十三条及第三十九条的有关规定，领导干部的经济责任审计依照干部管理权限确定；经济责任审计应当有计划地进行，组织部门每年提出下一年度经济责任审计委托建议；有关部门和单位应当根据干部管理监督的相关要求运用经济责任审计结果，将其作为考核、任免、奖惩被审计领导干部的重要依据，并以适当方式将审计结果运用情况反馈给审计机关。中央纪委机关、中央组织部、中央编办等联合下发的审计规定实施细则亦对经济责任审计的定义、内容、评价等作出了进一步规定。从上述规定可知，领导干部的经济责任审计系由组织部门委托审计机关依照干部管理权限对各级领导干部进行的经济责任审计监督行为，据此所形成的相关报告等材料不属于《中华人民共和国政府信息公开条例》的调整范围。具体到本案，李某向某市审计局申请公开“关于老边区常务副区长吴某升任区长之前，任职

① 案号：最高人民法院（2019）最高法行申 5425 号。

② 现已失效。

经济责任审计信息、离任经济责任审计信息”，该信息依法不属于《中华人民共和国政府信息公开条例》意义上的政府信息。无论是某市审计局公开还是不予公开该信息，均不会对李某的合法权益产生实际影响。据此裁定驳回再审申请人李某的再审申请。

邢某芹与北京市公安局某分局政府信息公开案①

再审申请人（一审原告、二审上诉人）：邢某芹

再审被申请人（一审被告、二审被上诉人）：北京市公安局某分局（以下简称某公安分局）

2018 年 1 月 10 日，某公安分局收到邢某芹提起的政府信息公开申请，邢某芹要求公开“2017 年 7 月 31 日某公安分局把邢某芹从西单图书大厦附近带到府右街派出所进行训诫的政府信息”。同日，某公安分局出具某公安分局（2018）第 43 号登记回执。2018 年 1 月 12 日，某公安分局作出被诉告知书，该告知书载明“邢某芹申请获取的信息，不属于《中华人民共和国政府信息公开条例》第二条所指的政府信息”。

最高人民法院认为，本案中，邢某芹向某公安分局申请公开的事项不属于政府信息公开条例所规定的政府信息，邢某芹据此提起的本案诉讼不属于人民法院受案范围。裁定驳回邢某芹的再审申请。

李某与某市人民政府政府信息公开案②

上诉人（原审原告）：李某

被上诉人（原审被告）：某市人民政府（以下简称某市政府）

---

① 案号：最高人民法院（2018）京行申 1419 号。

② 案号：江苏省高级人民法院（2015）苏行终字第 00014 号。

2013年12月19日，李某通过挂号信函方式向无锡市政府申请政府信息公开，要求公开：(1) 某市政府批准编号为3202022012HB0078的《国有建设用地划拨决定书》符合国土资源部《划拨用地目录》或者符合《江苏省划拨用地目录》的依据；(2) 没有某市政府分管领导签署姓名的［锡滨国土资建前拨］地呈字（2012）24号“同意供地方案”的审批意见，仍然作为市政府批准编号为3202022012HB0078的《国有建设用地划拨决定书》的合法有效文件的依据；(3) 用［锡滨国土资建前拨］地呈字〔24〕文件号作为某市政府批准编号为3202022012HB0078的《国有建设用地划拨决定书》的批准文件号的依据；(4) 用［锡滨国土资建前拨］地呈字〔24〕文件作为某市政府文件符合《党政机关公文处理工作条例》及《党政机关公文格式》国家标准的依据。2013年12月25日，某市政府收到该申请。2014年1月15日，某市政府向李某作出《答复》，告知其申请公开的信息不属于政府信息。

江苏省某市中级人民法院一审判决驳回李某的诉讼请求。

江苏省高级人民法院认为，《中华人民共和国政府信息公开条例》第二条规定，本条例所称政府信息，是指行政机关在履行行政管理职能过程中制作或者获取的，以一定形式记录、保存的信息。本案中，上诉人李某向被上诉人某市政府提出政府信息公开申请，要求公开某市政府批准编号为3202022012HB0078的《国有建设用地划拨决定书》符合国土资源部《划拨用地目录》或者符合《江苏省划拨用地目录》的依据等四项“依据”。从李某申请公开的内容来看，其是要求某市政府对《国有建设用地划拨决定书》的合法性进行说明，而不属于政府信息。故判决如下：驳回上诉，维持原判。

卢某花与某区人民检察院政府信息公开案①

2014年4月1日，卢某花以某区人民检察院为被告向江苏省某区人民法院诉称，因卢某花的人身权和维权的合法权益先后被相关政府部门领导人的行政行为侵犯，卢某花于2012年6月、2013年7月向淮安市人民检察院分别提起两份举报，请求依法追究两案被举报人的刑事责任。某区人民检察院于2013年11月12日向卢某花作出一份《答复函》，在该函的第五行第15－18个字表述了“相关政策”，用此“政策”二字否定卢某花的举报事项。某区人民检察院《答复函》中没有明确此“相关政策”是何政策的来源、级别（哪级政府部门颁布）、内容、文号，也没有将该“政策”文件复印给卢某花。卢某花遂于2014年1月13日、15日通过邮政快递向区人民检察院两次寄出第一份“信息公开申请书”，在某区人民检察院没有向卢某花作出“政策”公开行为的情况下，卢某花于2014年2月17日向区人民检察院又寄出第二份“信息公开再次申请书”，同时还向淮安市人民检察院作出举报，请求对某区人民检察院不履职行为给予督办，某区人民检察院不向卢某花公开被申请信息的行为不仅超过了法定期限，而且没有履行法定义务和职责。请求：判令某区人民检察院依据《中华人民共和国政府信息公开条例》的相关规定向卢某花书面公开某区人民检察院《答复函》中表述的“相关政策”的信息。

一审法院认为，某区人民检察院属于国家法律监督机关并非行政机关，故卢某花对某区人民检察院提起的诉讼，人民法院不应受理。

---

① 案号：江苏省高级人民法院（2015）苏行诉监字第00141号。

卢某花不服，向二审法院上诉。该院于2014年6月20日作出行政裁定：驳回上诉，维持原裁定。

江苏省高院再审认为，本案系卢某花以某区人民检察院为被告提起的申请政府信息公开案件。《中华人民共和国政府信息公开条例》属于行政法规，规范的对象是行政机关，区人民检察院是国家法律监督机关，不是行政机关，不属于该条例调整对象的范围。某区人民检察院根据卢某花的申请作出《答复函》的行为，是行使法律监督职责的行为，不是行政行为。卢某花所诉不属于人民法院行政诉讼受案范围。裁定驳回卢某花的再审申请。

刘某与某市人民政府政府信息公开案①

原告：刘某

被告：某市人民政府（以下简称某市政府）

2013年10月9日，刘某通过EMS快递方式向某市人民政府申请公开《关于2012年国民经济和社会发展计划的决议》信息内容。某市政府于2013年10月25日作出《关于刘某申请政府信息公开的答复函》，该答复函认定刘某所申请信息属于某市人大机关作出，可到某市人大办公室予以查阅。刘某不服，提起行政诉讼。

聊城市中级人民法院经审理认为，根据《中华人民共和国地方各级人民代表大会和地方各级人民政府组织法》第八条第二项的规定，县级以上的地方各级人民代表大会行使审查和批准本行政区域内的国民经济和社会发展计划、预算以及它们执行情况的报告之职权。同时根据该法第五十九条第五项的规定，县级以上的地方各级人民政府行使执行国民经济和社会发展计划的职权。本案中刘某申请公开的决议，是某市政府“2012年国民经济和社会发展计划”

① 案号：山东省聊城市中级人民法院（2014）聊行初字第64号。

得以有效实施和执行的前提，尽管该决议是由某市人大机关作出的，但某市政府作为该计划的执行实施主体，依法应获取并保存了决议信息。某市政府作为信息保存机关，属于法律规定的公开义务主体，应向刘某进行公开。遂判决撤销某市政府作出的《关于刘某申请政府信息公开的答复函》；判令某市政府在判决生效之日起十五个工作日内对刘某的信息公开申请重新作出答复。

本案当事人申请公开的信息虽然系权力机关制作，但属于政府机关实施“国民经济和社会发展计划”必须依据的重要文件，理应予以保存。本案根据政府信息公开条例政府信息公开应坚持“谁制作、谁公开；谁保存、谁公开”的原则，政府信息的制作机关和保存机关都负有信息公开的义务，申请人可自主选择向制作机关或保存机关提出申请。

范某良与某市人民政府政府信息答复案[①]

上诉人（原审原告）：范某良

被上诉人（原审被告）：某市人民政府（以下简称某市政府）

2014 年 1 月 14 日，范某良向某市政府邮寄《政府信息公开申请书》，申请公开《某市生态文明建设三年行动计划（2013 - 2015）》复印件。2 月 17 日，某市政府作出（2014）通依复第 30 号《某市人民政府信息公开答复书》。主要内容为：“您于 2014 年 1 月 14 日寄来的政府信息公开申请书收悉。现答复如下，经查，您所申请的《某市生态文明建设三年行动计划（2013 - 2015）》，是以中共某市委为主制发的信息，不属于政府信息。”范某良不服，提起诉讼。

在庭审过程中，某市政府提交了某省环保厅办公室、某市环保

---

① 案号：江苏省高级人民法院（2015）苏行终字第 00613 号。

局、某市政府信息公开办公室出具的情况说明。某省环保厅情况说明的内容为："自2008年《政府信息公开条例》颁布实施以来，截至2014年年底，范某良累计向我厅提出185件依申请公开，范某振累计向我厅提出45件依申请公开。"某市环保局出具情况说明的内容为："根据我们掌握的情况，自信息公开条例发布以来，范某良、范某振向环保部提出的信息公开申请共计有1000余件，申请行政复议100余件。"某市政府信息公开办公室出具情况说明的内容为："2012年9月至今，如皋市居民范某良累计向某市政府提交政府信息公开申请81件。2013年3月至今，范某振累计向某市政府提交政府信息公开申请27件。"

某省高级人民法院认为，上诉人申请公开的政府信息是通委发（2013）15号《某市生态文明建设三年行动计划（2013－2015）》，该文件虽然落款为中共某市委、某市政府，但文件的抬头为"中共某市委文件"，文号为"通委发"。因此，一审法院认定该文是以党委为主体制发的文件，不属于政府信息公开条例中规定应当公开的政府信息并无不当。

被上诉人某市政府在原审中提交的某省环保厅办公室、某市环保局、某市政府信息公开办公室出具的"情况说明"，原审法院并未列入被上诉人提交的证据目录，亦未据此认定涉案行政行为的合法性。原审法院根据上述"情况说明"中反映的上诉人向各级政府环保部门提出信息公开1000余件的事实，认定上诉人大量申请信息公开的行为明显缺乏合理性，难以认定该行为目的的正当性，并向上诉人释明不当行使知情权的行为会耗费政府大量有限而宝贵的公共行政资源，不仅影响了行政机关正常的工作秩序，也会占用其他公民、法人和组织对有限公共行政资源的合理利用，劝谏上诉人在今后的生产、生活中予以注意。原审判决该部分理由并不违法。判决驳回上诉，维持原判。

白某平与某市公安局某区分局政府信息公开案[①]

2011年12月26日上午，白某平到某市公安局某派出所案件侦办大队报案称：2011年12月24日晚上，樊某才（系白某平丈夫）、陈某华、秦某国酒后与马某超、马某飞等人在工裴城镇苏侯村工地北面的马路上发生口角，陈某华、秦某国等人与马某超、马某飞等人在工地附近发生厮打，当晚工地工人发现樊某才失踪，工人当晚寻找樊某才未果，12月25日樊某才家人及工人继续寻找，仍未找到樊某才。2012年3月26日，樊某才的尸体在某市镇苏侯村工地北边的水坑内被发现。经过侦查、现场勘验检查以及调查等工作查明：樊某才尸体被发现后衣着完整，尸表检查未检查出明显损伤，毒物检验排除中毒死亡，病理学检验排除疾病死亡，胃内容消化情况分析死亡时间为生前最后一餐二小时左右，气管及支气管内有异物，硅藻检验其肺、肝、肾与现场水样硅藻一致，综合分析认为樊某才系生前溺水死亡。公安机关最终审查认为属于没有证据证明有犯罪事实发生，根据《中华人民共和国刑事诉讼法》第八十六条之规定作出不予立案的决定。

2012年8月22日，白某平以特快专递信的方式向某市公安局某分局提出政府信息公开申请，要求某市公安局某分局公开关于樊某才死因的所有检验鉴定报告、现场勘验报告及所有与樊某才有关的照片，并要求以书面形式提供要求公开的信息内容。某市公安局某分局怠于履行职责。

区人民法院认为，原告起诉请求要求被告信息公开的事项不属于人民法院行政审判的范畴，不符合《中华人民共和国行政诉讼法》规定的受案范围，故裁定：对白某平的起诉，本院不予受理。

---

① 案号：河南省漯河市中级人民法院（2012）漯行终字第47号。

起诉人白某平不服，提起上诉。

市中级人民法院经审查认为，公安机关只有依照刑事诉讼法的明确授权实施的行为才不属于人民法院行政诉讼的受案范围。根据刑事诉讼法的相关规定，立案是刑事诉讼程序的第一阶段，只有正式立案后，刑事诉讼的程序才正式启动，才可以进行后续的诉讼程序。因此，公安机关在正式立案后依照刑事诉讼法的明确授权实施的行为，不属于人民法院行政诉讼受案范围。本案中，某市公安局某区分局经过初步调查认定樊某才系生前溺水死亡，没有证据证明有犯罪事实发生，因此决定不予立案。上诉人白某平作为死者樊某才的妻子，在某市公安局某区分局作出不予立案后，申请某市公安局某区分局以书面的形式公开有关樊某才死因的所有检验鉴定报告、现场勘验报告及所有与樊某才有关的照片，应属于人民法院行政诉讼受案范围。综上，一审裁定适用法律错误，应予撤销。裁定：一、撤销某区人民法院（2012）鄠行告字第001号行政裁定；二、本案由某区人民法院立案受理。

白某平诉某市公安局某分局信息公开行政诉讼案件是自2008年国务院政府信息公开条例实施以来，公安机关因信息不公开而成为被告的第一案。

第三条 【组织领导】各级人民政府应当加强对政府信息公开工作的组织领导。

国务院办公厅是全国政府信息公开工作的主管部门，负责推进、指导、协调、监督全国的政府信息公开工作。

县级以上地方人民政府办公厅（室）是本行政区域的政府信息公开工作主管部门，负责推进、指导、协调、监督本行政区域的政府信息公开工作。

实行垂直领导的部门的办公厅（室）主管本系统的政府信息公开工作。

◆ **解读**

本条规定的内容体现在四个方面：一是要求各级政府加强信息公开工作的组织领导，强化各级政府在组织领导工作方面的责任。政府信息公开涉及政府工作的各个方面，既包括同级政府以及相关部门之间的横向组织、协调关系，也包括上级政府对于下级政府的管理领导关系。因此，各级政府都具有组织领导的责任。二是明确了各级政府工作主管部门。全国政府信息公开工作的主管部门是国务院办公厅，地方主管部门是县级以上地方政府办公厅（室），承担着具体负责推进政府信息公开工作的职责。三是规定了各级政府主管部门的职责权限，政府信息公开工作的主管部门是政府信息公开工作的指导者、协调者、督促者，集中体现在推进、指导、协调、监督政府信息公开工作的四个方面。四是明确了垂直管理部门的信息公开领导机制。2019 年 4 月 15 日国务院修订后的《中华人民共和国政府信息公开条例》新增加第三条第四款规定，实行垂直领导的部门的办公厅（室）主管本系统的政府信息公开工作。该修改针对我国行政管理条块结合的现状，对垂直管理部门的信息公开主管主体进行了规范，避免了垂直管理部门的政府信息公开管理的主体缺位。司法审查中，在确定行政责任和行政诉讼被告主体时也会更加方便和明确。

◆ **规范性文件**

国务院办公厅关于施行《中华人民共和国政府信息公开条例》若干问题的意见

国办发〔2008〕36号

各省、自治区、直辖市人民政府，国务院各部委、各直属机构：

为有利于贯彻施行《中华人民共和国政府信息公开条例》（以下简称条例），积极稳妥地推进政府信息公开工作，保障公民、法人和其他组织依法获取政府信息，经国务院同意，现就条例施行中的若干问题提出以下意见：

一、关于政府信息公开管理体制问题

（一）县级以上人民政府各部门（单位）要在本级人民政府信息公开工作主管部门的统一指导、协调、监督下开展政府信息公开工作。

（二）实行垂直领导的部门（单位）要在其上级业务主管部门（单位）的领导下，在所在地地方人民政府统一指导、协调下开展政府信息公开工作。实行双重领导的部门（单位）要在所在地地方人民政府的领导下开展政府信息公开工作，同时接受上级业务主管部门（单位）的指导。

二、关于建立政府信息发布协调机制问题

（三）各级人民政府信息公开工作主管部门要组织、协调有关行政机关建立健全政府信息发布协调机制，形成畅通高效的信息发布沟通渠道。行政机关拟发布的政府信息涉及其他行政机关的，要与有关行政机关沟通协调，经对方确认后方可发布；沟通协调后不能达成一致意见的，由拟发布该政府信息的行政机关报请本级政府信息公开工作主管部门协调解决。

（四）根据法律、行政法规和国家有关规定，发布农产品质量安全状况、重大传染病疫情、重大动物疫情、重要地理信息数据、统计信息等政府信息，要严格按照规定权限和程序执行。

三、关于发布政府信息的保密审查问题

（五）行政机关在制作政府信息时，要明确该政府信息是否应当公开；对于不能确定是否可以公开的，要报有关业务主管部门（单位）或者同级保密工作部门确定。

（六）行政机关要严格依照《中华人民共和国保守国家秘密法》及其实施办法等相关规定，对拟公开的政府信息进行保密审查。凡属国家秘密或者公开后可能危及国家安全、公共安全、经济安全和社会稳定的政府信息，不得公开。

（七）对主要内容需要公众广泛知晓或参与，但其中部分内容涉及国家秘密的政府信息，应经法定程序解密并删除涉密内容后，予以公开。

（八）已经移交档案馆及档案工作机构的政府信息的管理，依照有关档案管理的法律、行政法规和国家有关规定执行。

四、关于主动公开政府信息问题

（九）各级行政机关特别是国务院各部门（单位）、各省（区、市）人民政府及其部门（单位）要建立健全政府信息主动公开机制，增强工作的主动性和实效性。要充分利用政府网站、政府公报等各种便于公众知晓的方式，及时公开政府信息，并逐步完善政府信息公开目录及网上查询功能，为公众提供优质服务。

（十）因政府机构改革不再保留的部门（单位）的政府信息公开工作，由继续履行其职能的部门（单位）负责。

五、关于依申请公开政府信息问题

（十一）国务院各部门（单位）和地方各级人民政府及其部门（单位）要切实做好依申请公开政府信息的工作。要采取多种方式，方便公民、法人和其他组织申请公开政府信息。特别是设区的市级人民政府及其部门（单位）、县级人民政府及其部门（单位）、乡（镇）人民政府，直接面向基层群众，要充分利用现有的行政服务大厅、行政服务中心等行政服务场所，或者设立专门的接待窗口和场所，为人民群众提供便利，确保政府信息公开申请得到及时、妥善处理。省（区、市）人民政府、国务院各部门（单位）在做好本行政机关依申请公开政府信息工作的同时，要加强对下级政府和部门（单位）的指导。国务院办公厅不直接受理公民、法人和其他组织提出的政府信息公开申请。

（十二）行政机关要按照条例规定的时限及时答复申请公开政府信息的当事人。同时，对于可以公开的政府信息，能够在答复时提供具体内容的，要同时提供；不能同时提供的，要确定并告知申请人提供的期限。在条例正式施行后，如一段时间内出现大量申请公开政府信息的情况，行政机关难以按照条例规定期限答复的，要及时向申请人说明并尽快答复。

（十三）对于同一申请人向同一行政机关就同一内容反复提出公开申请的，行政机关可以不重复答复。

（十四）行政机关对申请人申请公开与本人生产、生活、科研等特殊需要无关的政府信息，可以不予提供；对申请人申请的政府信息，如公开可能危及国家安全、公共安全、经济安全和社会稳定，按规定不予提供，可告知申请人不属于政府信息公开的范围。

六、关于监督保障问题

（十五）国务院各部门（单位）和地方各级人民政府要抓紧制订完善政府信息公开工作考核办法，明确考核的原则、内容、标准、程序和方式。要建立社会评议制度，把政府信息公开工作纳入社会评议政风、行风的范围，并根据评议结果完善制度、改进工作。

（十六）国务院各部门（单位）和地方各级人民政府及其部门

（单位）要建立健全分层级受理举报的制度，及时研究解决政府信息公开工作中反映出来的问题。公民、法人或者其他组织认为行政机关不依法履行政府信息公开义务的，可向本级监察机关、政府信息公开工作主管部门举报；对本级监察机关和政府信息公开工作主管部门的处理不满意的，可向上一级业务主管部门、监察机关或者政府信息公开工作主管部门举报。

（十七）国务院各部门（单位）和地方各级人民政府要按照《国务院办公厅关于做好施行〈中华人民共和国政府信息公开条例〉准备工作的通知》（国办发〔2007〕54 号）的要求，落实业务经费，加强队伍建设。

（十八）国务院各部门（单位）和地方各级人民政府可以根据条例的规定，结合本部门（单位）、本地区的实际情况，制定施行条例的具体办法，保证条例的各项规定得到落实。

七、关于公共企事业单位的信息公开工作

（十九）国务院有关主管部门（单位）要按照条例的要求，把公共企事业单位的信息公开纳入本部门（单位）信息公开工作的总体部署，在 2008 年 10 月底前制定具体的实施办法，积极推动公共企事业单位的信息公开工作。同时，要加强对各省（区、市）人民政府有关部门的工作指导，把公共企事业单位信息公开工作全面推向深入。

（二十）公共企事业单位要以涉及人民群众切身利益、社会普遍关心的内容为重点，切实做好信息公开工作。要创新公开形式，拓展公开渠道，完善公开制度，全面提高公开工作水平。

国务院办公厅关于全面推进基层政务公开标准化规范化工作的指导意见

国办发〔2019〕54 号

各省、自治区、直辖市人民政府，国务院各部委、各直属机构：

基层政府直接联系服务人民群众，是党中央、国务院决策部署的重要执行者。全面推进基层政务公开，对于坚持和完善基层民主制度，密切党和政府同人民群众联系，加强基层行政权力监督制约，提升基层政府治理能力具有重要意义。近年来，各地区、各部门不断深化基层政务公开，100 个县（市、区）积极开展基层政务公开标准化规范化试点工作，着力解决基层政府存在的公开随意性大、公开内容质量不高、公开平台不统一、解读回应不到位、办事服务不透明等问题，形成了一批可复制可推广的经验做法。为转化推广试点成果，全面推进基层政务公开标准化规范化工作，经国务院同意，现提出如下意见。

一、总体要求

（一）指导思想。

以习近平新时代中国特色社会主义思想为指导，全面贯彻党的十九大和十九届二中、三中、四中全会精神，深入落实党中央、国务院有关决策部署和政府信息公开条例，坚持以人民为中心的发展思想，准确把握新时代政务公开工作的职责定位和面临的新形势新要求，着力加强基层政务公开标准化规范化建设，全面推进基层政务决策公开、执行公开、管理公开、服务公开、结果公开，推动基层政务公开全覆盖，让公开成为自觉、透明成为常态，依法保障人民群众知情权、参与权、表达权、监督权，为不断增强政府公信力执行力、深化“放管服”改革、优化营商环境、加快法治政府和服务型政府建设提供重要支撑。

（二）基本原则。

坚持标准引领。充分运用基层政务公开标准化规范化试点成果，以全国统一、系统完备的基层政务公开标准体系为引领，健全公开制度，规范公开行为，提升公开质量。

坚持需求导向。紧贴市场主体和人民群众实际需求，全方位回应公众关切，涉及群众切身利益的事项必须应公开尽公开，增强基层政务公开的针对性、实效性，真正让群众能看到、易获取、用得上。

坚持依法依规。运用法治思维和法治方式全面推进基层政务公开标准化规范化，严格执行政府信息公开条例和有关法律法规，履行政务公开法定职责。

坚持改革创新。积极推行“互联网＋政务”，全链条加强政府信息管理，在集成发布、精准推送、智能查询、管理利用等方面探索创新。

（三）工作目标。

到2023年，基本建成全国统一的基层政务公开标准体系，覆盖基层政府行政权力运行全过程和政务服务全流程，基层政务公开标准化规范化水平大幅提高，基层政府政务公开工作机制、公开平台、专业队伍进一步健全完善，政务公开的能力和水平显著提升。

二、主要任务

（四）全面落实试点领域标准指引。基层政府（包括县、不设区的市、市辖区人民政府和乡镇人民政府、街道办事处）要对照国务院部门制定的国土空间规划、重大建设项目、公共资源交易、财政预决算、安全生产、税收管理、征地补偿、国有土地上房屋征收、保障性住房、农村危房改造、环境保护、公共文化服务、公共法律服务、扶贫、救灾、食品药品监管、城市综合执法、就业创业、社会保险、社会救助、养老服务、户籍管理、涉农补贴、义务教育、医疗卫生、市政服务等26个试点领域标准指引，结合本级政府权责清单和公共服务事项清单，全面梳理细化相关领域政务公开事项，于2020年底前编制完成本级政务公开事项标准目录，实行政务过程和结果全公开。目录至少应包括公开事项的名称、内容、依据、时限、主体、方式、渠道、公开对象等要素。编制目录要因地制宜、实事求是，体现地区和领域特点，避免公开事项及标准“一刀切”。

（五）编制完成其他领域标准指引。国务院部门要参照试点做法，结合本部门主要职责，确定涉及基层政务公开的其他领域，围绕公开什么、由谁公开、在哪公开、如何公开等内容，于2021年底前编制完成相关领域基层政务公开标准指引。同时，依据法律法规和本部门本系统职责变化情况，做好标准指引调整完善工作。国务院标准化主管部门要发挥专业优势，制定发布相关国家标准，指导基层政务公开标准指引的编制工作。省级政府要配合做好相关工作，督促指导基层政府抓好标准指引的落实。

（六）规范政务公开工作流程。基层政府要构建发布、解读、回应有序衔接的政务公开工作格局，优化政府信息管理、信息发布、解读回应、依申请公开、公众参与、监督考核等工作流程，并建立完善相关制度。探索将政务公开事项标准目录、标准规范嵌入部门业务系统，促进公开工作与其他业务工作融合发展。

（七）推进基层政务公开平台规范化。基层政府要加强政府信息资源的标准化、信息化管理，充分发挥政府门户网站、政务新媒体、政务公开栏等平台作用，更多运用信息化手段做好政务公开工作。县级政府门户网站作为政务公开第一平台，要集中发布本级政府及部门、乡镇（街道）应当主动公开的政府信息，开设统一的互动交流入口和在线办事入口，便利企业和群众。积极借助县级融媒体中心优势和渠道，扩大政府信息传播力和影响力。政务服务大厅、便民服务中心等场所要设立标识清楚、方便实用的政务公开专区，提供政府信息查询、信息公开申请、办事咨询答复等服务。

（八）完善基层行政决策公众参与机制。基层政府要结合职责权限和本地实际，明确公众参与行政决策的事项范围和方式，并向社会公开。对涉及人民群众切身利益、需要社会广泛知晓的公共政策措施、公共建设项目，要采取座谈会、听证会、实地走访、向社会公开征求意见、问卷调查、民意调查等多种方式，充分听取公众意见，扩大公众参与度，提高决策透明度。对社会普遍关心的问题要进行解释说明，政策实施、项目推进中要及时回应公众关切。完善利益相关方、群众代表、专家、媒体等列席政府有关会议制度，增进人民群众对政府工作的认同和支持。

（九）推进办事服务公开标准化。基层政府要立足直接服务人民群众的实际，通过线上线下全面准确公开政务服务事项、办事指南、办事流程、办事机构等信息。推行政务服务一次告知、信息主动推送等工作方式，让办事群众对事前准备清晰明了、事中进展实时掌握、事后结果及时获知。以为企业和群众“办好一件事”为标准，对办事服务信息加以集成、优化、简化，汇总编制办事一本通，并向社会公开，最大限度利企便民。

（十）健全解读回应工作机制。基层政府要及时传递党和国家相关政策，准确解读本地贯彻执行措施。认真落实政策解读方案、解读材料与政策文件同步组织、同步审签、同步部署工作机制，运用新闻发布会、吹风会、简明问答、图表图解、案例说明等多种方式，对涉及群众切身利益、影响市场预期等的重要政策进行解读，增进沟通，凝聚共识。针对政策实施和重大项目推进过程中出现的误解疑虑，要及时回应、解疑释惑。

（十一）推动基层政务公开标准化规范化向农村和社区延伸。基层政府要指导支持村（居）民委员会依法自治和公开属于自治范围内的事项。完善基层政务公开与村（居）务公开协同发展机制，使政务公开与村（居）务公开有效衔接、相同事项的公开内容对应一致。指导村（居）民委员会建立完善公开事项清单，通过村

（居）民微信群、益农信息社、公众号、信息公示栏等，重点公开脱贫攻坚、乡村振兴、村级财务、惠农政策、养老服务、社会救助等方面的内容，方便群众及时知晓和监督。

三、保障措施

（十二）加强组织领导。各地区、各部门要高度重视基层政务公开标准化规范化工作，按照各自职责任务，加强督促指导，防止形式主义、官僚主义，切实抓好贯彻落实。鼓励选择政务公开标准化规范化工作基础好的基层政府和部门，设立创新示范区和示范点，发挥典型引领作用。基层政府要切实担负起主体责任，精心组织实施，强化经费保障。建立完善基层政务公开工作主管部门与宣传、网信、政务服务、大数据管理、融媒体中心等单位的协调联动机制，形成推进政务公开标准化规范化的工作合力。

（十三）加强队伍建设。强化基层政务公开工作主管部门职责，明确工作机构和人员，确保基层政务公开工作有机构承担、有专人负责。加大教育培训力度，把政务公开特别是政府信息公开条例纳入基层领导干部和公务员教育培训内容，切实增强依法依规公开意识。组织开展业务培训、经验交流，不断提高基层政务公开工作人员能力和水平。

（十四）加强监督评价。各地区、各部门要把推进基层政务公开标准化规范化情况作为评价政务公开工作成效的重要内容，列入基层政府绩效考核指标体系。国务院部门要对本领域基层政务公开标准指引落实工作进行督促指导和跟踪评估，省级政府要加强对本地区推进基层政务公开标准化规范化工作的指导协调和监督检查，确保有序推进、取得实效。

◆ 案例

刘某琼与某区人民政府政府信息公开案[①]

再审申请人（一审原告、二审上诉人）：刘某琼

再审被申请人（一审被告、二审被上诉人）：区人民政府（以下简称区政府）

2017 年 2 月 24 日，刘某琼向某区政府提出政府信息公开申请，申请公开某区南广镇顺江街与顺江街××号房屋同期建设的公有住房所占土地范围及该范围内所有公有住房的编号，公开 1958 年某区南广镇人民政府占用罗某珍（刘某琼奶奶）220 平方米祖产用于修建民办小学，后于 1965 年因宜珙铁路修建拆除该祖产时的拆迁登记、使用情况。某区政府办公室收到申请后发给刘某琼政府信息公开申请登记回执，将其申请信息公开查询工作交办至南广镇政府。2017 年 3 月 7 日，南广镇政府辜某霖、何某持介绍信前往高县档案馆、某区档案馆、高县房产管理局、某区房管局查询刘某琼申请公开的信息，但以上四处经查询后均未找到其申请的信息。在南广镇政府档案室查询到《乡镇代管公房接交清单》。2017 年 3 月 17 日，南广镇政府印发南府〔2017〕112 号文件向某区政府报告查询情况。2017 年 3 月 23 日，某区政府办公室向刘某琼作出《关于刘某琼申请政府信息公开答复意见的函》，答复刘某琼关于某区南广镇顺江街与顺江街××号房屋同期建设公有住房所占土地范围及范围内所有公有住房编号信息部分存在，将《乡镇代管公房接交清单》以书面形式向刘某琼公开，关于 1958 年南广镇政府占用罗某珍 220 平方米房地产用于修

① 案号：最高人民法院（2019）最高法行申 1219 号。

建民办小学，又于1965年因宜珙铁路修建拆除该租房他处使用的登记拆迁、使用情况表信息经查不存在。刘某琼不服，向某市政府提出行政复议申请。2017年7月21日，某市政府作出宜市府复决字〔2017〕10号《行政复议决定书》，决定维持某区政府办公室作出的《关于刘某琼申请政府信息公开答复意见的函》，于2017年7月27日向刘某琼送达。

市中级人民法院认为，某区政府办公室在收到刘某琼政府信息公开申请后，安排南广镇政府进行查询，尽到了合理搜索义务，并在法定期间内按照法律程序对刘某琼予以答复和告知。刘某琼未提供线索证明其申请的政府信息系由某区政府制作或者保存。综上，某区政府作出的政府信息公开行政行为符合法定程序，适用法律法规正确，某市政府行政复议程序合法，作出的维持复议决定符合法律规定。该院遂作出（2017）川15行初54号行政判决，驳回刘某琼的诉讼请求。

刘某琼不服上述一审行政判决，向四川省高级人民法院提起上诉。四川省高级人民法院二审判决驳回上诉，维持一审判决。

刘某琼向最高人民法院提出再审申请，其申请再审的事实与理由：某区政府办公室不具备政府信息公开的主体资格。

最高人民法院认为，《中华人民共和国政府信息公开条例》第三条第三款规定："县级以上地方人民政府办公厅（室）是本行政区域的政府信息公开工作主管部门，负责推进、指导、协调、监督本行政区域的政府信息公开工作。"某区政府办公室根据《关于印发某区人民政府办公室主要职责内设机构和人员编制规定的通知》（区府办〔2011〕269号）具体负责政府信息公开工作，符合法律规定。某区政府办公室在收到刘某琼的政府信息公开申请后，安排南广镇政府进行查询，已经尽到合理的查找、检索义务，据此作出的《关于刘某琼申请政府信息公开答复意见的函》并无不当。裁定驳回再审申请。

第四条 【工作机构及职责】各级人民政府及县级以上人民政府部门应当建立健全本行政机关的政府信息公开工作制度，并指定机构（以下统称政府信息公开工作机构）负责本行政机关政府信息公开的日常工作。

政府信息公开工作机构的具体职能是：

（一）办理本行政机关的政府信息公开事宜；

（二）维护和更新本行政机关公开的政府信息；

（三）组织编制本行政机关的政府信息公开指南、政府信息公开目录和政府信息公开工作年度报告；

（四）组织开展对拟公开政府信息的审查；

（五）本行政机关规定的与政府信息公开有关的其他职能。

◆ **解读**

本条规定主要内容有两个方面：一是要求各级人民政府及其县级以上人民政府部门建立本行政机关的政府信息公开工作制度，并指定机构负责本行政机关政府信息公开的日常工作；二是明确了政府信息公开工作机构的具体职责。2019 年 4 月 15 日国务院修订后的《中华人民共和国政府信息公开条例》对政府信息公开工作机构的具体职能进行了完善。主要体现在新条例第四条第二款第四项："组织开展对拟公开政府信息的审查。"将原来的旧条例规定的政府信息公开工作机构单纯的"保密审查"职能扩大为"信息的审查"，因为需要审查的不仅是信息是否属于保密信息，还涉及是否安全、稳定、侵犯他人合法权益等方面，也需要审查。

◆ **规范性文件**

国务院办公厅政府信息与政务公开办公室关于机构改革后政府信息公开申请办理问题的解释

国办公开办函〔2019〕14号

广东省人民政府办公厅：

《关于请求明确依申请公开相关事宜处理方式的函》（粤办函〔2019〕4号）收悉。经研究并征求司法部、国家档案局、最高人民法院等单位意见，现函复如下：

按照有关法律规定，行政机关职权发生变更的，由负责行使有关职权的行政机关承担相应的责任。根据《中华人民共和国政府信息公开条例》有关规定，政府信息公开申请应当按照“谁收到、谁处理”的原则办理。对于行政机关职权划转后的政府信息公开责任划分问题，提出如下处理意见：

第一，行政机关涉及职权划转的，应当尽快将相关政府信息一并划转。

第二，申请人向职权划出行政机关申请相关政府信息公开的，职权划出行政机关可在征求职权划入行政机关意见后作出相应处理，也可告知申请人向职权划入行政机关另行提出申请。

第三，申请人向职权划入行政机关申请相关政府信息公开的，职权划入行政机关应当严格依法办理，与职权划出行政机关做好衔接，不得以相关政府信息尚未划转为由拒绝。

第四，相关政府信息已经依法移交国家档案馆、成为国家档案的，按照《中华人民共和国档案法》及相关规定管理。对于相关政府信息公开申请，行政机关可以告知申请人按照档案法的规定办理。

第五，行政机关职权划入党的机关的，如果党的机关对外加挂行政机关牌子，相关信息公开事项以行政机关名义参照前述规定办理；如果党的机关没有对外加挂行政机关牌子，相关信息公开事项按照《中国共产党党务公开条例（试行）》办理。

国务院办公厅政府信息与政务公开办公室关于政府信息公开申请答复主体有关问题的解释

国办公开办函〔2014〕67号

河北省人民政府办公厅：

《关于征地批复类信息依申请公开有关问题的请示》收悉。经研究并书面征求国土资源部、国务院法制办的意见，现回复如下：

根据《政府信息公开条例》的规定，收到信息公开申请的部门，应当在法定期限内对申请人做出答复。申请人向省政府办公厅提出申请的，省政府办公厅应当依法做出答复。你们2011年商省法制办、省高院等单位确定的答复方式，即省政府办公厅在法定期限内书面告知申请人、由省国土资源厅在法定期限内对申请人予以答复，法律上可视为省政府办公厅委托省国土资源厅在法定期限内做出答复，并将这一委托行为告知申请人。这一处理方式并不违反《政府信息公开条例》的规定，只是其法律后果依然由省政府办公厅承担。如果省政府办公厅以征地批复类信息由省国土资源厅具体制作并保存为由，对申请人的申请不予答复，或者告知申请人应当向省国土资源厅另行提出申请，尚缺乏法律依据。

◆ 案例

王某与工业和信息化部政府信息公开案[①]

原告：王某

被告：工业和信息化部（以下简称工信部）

第三人：比亚迪公司

2016年1月7日，王某在政府网站上向市经信委填报《北京市政府信息公开申请表》，申请政府信息公开。表格中所需的政府信息名称填写为“比亚迪E6进京整车备案信息及承诺保修”，获取政府信息的方式为“邮寄”“纸质文本”。市经信委于2016年1月29日作出北京市经济和信息化委员会2016第1号——答《政府信息依申请公开答复告知书》。将王某申请的信息即“比亚迪E6进京整车备案信息及承诺保修信息（共四页）”以附件形式向王某公开。王某认为市经信委公开的政府信息与其申请内容不符，遂向工信部提起行政复议。工信部于2016年5月25日作出《行政复议决定书》（工信复决字〔2016〕第52号），决定维持市经信委作出的《答复告知书》。王某不服市经信委政府信息公开答复行为和工信部行政复议行为，向法院提起诉讼。

法院认为，根据政府信息公开条例第四条第一款的规定，市经信委作为本市负有对新能源小客车生产企业和产品进行审核、备案职责的行政机关，具有受理原告提出的涉及新能源小客车备案信息内容的政府信息公开申请并作出相应处理的法定职责。本案中，依据原告提交的《北京市政府信息公开申请表》，其对申请获取的政府信息表述为“比亚迪E6进京整车备案信息及承诺保修”。仅从

① 案号：北京市第一中级人民法院（2017）京01行初879号。

文字表述上来看，既有“整车备案信息”的表述也有“承诺保修”的信息利用用途的表达，为充分保障申请人的知情权及依法应予公开信息的准确性，政府信息公开义务主体本应与申请人进一步核实，确定其申请公开信息的具体事项。但市经信委提交的证据不能证明其开展了上述核实工作，应属未根据原告的申请按其要求作出政府信息公开答复。在此情况下，市经信委作出的被诉《答复告知书》属主要证据不足，应予撤销。工信部作出的《行政复议决定书》依法亦应一并予以撤销。

国家建立政府信息公开制度，意在保障公民的知情权，负有政府信息公开职责的行政机关在接到公民申请后，应当认真对待，积极履行职责，依法开展审慎合理的检索核查工作，并按照法定时限和要求，履行相应的程序，区分不同情形作出相应的处理。本案中既有程序法的运用也有实体法的运用，在实体法上，结合政府信息公开条例第四条第一款的规定，法院着重对政府信息公开的准确性、完整性进行审核，案件中由于市经委提供的证据并不能证明其公开内容的完整性，最终承担败诉的后果。

某村民小组与某区国土资源局政府信息公开案[①]

原告：某村民小组

被告：某区国土资源局

2015 年 3 月 11 日，某村民小组向被告提交书面申请，要求公开遮浪怡兴海产品加工厂与原遮浪镇政府签署的征用土地协议、土地使用权出让协议等信息。被告作出《复函》，称怡兴海产品加工厂用地是 1992 年经某市城区国土局批复同意征用的宗地，作出行政行为的单位为某市城区国土局，红海湾国土局于 1994 年设立，

① 案号：汕尾市城区人民法院（2015）汕城法行初字第 12 号。

我局没有该宗地的征地资料。某村民小组不服，向法院提起诉讼。

某市城区人民法院一审认为，某市城区分局曾答复原告，在某区成立后，根据管理权限和有关规定，已经将有关资料移交给被告管理，且向法院提供了与被告交接该材料的签收记录。涉案土地属于被告辖区范围内，该土地的相关材料应当由被告予以管理和保存，即使某市城区分局没有移交相关征地资料，被告也应与某市城区分局协调并敦促某市城区分局移交相关材料后依法向原告公开。因此，被告的答复认定事实不清，证据不足。据此，法院判决：撤销被告作出的《复函》；限被告重新作出答复。

一审宣判后，各方当事人均未提出上诉。

行政机关应尽量保障公民、法人和其他组织依法获取政府信息的权利，提高政府工作的透明度，促进依法行政。本案涉诉土地的征地相关资料制作和最初保存单位虽不是被告，但被告作为原行政机关职权的承接机关，不应推诿履行职责，而应当在其承接的职权范围内，对原行政机关制作或保存的政府信息履行公开的职责。被告以该征地材料不存在于该局为由拒绝履行公开义务的行政行为违法。

◆ 工作实务①

2019 年 4 月 8 日，山东沂水县政府办公室收到齐鲁工业大学周某通过电子渠道在网上提交的 4 项政府信息公开申请，分别申请公开：

1. 本地区 2019 年政府工作报告；

2. 最新统计的本地区生产总值（GDP）情况以及第一、第二

① 《课题研究类政府信息公开申请应对探讨——沂水县坚持便民原则积极做好课题研究类申请办理》，载山东临沂政府网，http://www.linyi.gov.cn/info/3554/204429.htm，最后访问时间：2021 年 3 月 15 日。

和第三产业增加值各自比重；

3. 本地区农业、工业、服务业的近10年的规划文件；

4. 本地区前五位的优势产业列表（以产值为依据）包括产业规模及相应的产业规划以及每个优势产业的前三位的企业名称及最近一年的产值。

沂水县政府办公室本着“事前沟通、事中会商、事后回访”的原则，认真研究，深入调查，依法依规限时答复。如下是沂水县政府办公室办理此次申请的主要答复内容及针对第三项申请作出的答复告知书：

第一项、第二项内容属于主动公开范围，已在沂水县政府网站发布。

第三项内容不存在，第四项不属于县政府办公室职责，建议向工信部门咨询。

第三项内容虽然不存在，但存在与此相关的政府信息“沂水县国民经济和社会发展第十二个五年规划纲要、沂水县国民经济和社会发展第十三个五年规划纲要”，其中涉及农业、工业、服务业近10年规划内容，依据条例第五条行政机关公开政府信息，应当遵循公正、公平、便民的原则，一并进行了告知。

新修订的《中华人民共和国政府信息公开条例》，进一步扩大了政府信息主动公开的范围和深度，明确了“公开为常态、不公开为例外”的原则，厘清了政府信息公开与否的界限，完善了依申请公开的程序规定，有助于更好地推动政府信息公开工作，切实保障人民群众依法获取政府信息的权利。

此次沂水县政府办公室办理申请人申请的过程中，答复形式合法合规，答复内容符合条例规定，有理有据。并在答复前后与申请人进行了充分的沟通，明确申请人申请需求，并积极同县政府相关部门进行协商，进一步明确答复内容。沂水县政府办公室此申请的办理充分体现了便民原则的要求，使得答复的过程有了温度，申请人对答复的满意度也比较高。

课题研究类申请是政府信息公开申请的一种特殊形式，是研究人员利用政府信息公开申请权实现课题研究的一种有效手段和途径。据了解，此次申请人不但向沂水县申请公开此政府信息，还向临沂市兰山区、莒南县等兄弟区县提交了申请。近年来，沂水县共收到齐鲁工业大学、中山大学等研究课题类申请 10 余件，均依法依规进行了答复告知，向申请人主动提供了政府信息，方便了申请人通过获取政府信息，达到课题研究的目的。沂水县针对类似的申请，形成了良好的申请办理协商机制和处理模式。

第五条 【基本原则】 行政机关公开政府信息，应当坚持以公开为常态、不公开为例外，遵循公正、公平、合法、便民的原则。

◆ **解读**

2019 年 4 月 15 日国务院修订后的《中华人民共和国政府信息公开条例》，新增加“以公开为常态、不公开为例外”“合法性”两个重要基本原则。旧条例的“公正、公平、便民”原则过于简陋，且缺乏针对性。“公开为常态，不公开为例外”原则既是政府信息公开条例立法的法理依据，也是已经达成共识的政府信息公开基本法律原则，将其上升为正式指导原则，且作为基本原则的第一个原则，与现代国家的普遍信息公开立法基本原则一致。会对整个政府信息工作起到极大推进作用，特别是会促使政府信息公开理念上的重大变化，进一步落实“能够主动公开的一律公开”的要求，为扩大信息公开广度和深度提供了充足依据。对于司法审查来说，当一个信息介于可公开与不公开之间的模糊地带时，应当以这一原则作为判断的基础性法律依据。

“合法性原则”是行政行为的基本原则，将其作为政府信息公开的基本原则是应有之义，本次修订予以完善，使得整个政府信息公开法律原则更加完备。

公正原则的基本内涵是：行政主体行使行政权力不偏私、不歧视，符合法律正义的标准，在作出行政行为时充分考虑一切应当考虑的因素，尽可能排除一切不合理因素的干扰。为了体现公正的原则，本条例从以下三个方面作了规定：一是为了保障政府信息公开申请的规范性，规定了向行政机关申请获取政府信息的，应当采用书面形式申请；二是为了避免公开政府信息损害商业秘密和个人隐私，公开后可能损害第三方合法权益的，应当书面征求第三方意见；三是有证据证明行政机关提供的与其自身相关的政府信息记录不正确的，有权要求该行政机关予以更正。

公平原则的基本内涵是：坚持标准的同一性，防止以双重或者多重标准的方式来满足某群体某成员的私利或损害其他群体其他成员的利益，要做到同等情况同等对待，不同情况不同对待。为保障其公平性，本条例从以下四个方面作了规定：一是明确规定行政机关应当主动公开政府信息的范围；二是规定任何公民、法人或者其他组织都可以向国务院部门、地方各级人民政府及县级以上地方人民政府部门申请获取相关政府信息，使申请公开政府信息成为公民、法人和其他组织的一项权利；三是规定行政机关依申请提供政府信息，除可以收取检索、复制、邮寄等成本费用外，不得收取其他费用；四是规定行政机关不依法履行政府信息公开义务的，可以向上级行政机关、检察机关或者政府信息公开主管工作部门举报。

便民原则的基本内涵是：行政机关在政府信息公开工作中，应当遵守法定时限积极履行法定职责，提高办事效率，提供优质服务，方便公民、法人和其他组织依法获取政府信息。为此，本条例从以下几个方面作了规定：一是行政机关应当主动公开的政府信息，通过政府公报、政府网站、新闻发布会以及报刊、广播、电视等便于公众知晓的方式公开；二是各级人民政府应当在各级国家档案馆、公共图书馆设置政府信息查阅场所，并配备相应的设施、设备，为公民、法人或者其他组织获取政府信息提供便利；三是行政机关可以根据需要设立公共查阅所、资料获取点、信息公告栏、电子信息屏等场所、设施，公开政府信息；四是政府信息公开必须遵守时限要求，属于主动公开范围的政府信息，一般应当自该政府信息形成或者变更之日起20个工作日内予以公开；五是行政机关应当编制、公布政府信息公开指南和政府信息公开目录，方便公民、法人和其他组织查询获取政府信息；六是规定行政机关应当为填写书面申请确有困难的公民代为填写书面申请；七是公民、法人或者其他组织可以凭有效身份证件或者其他证明文件向行政机关申请提供与其自身相关的税费缴纳、社会保险、医疗卫生等政府信息；八是申请公开政府信息的公民存在阅读困难或者视听障碍的，行政机关应当为其提供必要的帮助。

◆ **政策解释**

司法部负责人就中华人民共和国政府信息公开条例修订答记者问①

……

问：条例在方便公众获取政府信息方面有哪些具体措施？

---

① 新华社：《坚持“公开为常态，不公开为例外”——司法部负责人就政府信息公开条例修订答记者问》，载新华网，www. xinhuanet. com/2019 - 04/15/c_ 424370889. htm，最后访问时间：2020 年 11 月 30 日。

答：为了强化便民服务要求，提高政府信息公开实效，条例主要作了如下规定：

一是要求各级人民政府加强政府信息资源的规范化、标准化、信息化管理，加强互联网政府信息公开平台建设，提高政府信息公开工作的质量和效率。

二是规定依托政府门户网站，逐步建立具备信息检索、查阅、下载等功能的统一政府信息公开平台。

三是要求在政务服务场所设置政府信息查阅场所，并配备相应的设施、设备，为公民、法人和其他组织获取政府信息提供便利。

……

◆ 案例

郑某德与某区人民政府政府信息公开案①

再审申请人（一审原告、二审上诉人）：郑某德

被申请人（一审被告、二审被上诉人）：某区政府

2016 年 9 月 23 日，郑某德向某区政府邮寄政府信息公开申请表，其中“所需信息的内容描述”一栏载明为“申请公开贵机关组织实施强行腾空我户位于某区半山街道金星村××号。实施强行腾空的行政批准手续、风险评估，以及参与实施强行腾空我户房屋的各行政执法机关名称和各行政执法人员的名单及行政执法证，并提供全程录音、录像全部资料（提供复印件加盖印章）”。2016 年 9 月 26 日，某区政府收到郑某德的申请表。2016 年 10 月 19 日，某区政府延长答复期限 15 个工作日，并告知郑某德。2016 年 11 月 9 日，某区政府作出拱政信公复（2016）第 34 号《某区人民政府信

① 案号：最高人民法院（2018）最高法行申 2928 号。

息公开申请答复书》，答复称"1. 关于申请公开'实施强行腾空的行政批准手续'，××号房屋系杭州市某区人民法院裁定，由某区政府组织对申请人（户）实施强制搬迁。故我机关认为行政批准手续指向的是（2015）杭拱行审字第4号行政裁定书，依据《浙江省政府信息公开暂行办法》第二十一条的规定，您要求公开的事项属于'应当依照有关法律、法规规定查阅的案卷材料'，请您向杭州市某区人民法院申请查阅，地址：杭州市某区台州路1号。2. 关于申请公开'实施强行腾空的行政批准手续、风险评估，以及参与实施强行腾空我户房屋的各行政执法机关名称和各行政机关行政执法人员的名单及行政执法证，并提供全程录音、录像全部资料（提供复印件加盖印章）'的信息，不予公开。3. 关于申请公开的'全程录音、录像全部资料'，我机关认为指向的是公证书（附财物登记清单、光盘），故我机关决定予以公开，现将公证书通过快递、电子邮件的方式提供给您，请收阅、获取"。某区政府将公证书随答复书一并向郑某德提供。郑某德收到某区政府的答复后，认为某区政府向其提供的是空白光盘，于2016年11月14日向某区政府提出质疑。后某区政府再行刻录一份光盘提供给郑某德。郑某德不服某区政府作出的政府信息公开答复，向浙江省杭州市中级人民法院提起行政诉讼。

浙江省杭州市中级人民法院一审判决驳回郑某德的诉讼请求。

郑某德不服提起上诉，浙江省高级人民法院二审判决驳回上诉，维持一审判决。

最高人民法院认为，政府信息以公开为常态，以不公开为例外，该原则是政府信息公开立法与实践应当坚持的基本精神。行政机关所制作或保存的政府信息应当尽可能主动公开或者依申请公开，以最大限度地保障社会公众的知情权，以此监督行政权力在阳光下运行。但毋庸置疑，必然会有一部分政府信息不能被公开，属于信息公开的豁免范围。事实上，只有明确了豁免公开信息的内容和范围，才能明确公开信息的内容和范围；只有准确界定了豁免信息的范围，才能为更全面的信息公开扫清障碍。实践中，豁免公开的政府信息，既包括涉及国家安全等需要绝对豁免公开的信息，也包括可以由信息公开义务主体利益衡量后裁量免予公开的信息，还包括可以与第三方协商确立的豁免信息，等等。再审申请人申请再审的风险评估报告、参与实施强拆的执法机关名称和执法人员的名单及执法证、全程录音录像全部资料，虽非需要绝对豁免公开的信息，仍属信息公开义务主体可以裁量豁免的信息范围；是否全部或者部分公开，信息公开义务主体可以依法审查并决定。

关于风险评估报告应否公开问题。该报告系非诉执行中的社会稳定风险评估报告。此类有关社会稳定风险评估的政府信息，是行政机关在作出决策前据以研究、讨论使用的内部信息，也属于过程性信息，属于信息公开义务主体可以根据情况决定是否豁免的范围。《国务院办公厅关于做好政府信息依申请公开工作的意见》（国办发〔2010〕5号）第二条也规定，行政机关在日常工作中制作或者获取的内部管理信息以及处于讨论、研究或者审查中的过程性信息，一般不属于《中华人民共和国政府信息公开条例》所指应公开的政府信息。而且，此类社会稳定风险评估本身即包含部分敏感信息，其中有关风险隐患的认定、分析与防范，一旦公开既可能侵犯相关个人隐私，也可能造成风险防范措施的失效；且一旦公开，就存在在一定范围内将影响公共安全和社会稳定的可能性，信息公开义务主体可以依法决定不予公开。

关于参与实施强拆的执法机关名称和执法人员的名单及执法证应否公开问题。由于本案系人民法院裁定准予执行后的强制拆除，不论是准予执行的行政裁定书还是其后的强制执行通知，以及现场执法人员的身份表示，均已经明确组织实施强拆的执法机关系某区政府，再审申请人也已明确知悉此节信息。行政机关依申请公开信息，只是提供行政机关以一定形式记录、保存的已经存在的信息，不因为申请人的请求而承担为其制作信息的义务。要求公开参与实施强拆的各行政执法机关名称和各行政执法人员的名单及行政执法证，已经明显属于要求行政机关加工、汇总的信息，行政机关对此类申请可以不予支持。尤其重要的是，有关执法人员名单和执法证，均属于政府机关内部人事管理信息，公开历次参与执法的人员名单和包括个人信息的执法证件，可能影响今后行政执法活动的顺利进行或者威胁相关人员的人身安全，且当此类信息公开的重要性显著小于公开可能带来的危害性时，信息公开义务主体可以依法决定不予公开。

关于“全程录音录像资料”公开申请是否已经依法得到处理问题。某区政府虽然组织实施了强制搬迁，但并不意味着某区政府即制作或者保存了强制搬迁全过程的所有信息，也不意味着强制搬迁全过程形成的所有信息均属于需要公开的信息。政府组织实施，多个执法机关参与的强制搬迁，政府的信息公开义务也仍然遵循“谁制作谁公开，谁保存谁公开”的要求，政府不需要也不可能公开具体职能部门自身在实施过程中形成的政府信息，也不应当成为整个实施过程信息的公开义务主体；其信息公开义务以公开其实际制作和保存的信息为限。根据再审申请人提供全部录音录像资料的信息公开申请，某区政府向其提供了由其保存的公证书及财物登记清单、光盘。再审申请人虽然主张某区政府未将全程录音录像资料公开，但由于其既未提供某区政府应当保存全部录音录像资料的法律依据，也未提供证据或者证据线索证明某区政府尚保存有其他录音录像资料未公开，在某区政府经检索并陈述已经公开了与再审申请人强制执行过程有关的全部资料情况下，应当认为某区政府已经依法履行了信息公开义务。

需要说明的是，为保障公民、法人或者其他组织知情权，促进行政机关依法及时、准确公开政府信息，《中华人民共和国政府信息公开条例》不仅规定公民、法人或者其他组织认为行政机关在政府信息公开工作中的行政行为侵犯其合法权益，可以依法申请行政复议或者提起行政诉讼，还规定对行政机关不依法履行政府信息公开义务的，公民、法人或者其他组织可以向上级行政机关、监察机关或者政府信息公开工作主管部门举报。因而，对政府信息公开纠纷，并非所有均需通过行政诉讼渠道解决，法律还规定了相应的行政机关内部监督和行政监察程序。鉴于司法审查强度的有限性和人民法院依职权调取证据的局限性，行政机关内部监督程序和行政监察程序在解决政府信息不存在引发的纠纷方面，有其自身优势。行政机关未尽合理检索查找义务，或者故意隐瞒政府信息，构成不依法履行政府信息公开义务的，信息公开申请人可依据《中华人民共和国政府信息公开条例》的规定，向上级行政机关、监察机关或者政府信息公开工作主管部门举报。综上，裁定驳回再审申请人郑某德的再审申请。

徐某华与某市人民政府政府信息公开案[①]

原告：徐某华

被告：某市人民政府

第三人：某市某镇农村合作基金会债权债务清偿办公室

第三人：某市农村信用合作联社越江信用社

某市绿洲暖通设备厂为原某市某镇人民政府的镇属企业。2007年7月20日，徐某华因与暖通厂借贷纠纷提起民事诉讼，起诉原

① 案号：江苏省泰州市中级人民法院（2009）泰行终字第25号。

某市某镇人民政府，认为原某镇人民政府作为暖通厂的上级主管部门未承担清理责任，却将暖通厂的房屋等资产交经营站接管进行资产处置，侵犯了该厂债权人徐某华的合法权利，请求法院判令其代为偿还暖通厂欠徐某华的债务。法院审理后，以徐某华无证据证实原某镇人民政府处分了原暖通厂的资产为由，未支持其民事诉讼主张。后徐某华得知原某镇人民政府于2002年颁发了靖镇政发〔2002〕149号文件和靖镇政发〔2002〕238号文件，两份文件处分了暖通厂的资产，徐某华认为是这两份文件致其合法债权无法实现。2007年11月16日，某市人民政府撤销某镇建制，设立某街道办事处。2008年5月4日，徐某华以民事诉讼举证需要为由，提出书面申请，要求行政机关公开上述两份文件。由于未能如期获得申请公开的信息，徐某华提起行政诉讼，请求法院确认行政机关不公开上述两份文件的行为违法，判令某市人民政府限期公开上述两份文件，并赔偿其聘请律师的费用。江苏省某市中级人民法院受理该案后，将该案交由某市人民法院异地审理。

某市人民法院一审判决驳回徐某华请求判令某市人民政府公开靖镇政发〔2002〕149号文件和靖镇政发〔2002〕238号文件，赔偿徐某华因聘请律师协助申请政府信息公开支付费用100元的诉讼请求。

某市中级人民法院二审审理后认为，本案的争议焦点：一是238号、149号文件是否应该公开，即该信息是否属于法定应予公开的信息；二是第三人的反信息公开权是否应当予以支持。经二审法院依职权调查，2002年某镇人民政府以靖镇政发文号发文共149件，未发现有编号为238号文件。上诉人仅提供一份情况说明证明238号文件存在，无其他证据佐证，以现有的证据认定238号的文件存在，证据不足。且二审法院经多方调查，亦未查找到该文件，故对该信息行政机关不具有公开义务。关于149号文件是否应该公开的问题。政府信息公开的基本原则是，以公开为常态，以不公开为例外。对法定应该主动公开的信息政府应当主动公开，对未主动公开的信息，除非具有法定不予公开的理由，一旦公民、法人或者其他组织提出获取相关政府信息的申请，行政机关要予以公开。通过审查149号文件的内容，149号文件是政府对暖通厂处置债权债务请示的批复。上述信息属于乡镇企业的资产处置信息，政府应当主动公开。某市人民政府以申请公开的信息与徐某华无关为由拒绝向徐某华公开149号文件，无法律依据。

关于本案149号文件第三人的反信息公开权问题。《中华人民共和国政府信息公开条例》第三十二条规定："依申请公开的政府信息公开会损害第三方合法权益的，行政机关应当书面征求第三方的意见。第三方应当自收到征求意见书之日起15个工作日内提出意见。第三方逾期未提出意见的，由行政机关依照本条例的规定决定是否公开。第三方不同意公开且有合理理由的，行政机关不予公开。行政机关认为不公开可能对公共利益造成重大影响的，可以决定予以公开，并将决定公开的政府信息内容和理由书面告知第三方。"法院依法保护第三人的反信息公开权，但反信息公开权的行使需有事实和法律依据支撑。依照反不正当竞争法第九条的规定，本法所称的商业秘密，是指不为公众所知悉、具有商业价值并经权利人采取相应保密措施的技术信息、经营信息等商业信息。经法院审查，149号文件的内容不具备商业秘密的特征。149号文件内容是暖通厂资产处分有关情况，并非个人事务、个人领域的隐秘信息，文件内容不属于法定的个人隐私范畴。因此，149号文件相关权利人的反信息公开理由不能成立。综上，撤销某市人民法院（2008）姜行初字第0038号行政判决中驳回徐某华要求判令某市人民政府公开靖镇政发〔2002〕149号文件的诉讼请求及诉讼费负担部分；确认某市人民政府不公开靖镇政发〔2002〕149号文件的行政行为违法；某市人民政府于本判决生效后15日内向徐某华公开靖镇政发〔2002〕149号文件。

市食药监局与刘某姝政府信息公开案[①]

再审申请人（一审被告、二审上诉人）：市食药监局

被申请人（一审原告、二审被上诉人）：刘某姝

市高级人民法院认为，本案中，市食药监局在办理刘某姝投诉案件过程中，以一定形式记录、保存的承办人员的相关信息，属于市食药监局在履行行政管理职能过程中制作的政府信息，只要该政府信息不属于法定不予公开的情形，市食药监局就应当公开其在履行行政管理职能过程中形成的承办人员的相关信息。市食药监局在收到刘某姝申请公开其举报投诉案承办人员姓名、职务、政治面貌及联系电话的申请后，以不属于政府信息公开范围为由而不予公开不符合法律规定，二审法院判决撤销市食药监局于2014年9月26日作出的《市食品药品监督管理局关于政务信息公开申请的回函》第一项，责令市食药监局于判决生效后15个工作日内向刘某姝重新作出答复并无不当。裁定驳回市食药监局的再审申请。

第六条　【信息公开的及时与准确】行政机关应当及时、准确地公开政府信息。

行政机关发现影响或者可能影响社会稳定、扰乱社会和经济管理秩序的虚假或者不完整信息的，应当发布准确的政府信息予以澄清。

---

① 案号：重庆市高级人民法院（2015）渝高法行申字第00293号。

◆ **解读**

及时性是对政府信息发布实现的要求，准确性是对政府信息内容的要求。同时，本条例要求行政机关主动地发布政府信息，消除各种虚假信息对社会造成的不良影响，这是根据我国政府信息发布实践工作和现行法律规则的相关规定作出的要求。2019 年 4 月 15 日国务院修订后的《中华人民共和国政府信息公开条例》对扰乱经济管理秩序的不实信息进行了规制。新条例第六条第二款规定，行政机关发现影响或者可能影响社会稳定、扰乱社会和经济管理秩序的虚假或者不完整信息的，应当发布准确的政府信息予以澄清。主要针对现实中经济管理领域不实信息传播现象，如涨价、限购等市场调控的不实信息对生活秩序的重大影响，这既是行政机关对社会传播信息的监控重点，也是政府信息公开工作如何让人民群众更多获益的发力点。

◆ **案例**

彭某志与某省人民政府政府信息公开案①

再审申请人（一审原告、二审上诉人）：彭某志

再审被申请人（一审被告、二审被上诉人）：某省人民政府（以下简称某省政府）

彭某志于 2014 年 12 月 11 日向某省政府邮寄一封申请信息公开的挂号信，邮件号码为 XA1707858 × × × ×，于 2014 年 12 月 15 日妥投，某省政府一直未予答复。彭某志遂于 2015 年 4 月 9 日提起本案诉讼，请求确认某省政府不履行政府信息公开行为违法，并

① 案号：最高人民法院（2016）最高法行申 3033 号。

判令其依法履行政府信息公开职责。

某市中级人民法院一审认为，某省政府于2014年12月15日收到彭某志申请，彭某志应当在答复期限届满之日起三个月内提起诉讼。其于2015年4月9日提起诉讼，已过诉讼期限，且无正当理由。裁定驳回彭某志的起诉。

彭某志不服，提起上诉。某省高级人民法院基于相同理由，裁定驳回上诉，维持原裁定。

最高人民法院认为，行政机关应当及时、准确地公开政府信息。这是《中华人民共和国政府信息公开条例》第六条提出的明确要求。这一要求不仅适用于行政机关主动公开政府信息，更适用于行政机关依申请公开政府信息。该条例第三十三条就对行政机关及时、迅速地对政府信息公开申请作出处理答复提出了具体要求：行政机关收到政府信息公开申请，能够当场答复的，应当当场予以答复。行政机关不能当场答复的，应当自收到申请之日起20个工作日内予以答复；需要延长答复期限的，应当经政府信息公开工作机构负责人同意并告知申请人，延长的期限最长不得超过20个工作日。行政机关征求第三方和其他机关意见所需时间不计算在前款规定的期限内。本条所规定的20个工作日，即政府信息公开申请的“标准处理期间”，从而为行政机关设定了尽可能迅速处理申请的义务；同时，它也为政府信息公开申请人可以提起不作为之诉划定了“适当期间”，如果受理申请的行政机关在20个工作日内未予处理，则从届满之日起申请人就可以行使提起不作为之诉的权利。根据原审法院查明的事实，再审被申请人某省政府收到再审申请人彭某志邮寄的政府信息公开申请后，在20个工作日内未予答复，确实违反了上述规定。“有权利必有救济”固然是一个基本法理，但同时法律不保护权利上的睡眠者。彭某志在超过法律规定的答复期限之后仍然没有收到答复，应当及时寻求司法救济，但其提起本案诉讼时已经超过当时行政诉讼法所规定的起诉期限。彭某志主张，修改前的行政诉讼法规定的3个月的起诉期限是针对行政作为行为的，而行政不作为，因其不作为行为一直持续，所以不受起诉期限的限制。这种说法有一定道理，但当时有效的行政诉讼法并没有明确起诉行政不作为不适用起诉期限的规定，也没有对起诉行政不作为要不要有期限限制作出特别规定，因此司法实践中普遍和一贯的做法是一概适用起诉期限。修改后的行政诉讼法施行后，最高人民法院规定：提起不作为之诉也要作出一定期限限制，以避免原告的起诉过于拖延，进而影响行政效率、浪费司法资源。基于此，原一、二审法院以彭某志未在法定答复期限届满之日起3个月内提起本案诉讼为由，分别裁定驳回其起诉和上诉，并无不当。

值得指出的是，与传统的行政行为不同，在行政机关未予作出政府信息公开答复的情况下，公民、法人或者其他组织在任何时间都可以向行政机关再次提出申请，上一次超过的起诉期限也因重新申请而得以另行起算，公民、法人或者其他组织行使政府信息公开请求权、起诉权的渠道仍然畅通。综上，裁定驳回再审申请人彭某志的再审申请。

某市住房和城乡建设局与黄某力政府信息公开案①

上诉人（原审被告）：某市住房和城乡建设局

被上诉人（原审原告）：黄某力

2017年10月5日，原告向被告提出政府信息公开申请，申请对下列政府信息进行公开：某市规划建设局作出南建〔2011〕247号《关于某市城市综合体××区旧房整治改造工程房屋征收摸底调查情况公示》及其征收范围内摸底调查房屋权属、区位、用途、建

① 案号：福建省泉州市中级人民法院（2018）闽05行终70号。

筑面积的信息；关于某市城市综合体××区旧房整治改造工程房屋征收范围红线图。2017年10月19日，被告某市住房和城乡建设局作出南建〔2017〕222号《信息公开告知书》，答复原告："你申请的综合体相关信息之前已在城市综合体征收范围内进行公告公示，现再次将涉及你个人相关信息寄送至你处……附送《某市城市综合体××区旧房整治改造工程房屋征收摸底调查情况公示》（南建〔2011〕247号）黄某力调查情况表。"

原审另查明，2011年8月10日，某市规划建设局作出的南建〔2011〕247号《关于某市城市综合体××区旧房整治改造工程房屋征收摸底调查情况公示》（包括《某市城市综合体××区旧房整治改造工程房屋征收摸底调查表》及征收范围红线图）已在某市城市综合体××区的公示栏进行公示。

福建省泉州市鲤城区人民法院一审判决，确认被告某市住房和城乡建设局作出的南建〔2017〕222号《信息公开告知书》违法。

福建省泉州市中级人民法院认为，根据《中华人民共和国政府信息公开条例》第六条第一款："行政机关应当及时、准确地公开政府信息"及《最高人民法院关于审理政府信息公开行政案件若干问题的规定》第十二条："有下列情形之一，被告已经履行法定告知或者说明理由义务的，人民法院应当判决驳回原告的诉讼请求……（二）申请公开的政府信息已经向公众公开，被告已经告知申请人获取该政府信息的方式和途径的"规定，对申请公开的政府信息已经公开的，行政机关仍负有准确告知申请人有效获取该政府信息的方式和途径的法定职责。本案《信息公开告知书》虽载有："你申请的综合体相关信息之前已在城市综合体征收范围内进行公告公示，现再次将涉及你个人相关信息寄送至你处，若你仍有不便之处，可与我局办公室人员联系"的内容，但某市住房和城乡建设局自认本案申请公开的政府信息系于2011年8月10日在某市城市综合体××区的公示栏公示，而黄某力系于2017年10月5日申请本案政府信息公开。显然，二者间隔时间较长。某市住房和城乡建设局也未能提供证据证明其于2017年10月19日作出本案《信息公开告知书》时，其主张的某市城市综合体××区的公示栏仍存在，且本案申请公开的政府信息仍张贴在该公示栏中。另鉴于黄某力在客观上也未能在收到本案《信息公开告知书》后，通过某市城市综合体××区的公示栏获取到其申请公开的政府信息。故应认定某市住房和城乡建设局仅履行了告知黄某力本案申请公开的政府信息已在城市综合体征收范围内进行公开的义务，而并未履行明确告知黄某力有效获取该政府信息的具体方式和途径的法定职责。判决驳回上诉，维持原判。

第七条　【信息公开的逐步增加原则】 各级人民政府应当积极推进政府信息公开工作，逐步增加政府信息公开的内容。

◆ 解读

2019年4月15日国务院修订后的《中华人民共和国政府信息公开条例》制定了政府信息公开工作发展的路线图。条例新增加第七条的规定。自我国政府信息公开制度建立以来，行政机关从原来的不适应到现在的逐步基本适应，工作规范化程度得到了很大提升，但是由于政府行政工作本身的性质决定了其信息的广泛性，贸然扩大公开范围会导致承受能力的被动，采取渐进式的扩大方式符合行政工作现阶段实际，也明确了政府信息公开制度下一步的发展方向是不断扩大公开内容。

◆ 案例

汤某新与某市教育局政府信息公开案[①]

上诉人（原审原告）：汤某新

被上诉人（原审被告）：某市教育局

汤某新于1968年3月退伍，自1969年1月起在原某县久隆镇人民公社担任代缺额教师，1971年1月至2月代课中断，1971年3月继续恢复担任代缺额教师。1980年后，鉴于当地民办教职工超编现象严重，原某县人民政府根据上级要求，决定逐步精简民办代课代职人员，该工作一直延续到1985年。其间，上诉人汤某新于1982年被精简。代缺额教师即为临时代课教师。2015年1月17日，汤某新以邮寄方式向某市教育局提出信息公开申请，要求公开“撤销原告代缺额教师”的相关信息。某市教育局于2015年2月1日作出（2015年）依复第1号政府信息公开申请答复书，向汤某新提供了某县教育局1981年6月24日“关于对超编民办代缺教师的意见”的文件。汤某新不服提起行政诉讼，请求撤销某市教育局上述答复，并判令其公开解除汤某新公办代缺额教师的信息。

海门市人民法院一审认为，某市教育局依法具有受理和处理其职责范围内相关信息公开申请的行政职责。某市教育局在收到汤某新的政府信息公开申请后进行了审查，并在法定期限内向汤某新作出答复，符合政府信息公开有关的程序规定。汤某新原为某县久隆镇人民公社红星校聘用的代缺额教师，限于当时特定的历史情况，某市教育局依据有关文件规定将汤某新精简，并不存在严格意义上的完备手续。汤某新所谓“撤销原告代缺额教师”的相关信息实际

---

① 案号：南通市中级人民法院（2015）通中行终字第00288号。

并不存在，汤某新也未提供证据证明某市教育局制作或保存有上述信息。某市教育局将有关文件提供给汤某新，已履行了相应公开职责。汤某新之诉请，无事实依据，不予支持。遂判决驳回汤某新的诉讼请求。

南通市中级人民法院二审中查明：某市教育局收到起诉状直至一审开庭前，均未向原审法院递交证据材料，但在原审庭审中递交了某县教育局 1981 年 6 月 24 日“关于对超编民办代缺教师的意见”，该份文件同时亦是被上诉人依上诉人政府信息公开申请后向上诉人公开的信息材料。

南通市中级人民法院认为，一审法院于 2015 年 3 月 16 日向某市教育局邮寄送达本案起诉状副本、传票等诉讼材料，某市教育局当日收到上述材料后，迟至 2015 年 4 月 3 日即原审开庭时才向原审法院递交了某县教育局 1981 年 6 月 24 日“关于对超编民办代缺教师的意见”，属于无正当理由逾期提供证据，应当视为没有相应证据。依行政诉讼法一般原理，证据乃是为证明法律上事实存在或不存在、有无法定职权之证明，以及在事实真伪不明时分担责任后果的处理机制，故证据之存在，实为方便当事人诉讼而非增加当事人诉累。行政机关在诉讼中未提供证据，若不影响人民法院对案件事实作出判断，就不必然构成对诉讼程序的违反，不必然要承担败诉后果。本案的特殊性在于，区别于一般意义上的行政处罚、行政许可等依职权作出的具体行政行为，本案的诉讼标的是行政机关依公民之申请作出的公开政府信息行为，行为对象单一，行为的事实基础明确，判断该具体行政行为是否合法，并不依赖于对该信息本身是否合法的判断，而仅需判断该信息与当事人之申请是否存在一一对应的关系。就此而言，行政机关行为的基础是上诉人信息公开申请，实施的行为是对公民申请的回应即作出答复、公开信息，证明对象与证明手段合一，在上诉人一审起诉、将被诉具体行政行为递交法院时，双方该行政法律事实就已经呈现，无须其他证据再予重复证实。故本案被上诉人未提供案件证据，不构成对行政诉讼程序的违反，对上诉人该上诉请求，本院不予支持。

但被上诉人迟至一审开庭时方才递交案件材料，亦存在诉讼上的疏漏，本院予以指正。根据《中华人民共和国行政诉讼法》第一条的规定，为保证人民法院公正、及时审理行政案件，解决行政争议，保护公民、法人和其他组织的合法权益，监督行政机关依法行使职权，根据宪法，制定本法。故可知我国设立行政诉讼的目的，不仅在于当公民的各项私人利益受行政权力不当侵害时能够获得及时、有效的救济，还在于公民能够通过行政诉讼的途径，有效监督各级行政机关依法履行职责。故行政机关在行政诉讼中积极应诉、答辩，及时向人民法院和作为原告方的公民提供作出具体行政行为的事实和法律依据，就不仅是要证明被诉具体行政行为是否合法、合理，也是要表达一种积极接受公民民主监督、依法履行职责的姿态，而这种姿态表达对当下法治中国建设亦具有重要的现实意义。被上诉人对此应有充分认识，希望被上诉人今后积极配合、支持人民法院开展行政诉讼活动，主动接受公民民主监督其依法行政。

本案中，上诉人在2015年1月17日“要求信息公开申请书”中对所要申请公开的信息描述为“申请要求教育局作出撤销我代缺额教师的相关信息”。事实上，上诉人该申请内容是不明确的，其既无对所申请公开信息制作时间的描述，也无对所申请公开信息形式和具体内容的描述，不完全符合政府信息公开条例之规定。结合上诉人退伍后从事代缺额教师的履历来看，上诉人代缺额教师资格被精简是在1982年，并且对于教师任职资格这一特定对象而言，依惯常理解，“精简”与“撤销”在字义上可互换，并无歧义。故对上诉人该申请的一个合理解释就是：上诉人要求被上诉人公开上诉人于1982年被精简代缺额教师资格的信息。被上诉人于2015年2月1日答复认为上诉人申请属其依申请公开的政府信息，同时向上诉人公开了某县教育局1981年6月24日“关于对超编民办代缺教师的意见”。从内容看，该文件主要对精简超编民办代缺额教师的具体办法和精简后的具体安置作了细致规定，且在时间上与上诉人于1982年被精简的事实也有相关性和连续性，在上诉人政府信息公开申请未明确要求被上诉人具体公开哪一时间节点、哪一形式内容文件的前提下，被上诉人结合上诉人教育履职情况，依其合理理解公开上述文件，在法律上应当视为与上诉人之申请具有关联性，符合上述政府信息公开条例之规定，属依法履行了依申请公开政府信息之法定职责。上诉人上诉认为其被撤销代缺额教师资格发生在1971年，要求被上诉人公开相关政府信息，既无事实基础，也无法律依据，本院不予支持。据此，判决驳回上诉，维持原判决。

第八条　【政府信息规范标准信息化管理】各级人民政府应当加强政府信息资源的规范化、标准化、信息化管理，加强互联网政府信息公开平台建设，推进政府信息公开平台与政务服务平台融合，提高政府信息公开在线办理水平。

◆ **解读**

2019年4月15日国务院修订后的《中华人民共和国政府信息公开条例》制定了政府信息公开工作发展的路线图。为顺应大数据、互联网思维，借助现代信息科学技术提升政府信息公开水平，条例新增加第八条规定。由于现代网络电子信息技术已经深入地渗透到当代生活的各个领域，政府信息公开工作也要保持同步发展，由传统的面对面纸质化单一方式转变为更多的在线互动与多平台融合发展方式，条例对此作出了清晰规划。

◆ **规范性文件**

国务院办公厅关于进一步加强政府信息公开回应社会关切提升政府公信力的意见

国办发〔2013〕100号

各省、自治区、直辖市人民政府，国务院各部委、各直属机构：

依法实施政府信息公开是人民政府密切联系群众、转变政风的内在要求，是建设现代政府，提高政府公信力，稳定市场预期，保障公众知情权、参与权、监督权的重要举措。《中华人民共和国政府信息公开条例》施行以来，政府信息公开迈出重大步伐，取得显著成效。随着互联网技术的迅猛发展和信息传播方式的深刻变革，社会公众对政府工作知情、参与和监督意识不断增强，对各级行政机关依法公开政府信息、及时回应公众关切和正确引导舆情提出了更高要求。与公众期望相比，当前一些地方和部门仍然存在政府信息公开不主动、不及时，面对公众关切不回应、不发声等问题，易使公众产生误解或质疑，给政府形象和公信力造成不良影响。为进一步做好政府信息公开工作，增强公开实效，提升政府公信力，经国务院同意，现提出以下意见。

一、进一步加强平台建设

（一）进一步加强新闻发言人制度建设。要以主动做好重要政策法规解读、妥善回应公众质疑、及时澄清不实传言、权威发布重大突发事件信息为重点，切实加强政府新闻发言人制度建设，提升新闻发言人的履职能力，完善新闻发言人工作各项流程，建立重要政府信息及热点问题定期有序发布机制，让政府信息发布成为制度性安排。国务院新闻办公室要围绕国务院常务会议等重要会议内容、国务院重点工作、公众关注热点问题，及时组织新闻发布会，把国务院新闻办公室新闻发布厅建设成中央政府重要信息发布的主要场所。与宏观经济和民生关系密切以及社会关注事项较多的相关职能部门，主要负责同志原则上每年应出席一次国务院新闻办公室新闻发布会，新闻发言人或相关负责人至少每季度出席一次。国务院各部门要建立健全例行新闻发布制度，利用新闻发布会、组织记者采访、答记者问、网上访谈等多种形式发布信息，增强信息发布的实效；与宏观经济和民生关系密切以及社会关注事项较多的相关职能部门，要进一步增加发布的频次，原则上每季度至少举办一次新闻发布会。各省（区、市）人民政府要建立政府主要负责同志依托新闻发布平台和新媒体发布重要信息的制度，并指导本级政府各部门和市、县级政府加强新闻发布工作，进一步增强信息发布的权威性、时效性，更好地回应公众关切。

（二）充分发挥政府网站在信息公开中的平台作用。各地区各部门要进一步加强政府网站建设和管理，通过更加符合传播规律的信息发布方式，将政府网站打造成更加及时、准确、公开透明的政府信息发布平台，在网络领域传播主流声音。加强政府信息上网发布工作，对各类政府信息，依照公众关注情况梳理、整合成相关专题，以数字化、图表、音频、视频等方式予以展现，使政府信息传播更加可视、可读、可感，进一步增强政府网站的吸引力、亲和力。涉及群众切身利益的重要决策，要在政府网站公开征求意见；重要政策法规出台后，要针对公众关切，及时通过政府网站发布政策法规解读信息，加强解疑释惑；对涉及政务活动的重要舆情和公众关注的社会热点问题，要积极予以回应，及时通过政府网站发布权威信息，讲清事实真相、有关政策措施以及处理结果等，地方政府和部门负责同志应主动到政府网站接受在线访谈。拓展政府网站互动功能，围绕政府重点工作和公众关注热点，通过领导信箱、公众问答、网上调查等方式，接受公众建言献策和情况反映，征集公众意见建议。完善政府网站服务功能，及时调整和更新网上服务事项，确保公众能够及时获得便利的在线服务。加强政府网站数据库建设，逐步整合交通、社保、医疗、教育等公共信息资源，以及投资、生产、消费等经济领域数据，方便公众查询。

（三）着力建设基于新媒体的政务信息发布和与公众互动交流新渠道。各地区各部门应积极探索利用政务微博、微信等新媒体，及时发布各类权威政务信息，尤其是涉及公众重大关切的公共事件和政策法规方面的信息，并充分利用新媒体的互动功能，以及时、便捷的方式与公众进行互动交流。开通政务微博、微信要加强审核登记，制定完善管理办法，规范信息发布程序及公众提问处理答复程序，确保政务微博、微信安全可靠。

此外，要进一步加强政府热线电话建设和管理，清理整合有关电话资源，确保热线电话有人接、能及时答复公众询问。

二、加强机制建设

（四）健全舆情收集和回应机制。各地区各部门要建立健全舆情收集、研判和回应机制，密切关注重要政务相关舆情，及时敏锐捕捉外界对政府工作的疑虑、误解，甚至歪曲和谣言，加强分析研判，通过网上发布消息、组织专家解读、召开新闻发布会、接受媒体专访等形式及时予以回应，解疑释惑，澄清事实，消除谣言。回应公众关切要以事实说话，避免空洞说教，真正起到正面引导作用。有关主管部门要进一步加大网络舆情监测工作力度，重要舆情形成监测报告，及时转请相关地方和部门关注、回应。

（五）完善主动发布机制。各地区各部门要围绕党和政府中心工作，针对公众关切，主动、及时、全面、准确地发布权威政府信息，特别是政府重要会议、重要活动、重要决策部署，经济运行和社会发展重要动态，重大突发事件及其应对处置情况等方面的信息，以增进公众对政府工作的了解和理解。对发布的政府信息，要依法依规做好保密审查，涉及其他行政机关的，应与有关行政机关沟通确认，确保发布的政府信息准确一致。统筹运用新闻发言人、政府网站、政务微博微信等发布信息，充分发挥广播电视、报刊、新闻网站、商业网站等媒体的作用，扩大发布信息的受众面，增强影响力。

（六）建立专家解读机制。重要政策法规出台后，各地区各部门要及时组织专家通过多种方式做好科学解读，让公众更好地知晓、理解政府经济社会发展政策和改革举措。有关部门可根据工作需要，组建政策解读的专家队伍，提高政策解读的针对性、科学性、权威性和有效性，让群众“听得懂”、“信得过”。

（七）建立沟通协调机制。各地区各部门要加强与新闻宣传部门、互联网信息内容主管部门以及有关新闻媒体的沟通联系，建立重大政务舆情会商联席会议制度，建立政务信息发布和舆情处置联动机制，妥善制定重大政务信息公开发布和传播方案，共同做好政府信息发布和舆论引导工作。

三、完善保障措施

（八）加强组织领导。各地区各部门要把做好政府信息公开、提高信息发布实效摆上重要工作日程，做到政府经济社会政策透明、权力运行透明，让群众看得到、听得懂、能监督，不断把人民群众的期盼融入政府决策和工作之中，努力增强提升政府公信力、社会凝聚力的“软实力”。地方政府和部门主要负责人要亲自过问，分管负责人要直接负责，逐级落实责任，确保各项工作措施落实到位。要加强工作机构建设，已经设置专门机构的，要加强力量配置，把专业水平高、责任心强的人员配置到关键岗位，特别是要选好配强新闻发言人；尚未设置专门机构的，要明确专人负责，确保在应对重大突发事件以及社会热点事件时不失声、不缺位，有条件的应尽快成立专门机构，保障必要的工作经费。同时，要为信息公开工作人员、新闻发言人、政府网站工作人员、政务微博微信相关人员参加重要会议、掌握相关信息提供便利条件。

（九）加强业务培训。各地区各部门要建立培训工作常态化机制，经常组织开展面向信息公开工作人员、新闻发言人、政府网站工作人员、政务微博微信相关人员等的专业培训，及时总结交流经验，不断提高相关人员的政策把握能力、舆情研判能力、解疑释惑能力和回应引导能力。有关部门要把政府信息公开工作列为公务员培训内容，进一步加大培训力度，扩大培训范围。

（十）加强督查指导。国务院办公厅和国务院新闻办公室、国家互联网信息办公室要协同加强对政府新闻发言人制度、政府网站、政务微博微信等平台建设和管理工作的督查和指导，进一步完善相关措施和管理办法，加强工作考核，加大问责力度，定期通报有关情况，切实解决存在的突出问题，确保平台建设和机制建设的各项工作落实到位。

◆ 政策解释

司法部负责人就中华人民共和国政府信息公开条例修订答记者问[①]

……

问：条例在方便公众获取政府信息方面有哪些具体措施？

答：为了强化便民服务要求，提高政府信息公开实效，条例主要作了如下规定：

---

① 新华社：《坚持“公开为常态，不公开为例外”——司法部负责人就政府信息公开条例修订答记者问》，载新华网，www. xinhuanet. com/2019 －04/15/c_ 424370889. htm，最后访问时间：2020 年 11 月 30 日。

一是要求各级人民政府加强政府信息资源的规范化、标准化、信息化管理，加强互联网政府信息公开平台建设，提高政府信息公开工作的质量和效率。

二是规定依托政府门户网站，逐步建立具备信息检索、查阅、下载等功能的统一政府信息公开平台。

三是要求在政务服务场所设置政府信息查阅场所，并配备相应的设施、设备，为公民、法人和其他组织获取政府信息提供便利。

……

第九条　【监督批评建议权】公民、法人和其他组织有权对行政机关的政府信息公开工作进行监督，并提出批评和建议。

◆ **解读**

2019 年 4 月 15 日国务院修订后的《中华人民共和国政府信息公开条例》，将公民、法人和其他组织对政府工作的监督权落实细化。将旧条例第五章监督和保障中的监督权在总则部分予以规定，作为新条例第五章监督和保障的立法基础，条例新增加第九条的规定。

监督权是宪法规定的权利。我国宪法第四十一条第一款规定，中华人民共和国公民对于任何国家机关和国家工作人员，有提出批评和建议的权利。该条规定在总则部分，旨在细化了人民群众对公权力的监督，让政府信息公开工作更多地接受人民群众的监督。

◆ **相关规定**

《中华人民共和国宪法》

第四十一条　中华人民共和国公民对于任何国家机关和国家工

作人员，有提出批评和建议的权利；对于任何国家机关和国家工作人员的违法失职行为，有向有关国家机关提出申诉、控告或者检举的权利，但是不得捏造或者歪曲事实进行诬告陷害。

对于公民的申诉、控告或者检举，有关国家机关必须查清事实，负责处理。任何人不得压制和打击报复。

由于国家机关和国家工作人员侵犯公民权利而受到损失的人，有依照法律规定取得赔偿的权利。

第二章　公开的主体和范围

第十条　【政府信息公开的主体】行政机关制作的政府信息，由制作该政府信息的行政机关负责公开。行政机关从公民、法人和其他组织获取的政府信息，由保存该政府信息的行政机关负责公开；行政机关获取的其他行政机关的政府信息，由制作或者最初获取该政府信息的行政机关负责公开。法律、法规对政府信息公开的权限另有规定的，从其规定。

行政机关设立的派出机构、内设机构依照法律、法规对外以自己名义履行行政管理职能的，可以由该派出机构、内设机构负责与所履行行政管理职能有关的政府信息公开工作。

两个以上行政机关共同制作的政府信息，由牵头制作的行政机关负责公开。

◆ **解读**

本条是关于政府信息公开权限的规定。

根据本条第一款的规定，政府信息公开权限按照下列规则确定：第一，行政机关制作的政府信息由制作该政府信息的行政机关负责公开，行政机关从公民、法人或者其他组织获取的政府信息由保存该政府信息行政机关负责公开。这是政府信息公开权限的一般规定，通常概括为“谁制作谁公开，谁保存谁公开”的公开原则。第二，如果法律法规对政府信息公开的权限有规定的，从其规定。这是政府信息公开权限的特别规定。

“谁制作谁公开，谁保存谁公开”的一般原则。政府信息不仅包括行政机关在履行行政管理职能过程中制作、加工的信息，还包括在履行行政管理职能过程中从其他机关、组织、个人那里获取的信息。前者如行政机关在实施行政处罚时制定的行政处罚决定书或者根据调查结果形成的统计报告；后者如行政机关保存的商业秘密和个人隐私信息。对于这两种来源不同的政府信息应当使用不同的公开权限。在绝大多数情况下，政府信息是由行政机关制作或者加工的，在不违反其他法律规定的前提下，行政机关作为政府信息的拥有者有权公开其制作或者加工的政府信息。如果是几个行政机关联合发文产生的政府信息，则所有在文件上盖章、署名的行政机关均为公开的义务主体，公民、法人和其他组织可以向其中任何一个行政机关申请获取该政府信息，但为了明确责任，防止部门之间推诿扯皮影响公民权利的行使，该条第三款明确由牵头制作的行政机关负责公开。作为某项具体政府信息的原始制作者、采集者，该行政机关比其他行政机关更加了解政府信息的内容以及相关背景资料，能够更加全面地把握、权衡该政府信息是否公开，对拟公开的政府信息进行审查，防止在公开政府信息过程中泄露国家秘密、商业秘密、个人隐私，危及国家安全、公共安全、经济安全和社会稳定。

除制作政府信息外，行政机关在有的情况下还直接从公民、法人或者其他组织那里采集、获取一部分政府信息，而不作任何的加工处理。这些信息从本质属性上看仍然是属于公民、法人或者其他组织个体所有，虽然由行政机关在行政管理过程中获取并以文字、图表、声音、图像等形式保存，根据本条例第二条的规定这部分信息同样属于政府信息，仍然应该依法公开。

“谁制作谁公开，谁保存谁公开”的原则，有利于明确最初掌握某项具体政府信息的行政机关，保证公开主体的明确性，既避免行政机关相互推卸公开责任，也可以防止行政机关重复公开政府信息的情况。同时这项原则还有利于明确政府信息公开的审查主体和审查责任。

需要注意的是，对于涉及商业秘密和个人隐私的政府信息，虽然从公开权限上看是属于制作或者保存该信息的行政机关，但是为了体现对公民、法人和其他组织个体合法权益的保护，行政机关在公开这两类政府信息时应当按照条例的规定，书面征求作为信息公开法律关系第三方的权利人的意见，第三方不同意公开的不得公开。但是行政机关认为不公开可能对公共利益造成重大影响的，应当予以公开，并将决定公开的政府信息内容和理由书面通知第三方。

法律法规另有规定的特殊原则。“谁制作谁公开，谁保存谁公开”是政府信息公开权限的一般原则，但是在特殊情况下，对一些事关国计民生、影响重大的政府信息，在公开前还要经过上级部门核实后统一对外发布。该种情况主要是突发公共安全事件信息、国家重要基础数据的发布。行政机关在公开这些特殊的政府信息时应当按照有关法律法规的特殊规定执行。

行政机关从行政机关获取的信息该如何公开一直是困扰政府信息公开实践的一大难题，司法实践中也有不同观点，新条例对此作出明确规定。该条应分四个层次来理解：一是行政机关制作的政府信息，由制作机关公开；二是行政机关从公民、法人、其他组织获取政府信息，由获取机关公开；三是行政机关从其他行政机关获取的该行政机关制作的政府信息，由制作机关负责公开；四是行政机关从其他行政机关获取的该行政机关从公民、法人和其他组织获取的政府信息，由最初获取该政府信息的行政机关负责公开，若最初获取该政府信息的行政机关有多个，则多个行政机关皆有同等的公开义务。

不同机关掌握同一政府信息的公开主体。当主体不同对象同一时，为保障政府信息公开的有效审查及公开准确性，应当由对信息具有处分权的行政机关负责公开，即该信息的制作机关。但在例外的情况下，行政机关在对外执法过程中，获取并保存其他行政机关制作的信息作为其执法依据时，获取或保存机关亦负有公开义务，但申请人对此应承担更高的证明责任。

上级行政机关对下级行政机关请示的批复是否属于公开范围，应当依据政府信息公开条例关于政府信息公开范围的规定并结合案件具体事实予以判定。如果行政机关的内部批复仅为行政系统内部上下级之间对有关执法问题的讨论、研究或指导，属于行政系统内部运转程序，上述关于政府信息公开范围的规定并未将这类信息明确列入应当主动公开的范围，对该类信息是否可以公开，行政机关应具有裁量权。

◆ 案例

金某与某区人民政府政府信息公开、行政赔偿案①

再审申请人（一审原告、二审上诉人）：金某

再审被申请人（一审被告、二审被上诉人）：某区人民政府（以下简称某区政府）

2015 年 5 月 26 日，金某向某区政府提出政府信息公开申请，申请事项为：“某中北路青鱼嘴 31 -4 武重厂前技校 2 栋 2 楼 × 号

① 案号：最高人民法院（2017）最高法行申 3338 号。

居住小区的详细规划文件（含还建地块）的政府信息”，并写明了事实与理由。同年6月26日，某区政府作出《关于金某要求公开某中北路青鱼嘴31－4武重厂前技校2栋2楼×号居住小区的详细规划文件（含还建地块）的政府信息公开申请的答复》。经复议，某区政府于同年10月9日重新作出《答复》，内容为：“经查，‘某中北路青鱼嘴31－4武重厂前技校2栋2楼×号居住小区的详细规划文件（含还建地块）的政府信息’不属于某区政府公开的内容，根据政府信息公开条例的规定，建议您向某市国土资源和规划局咨询，地址：某市江岸区，联系方式：027××43。”金某诉至法院，请求撤销某区政府作出的《答复》；判令某区政府赔偿金某打印费、复印费、交通费等约1000元并承担诉讼相关费用。

湖北省某市中级人民法院一审判决驳回金某的全部诉讼请求。湖北省高级人民法院二审判决驳回上诉，维持原判。

最高人民法院认为，地方各级人民政府负责领导所属工作部门和下级人民政府的工作，根据一些法律、法规的规定，政府自身也会是一些特定事项的责任主体，但一级政府往往由若干个工作部门组成，政府工作的一些具体事项通常会根据法律、法规的规定或政府的指令，由政府所属的特定工作部门负责。与这些具体工作事项相关的政府信息也往往由特定工作部门制作、获取并保存。公民、法人或者其他组织在需要某类政府信息时，最便捷的渠道是向相关工作部门提出申请。如果其向政府机关提出，政府机关告知其向相关工作部门申请，申请人未必非要提起诉讼，执意要求人民法院判令政府机关公开。因为他的根本需要是获取信息，并无必要纠结于这个信息是由哪一个机关公开。本案中，再审申请人申请公开的是其居住小区的详细规划文件（含还建地块）的政府信息，而该类信息通常由规划部门制作并保存，再审被申请人某区政府在法定期限内告知其不属于区政府公开的内容，并建议其向某市国土资源和规划局咨询，属于履行了法定职责，符合政府信息公开条例的规定。原审法院驳回其诉讼请求并无不当，再审申请人的再审理由不能成立。再审申请人还称："申请人已经在征收文件作出之前和作出之后向某市国土资源和规划局申请了信息公开，得到的答复是没有该具体规划，应当向某区政府申请信息公开。"对此本院认为，如果确实存在相关政府信息，行政机关应当依照法律、法规规定的权限履行公开职责，不应相互推诿；如果相关政府机关或工作部门客观上并未制作、保存相关政府信息，人民法院也无法判决其公开。至于没有制作或者保存相关信息会导致何种法律后果，当事人可以依照法律、法规规定的渠道另行主张权利，并不是政府信息公开诉讼中所要解决的问题。故裁定驳回再审申请人金某的再审申请。

郑某惠与某市人民政府政府信息公开案①

再审申请人（一审原告、二审上诉人）：郑某惠

再审被申请人（一审被告、二审被上诉人）：某市人民政府（以下简称某市政府）

2015 年 11 月 20 日，郑某惠向某市政府提出政府信息公开申请，请求公开于 2010 年 5 月 25 日成立某市招生委员会及其办公室所依据的上级人民政府规范性文件信息，以及确定某市招生委员会办公室编制、配置专职干部之规范性文件信息。某市政府经检索于 2010 年 5 月 25 日成立某市招生委员会及其办公室的相关文件，并没有依据上级规范性文件，也没有该机构编制、配置专职干部之规范性文件，于 2015 年 12 月 3 日答复郑某惠"你要求获取的政府信息不属于本机构的公开范围"，并建议郑某惠"向上一级政府相关部门咨询"。2015 年 11 月 20 日，某市政府对郑某惠作出答复，告

① 案号：最高人民法院（2016）最高法行申 3484 号。

知其根据 17 号通知，“2010 年成立某市招生委员会，并下设办公室，办公室设在市考试管理中心，负责处理日常业务，无事业单位法人资格，无组织机构代码，无教育考试行政执法权，市招生委员会属临时协调议事机构”。

西安铁路运输中级法院一审判决驳回郑某惠的诉讼请求。陕西省高级人民法院二审判决驳回上诉，维持一审判决。

最高人民法院认为，依照政府信息公开条例第二十条第一项的规定，规范性文件系县级以上各级人民政府及其部门应当在各自职责范围内主动公开的政府信息。由于是在各自职责范围内主动公开，故规范性文件的制作机关应当承担主动公开义务。在规范性文件的制作机关未主动公开的情况下，公民、法人或者其他组织可以依照政府信息公开条例的规定向其申请公开，以及对其答复或者逾期不予答复不服，依照《最高人民法院关于审理政府信息公开行政案件若干问题的规定》第三条的规定向人民法院提起行政诉讼。尽管政府信息公开条例规定保存政府信息的行政机关也负有公开义务，也不排除规范性文件制作机关以外的其他机关因工作原因获取、保存了规范性文件，但对于公民、法人或者其他组织获取政府信息而言，向规范性文件制作机关以外的其他机关申请政府信息公开无疑是舍近求远，且在随后提起的行政诉讼中，其对其他机关保存了规范性文件应承担更高的证明责任。本案中，对于再审申请人申请公开的上级人民政府规范性文件，再审被申请人某市政府不负有主动公开义务，且某市政府办公室于 2010 年 5 月 25 日就成立某市招生委员会及某市招生委员会办公室所作 17 号通知亦未援引任何上级人民政府的规范性文件。故再审被申请人某市政府告知再审申请人“不属于本机构的公开范围”，建议其“向上一级政府相关部门咨询”不违反政府信息公开条例的规定。裁定驳回再审申请人郑某惠的再审申请。

李某与某区人民政府政府信息公开案[①]

再审申请人（一审原告、二审上诉人）：李某

被申请人（一审被告、二审被上诉人）：某区人民政府

最高人民法院经审查认为，《中华人民共和国政府信息公开条例》第十条第一款规定："行政机关制作的政府信息，由制作该政府信息的行政机关负责公开。行政机关从公民、法人和其他组织获取的政府信息，由保存该政府信息的行政机关负责公开；行政机关获取的其他行政机关的政府信息，由制作或者最初获取该政府信息的行政机关负责公开……"据此可知，政府信息可以分为行政机关制作的政府信息和行政机关从公民、法人或者其他组织获取的政府信息。不同类型的政府信息，公开主体也应当不同，通常概括为"谁制作谁公开，谁保存谁公开"。

本案再审申请人申请公开的政府信息是"某区张家窝镇张家窝村村委会宅基地置换中经某区人民政府盖章确认的被安置人信息"。某市国土资源和房屋管理局《某市示范小城镇安置房管理办法》第七条规定："乡镇政府（街道办事处）提交录入保障房系统的被安置人信息应当事先经区、县人民政府盖章确认。区、县房地产主管部门应当按照经区、县人民政府确认的被安置人信息，对保障房系统中录入的被安置人信息进行校对，对享受住房保障政策情况进行审核，经校对无误和审核无异议的，应当将电子数据提交至保障房系统主库。"本案申请公开的政府信息需要行政机关整理、加工、制作，属于行政机关制作的信息，而被申请人某区人民政府并非该政府信息的制作主体，也不应负有公开义务。被申请人某区人民政府作出信息告知书，告知再审申请人相关被安置人员信息不属于其

① 案号：最高人民法院（2018）最高法行申10134号。

公开范围，符合法律规定。裁定驳回李某的再审申请。

李某林与某区人民政府政府信息公开案[①]

再审申请人（一审原告、二审上诉人）：李某林

再审被申请人（一审被告、二审被上诉人）：某区人民政府

本院认为，本案再审申请人李某林申请公开的2015年3月11日（周三）某区领导排班表、接待人员身份信息均是行政机关在履行行政管理职能过程中制作或保存的信息，属于政府信息。原审法院认为李某林申请公开涉案信息，信访办公室对其作出被诉答复的行为，不属于政府信息公开条例的调整范围，亦不属于行政诉讼受案范围，不符合上述法律规定。

按照行政诉讼法的规定，行政诉讼法首先是一种权利损害法律救济，提起行政诉讼的前提，是存在被诉行政行为侵害原告合法权益的可能。具体到政府信息公开诉讼，则是通过审查政府信息是否存在以及行政机关是否应当依法公开，来保障公民、法人或者其他组织依法获取政府信息的权利。本案中，再审申请人已经依申请获取了“2015年3月11日（周三）区领导接待日排班接待领导为区委副书记、区长吴某英”的信息，因此并不存在合法权益因政府信息公开行为遭受侵害的可能。针对这样一个授益性的政府信息公开答复提起诉讼，既没有将其撤销的权利基础，也没有责令行政机关重新作出答复的任何必要。再审申请人之所以提起本案诉讼，其核心理由是对信访办公室作出政府信息公开答复的职权提出质疑。再审申请人主张，信访办公室是内设机构，不具有行政主体资格，以自己名义作出的《答复告知书》超越职权，应予撤销。行政诉讼法确实规定“超越职权的”行政行为构成违法，应予撤销。而且通常

① 案号：最高人民法院（2016）最高法行申3007号。

认为，没有直接对外管理职能的内设机构不能直接实施影响行政相对人合法权益的行政行为。但这是针对损益性行政行为而言，属于授益性行政行为的政府信息公开未必完全适用。有些行政机关的内设机构因其具有独立性，也会制作政府信息，因而被赋予公开政府信息的义务。而且，内设机构在向申请人提供政府信息时，其行为的性质是授益而非损益，是提供服务而非限制权利。损益性行政行为"法无明文授权即属超越职权"，授益性行政行为不能一概适用这一标准。同时，针对一个本来是满足其申请的授益性行政行为起诉，也因缺乏权利受侵害的事由从而缺乏可保护的合法权益而不具备诉的利益。总之，原一、二审法院虽然在认定政府信息公开条例的适用范围和行政诉讼受案范围方面对于法律规定有不当理解，但裁判结果并无予以纠正的必要。再审申请人要求对本案再审或改判的再审请求，本院不予支持。裁定驳回再审申请人李某林的再审申请。

贾某宝与某市人民政府政府信息公开案①

再审申请人（一审原告、二审上诉人）：贾某宝

再审被申请人（一审被告、二审被上诉人）：某市人民政府（以下简称某市政府）

2015 年 11 月 9 日，贾某宝以挂号信的形式向某市政府办公厅人事处邮寄政府信息公开申请表两份，本案只涉及其中一份，该份申请表载明：所需信息内容为"公开你厅人事处作为某市政府办公厅政府信息公开工作的受理机构，严格按照某市政府信息公开办公室（85912121）要求在某市政务网公开的受理政府信息公开的电子邮箱 sfb ×××@ qingdao. gov. cn 在 2015 年 7 月 29 日、8 月 25

① 案号：最高人民法院（2018）最高法行申 758 号。

日、9月21日、10月15日收到的关于本公民申请的政府信息公开表的具体内容及某市政府信息公开办公室同时收到后转办督促你处及时答复公民的转办单具体内容和具体时间，并出具你处拒不严格依照政府信息公开条例在法定期限内答复公民的具体事由及法律依据，并出具你厅人事处对此无责的法律依据”；所需信息的指定提供方式为“纸面、电子邮件”；获取信息的方式为“邮寄、电子邮件”；电子邮箱“849×××@qq.com”。11月10日，某市政府办公厅人事处收到该挂号信。11月16日，某市政府办公厅通过某政务网邮箱sfb×××@qingdao.gov.cn向申请人电子邮箱“849×××@qq.com”发送电子邮件，告知其“本机关于2015年11月10日受理了您11月9日寄出的两份政府信息公开申请。您申请的信息不是《中华人民共和国政府信息公开条例》所指的政府信息，现予以邮件回复，不再邮寄书面回复。请您直接向85911520咨询或向行政效能85911555投诉”。贾某宝认为被申请人未在法定期限内对其申请给予答复，属于行政不作为，遂提起本案行政诉讼。

一审法院认为，某市政府针对贾某宝的政府信息公开申请行为已履行法定告知义务，法院予以支持。贾某宝的诉讼请求没有事实和法律依据，应予驳回。

贾某宝不服一审判决，向山东省高级人民法院提起上诉。二审法院判决驳回上诉，维持一审判决。

申请人不服一审、二审判决，向最高人民法院申请再审，请求撤销一审、二审判决，指令再审。主要理由是：某市政府办公厅作为某市政府工作部门，不具有独立法人资格，不能对外作出信息公开答复；被申请人作出的答复无法确认答复对象，且未援引法律条款。

最高人民法院认为，再审申请人贾某宝以“某市政府办公厅人事处”为收件人邮寄政府信息公开申请表、申请的内容也是有关该人事处的相关办理信息。某市政府办公厅通过某政务网邮箱sfb××

×@ qingdao. gov. cn 向贾某宝发送电子邮件。无论是某市政府办公厅还是其下设的人事处均是某市政府的工作部门，均不能对外独立承担法律责任，其作为或不作为的后果均应由某市政府承担。某市政府应当向贾某宝履行答复义务，某市政府指定内部机构负责答复工作属于行政机关内部分工的问题，其内设部门的行为法律后果均应由某市政府承担。因此，某市政府作为本案适格被告并无不当。某市政府自2015年11月10日收到贾某宝的政府信息公开申请，于2015年11月16日以贾某宝在申请表中指定的电子邮件进行答复，该答复有贾某宝在一审中提交的答复邮件截图为证，可以视为某市政府履行了答复义务，答复主体、答复方式、答复内容并无不当。原审判决并无不当。裁定驳回再审申请人贾某宝的再审申请。

李某萍与某区人民政府政府信息公开案[①]

2014年10月23日，李某萍向某区人民政府提出《政府信息公开申请书》，请求区政府公开城中村改造18号片区（二期）包括房屋征收决定、征收公告、房屋征收范围红线图及国民经济和社会发展规划四项规划在内的信息。2014年11月10日，区政府前卫街道办事处以自己名义作出〔2014〕02号《某区依申请公开政府信息告知书》并附《征地公告》《某区前卫街道办事处城中村18号片区征地拆迁、补助费用发放情况》等向李某萍送达。李某萍不服该告知行为，提起本案诉讼。

一审法院认为，区政府所作《某区依申请公开政府信息告知书》及其附件上所公开的政府信息缺少涉及李某萍合法权益的信息，不符合李某萍申请公开的要求。区政府的上述行政行为存在适用法律错误，程序违法之情形。遂判决：一、撤销〔2014〕02号《某区依申请

① 案号：云南省高级人民法院（2015）云高行终字第34号。

公开政府信息告知书》及其附件的行政行为；二、责令区政府按照李某萍有权申请部分的要求公开相关政府信息。李某萍不服，提出上诉。

二审法院认为，区政府通过前卫街道办针对李某萍的信息公开申请作出答复，信息公开主体不当。区政府通过前卫街道办对李某萍申请公开的内容未作出全面回复，故〔2014〕02号《某区依申请公开政府信息告知书》应当予以撤销。另外，针对李某萍请求公开的国有土地上房屋征收决定等政府信息，区政府在庭审中明确该部分政府信息不存在，李某萍认可了该观点，故应依法驳回李某萍请求判令区政府公开该部分信息的诉讼请求。一审判决未明确李某萍申请公开政府信息的内容，判决方式不当，一审判决应予撤销。遂判决：撤销〔2014〕02号《某区依申请公开政府信息告知书》；由区政府对李某萍申请公开政府信息的部分内容，即涉及某区城中村改造项目第18号片区（二期）的征地预公告（征地报批前公告）等重新作出答复。

本案的典型意义在于：一是上级政府不能回避或推卸自己应当履行的公开政府信息法定职责，由下级机关代为履行。二是行政机关针对申请人提出的申请内容应全面分析并作相应的答复，避免因答复内容不全面而需再次履行答复义务，严重影响行政执法效率。三是人民法院在审理政府信息公开类案件时，判决行政机关履行信息公开义务时应注意判决内容的明确性，以增强人民法院判决的可执行性，也可避免因行政机关再次执法引发新的矛盾纠纷。

刘某英与某市公安局公安交通管理局某交通支队东四大队拒绝履行政府信息公开职责案[①]

2017年3月，东四大队出具了京公交（东）简认字〔2017〕第

① 案号：北京市东城区人民法院（2018）京0101行初211号。

110 101201702250001 号道路交通事故认定书，认定刘某英驾驶电动自行车与案外人王某军所驾电动车发生交通事故，刘某英负事故全部责任，王某军无责任。王某军遂以道路事故认定书作为证据向某市某区人民法院提起民事诉讼。因案发时的原始监控录像是案件责任划分的唯一客观证据，刘某英多次申请调取原始监控录像及相关档案材料，均无结果后向某市某区人民法院提起诉讼。

法院认为，原告是否具有提出政府信息公开申请的请求权以及原告所提申请是否属于《中华人民共和国政府信息公开条例》的调整范围，是其起诉是否符合起诉条件的前提。就政府信息公开而言，政府信息公开条例是一般法。如果特定行政管理领域的法律法规对于相关信息的公开范围、方式和途径有特别规定的，基于特别法优于一般法的基本原则，相关信息的公开途径应当适用特别法的规定。原告应当通过《道路交通事故处理程序规定》的查询、复制、摘录方式获取公安机关交通管理部门处理道路交通事故的证据材料，其不能通过政府信息公开的方式取得上述材料。综上，原告要求公开的信息不属于政府信息公开条例依申请公开制度的调整范围，即原告以政府信息公开申请的方式获取涉案信息的请求权基础已不存在，被告也无依据政府信息公开条例对原告申请进行审查并予以答复的法定职责。

根据《道路交通事故处理程序规定》第六十五条的规定，除涉及国家秘密、商业秘密或者个人隐私，以及应当事人、证人要求保密的内容外，当事人及其代理人收到道路交通事故认定书后，可查阅、复制、摘录公安机关交通管理部门处理道路交通事故的证据材料。公安机关交通管理部门对当事人复制的证据材料应当加盖公安机关交通管理部门事故处理专用章。依据上述规定，道路交通事故中获取证据的方式应当通过公安机关交通管理部门获取，政府信息公开的范畴受政府信息公开条例调整，相对于《道路交通事故处理程序规定》，政府信息公开条例属于一般法，《道路交通事故处理程序规定》是特别法，在法律位阶上基于特别法优于一般法的基本原则，相关信息的公开途径应当适用特别法的规定。

舒某与某市人民政府政府信息公开案①

原告：舒某

被告：某市人民政府

第三人：某市公安局

2011 年 5 月 31 日，舒某因涉嫌敲诈勒索被某市公安局立案侦查并采取刑事强制措施，后被取保候审。舒某于 2015 年 4 月 21 日向某市人民政府提出政府信息公开申请，要求公开“省政府是否制作和保存有‘山东省政府关于刑事案件补充侦查可以超过一个月’的规定”和“省政府工作部门有没有‘刑事案件补充侦查可以超过一个月’的规定在省政府备案”。某市人民政府于同年 5 月 6 日作出（2015）第 15 号政府信息公开告知书，告知舒某申请公开的信息不属于其公开范围。舒某不服，提起行政诉讼。

某市中级人民法院经审理认为，舒某申请公开的信息是关于刑事案件补充侦查期限的规定，属于刑事程序规定事项，明显不属于政府信息公开条例规定的政府应当主动公开的信息和依申请人申请公开的政府信息。况且，舒某申请公开的是省政府的信息，某市政府是省政府的下一级政府，不是省政府信息的制作单位。遂判决驳回舒某的诉讼请求。

政府信息公开条例的实施，保障了公民依法获取政府信息的权利，提高了政府工作的透明度，但也带来大量滥用获取政府信息权和滥用诉权的行为。行政资源和司法资源的有限性决定了行政机关

---

① 案号：山东省某市中级人民法院（2015）济行初字第 306 号。

和人民法院只能满足当事人有效的政府信息申请和诉讼需求，对当事人申请公开非政府信息、无正当理由多次重复申请政府信息公开及多次重复诉讼等行为则不应支持。本案中，法院认定有关刑事案件补充侦查期限的规定不属于政府信息公开条例规定的政府信息，并以判决的形式对此类申请公开政府信息和提起诉讼行为予以指引，有利于引导当事人正确行使法律赋予的获取政府信息权和诉讼权利，维护正常的行政管理秩序。

何某与某县人民政府政府信息公开案[①]

何某向某县政府申请公开《国家建设征（拨）用土地协议书》，该协议书为黄石镇政府参与签订的。某县政府针对何某的申请作出答复：请向黄石镇政府提出公开申请。何某不服，提起诉讼。

案经河源中院一审判决，何某不服提起上诉。广东高院二审认为黄石镇政府作为签订《国家建设征（拨）用土地协议书》的主体，负有公开该政府信息的义务，何某向某县政府提起政府信息公开申请不当。

政府信息公开的义务主体是制作和保存该政府信息的行政机关，行政相对人申请公开政府信息公开，应当向有公开义务的行政机关提出申请。如果收到公开申请的行政机关并非公开的义务主体，只需告知负有公开义务的行政机关的名称及联系方式即可。

第十一条　【政府信息的准确一致性原则】行政机关应当建立健全政府信息公开协调机制。行政机关公

---

① 案号：广东省河源市中级人民法院（2014）河中法行初字第22号。

开政府信息涉及其他机关的，应当与有关机关协商、确认，保证行政机关公开的政府信息准确一致。

行政机关公开政府信息依照法律、行政法规和国家有关规定需要批准的，经批准予以公开。

◆ 解读

关于政府信息一致性的要求，本条例规定了两个方面的内容：一是要求行政机关建立健全政府信息发布协调机制，对于所发布的政府信息涉及其他行政机关的，要与有关的行政机关进行沟通、确认；二是对于依照国家有关规定需要批准后才能对外发布的信息，应当履行相应的报批手续，未经批准不得对外发布。

◆ 案例

肖某与某省测绘地理信息局政府信息公开案[①]

原告：肖某

被告：某省测绘地理信息局（以下简称某测绘局）

2016年1月6日，肖某向某测绘局提出政府信息公开申请，要求公开2009年某测绘局在“三江源头科学考察成果通过评审”新闻稿件中提及的《三江源头科学考察技术方案》《三江源头科学考察成果》和《三江源头科学考察成果评审报告》。同年1月19日，某测绘局作出2016年《复函》，对肖某申请的上述信息暂不予以公开。

另查，水利部于2010年2月9日作出水文函〔2010〕23号《关于三江源头地理信息数据审核发布有关问题的复函》，文中提

① 案号：北京市海淀区人民法院（2017）京0108行初608号。

到:“根据《中华人民共和国水法》和《中华人民共和国水文条例》的有关规定,水资源综合科学考察和调查评价,由县级以上人民政府水行政主管部门会同同级有关部门组织进行。向社会发布信息涉及使用了水文监测数据的,应当经国务院水行政主管部门直属水文机构、流域管理机构或者省、自治区、直辖市人民政府水行政主管部门直属水文机构审查……我部认为,科考成果可以刊印出版,与读者分享河源区调查数据,但不宜以政府或政府部门名义向社会发布新的长江、黄河源头概念。”

国家测绘局于2010年3月24日作出的国测函〔2010〕28号《关于三江源头科学考察成果的复函》中指出:“鉴于水利部的会商审核意见与你省报送的科考成果存在明显分歧的实际情况,决定暂缓对你省报送的三江源头科学考察成果的审核发布工作,由你省继续会商长江水利委员会、黄河水利委员会和其他部门,对科学考察结果进行充分的沟通和论证,取得一致意见后再报我局进行审核。”

水利部黄河水利委员会于2011年5月25日作出黄办函〔2011〕13号《关于对黄河源科学考察成果发布意见的复函》,该复函亦指出:“我委认为,某省所提的两种源头数据发布形式,在第一次全国水利普查成果审定验收之前均不宜以政府或政府部门名义发布。”

北京市海淀区人民法院审理后认为,政府信息公开条例第十一条第二款规定:“行政机关公开政府信息依照法律、行政法规和国家有关规定需要批准的,经批准予以公开。”测绘法第三十二条①规定:“中华人民共和国领域和管辖的其他海域的位置、高程、深度、面积、长度等重要地理信息数据,由国务院测绘行政主管部门审核,并与国务院其他有关部门、军队测绘主管部门会商后,报国务院批准,由国务院或者国务院授权的部门公布。”《重要地理信息

① 对应《中华人民共和国测绘法》(2017年修订)第三十七条。

数据审核公布管理规定》[①] 第二条规定：“中华人民共和国领域和管辖的其他海域的重要地理信息数据的审核、公布管理工作，适用本规定。”该规定第五条亦规定：“本规定所称的重要地理信息数据，是指在中华人民共和国领域和管辖的其他海域内的重要自然和人文地理实体的位置、高程、深度、面积、长度等位置信息数据和重要属性信息数据……”依据上述规定，涉及国家重要地理信息数据的政府信息需要进行公开的，应当依照国家有关规定予以批准，未经批准不得发布。

本案中，肖某向某测绘局提出政府信息公开申请，要求公开《三江源头科学考察技术方案》《三江源头科学考察成果》和《三江源头科学考察成果评审报告》。由于上述信息均涉及我国领域内的重要地理信息数据，根据测绘法的规定，重要地理信息数据应当由国务院测绘行政主管部门审核，并与国务院其他有关部门、军队测绘主管部门会商后，报国务院批准，由国务院或者国务院授权的部门公布。根据法院业已查明的事实可以认定，相关行政主管部门表示三江源科学考察成果“不宜以政府或政府部门名义发布”。因此，某测绘局认定上述信息中包含未经国务院发布的国家重要地理信息数据而不予公开并无不当。判决驳回原告肖某的诉讼请求。

第十二条 【政府信息公开指南和目录】 行政机关编制、公布的政府信息公开指南和政府信息公开目录应当及时更新。

政府信息公开指南包括政府信息的分类、编排体系、获取方式和政府信息公开工作机构的名称、办公地

① 现已失效。

址、办公时间、联系电话、传真号码、互联网联系方式等内容。

政府信息公开目录包括政府信息的索引、名称、内容概述、生成日期等内容。

◆ **解读**

本条是关于行政机关编制、公布并更新政府信息公开指南和政府信息公开目录的规定。主要包括两个方面的含义：第一个方面，本条第一款是对行政机关应当编制、公布并及时更新政府信息公开指南和政府信息公开目录所作出的原则性规定。第二个方面，本条第二款、第三款是对政府信息公开指南和政府信息公开目录主要内容的规定。

◆ **规范性文件**

国务院办公厅政府信息与政务公开办公室关于政府信息公开申请接收渠道问题的解释

国办公开办函〔2017〕19号

水利部办公厅：

《关于商请明确信息公开申请受理渠道有关问题的函》（办综函〔2017〕559号）收悉。经研究，并经征求国务院法制办公室、最高人民法院等单位的意见，现答复如下：

《中华人民共和国政府信息公开条例》规定，申请人应当以书面方式（包括数据电文形式）申请获取政府信息，或者口头提出、由行政机关代为填写政府信息公开申请，但是，对于行政机关通过什么渠道、具体如何接收申请人的申请，没有具体规定。为进一步规范行政机关的政府信息公开申请接收行为，在充分参考行政许可申请接收、行政复议申请受理等相关领域法律规定及实际做法的基础上，现就政府信息公开申请接收渠道有关问题明确如下：

一、“当面提交”和“邮政寄送”是政府信息公开申请的基本渠道，申请人通过这两种基本渠道提交的政府信息公开申请，行政机关不得以任何理由拒绝接收。

二、为进一步便利申请人、提高工作效率，鼓励行政机关结合自身实际开通传真、在线申请、电子邮箱等多样化申请接收渠道。行政机关应当将本单位所开通的申请接收渠道及具体的使用注意事项，在政府信息公开指南中专门说明并向社会公告，并对已经专门说明并公告的申请接收渠道承担相应法律义务。行政机关没有按照上述要求专门说明并公告的，应当充分尊重申请人的选择。

三、行政机关应当加强对政府信息公开申请接收渠道的规范管理，建立健全内部管理制度，完善申请处理流程，防止因遗漏、延误、内部衔接不畅等问题损害申请人合法权益，最大限度减少不必要的行政争议。

◆ 工作实务

因为区政府行政服务中心搬迁办公室时，对外公开的信息公开电话未及时迁移，导致快递投递员不能打通电话，致使邮件无法投送，后退回。于是被视为行政不作为。申请人到佛山中级法院起诉区政府，后区政府主动申请公开了该信息，当事人申请撤回起诉。

第十三条　【信息公开的方式】除本条例第十四条、第十五条、第十六条规定的政府信息外，政府信息应当公开。

行政机关公开政府信息，采取主动公开和依申请公开的方式。

◆ **解读**

主动公开政府信息是为了满足社会对政府信息的一般需求，而依申请公开政府信息是为了满足社会对政府信息的特殊需求。也就是说，一般需求可以通过政府主动公开的政府信息获得，而特殊需求可以通过依法申请来获得。也可以说，主动公开是行政机关想让人民群众知道什么，而依申请公开则是人民群众自己想知道什么。

政府信息公开工作的程序是指行政机关公开政府信息的步骤、顺序、方式和时限。关于公开方式，本条规定，分为主动公开与依申请公开两种。

依申请公开和主动公开的关系。依申请公开和主动公开是政府信息公开的两种方式，两者之间既有区别也有联系。两者的区别主要体现在：一是公开政府信息的动因不同。所谓主动公开，就是行政机关根据法律的规定和本行政机关的职权，在政府信息形成后，主动向社会公开有关信息内容，是行政机关主动实施的信息公开行为。依申请公开是行政机关根据公民、法人和其他组织的申请，依法提供掌握的政府信息，行政机关审查并公开政府信息的前提是公民、法人和其他组织提出政府信息公开申请。二是制度设立的功能不同。主动公开是为了满足社会公众普遍的信息需求，公开的是涉及公民、法人或者其他组织切身利益，需要社会公众广泛知晓或者参与，反映本行政机构设置、职能、办事程序等情况以及其他依照法律、法规和国家有关规定设定的应当主动公开的政府信息，是行政机关对社会公众的点对面服务。依申请公开制度是为了满足公民、法人或者其他组织自身特殊的信息需求，是行政机关对有特殊需要人群的点对点服务。三是行政机关提供政府信息的途径不同。对于主动公开的政府信息，行政机关应当通过政府公报、政府网站、新闻发布会以及报刊、广播、电视等便于公众知晓的方式公开。对于依申请公开的政府信息，行政机关应当按照申请人要求的形式予以提供。无法按照申请人要求的形式提供的，可以通过安排申请人查阅相关资料、制作复制件或者其他适当形式提供。四是对于主动公开政府信息，行政机关不得收取费用；对于依申请公开，考虑到行政机关为申请人提供信息花费一定人力、物力，行政机关可以按照条例的规定收取检索费、复制费、邮寄费等成本费用。

由于有“以公开为常态，以不公开为例外”的规定，国外大多数国家的信息公开法律法规一般对主动公开的内容不作过多的规定，着重规定公民、法人和其他组织对政府信息如何获取，从而加强对知情权的保护。我们国家过去由于长期受到“民可使由之，不可使知之”的封建政治文化的影响，缺乏积极与民众沟通的现代意识，而且政府没有主动公开的信息往往由于各种原因有一些是不想公开的，从这一角度来讲，依申请公开政府信息更具有革命的意义，会给行政机关的行为带来深刻的影响。

在主动公开和依申请公开两个制度框架中，也许因为主动公开更能表明政府的姿态和决心，信息公开条例似乎更加注重和强调主动公开，不仅列举行政机关应当主动公开的范围和重点主动公开的领域，还对主动公开的途径和时限作了规定。但实际上，依申请公开才是政府信息公开制度的拱心石。信息公开条例规定的依申请公开制度至少有三条规则保障了公民、法人和其他组织获取政府信息的权利。规则之一，对公民、法人或者其他组织的公开申请，行政机关必须“有问必答”，否则构成“不作为”。规则之二，即“公开为常态，不公开为例外”，行政机关拒绝公开政府信息的，必须在信息公开条例明确的法定不公开理由当中找到依据。规则之三，公民、法人或者其他组织对依申请公开中的具体行政行为不服的，有权提起行政复议或者行政诉讼。

尽管主动公开的受益面最为广泛，主动公开最具及时性，主动公开还不得收费，但在行政机关究竟保存着多少政府信息还家底不清的情况下，依申请公开制度使得行政机关随时要接受和回应来自任何人针对任何文件的要求，把主动权从行政机关手中交到了公民、法人和其他组织的手中。如果说，在主动公开制度框架内是公民、法人和其他组织对于政府信息的消极权利，那么，在依申请公开制度框架内就是公民、法人和其他组织的积极权利。并且，在当前还无法通过行政复议、行政诉讼监督行政机关履行主动公开义务的情况下，正是由依申请公开的可复议性、可诉性才使政府信息公开更加具有法定义务的特性。如果说公开是一种力量，那么依申请公开就是政府信息公开的力量之源。

◆ 规范性文件

国务院办公厅关于做好政府信息依申请公开工作的意见

国办发〔2010〕5号

各省、自治区、直辖市人民政府，国务院各部委、各直属机构：

自2008年5月1日《中华人民共和国政府信息公开条例》（以下简称《条例》）施行以来，各地区、各部门在受理依申请公开政府信息过程中遇到一些新的情况。根据有关法律法规政策和工作实践，现提出以下意见。

……

二、准确把握政府信息的适用范畴

《条例》所称政府信息，是指行政机关在履行职责过程中制作或者获取的，以一定形式记录、保存的信息。

行政机关向申请人提供的政府信息，应当是正式、准确、完整的，申请人可以在生产、生活和科研中正式使用，也可以在诉讼或行政程序中作为书证使用。因此，行政机关在日常工作中制作或者获取的内部管理信息以及处于讨论、研究或者审查中的过程性信息，一般不属于《条例》所指应公开的政府信息。

行政机关向申请人提供的政府信息，应当是现有的，一般不需要行政机关汇总、加工或重新制作（作区分处理的除外）。依据《条例》精神，行政机关一般不承担为申请人汇总、加工或重新制作政府信息，以及向其他行政机关和公民、法人或者其他组织搜集信息的义务。

三、明确"一事一申请"原则

在实际工作中，有时会遇到一个申请要求公开分属多个行政机关制作或保存的政府信息，有的申请公开的信息类别和项目繁多，受理机关既不能如需提供，又难以一一指明哪条信息不存在，哪条信息属于哪个行政机关公开，影响了办理时效。为提高工作效率，方便申请人尽快获取所申请公开的信息，对一些要求公开项目较多的申请，受理机关可要求申请人按照"一事一申请"原则对申请方式加以调整：即一个政府信息公开申请只对应一个政府信息项目。

同时，对将申请公开的政府信息拆分过细的情况，即申请人就一个具体事项向同一行政机关提出多个内容相近的信息公开申请，行政机关需要对现有的信息进行拆分处理才能答复，受理机关可要求申请人对所提申请作适当归并处理。

四、妥善处理研究课题类申请

对于要求行政机关为其大范围提供课题研究所需资料、数据的申请，因其不同于《条例》规定一般意义上的申请，且在一定程度上超出了设置依申请公开的立法本意，行政机关可要求申请人对其申请方式作出调整：

对于课题研究所需政府信息，若已经主动公开的，可告知申请人通过政府网站、政府公报、部门统计年鉴、相关公开出版物和档案馆、图书馆信息查阅点等渠道自行查阅。

通过主动公开渠道确实难以获取的政府信息，申请人可按照“一事一申请”的方式，向相关行政机关分别提出申请。

五、加大政府信息主动公开工作力度

政府信息主动公开和依申请公开是《条例》规定的我国政府信息公开的两种基本方式，二者相辅相成。全面、及时、准确地主动公开政府信息，可以大大减少依申请公开数量。各地区、各部门都应加大政府信息主动公开工作力度，增强主动性、权威性和实效性。凡是《条例》规定应该公开、能够公开的事项，都应及时、全面、主动公开。各部门要细化本系统政府信息公开目录和范围，抓紧对本系统所涉政府信息哪些可以公开，哪些可部分公开，提出明确的指导意见，供本系统各单位依循。

在受理依申请公开政府信息过程中，对于需要或者可以让社会广泛知晓的政府信息，行政机关应在答复申请人的同时，通过政府网站等渠道主动公开，尽量避免将公共性政府信息只向个别申请人公开，以减少对同一政府信息的一再申请，节约行政成本，提高工作效率。

六、改进依申请公开政府信息服务

各地区、各部门要进一步拓宽受理渠道，为申请人提供便捷的依申请公开服务。进一步完善申请的受理、审查、处理、答复程序，有关记录应当保存备查。对于申请事项不属于政府信息公开工作范畴或无法按申请提供政府信息的，应主动与申请人沟通，尽量取得申请人的理解。在答复申请时，要依法有据、严谨规范、慎重稳妥。

七、加强、完善保密审查和协调会商

要进一步完善政府信息公开保密审查机制，规范审查程序，落实审查责任。遇到情况复杂或者可能涉及国家安全、公共安全、经济安全和社会稳定的申请，应加强相关部门间的协调会商，依据有关法律法规，对申请是否有效、信息是否应该公开、公开后可能带来的影响等进行综合分析，研究提出处理意见。

各地区、各部门要在实践中积极探索，积累经验，完善规章制度，积极稳妥推进政府信息公开工作。

第十四条　【不予公开的政府信息】依法确定为国家秘密的政府信息，法律、行政法规禁止公开的政府信息，以及公开后可能危及国家安全、公共安全、经济安全、社会稳定的政府信息，不予公开。

◆ **解读**

本条是关于政府信息公开应当维护公共利益的规定。

推行政府信息公开，有利于保证公民、法人和其他组织依法获取政府信息，提高政府工作的透明度，促进依法行政，充分发挥政府信息对人民群众生产、生活和经济社会活动的服务作用。而国家安全、公共安全、经济安全和社会稳定是广大人民群众根本利益的集中体现，也是新的历史时期政府工作的重要目标，行政机关的一切工作都要围绕国家利益和社会公共利益，保护公民、法人和其他组织合法权益进行。

为了确保政府信息公开工作有利于国家安全、公共安全、经济安全和社会稳定，本条例作了以下三个方面的规定：一是要求行政机关及时、准确地公开政府信息。行政机关发现影响或者可能影响社会稳定、扰乱社会管理秩序的虚假或者不完整信息的，应当在其职责范围内发布准确的政府信息予以澄清。二是要求行政机关建立健全政府信息发布协调机制。行政机关发布政府信息涉及其他行政机关的，应当与有关行政机关进行沟通、确认，保证行政机关发布的政府信息准确一致。行政机关发布政府信息依照国家有关规定需要批准的，未经批准不得发布。三是要求行政机关建立健全政府信息发布保密审查机制，明确审查的程序和责任。行政机关在公开政府信息前，应当依照《中华人民共和国保守国家秘密法》以及其他法律、法规和国家有关规定对拟公开的政府信息进行审查。行政机关对政府信息不能确定是否可以公开时，应当依照法律、法规和国家有关规定汇报有关主管部门或者保密工作部门确定。行政机关不得公开涉及国家秘密的或者法律、行政法规禁止公开的政府信息。

涉及国家秘密政府信息的审查要点。(1）政府信息确定已被定密，即行政机关应提供盖有“秘密”“机密”“绝密”印章的文件封面作为证据。(2）定密主体须适格。根据保守国家秘密法第十三条规定，在无授权的情况下，具有定密权的最低一级行政机关应该是设区的市、自治州一级，区县级、区属各委办局、街乡镇本身没有定密权。公安、国家安全机关在其工作范围内按照规定的权限确定国家秘密的密级。(3）涉密信息含有可以公开的内容时，且能够作区分处理的，行政机关应当向申请人提供可以公开的信息内容。

国家秘密信息的“呈堂豁免”。《最高人民法院关于审理政府信息公开行政案件若干问题的规定》第五条第四款规定：“被告能够证明政府信息涉及国家秘密，请求在诉讼中不予提交的，人民法院应当准许。”这就是所谓的国家秘密信息“呈堂豁免”的规定。行政诉讼法第三十四条第一款规定：“被告对作出的行政行为负有举证责任，应当提供作出该行政行为的证据和所依据的规范性文件。”由于政府信息公开行政诉讼主要解决的是政府信息是否应当公开的问题，因此，涉诉政府信息当然成为此类诉讼中最主要的证据。按照前述规定，当然要向人民法院提供。但是，对于涉及国家秘密的政府信息，由于其固有的保密性和专业性，应当采取较为特殊的举证规则。人民法院在一定条件下可以准许被告在诉讼中不予提交。这种变通基于以下考虑：其一，国家秘密的定密问题涉及行政机关自由裁量权的行使，需要有专门的经验、知识和判断能力，法院是缺乏这方面的条件的。所以，在大多数国家，法院一般都尊重行政机关在国家秘密定密问题上的判断，不对其作实质方面的审查。其二，国家秘密往往事关重大的国家利益，如果在诉讼过程中提供就面临着泄密问题。因此，涉密信息“呈堂豁免”几乎是各国比较普遍的做法。当然，准许被告在诉讼中不提交涉及国家秘密的政府信息是在一般情况下而言的，在确有必要时，人民法院仍然可以要求被告提供秘密文件。首先，如果人民法院经过审查认为行政机关提供的“外围证据”不能充分证明涉诉政府信息属于国家秘密的，就可以要求被告提供秘密文件以便进行审查；其次，如果人民法院认为涉诉政府信息尽管含有秘密内容，但可以依照政府信息公开条例的规定对政府信息作出区分处理的，也需要把秘密文件拿来，看看能不能把不应当公开的内容与可以公开的内容区分开来。

政府信息危及“三安全”的判断。根据政府信息公开条例的规定，即使政府信息没有被确定为国家秘密，但如果公开该政府信息（如社会稳定风险评估报告）确实有可能危及国家安全、公共安全、经济安全和社会稳定，也依法不能公开。判断公开政府信息是否有可能危及“国家安全、公共安全、经济安全和社会稳定”，不能随意而为，也不能任意扩大适用范围，应当按照政府信息公开条例的规定，在公开政府信息前进行保密审查，必要时还应当依照法律、法规和国家有关规定报有关主管部门或者同级保密工作部门确定。

存在多个不予公开政府信息理由的处理。行政机关在答复中有多个不予公开政府信息的理由，只要其中一个理由具有事实和法律依据，则可驳回上诉人的诉请。

◆ 案例

宋某明与某市住房保障和房产管理局不履行政府信息公开职责案①

再审申请人（一审原告、二审上诉人）：宋某明

再审被申请人（一审被告、二审被上诉人）：某市住房保障和房产管理局

关于宋某明申请公开的政府信息的内容描述，07 号告知书的相关记载为："你提出的政府信息公开申请已收悉，经档案检索和查询法律法规，现将有关结果答复告知如下：一、关于你申请公开的'是谁出租给百货十一门市部承租使用'和'铺面房屋两间的房产档案信息'内容……二、关于你申请公开的'兰房字〔1992〕55 号文件，已于 1992 年 5 月 22 日，送达宋某信本人的证据'内容……"

最高人民法院认为，本案系因再审申请人宋某明不服再审被申请人某市住房保障和房产管理局对其所提三项政府信息公开申请所作 07 号告知书而引发。第一，关于再审被申请人对再审申请人第一项和第二项政府信息公开申请的答复。依照《中华人民共和国保守国家秘密法》第三条第一款、第二款的规定，国家秘密受法律保护，一切国家机关、武装力量、政党、社会团体、企业事业单位和

① 案号：最高人民法院（2018）最高法行申 5844 号。

公民都有保守国家秘密的义务。收到再审申请人提交的政府信息公开申请后，再审被申请人对案涉房产信息进行保密审查，系依照《中华人民共和国政府信息公开条例》的规定履职尽责。再审被申请人以案涉房产信息属于国家秘密为由不予公开。在再审申请人不服再审被申请人所作答复提起的行政诉讼中，依照《最高人民法院关于审理政府信息公开行政案件若干问题的规定》第五条第一款的规定，再审被申请人应当对案涉房产信息属于国家秘密的相关证据进行举证。在本案诉讼中，再审被申请人所举相关证据主要是741号复函和200号复函。但案涉房产信息是否属于741号复函规定的“原国务院建设行政主管部门制发的涉及私房改造的政策、文件及有关档案，经保密审查后确定为国家秘密”尚不清晰明确，尚难以认定再审被申请人所作答复已符合《中华人民共和国政府信息公开条例》的规定。一审法院依照《中华人民共和国行政诉讼法》的规定判决驳回再审申请人的诉讼请求，二审法院判决驳回上诉、维持一审判决，构成主要证据不足。第二，关于再审被申请人对再审申请人第三项政府信息公开申请的答复。再审申请人起诉所称其申请公开的是55号文件“送达的签收证据”，但其向一审法院提交的07号告知书所载为55号文件“送达宋某信本人的证据”。二者存在明显差异。行政机关对政府信息公开申请作出答复是依申请行政行为。基于《中华人民共和国政府信息公开条例》的规定，查明政府信息公开申请人提交的政府信息公开申请，确定政府信息公开申请人的姓名或者名称、联系方式，申请公开的政府信息的内容描述，申请公开的政府信息的形式要求等内容，是人民法院对该种行为进行合法性审查的必备基础。在关于再审申请人申请公开的政府信息的内容描述存在此种明显差异，未予核实的情况下，一审法院认定再审申请人申请公开的是55号文件“送达的签收证据”，进而认定再审被申请人已作出回复，依照《中华人民共和国行政诉讼法》的规定判决驳回再审申请人的诉讼请求，二审法院判决驳回上诉、维持一审判决，亦构成主要证据不足。综上，裁定指令甘肃省高级人民法院再审本案。

熊某强与某区人民政府不履行政府信息公开职责案[①]

再审申请人（一审原告、二审上诉人）：熊某强

再审被申请人（一审被告、二审被上诉人）：某区人民政府（以下简称某区政府）

最高人民法院认为，政府信息公开条例第十四条是对不予公开的政府信息范围的规定。据此，即使政府信息没有被确定为国家秘密，但如果公开该政府信息确实有可能危及国家安全、公共安全、经济安全和社会稳定，也依法不能公开。判断公开政府信息是否有可能危及“国家安全、公共安全、经济安全和社会稳定”，不能随意而为，也不能任意扩大适用范围，应当按照政府信息公开条例的规定，在公开政府信息前进行保密审查，必要时还应当依照法律、法规和国家有关规定报有关主管部门或者同级保密工作部门确定。本案中，某区政府在受理再审申请人的政府信息公开申请后，因其所申请的政府信息是“征收熊某强白沙路房屋前的社会稳定风险评估报告”，于是依法提请主管部门某区政法委员会确定，并根据该主管部门的意见决定不予公开，应当说是认真负责的，其在告知书中也明确援引了政府信息公开条例作为法律依据。如果某区政府能对这一审查过程予以告知，更为符合说明理由的要求，但行政程序中的说明理由瑕疵并非不能治愈，如果行政机关在嗣后的行政程序当中或者在行政诉讼过程中对说明理由进行了弥补，达到了令行政相对人知悉的效果，则仅以说明理由瑕疵撤销行政行为并责令重

① 案号：最高人民法院（2017）最高法行申9280号。

做，没有实际价值。本案的情况就是如此，某区政府在一审期间提交了某区政法委员会的回复，应当视为对说明理由的瑕疵进行了治愈，一审法院在指出某区政府说明理由瑕疵后驳回再审申请人的诉讼请求并无不当，再审申请人的再审理由不能成立。裁定驳回再审申请人熊某强的再审申请。

刘某明等与某市人民政府不履行政府信息公开职责案①

再审申请人（一审原告、二审上诉人）：刘某明

再审申请人（一审原告、二审上诉人）：郭某龙

再审申请人（一审原告、二审上诉人）：翟某发

再审申请人（一审原告、二审上诉人）：李某峰

被申请人（一审被告、二审被上诉人）：某市人民政府（以下简称某市政府）

刘某明、郭某龙、李某峰、战某花、翟某发系某市甘井子区红凌路头道沟棚户区的居民，因该棚户区改造回迁安置问题，于2016年9月5日共同向某市政府申请公开2010年45期《会议纪要》。某市政府办公厅收到刘某明、郭某龙、李某峰、战某花、翟某发的政府信息公开申请后，及时与中共某市委某市政府信访局、某市国土资源和房屋局、某市甘井子区人民政府等相关部门协调会商，均认为该会议纪要如公开可能会引发类似信访问题连锁反应，影响社会稳定。某市政府办公厅于2016年9月22日作出《政府信息公开延期答复告知书》（大政办公开〔2016〕049号），告知该机关正在征求相关部门意见，无法按期答复，经该机关政府信息公开工作机构负责人同意，将延期至2016年10月20日前作出答复。2016年

① 案号：最高人民法院（2018）最高法行申9801号。

10月18日，某市政府办公厅作出大政办公开〔2016〕097号《政府信息不予公开告知书》，并于2016年10月20日进行送达。刘某明等4人不服，向一审法院提起诉讼。

某市中级人民法院一审判决驳回刘某明等4人的诉讼请求。

辽宁省高级人民法院二审判决驳回上诉，维持一审判决。

最高人民法院认为，对于刘某明等4人申请的信息公开事项，某市政府办公厅经与中共某市委某市政府信访局、某市城乡建设委员会、某市甘井子区人民政府等相关部门协调会商，认为该会议纪要内容涉及敏感信息，可能会引发社会不稳定。某市政府办公厅在法定期间内对其作出了回复，并告知其该信息不予公开的理由。某市政府已履行法定职责。《最高人民法院关于审理政府信息公开行政案件若干问题的规定》第十二条规定："有下列情形之一，被告已经履行法定告知或者说明理由义务的，人民法院应当判决驳回原告的诉讼请求：（一）不属于政府信息、政府信息不存在、依法属于不予公开范围或者依法不属于被告公开的……"据此，一、二审判决驳回刘某明等4人的诉讼请求，并无不当。裁定驳回刘某明、郭某龙、翟某发、李某峰的再审申请。

刘某英与国土资源部政府信息公开案①

再审申请人（一审原告、二审上诉人）：刘某英

再审被申请人（一审被告、二审被上诉人）：国土资源部

2014年7月20日、21日，刘某英向国土资源部提交了两张政府信息公开申请表，申请公开：（1）"国土资函〔2003〕409号建设用地批复"；（2）"四川省人民政府上报我省《关于成都市中心城区2002年第五批城市建设用地的请示》（川府〔2002〕58号）

① 案号：最高人民法院（2017）最高法行申6482号。

业经国务院批准了的政府信息”。2014年7月24日，国土资源部收到刘某英提交的申请表。同年8月11日，国土资源部作出被诉告知书，其内容为：“刘某英：我部政务大厅已于2014年7月24日收到您提出的政府信息公开申请，并于当日办理。根据政府信息公开条例的规定，现答复如下：您申请的‘国土资函〔2003〕409号建设用地批复’文件，以信函的方式邮寄给您。‘四川省人民政府《关于成都市中心城区2002年第五批城市建设用地的请示》（川府〔2002〕58号）业经国务院批准的政府信息’，按照经国务院同意的《报国务院批准的建设用地审查办法》规定，对各省（区、市）报国务院批准的用地申请，由我部对申报材料进行审查，呈报国务院批准后，国务院授权我部下发用地批复，批复中注明‘业经国务院批准’字样。因国务院批准用地的签批件涉及国家秘密，按照《中华人民共和国政府信息公开条例》的规定，您申请公开的信息不属于政府信息公开范围，我部不予提供。特此告知。附件《关于成都市城市建设用地农用地转用和土地征用的批复》（国土资函〔2003〕409号）。”刘某英于2014年11月14日向法院提起行政诉讼。

北京市第一中级人民法院一审判决驳回刘某英的全部诉讼请求。

北京市高级人民法院二审判决驳回上诉，维持一审判决。

最高人民法院认为，公民、法人或者其他组织申请公开政府信息，属于依法应当公开范围的，行政机关应当向申请人予以公开，不属于依法应当公开范围的，行政机关应当告知申请人并说明理由。本案中，刘某英申请国土资源部公开的政府信息包括两项：一是“国土资函〔2003〕409号建设用地批复”。国土资源部作出被诉告知书，并将盖有印章的该批复复印件作为被诉告知书的附件送达刘某英，已经依法履行了对该申请事项的公开职责。二是“四川省人民政府上报我省《关于成都市中心城区2002年第五批城市建设用地的请示》（川府〔2002〕58号）业经国务院批准了的政府信息”。因该项信息涉及国家秘密，依法不属于公开的范围，国土资源部作出被诉告知书，告知刘某英不予公开的理由，符合政府信息公开条例（2007年发布）第十四条第四款、第二十一条第二项等规定。另，前述两项政府信息具有一定的关联性，且系刘某英一人在较短期间内先后提起的申请，国土资源部在法定期限内作出被诉告知书，对两项政府信息公开申请一并作出答复，并未侵害刘某英依法获取政府信息的合法权利，且符合政府信息公开条例第五条规定的便民原则。据此，国土资源部作出的被诉告知书符合法律规定。裁定驳回再审申请人刘某英的再审申请。

周某倩与某市人力资源和社会保障局政府信息公开案①

被上诉人（一审原告）：周某倩

上诉人（一审被告）：某市人力资源和社会保障局（以下简称某市人保局）

2008年11月，某市人保局批准组建新一届某市卫生系列高级职称评定委员会专家库。同月，某市卫生系列高评委办公室从上述专家库中抽取一定比例成员组成2008年度某市卫生系列高评委，以开展当年的卫生系列高级专业技术职务任职资格评审工作，并将专家名单报某市人保局备案。2008年12月，2008年度某市卫生系列高级专业技术职务任职资格评审工作启动，至2009年第二季度结束。2009年8月14日，周某倩向某市人保局提出政府信息公开申请，要求获取某市人保局于2008年9月开始启动的高级职称社会评定中对申请人职称评定申请进行评审的高评委组成人员、评审

① 案号：上海市第二中级人民法院（2010）沪二中行终字第189号。

经过和评审结果。经审查，某市人保局认为周某倩申请获取的高评委组成人员名单一旦公开将危及社会稳定，遂于2009年9月18日将该情况依法上报某市人民政府办公厅。2009年9月24日，某市人保局作出政府信息公开申请答复，告知周某倩其要求获取的高评委组成人员的信息，公开可能危及国家安全、公共安全、经济安全和社会稳定，该信息不属于公开的范围；其要求获取的评审经过和评审结果的信息不属于某市人保局公开职权范围，建议周某倩向相关评委会办公室咨询。周某倩不服，诉至某市黄浦区人民法院，要求撤销某市人保局所作出的政府信息公开申请答复。

某市黄浦区人民法院一审判令被告对原告的申请依法重新作出具体行政行为。

宣判后，某市人保局不服，向某市第二中级人民法院提起上诉。二审法院经审理认为，因被上诉人周某倩提出申请时2008年度的卫生系列高级职称评定工作已经结束，故向被上诉人公开2008年度专家名单对2008年评审工作已无影响。高评委成员的投票情况、评审意见不得向任何人泄露，参评人员知晓评委名单不等同于知晓评委的投票情况和评审意见，上诉人某市人保局关于公开评委名单可能引发打击报复的理由缺乏依据。虽然抽取高评委成员时上一年度的成员应保留二分之一，但由于每年高评委均由几十名专家组成，即使公开上一年度专家名单，具体哪些专家保留至下一年度仍不确定。在评审过程中，得到执行委员三分之二以上赞成票的申报对象才能通过审定，参评人员以向个别评委打招呼的方式通过评审的可能性不大，上诉人关于公开专家名单不利于后两期评审工作开展的理由依据不足。况且，即使发生有申报对象以非正常手段通过审定的情况，亦不足以提升到影响社会稳定的层面。故上诉人以公开可能危及社会稳定为由，拒绝向被上诉人公开高评委组成人员的信息，依据不足。上诉人负有监督检查卫生系列高级专业技术职务任职资格评审程序、公示评审结果的职责，上诉人亦称曾派工作人员到2008年度的评审现场监督评审过程，对评审通过的人员名单进行上网公示，故被上诉人申请公开的评审经过和评审结果应属上诉人的职权范围，上诉人认为其未制作过评审经过的政府信息，亦未获取高评委制作的包括具体评审投票表决过程及最终评审结果的信息，该理由与上诉人所作答复的内容并不一致。综上，二审判决驳回上诉，维持原判。

古某与某教育考试院不服不予公开高考试卷案[①]

原告：古某

被告：某教育考试院

古某于2010年参加了某市普通高校招生全国统一考试。同年6月24日，古某向某教育考试院高等学生招生办公室提出申请，申请高招办向其公开2010年高考其本人的理科综合、数学及外语试卷。高招办于2010年7月15日向其作出回复，称根据相关规定，国家教育全国、省级、地区（市）级统一考试在启用之后的评分标准属于教育工作中的国家秘密级事项，且考试后不应公开的试题和考生答卷以及考生的档案材料，只限于一定范围的人员掌握，不得擅自扩散和公开。2010年10月12日，古某因对某教育考试院高招办作出的答复不服，以某教育考试院为被告，向某海淀区人民法院提起行政诉讼。

某区人民法院经审理认为，根据《中华人民共和国教育法》第二十条以及1996年3月13日某市机构编制委员会京编委〔1996〕2号《关于市教委成立某教育科学研究院、某教育考试院、某教育音像报刊总社的批复》的相关规定，某教育考试院作为全市教育考

① 案号：北京市第一中级人民法院（2010）一中行终字第1060号。

试的主管部门具有负责某市高考相关的考试考务工作的法定职权。《教育工作中国家秘密及其密级具体范围的规定》第三条第三项第三目规定，国家教育全国、省级、地区（市）级统一考试在启用之后的评分标准属于秘密级事项。同时该规定第五条第五项规定，考试后不应公开的试题和考生答卷以及考生档案材料只限于一定范围内的人员掌握，不得擅自扩散和公开。政府信息公开条例第十四条亦规定，涉及国家秘密的政府信息不得公开。本案中，原告向被告下属的高招办申请公开其2010年高考理综、数学及外语试卷，上述试卷涉及高考评分标准且属于考试后不应公开的试题和考生答卷。由于高考评分标准属于秘密级事项不得公开，而原告申请公开的试卷只限于一定范围的人员掌握，不得擅自扩散和公开，故被告在其职权范围内针对原告的申请在合理期限内作出被诉回复，并无不当。据此，驳回原告的诉讼请求。二审维持原判。

黄某英与自然资源部政府信息公开案①

原告黄某英于2018年1月11日通过快递方式向自然资源部递交政府信息公开申请，要求被告公开：根据2012年8月18日被申请人作出的国土资函〔2012〕649号《关于成都市中心城区2012年度城市建设用地的请示》（川府〔2012〕49号），请求依法公开合法有效的“成都市中心城区2012年度城市建设用地的请示经国务院批准”的政府信息。自然资源部于2018年1月16日收到该申请，于2018年1月17日作出被诉告知书。黄某英收到该告知书后不服，于2018年1月28日向自然资源部提起行政复议申请，要求撤销被诉告知书并责令被告依法全面作出政府信息公开申请答复。被告于2018年1月31日收到该行政复议申请，于2018年3月29

---

① 案号：北京市第一中级人民法院（2018）京01行初494号。

日作出被诉复议决定。原告不服，于 2018 年 4 月 18 日向北京市第一中级人民法院提起诉讼。

法院认为，行政诉讼法规定，被告不提供或者无正当理由逾期提供证据，视为没有相应证据。被告应当在收到起诉状副本之日起 15 日内向人民法院提交作出行政行为的证据和所依据的规范性文件，并提出答辩状。本案中，被告在被诉告知书中认定原告申请的信息已定密级为秘密，被告对原告申请的政府信息不予公开。但是被告在法定的举证期限内未提交证据证明申请信息已被定密级为秘密，应视为被诉告知书没有相应的证据。在被告对此应承担主要证据不足的法律后果，被诉告知书依法应予撤销。

行政机关认定申请人申请的信息为国家秘密，并据此决定不予公开，但是在法定的举证期限内未向人民法院提交定密证据的，应视为被诉政府信息告知书没有相应的证据。诉讼的过程中证据为王一直是亘古不变的话题，行政诉讼也不例外。本案中由于被告自然资源部未能在举证的期限内完成举证，应当承担举证不利的后果，这一结果符合裁判规则。

闻某某与某省教育考试院政府信息公开案①

［第六届全国行政审判优秀业务成果评选（裁判文书类成果）一等奖］

上诉人（原审原告）：闻某某

被上诉人（原审被告）：某省教育考试院

闻某某系参加某省 2015 年普通高校招生全国统一考试的考生，学业水平测试选测科目历史的成绩为 C。因认为历史科目考试成绩与平时的学习成绩不符，2015 年 6 月 29 日，闻某某的父亲向某省

① 案号：江苏省高级人民法院（2017）苏行终 126 号。

教育考试院提出书面申请，要求成绩复核并公开各试题得分及分数段人员比情况。2015 年 6 月 30 日，某省教育考试院作出《关于 2015 年高考考生闻某某申请成绩复核的回复》，告知闻某某复核的具体流程，并答复称申请复核的成绩准确无误。

2015 年 12 月 16 日，闻某某向某省教育考试院提出政府信息公开申请，要求：(1) 向本人或委托人公开本人 2015 年高考历史答卷；(2) 公开 2015 年高考历史各等级的分数线；(3) 在信息公开事项未结之前，保留本人 2015 年高考历史原始答卷，未经教育部或某省教育厅书面同意或本人允许，不得销毁。某省教育考试院 2015 年 12 月 18 日收到该申请后，于 2016 年 1 月 8 日作出答复，主要内容为：(1) 高考历史答卷属于按国家秘密级事项管理的考试信息，不予公开。对于考试成绩的异议，已经复核并告知闻某某本人。(2) 考生学业水平测试成绩只记载等级，不记载原始分。公开历史科目各等级的分数线，可能影响社会稳定，不予公开。(3) 扫描后答卷的保存期为考试成绩发布后 6 个月，目前闻某某的历史科目答卷尚未销毁。闻某某对该答复不服，提起行政诉讼。

南京市中级人民法院一审判决驳回闻某某的诉讼请求。

某省高级人民法院认为，通过考试选拔人才是我国自古以来的传统制度。高考是考生选择大学和进入大学的资格标准之一，也是国家教育考试之一。新中国成立以来，尤其是改革开放之后，虽然国家不断扩大高等学校招生规模，但仍不能满足莘莘学子渴望接受高等教育的愿望。每年高考结束后，总是几家欢乐几家愁。对于考生，特别是对于高考成绩不太理想的考生来说，希望通过多种渠道进一步了解自己的考试信息，本是人之常情。然而本案中，上诉人闻某某在向被上诉人某省教育考试院申请考生成绩复核并收到相关复核结果后，再行通过申请信息公开的方式，要求公开相关考试信息，不应予以支持。主要理由如下：

一、上诉人闻某某对高考成绩的异议，不应当通过申请政府信息公开的方式主张

考试信息包括考生情况，考区、考点、考场设置、考场安排情况，监考人员、巡视员、评卷人员情况，考试情况，答卷扫描图片、评卷情况、考试成绩、诚信考试情况，视频监考录像等。本案中，上诉人闻某某于2015年12月16日向某省教育考试院提出政府信息公开，要求：(1) 向本人或委托人公开本人2015年高考历史答卷；(2) 公开2015年高考历史各等级的分数线；(3) 在信息公开事项未结之前，保留本人2015年高考历史原始答卷，未经教育部或某省教育厅书面同意或本人允许，不得销毁。对照教育部上述规定，可以看出，上诉人闻某某提出的第 (1)、(2) 项申请属于考试信息，第 (3) 项申请不属于考试信息。然而问题是，虽然上诉人闻某某提出的第(1)、(2) 项申请属于考试信息，但这些信息是否应当按照信息公开条例的规定予以办理呢？

政府信息公开条例第十条规定，行政机关制作的政府信息，由制作该政府信息的行政机关负责公开。行政机关从公民、法人和其他组织获取的政府信息，由保存该政府信息的行政机关负责公开；行政机关获取的其他行政机关的政府信息，由制作或者最初获取该政府信息的行政机关负责公开。法律、法规对政府信息公开的权限另有规定的，从其规定。根据该条规定，在法律、法规对政府信息公开的权限作出特别规定的情况下，应当优先适用特别法的规定。高考涉及千家万户，为保证高考的顺利进行，为维护广大考生的权益，维护高考的公平、公正，我国各级教育主管部门颁布的高考规定中，都有考生对高考成绩异议复核的规定，这些规定是高考制度的重要组成部分。考生对于考试信息的异议，与信息公开条例所调整的政府信息公开行为有着根本的区别，考生对于考试信息的异议，应当通过成绩异议复核渠道予以解决，而不应当通过申请政府

信息公开的方式予以主张。而事实上，本案上诉人闻某某业已申请了高考成绩异议复核。被上诉人某省教育考试院亦作出了相应的书面回复，在此情况下，闻某某再行通过申请信息公开方式，要求公开考试信息，于法无据。

二、上诉人闻某某申请公开的高考历史答卷及历史各等级分数线信息，依法也不应当予以公开

政府信息公开条例第十四条规定，依法确定为国家秘密的政府信息，法律、行政法规禁止公开的政府信息，以及公开后可能危及国家安全、公共安全、经济安全、社会稳定的政府信息，不予公开。由于目前全国的高考命题都尚处于经验性命题阶段，各科目的难易程度难以把控，各科划分等级的比例虽然一致，但由于难度有差异，具体划分等级的分数线并不相同，如果公布各等级的分数线，势必引发广大考生对选测科目难易度的质疑，以及由于选测科目不同而吃亏或占便宜的纷争，影响社会稳定。故被上诉人某省教育考试院答复以2015年高考历史各等级分数线涉及社会稳定不予公开为由，并无不当。

本案上诉人闻某某申请公开的2015年高考历史各等级分数线，因历史成绩等级划分不是按照分数线，而是按照考生成绩排名比例确定，故不是现有的信息。闻某某要求公开的等级分数线，客观上需要某省教育考试院根据考生人数、相应的比例以及考分等情况进行汇总统计。根据国务院办公厅《关于做好政府信息依申请公开工作的意见》（国办发〔2010〕5号）第二条“行政机关向申请人提供的政府信息，应当是现有的，一般不需要行政机关汇总、加工或重新制作”的规定，被上诉人某省教育考试院答复称2015年高考历史等级分数线不属于政府信息公开的范围、不予公开正确。

据统计，某省2015年有39.29万名考生报名参加高考，2016

年有36.04万名考生报名参加高考，2017年有33.01万名考生报名参加高考。某省自2004年实行普通高考分省单独命题以来，每年6月24日晚公布成绩，7月7日开始录取工作。如果准许考生在接到高考成绩通知，申请高考成绩异议复核后，还可以申请考试信息公开，查阅相关试卷，继而还可以再对相关考题，特别是主观题目的评判标准提出异议，势必影响到整个高考录取工作的顺利进行，影响到高考秩序以至于社会秩序的稳定。

综上，判决驳回上诉，维持原判。

杨某怀与某市住房保障和房产管理局政府信息公开案[①]

原告：杨某怀

被告：某市住房保障和房产管理局（以下简称市住管局）

原告杨某怀系某市直紫城巷××号（原××号）房屋所有权人杨某勤（已故）之子，2013年7月25日，原告以邮寄的方式向被告市住管局提出政府信息公开申请，要求公开前述房屋1958年私人出租房屋社会主义改造相关信息，方式为“查阅或复印”，具体内容如下：“1. 1958年8月，私房社会主义改造前，杨某勤将题述房屋出租给浙江省公安厅的原始凭证；2. 杨某勤从省公安厅收取月租150元的原始凭证；3. 1958年8月之前，题述房屋属于代管产的依据，或者说被国家接管的依据；4. 1958年8月，题述房屋全部列入改造的依据；5. 1958年8月，房屋全部列入改造时，认定杨某勤一家八人的依据；6. 1994年9月，贵局发还建筑面积85.64平方米的产权，剩余房屋不发还的依据。”被告于同年7月27日收到申请后予以受理。2013年8月15日，被告作出2013年第014号不予告知《某市房产管理局政府信息不予公开告知书》。原告不服该不予

① 案号：杭州市上城区人民法院（2013）杭上行初字第62号。

公开告知，依法提起行政诉讼。

另查明，被告于2013年3月20日对本市的私人出租房屋社会主义改造档案报请有关主管部门进行政府信息公开前的保密审查。被告对原告的政府信息公开申请答复前，尚未收到有关主管部门的回复。2013年8月15日，市住管局向杨某怀作出2013年第014号不予告知《某市房产管理局政府信息不予公开告知书》，答复内容为："根据《中华人民共和国政府信息公开条例》之规定，本机关已报请相关部门对我市的私人出租房屋社会主义改造档案进行政府信息公开前的保密审查。目前，相关部门仍在保密审查过程中。鉴于上述情况，根据《中华人民共和国政府信息公开条例》之规定，本机关决定对你申请公开的地籍为1都4图0942－××号的原直紫城巷××号1958年私人出租房屋社会主义改造相关档案暂不予公开。"

某市上城区人民法院认为，本案中，原告杨某怀向被告市住管局提出政府信息公开申请，要求公开某市直紫城巷××号（原××号）房屋1958年私人出租房屋社会主义改造相关信息，被告市住管局依照我国政府信息公开条例的相关规定，负有审查公开本机关承办的政府信息的法定职责。被告在收到原告申请后经审查，以2013年第014号不予告知《某市房产管理局政府信息不予公开告知书》的形式，对原告政府信息公开申请予以了答复，认为其已依法报请相关部门对本市的私人出租房屋社会主义改造档案进行了政府信息公开前的保密审查。目前，相关部门仍在保密审查过程中，鉴于上述情况，根据《中华人民共和国政府信息公开条例》之规定，决定对原告申请公开的原直紫城巷××号1958年私人出租房屋社会主义改造相关档案暂不予公开。该告知符合法律规定。同时，被告作出该告知行为的程序亦合法。但被告作出的告知书标题的单位名称仍沿用旧称"某市房产管理局"存在不当，应予指正。判决驳回原告杨某怀的诉讼请求。

李某珍与某省司法厅政府信息公开案①

上诉人（一审原告）：李某珍

被上诉人（一审被告）：某省司法厅（以下简称省司法厅）

2014年7月4日，李某珍通过邮寄方式向省司法厅提交5份信息公开申请表，要求公开某市中级人民法院行政庭三名法官的司法考试成绩及法官等级信息，申请表记载所需信息用途为“生活、维权”。省司法厅于同年7月11日作出答复，认为李某珍提出的信息公开申请不符合《中华人民共和国政府信息公开条例》的规定，不属于省司法厅信息公开范围。李某珍不服，提起行政诉讼，要求判令省司法厅在法定期限内公开某市中级人民法院行政庭三名法官的司法考试成绩信息。

市中级人民法院一审认为，李某珍于2014年7月4日向省司法厅提出信息公开申请，省司法厅收到后，于同年7月11日作出答复符合上述规定，行政程序合法。关于李某珍主张的其提出涉案政府信息公开申请的目的在于了解法官情况以行使回避权的问题，经审查认为，李某珍如认为法官与案件存在利害关系可能影响案件公正审理，可以提出回避申请，但法官的司法考试成绩与其行使回避权并无关联，而法官的任职资格由有权机关进行认定。省司法厅作出的答复具有事实根据和法律依据。一审判决驳回李某珍的诉讼请求。

某省高级人民法院二审认为，《最高人民法院关于审理政府信息公开行政案件若干问题的规定》第十二条第一项规定，不属于政府信息、政府信息不存在、依法属于不予公开范围或者依法不属于被告公开的，被告已经履行法定告知或者说明理由义务的，人民法

① 案号：江苏省高级人民法院（2015）苏行终字第00324号。

院应当判决驳回原告的诉讼请求。本案中，上诉人李某珍向被上诉人省司法厅提交政府信息公开申请表，要求公开某市中级人民法院行政庭三名法官的司法考试成绩及法官等级信息。首先，因相关法官的法官等级信息不属于省司法厅履行法定职责中制作或者获取的信息，依法不属于省司法厅公开。其次，《国家司法考试保密工作规定》第四条第三款规定，国家司法考试结束后未公布的试题试卷、标准答案、应试人员的考试成绩等属于工作秘密，未经司法部批准不得公开。李某珍申请公开相关法官的司法考试成绩在未经司法部批准的情况下，不属于省司法厅的公开范围。省司法厅在收到李某珍的政府信息公开申请后，在法定期限内作出被诉政府信息公开答复，对李某珍申请公开的事项未予公开并无不当，行政程序合法。二审维持原判。

顾某军与证监会不履行政府信息公开职责案①

上诉人（一审被告）：证监会

被上诉人（一审原告）：顾某军

2015 年 6 月 30 日，证监会收到顾某军以信函方式提交的 7 份信息公开申请，申请公开的信息内容分别为 2005 年证监会对科龙公司启动立案调查程序的主席办公会议立案调查理由、立案调查结论、会议举行时间、参会人员名单、会议内容、会议表决内容、会议纪要。同年 7 月 31 日，证监会作出被诉告知书，并于同年 8 月 3 日邮寄送达顾某军，顾某军于次日签收。顾某军不服，诉至一审法院。

北京市第一中级人民法院一审认为，本案中，顾某军向证监会申请公开的信息为涉案 7 项信息，证监会以上述信息属于国家秘密

① 案号：北京市高级人民法院（2018）京行终 1235 号。

为由拒绝提供，但未能提供证据予以佐证。因此，证监会基于上述理由作出的被诉告知书属于认定事实不清，依法应予撤销。顾某军关于撤销被诉告知书的诉讼请求符合法律规定，法院予以支持。鉴于证监会对顾某军提出的政府信息公开申请，尚需调查、裁量，故针对顾某军关于责令证监会立即公开其所申请的政府信息的诉讼请求，法院应判决证监会在法定期限内重新处理。据此判决责令证监会自判决生效之日起于法定期限内对顾某军的政府信息公开申请予以重新答复。

北京市高级人民法院认为，本案中，顾某军申请证监会公开涉案7项信息，证监会以上述信息属于国家秘密为由不予公开，但并未提供相关证据予以佐证，故证监会不予公开的理由在本案中无法成立，证监会应继续履行政府信息公开法定职责。鉴于本案存在调查或裁量空间，故证监会应对顾某军提出的涉案7项信息的公开申请重新作出处理。综上，证监会接到申请后所履行的政府信息公开法定职责不当，顾某军请求撤销被诉告知书的相关理由成立。判决驳回上诉，维持一审判决。

区某坤与某市政府政府信息公开案①

区某坤因长期监督公车私用而成为民间“明星”人物，更因涉嫖娼被抓引起舆论关注。

2014年4月，区某坤向某市政府申请公开《某市党政机关公务用车使用管理暂行办法》定为秘密的理由及依据。某市政府告知：相关文件由某市委办公厅主办并负责定密审批。区某坤不服，起诉要求确认上述《告知》违法并责令公开相关信息。

案经某中院一审判决，区某坤不服提起上诉。广东高院二审认

① 案号：广东省高级人民法院（2014）粤高法行终字第986号。

为，区某坤要求公开相关文件定为秘密的理由及依据，不是“政府信息”本身。某市政府作为设区的市一级机关，具有定密权限，已定密政府信息依法不属于政府信息公开范围。综上，法院判决驳回区某坤的诉讼请求。

政府信息应当是现实存在的，一般不需要行政机关进行汇总、加工或重新制作的信息。

第十五条　【第三方合法权益信息豁免】涉及商业秘密、个人隐私等公开会对第三方合法权益造成损害的政府信息，行政机关不得公开。但是，第三方同意公开或者行政机关认为不公开会对公共利益造成重大影响的，予以公开。

◆ **解读**

出于行政管理的需要，行政机关除自己制作、起草政府文件外，还需要不断地向公民、法人或者其他组织获取某些资料，这就使得政府信息中往往包含涉及商业秘密、个人隐私的内容。因此，行政机关公开政府信息，一方面满足了公众或者个体申请人“知”的需求，另一方面也有不当泄露涉及他人商业秘密或者个人隐私信息之虞。作为这种“具有第三方效果”的行政行为的第三方，如果认为行政机关主动或者依他人申请公开政府信息的行政行为侵犯其合法权益，就可以依照《最高人民法院关于审理政府信息公开行政案件若干问题的规定》“认为行政机关主动公开或者依他人申请公开政府信息侵犯其商业秘密、个人隐私的，人民法院应当受理”的规定，提起行政诉讼。由于这种诉讼的目的是要求法院阻止行政机关公开政府信息，与一般政府信息公开诉讼要求公开政府信息的目的正好相反，因此被称作反信息公开诉讼。

首先对涉商业秘密、个人隐私的政府信息能否进行区分剥离作出判断，不具有分割公开的可操作性时，应当履行征求第三方意见的程序。但政府信息的公开不应也不必以权利人的同意为前提条件，可对政府信息公开需求与对隐私权保护进行利益衡量，根据比例原则确定是否应该或在多大程度上以让渡部分个人信息的方式优先保护较大利益的公众知情权、监督权。

◆ 案例

杨某权与某市房产管理局政府信息公开案①

2013 年 3 月，杨某权向某市房产管理局等单位申请廉租住房，因其家庭人均居住面积不符合条件，未能获得批准。后杨某权申请公开经适房、廉租房的分配信息并公开所有享受该住房住户的审查资料信息（包括户籍、家庭人均收入和家庭人均居住面积等）。某市房产管理局于 2013 年 4 月 15 日向杨某权出具了《关于申请公开经适房、廉租住房分配信息的书面答复》，答复了 2008 年以来经适房、廉租房、公租房建设、分配情况，并告知，其中三批保障性住房人信息已经在肥城政务信息网、某市房管局网站进行了公示。杨某权提起诉讼，要求一并公开所有享受保障性住房人员的审查材料信息。

泰安高新技术产业开发区人民法院经审理认为，杨某权要求公开的政府信息包含享受保障性住房人的户籍、家庭人均收入、家庭人均住房面积等内容，此类信息涉及公民的个人隐私，不应予以公开，判决驳回杨某权的诉讼请求。

---

① 案号：山东省泰安市中级人民法院（2013）泰行终字第 42 号。

杨某权不服，提起上诉。泰安市中级人民法院经审理认为，《廉租住房保障办法》《经济适用住房管理办法》均确立了保障性住房分配的公示制度，《某市民政局、房产管理局关于经济适用住房、廉租住房和公共租赁住房申报的联合公告》亦规定“社区(单位)，对每位申请保障性住房人的家庭收入和实际生活状况进行调查核实并张榜公示，接受群众监督，时间不少于5日”。申请人据此申请保障性住房，应视为已经同意公开其前述个人信息。与此相关的政府信息的公开应适用政府信息公开条例（2007年发布）第十四条第四款经权利人同意公开的涉及个人隐私的政府信息可以予以公开的规定。另外，申请人申报的户籍、家庭人均收入、家庭人均住房面积等情况均是其能否享受保障性住房的基本条件，其必然要向主管部门提供符合相应条件的个人信息，以接受审核。当涉及公众利益的知情权和监督权与保障性住房申请人一定范围内的个人隐私相冲突时，应首先考量保障性住房的公共属性，使获得这一公共资源的公民让渡部分个人信息，既符合比例原则，又利于社会的监督和住房保障制度的良性发展。被告的答复未达到全面、具体的法定要求，因此判决撤销一审判决和被诉答复，责令被告自本判决发生法律效力之日起15个工作日内对杨某权的申请重新作出书面答复。

本案的焦点问题是享受保障性住房人的申请材料信息是否属于个人隐私而依法免予公开。该问题实质上涉及了保障公众知情权与保护公民隐私权两者发生冲突时的处理规则。保障性住房制度是政府为解决低收入家庭的住房问题而运用公共资源实施的一项社会福利制度，直接涉及公共资源和公共利益。在房屋供需存有较大缺口的现状下，某个申请人获得保障性住房，会直接减少可供应房屋的数量，对在其后欲获得保障性住房的轮候申请人而言，意味着机会利益的减损。为发挥制度效用、依法保障公平，利害关系方的知情权与监督权应该受到充分尊重，其公开相关政府信息的请求应当得到支持。因此，在保障性住房的分配过程中，当享受保障性住房人的隐私权直接与竞争权人的知情权、监督权发生冲突时，应根据比例原则，以享受保障性住房人让渡部分个人信息的方式优先保护较大利益的知情权、监督权，相关政府信息的公开不应也不必以权利人的同意为前提。本案二审判决确立的个人隐私与涉及公共利益的知情权相冲突时的处理原则，符合法律规定，具有标杆意义。

王某利与某区房地产管理局政府信息公开案①

2011年10月10日，王某利向某区人民政府信息公开办公室提出申请，要求公开某区金融街公司与某区土地整理中心签订的委托拆迁协议和支付给土地整理中心的相关费用的信息。2011年10月11日，某区信息公开办将王某利的申请转给某区房地产管理局，由某区房管局负责答复王某利。2011年10月，某区房管局给金融街公司发出《第三方意见征询书》，要求金融街公司予以答复。2011年10月24日，某区房管局作出了《涉及第三方权益告知书》，告知王某利申请查询的内容涉及商业秘密，权利人未在规定期限内答复，不予公开。王某利提起行政诉讼，请求撤销该告知书，判决被告依法在15日内提供其所申请的政府信息。

某区人民法院经审理认为，某区房管局审查王某利的政府信息公开申请后，只给金融街公司发了一份第三方意见征询书，没有对王某利申请公开的政府信息是否涉及商业秘密进行调查核实。在诉讼中，某区房管局也未提供王某利所申请政府信息涉及商业秘密的任何证据，使法院无法判断王某利申请公开的政府信息是否涉及第

① 案号：天津市和平区人民法院（2014）和行初字第103号。

三人的商业秘密。因此，某区房管局作出的《涉及第三方权益告知书》证据不足，属明显不当。判决撤销被诉《涉及第三方权益告知书》，并要求某区房管局在判决生效后30日内，重新作出政府信息公开答复。

一审宣判后，当事人均未上诉，一审判决发生法律效力。

本案的焦点集中在涉及商业秘密的政府信息的公开问题以及征求第三方意见程序的适用。在政府信息公开实践中，行政机关经常会以申请的政府信息涉及商业秘密为理由不予公开，但有时会出现滥用。商业秘密的概念具有严格内涵，依据反不正当竞争法的规定，商业秘密是指不为公众知悉、能为权利人带来经济利益、具有实用性并经权利人采取保密措施的技术信息和经营信息。行政机关应当依此标准进行审查，而不应单纯以第三方是否同意公开作出决定。人民法院在合法性审查中，应当根据行政机关的举证作出是否构成商业秘密的判断。本案某区房管局在行政程序中，未进行调查核实就直接主观认定申请公开的信息涉及商业秘密，在诉讼程序中，也没有向法院提供相关政府信息涉及商业秘密的证据和依据，导致法院无从对被诉告知书认定“涉及商业秘密”的事实证据进行审查，也就无法对该认定结论是否正确作出判断。基于此，最终判决行政机关败诉符合立法本意。该案例对于规范人民法院在政府信息公开行政案件中如何审查判断涉及商业秘密的政府信息具有典型示范意义。

邱某与某区市场监督管理局政府信息公开案[①]

原告：邱某

被告：某区市场监督管理局（以下简称某市场监管局）

---

① 案号：北京市通州区人民法院（2019）京0112行初23号。

2018年1月25日，三元公司向某市场监管局提交调档申请书，载明：三元公司与物美公司系业务合作单位，三元公司产品益菌多（三元发酵乳）在物美卖场进行售卖，现物美卖场告知三元公司该产品被邱某向某市场监管局举报，作为该产品的生产商及邱某举报事项的利益关系人，三元公司特向某市场监管局申请公开有关对邱某举报事项的最终处理决定。同日，某市场监管局将针对邱某作出的《举报办理结果告知书》复印件提供给三元公司，《告知书》主要内容为：邱某，你的物美公司物美潞苑店（以下简称物美潞苑店）销售的三元发酵乳不符合相关规定的举报，我局现将办理结果回复如下：经查……故你举报的内容不属实，我局不予立案处理。邱某认为某市场监管局向三元公司公开《告知书》时泄露邱某姓名，侵犯其隐私权，向法院提起诉讼。

经审理查明：邱某曾对物美潞苑店销售的三元发酵乳进行投诉举报，三元发酵乳的生产企业为三元公司，某市场监管局于2017年12月8日作出《告知书》，决定不予立案；2018年1月25日，三元公司向某市场监管局提交调档申请书，要求查阅某市场监管局处理邱某举报物美卖场销售三元发酵乳的处理决定，同日，某市场监管局将《告知书》复印件给付三元公司，未对邱某姓名作遮挡等处理，未征询邱某是否同意公开的意见。

另查，2017年10月30日，北京市顺义区人民法院作出14905号民事判决，认定邱某从物美公司后沙峪店购买的产品不符合食品安全标准，判令物美公司后沙峪店向邱某支付赔偿金1000元。2017年11月29日，某区人民法院作出33220号民事判决，认定邱某从物美三间房店购买的三元发酵乳不符合食品安全标准，判令物美三间房店向邱某支付赔偿金1000元；物美三间房店不服，提起上诉，在二审期间，物美三间房店将《告知书》复印件作为新证据提交，北京市第三中级人民法院于2018年2月1日作出1327号民事判决，判决驳回上诉，维持原判。

又查，某区人民法院于2018年11月1日对邱某起诉某市场监管局姓名权纠纷一案予以立案，于2018年12月26日作出39219号判决，认定某市场监管局不存在侵犯邱某姓名权的民事侵权行为，邱某亦未提交任何证据证明其所主张的某市场监管局侵犯其姓名权的行为造成何种侵权后果，故判决驳回邱某的诉讼请求。

再查，在案件审理中，因机构改革，原某区食品药品监督管理局并入某市场监管局。

某区人民法院认为，在对本案争议焦点进行归纳总结和认定之前，需要先行明确被诉行政行为的性质以及案件类型。

（一）被诉行政行为的性质认定

本案被诉行政行为系某市场监管局依据三元公司的申请向其提供《告知书》复印件的行为，行为性质的认定涉及政府信息和档案之间的关系，具体到本案中，涉及三元公司提出的调档申请到底是查阅档案的行为，还是政府信息公开的申请行为，与此相对，某市场监管局的行为是受有关档案管理的法律、行政法规的规制，还是受《中华人民共和国政府信息公开条例》的规制。一般而言，政府信息和档案之间存在一定的前后演变关系，行政机关在履行行政管理职能过程中制作或者获取的，以一定形式记录、保存的信息构成了条例中的政府信息，其中按照规定应当立卷归档的，要向本机关档案机构或者档案工作人员移交进行集中管理，其中具有永久保存价值的则要向国家档案馆移交。从二者的演变关系可以看出，政府信息与档案具有一般与特殊的关系，在法律适用上按照特别法优于一般法的原则，当有特别规定则优先适用特别法，否则一律适用一般规定。按照《最高人民法院关于审理政府信息公开行政案件若干问题的规定》第七条的规定，政府信息由被告的档案机构或者档案工作人员保管的，适用条例的规定，政府信息已经移交各级国家档案馆的，依照有关档案管理的法律、行政法规和国家有关规定执行。本案中，邱某举报案件的材料包括但不限于《告知书》并未移交各级国家档案馆管理，不符合上述优先适用特别法的条件，某市场监管局提交的《执法档案查询规定》仅系其内部规范性文件，亦不能成为优先适用的特别规定，故某市场监管局向三元公司提供《告知书》的行为应属政府信息公开行为，受条例的规制。

（二）本案的案件类型

一般来说，政府信息公开类案件针对的是行政机关不公开政府信息的行为，其目的是要求公开政府信息，但与此相反的还有一类特殊的政府信息公开案件，针对的是行政机关公开政府信息的行为，其目的是阻止行政机关公开政府信息，对于此类特殊的案件一般称为反政府信息公开诉讼，在《最高人民法院关于审理政府信息公开行政案件若干问题的规定》第一条第一款第三项中有明确规定，公民、法人或者其他组织认为行政机关主动公开或者依他人申请公开政府信息侵犯其商业秘密、个人隐私，依法提起行政诉讼的，人民法院应当受理。具体到食品药品投诉举报领域，为了鼓励公民、法人或者其他组织进行实名举报，有效保护投诉举报人人身、财产安全，避免其受到打击报复，《食品药品投诉举报管理办法》[①] 第三十三条第一款第三项规定，严禁泄露投诉举报人的相关信息；严禁将投诉举报人信息透露给被投诉举报对象及与投诉举报案件查处无关的人员，不得与无关人员谈论投诉举报案件情况。其中投诉举报人的相关信息当然包含投诉举报人的姓名，故在投诉举报领域内，投诉举报人的姓名应当属于个人隐私范畴，食品药品监督管理部门应当对投诉举报人的姓名进行保密，在公民、法人或者其他组织申请政府信息公开时，应当按照条例的规范指引进行，除

① 现已失效。

经权利人同意公开或者不公开可能对公共利益造成重大影响的外，不得公开。本案中某市场监管局的政府信息公开行为系针对三元公司作出的，但因《告知书》内容中涉及邱某的名字，邱某作为投诉举报人认为某市场监管局公开《告知书》侵犯了其个人隐私提起本案诉讼，即属于前述反政府信息公开诉讼，邱某具有原告主体资格。

基于对前述两个问题的认定，归纳争议焦点为某市场监管局向三元公司公开《告知书》的行为是否侵犯了邱某的个人隐私。目前，关于个人隐私的内涵和外延在现行法律法规中均没有明确界定，但一般而言，个人隐私是指公民个人生活中不愿为他人公开或知悉的秘密，个人的意愿是判断相关信息是否属于个人隐私的最重要标准之一。本案中，邱某作为投诉举报人，投诉举报物美卖场销售的三元公司生产的产品不符合食品安全标准，利益相关人直接涉及物美卖场和三元公司，邱某和某市场监管局理应首先向物美卖场和三元公司保密，但从法院查明的情况可知，邱某针对涉案举报产品向物美三间房店提起民事诉讼要求赔偿，本院在 2018 年 1 月 25 日前已经作出判决，法院认为邱某通过民事诉讼的形式向物美超市公开了其个人信息，而基于物美卖场和三元公司之间的供销关系，三元公司亦能够知晓邱某投诉举报人的身份，尽管邱某认为在民事诉讼中其并未说明举报事实，但结合邱某的多次举报、诉讼情况，物美卖场或者三元公司将其提起民事赔偿的主张与投诉举报进行关联具有合理性，这一点在三元公司提交的调档申请书中亦能够得到印证，即三元公司在提出政府信息公开申请之前已经知晓邱某举报的事实，此时，某市场监管局并无不予公开告知书或者隐去邱某姓名之必要，某市场监管局向三元公司公开告知书的行为并未侵犯邱某的个人隐私，故对于邱某的诉讼请求，本院不予支持。综上，判决驳回原告邱某的诉讼请求。

第十六条第一款 【内部事务信息】行政机关的内部事务信息，包括人事管理、后勤管理、内部工作流程等方面的信息，可以不予公开。

◆ **解读**

这是2019年4月15日修订后的《中华人民共和国政府信息公开条例》的新增条款。内部管理行为是行政机关为了顺利有效地履行其社会职能而对其内部各系统和关系进行的有意识的计划、组织、指挥、协调和控制的活动过程，有组织管理、人事管理、财务管理和物质设施管理等不同的层次和职能的分工。内部信息是行政机关内部的事务性、管理性信息，只对行政机关内部的工作人员产生影响，与一般公共利益无关，如行政机关内部奖惩、任免决定，机关内部关于午餐时间的规定等。内部信息是否属于政府信息，关键看行政机关内部管理行为与行政机关履行法定职责行为是否存在重合或者交叉。如果是重合的，内部信息应该属于政府信息；如果存在交叉，那么交叉部分的内部信息应该属于政府信息。本条例第二条规定的行政机关履行行政管理职能过程中的行为主要是指行政机关外部行政行为，而行政机关的内部管理行为则不属于行政机关履行职责的行为。因此，一旦内部管理信息与公共利益有关，成为行政机关履行职责中制作或者获取的信息，对行政相对人的合法权益产生实际影响，就属于政府信息，应当公开。对于不对外公开的内部管理信息或者行政机关之间和行政机关内部行文的请示、报告、批复、会议纪要、抄告单等文件和资料，不作为行政管理依据的，可以不予公开。行政机关之间和行政机关内部行文的请示、报告、批复、会议纪要、抄告单等文件和资料，这些内部行文信息，只要是作为行政管理依据的，就应当予以公开。

内部信息主要包括：一是本机关内部管理信息，如领导成员廉洁自律情况、工作部署、内部财务收支情况、内部审计结果、公务员人事管理情况、考核奖励、收入、分配、福利待遇情况等；二是机关之间的联络信息，如工作联系与沟通、交流与指导等。内部管理信息应当实行内部公开，其豁免对社会公开主要是因其对公共利益不会产生实际影响，因此不予公开。

实践中，行政机关在作出政府信息公开答复时常常将信息界定为内部、过程性信息，这样的界定是否准确，内部信息和过程性信息如何区分，一直都是政府信息公开实践中的难题。根据《国务院办公厅关于做好政府信息依申请公开工作的意见》（国办发〔2010〕5号）第二条第二款的规定："……行政机关在日常工作中制作或者获取的内部管理信息以及处于讨论、研究或者审查中的过程性信息，一般不属于《条例》所指应公开的政府信息。"故此，实践中将内部信息、过程性信息作为政府信息不予公开的豁免理由。新政府信息公开条例第十六条对内部信息和过程性信息作出更为明确的规定，即"行政机关的内部事务信息，包括人事管理、后勤管理、内部工作流程等方面的信息，可以不予公开。行政机关在履行行政管理职能过程中形成的讨论记录、过程稿、磋商信函、请示报告等过程性信息以及行政执法案卷信息，可以不予公开。法律、法规、规章规定上述信息应当公开的，从其规定"。由此，内部信息强调的是信息所涉事务的内部性，即内部管理信息是与公共利益无关的纯粹的行政机关内部的事务信息，对于此类信息不公开，主要是因为该类信息对行政机关的决策、决定不产生实际影响，不公开不影响公民对行政权的监督，公开后对公民的生产、生活和科研等活动无利用价值。而过程性信息更加考虑信息时间上的阶段性，即过程性信息是行政机关在作决定前的准备过程中形成的，处于讨论、研究或者审查过程中的信息，对于此类信息不公开，主要是考虑到行政行为尚未完成，公开可能会对行政机关独立做出行政行为产生不利影响，同时也是为了保护行政机关内部之间坦率的意见交换、意见决定的中立性。综上，内部信息强调的是“事务上的内部性”，可以不公开的原因是不直接涉及行政相对人的利益，行政相对人无须知晓。过程性信息强调的是“时间上的阶段性”，可以不公开的原因是该信息尚未完成和成熟，将有更为准确和确定的终局性信息涵盖前述过程性信息。

◆ 案例

蔡某敏与公安部政府信息公开案①

原告：蔡某敏

被告：公安部

2018年4月20日，被告公安部以蔡某敏为申请人，以上海市公安局为被申请人，作出被诉决定书，主要内容为：本案中，申请人申请公开其妻子两次拨打110的报警记录，申请人作为报警人的丈夫，在行政复议申请书中陈述了报警的事由、经过及有关内容，应当知晓其妻子报警内容，申请人多次向被申请人及所属分局申请政府信息公开不以获取所描述政府信息为目的，实质上是对被申请人110接处警的执法行为不服，对此申请人可以通过法定途径救济权利。申请人多次通过政府信息公开形式要求获取其已经知晓的报警信息，明显偏离政府信息公开的制度功能，不符合政府信息公开条例的立法宗旨，不具有需要保护的合法利益，不符合《中华人民共和国行政复议法》及其实施条例规定的受理条件。根据《中华人民共和国行政复议法实施条例》的规定，驳回蔡某

① 案号：北京市第二中级人民法院（2018）京02行初270号。

敏的行政复议申请。

北京市第二中级人民法院认为，本案中，根据蔡某敏提交的起诉状记载，蔡某敏在对其爱人数次报警的时间、原因、内容均已知悉的情况下，向上海市公安局提出政府信息公开申请，要求公开“2017 年 8 月 25 日 16 点 13 分 10 秒申请人爱人用手机 183 ×××××××× 拨打 110 的报警记录”和“2017 年 8 月 30 日 11 点 30 分 23 秒申请人爱人用手机 183 ×××××××× 拨打 110 的报警记录”的信息。本院认为，申请公开已经知悉的信息的行为，并不符合政府信息公开条例第一条规定的立法宗旨。同时“110 报警记录”亦不属于政府信息公开条例第二条所指的政府信息，而属于公安机关的内部管理信息，不属于行政诉讼的受案范围。因此，蔡某敏提起本案诉讼，缺乏通过行政诉讼可供保护的合法利益，既不符合提起行政诉讼的法定条件，亦不属于行政诉讼受案范围。对蔡某敏的起诉，应当裁定予以驳回。

顾某军与证监会不履行政府信息公开职责案[①]

上诉人（一审被告）：证监会

被上诉人（一审原告）：顾某军

2015 年 6 月 30 日，证监会收到顾某军以信函方式提交的信息公开申请，申请公开的信息内容为《证券期货案件调查规则》的全文。同年 7 月 31 日，证监会作出被诉告知书，并于同年 8 月 3 日邮寄送达顾某军，顾某军于次日签收。顾某军不服，诉至一审法院。

一审法院判决责令证监会自判决生效之日起于法定期限内对顾某军的政府信息公开申请予以重新答复。

---

① 案号：北京市高级人民法院（2018）京行终 1233 号。

证监会不服一审判决提起上诉。

北京市高级人民法院认为，本案中，顾某军申请证监会公开《证券期货案件调查规则》，证监会以上述信息属于证监会内部管理信息为由不予公开，但《证券期货案件调查规则》已在国务院裁决案件中作为证监会主张其立案调查程序合法的依据，且该主张已得到裁决机关的支持。由此可知，至少《证券期货案件调查规则》中的相关程序规定已被作为对外执法的法律依据，不应属于内部管理信息的范畴。故证监会不予公开的理由在本案中无法成立，证监会应继续履行政府信息公开法定职责。鉴于本案存在调查或裁量空间，故证监会应对顾某军提出的《证券期货案件调查规则》的公开申请重新作出处理。综上，证监会在接到申请后所履行的政府信息公开法定职责不当，顾某军请求撤销被诉告知书的相关理由成立。判决驳回上诉，维持一审判决。

樊某林与国家广播电视总局政府信息公开案[①]

上诉人（一审原告）：樊某林

被上诉人（一审被告）：国家广播电视总局（以下简称原广电总局）

被上诉人（一审第三人）：中国网络视听节目服务协会

2017 年 6 月 30 日，原广电总局收到樊某林通过电子邮件提交的 11 份政府信息公开申请，申请公开中国网络视听节目服务协会是否具有法人资格；中国网络视听节目服务协会章程及 2016 年年度工作报告；中国网络视听节目服务协会 2016 年接受、使用捐赠、资助的有关情况；通则的性质、制定的程序、是否经过原广电总局审查或经原广电总局备案、是否作为政府部门履行监管职责的依据

① 案号：北京市高级人民法院（2019）京行终 685 号。

及通则的有关法律、政策依据等信息。

针对樊某林要求公开中国网络视听节目服务协会2016年年度工作报告的申请，原广电总局于2017年7月10日向中国网络视听节目服务协会发出《征求第三方意见的函》，询问上述信息是否涉及中国网络视听节目服务协会的商业秘密，是否同意公开，并要求中国网络视听节目服务协会在同年7月19日前将意见书反馈给原广电总局。同年7月14日，中国网络视听节目服务协会答复原广电总局，其2016年年度工作报告涉及商业秘密，报告内容涉及个人隐私，不同意公开。2017年7月19日，原广电总局作出被诉告知书。樊某林不服，向原广电总局提出行政复议申请。原广电总局负责法制工作的机构于2017年8月23日收到樊某林的行政复议申请书，樊某林的复议请求为：确认被诉告知书违法，责令原广电总局重新限期作出信息公开告知。同年8月31日，原广电总局政策法规司向该局办公厅作出《行政复议答复通知书》，原广电总局办公厅于9月7日作出答复。2017年11月13日，原广电总局作出被诉复议决定，维持被诉告知书。樊某林不服，诉至法院。

北京市第一中级人民法院一审判决驳回樊某林的诉讼请求。

北京市高级人民法院二审认为，本案争议的焦点在于以下三个方面：

一是原广电总局关于“中国网络视听节目服务协会2016年年度工作报告”的答复是否符合法律规定。根据《互联网视听节目服务管理规定》第五条的规定，原广电总局是中国网络视听节目服务协会的业务主管机关，中国网络视听节目服务协会在原广电总局的指导下开展工作。《社会团体登记管理条例》（2016年修订）第二十八条规定［与《社会团体登记管理条例》（1998年修订）第三十一条规定一致］，社会团体应当于每年3月31日前向业务主管单位报送上一年度的工作报告，经业务主管单位初审同意后，于5月31

日前报送登记管理机关，接受年度检查。因此，原广电总局获取中国网络视听节目服务协会的“2016 年年度工作报告”是依据该规定在履行业务指导职责过程中，对中国网络视听节目服务协会报送登记管理机关的年检材料进行初审时获取的，该初审行为仅是原广电总局从行业管理角度，对中国网络视听节目服务协会业务指导的体现。中国网络视听节目服务协会作为社会团体虽然有义务向业务主管部门报告工作，并接受监督，但业务主管部门对其进行行业方面的监督和指导的行为，实质为内部的管理和指导，在此过程中获取的中国网络视听节目服务协会“2016 年年度工作报告”不是政府信息公开条例规定的行政机关应主动公开的政府信息，樊某林要求公开此项信息，不符合政府信息公开条例的相关规定。

二是原广电总局关于“中国网络视听节目服务协会 2016 年接受、使用捐赠、资助的有关情况”的答复是否符合法律规定。本案中，关于中国网络视听节目服务协会 2016 年接受、使用捐赠、资助的有关情况这一信息是否存在，国家广播电视总局主张未收到该信息，而中国网络视听节目服务协会主张其 2016 年未接受过捐赠、资助，双方的主张印证了上述信息客观上不存在的事实。樊某林亦无证据证明该信息实际存在且原广电总局已经获取。因此，原广电总局答复樊某林其申请公开的上述信息不存在，该事实清楚且符合法律规定。樊某林上诉主张“中国网络视听节目服务协会明确陈述其已向被上诉人报送过该信息，被上诉人也在法庭上认可收到过该信息”。但经核实，中国网络视听节目服务协会在庭审中称，报告中有接受捐赠项目，但没有数字，是空的表。原广电总局称有报备的需要，但 2016 年没有收到。由此可见，樊某林该项上诉主张缺乏事实依据，本院不予支持。

三是原广电总局政策法规司在行政复议程序使用其印章的行为是否构成违法。樊某林主张《行政复议延期通知书》中加盖原广电总局政策法规司印章无效。本院认为，根据行政复议法的规定，行政机关负责法制工作的机构负责行政复议工作，原广电总局政策法规司作为行政复议机构，在履行行政复议程序的具体工作中加盖其印章并无违法之情形，《行政复议延期通知书》依法送达，并告知当事人延期之事实，保证了樊某林在复议程序中的合法权益。且原广电总局认可被诉复议决定的作出经过延期程序，《行政复议延期通知书》具有相应法律效力。因此，对樊某林的该项主张，本院不予支持。判决驳回上诉，维持一审判决。

耿某与某省人民政府政府信息公开案[①]

上诉人（原审原告）：耿某

被上诉人（原审被告）：某省人民政府（以下简称省政府）

耿某向菏泽市政府邮寄政府信息公开申请，要求公开菏泽市中级人民法院王某、王某某的行政编制、级别、工资收入、职务调动情况及邮编、联系方式等信息。菏泽市政府受理后，作出非本机关政府信息告知书，认为相关信息不在该机关掌握范围。耿某不服，向省政府提起行政复议，省政府以王某、王某某的行政编制、级别、工资收入、职务调动情况、邮编、联系方式等信息，不是菏泽市政府所掌握的信息，菏泽市政府的书面答复符合法律法规及相关政策规定为由，决定驳回耿某的行政复议申请。耿某不服该驳回复议申请决定，提起行政诉讼。

某省高级人民法院经审理认为，菏泽市中级人民法院不是菏泽市政府的工作部门，菏泽市中级人民法院王某、王某某不是行政机关工作人员，菏泽市政府对其没有任免、培训、考核和奖惩的权力，因此耿某要求公开二人的行政编制、级别、工资收入、职务调

① 案号：山东省高级人民法院（2015）鲁行终字第52号。

动情况、邮编、联系方式等信息，不属于菏泽市政府在履行职责过程中制作或获取的信息。省政府以申请公开的信息不是菏泽市政府所掌握的信息，菏泽市政府所作出的告知书符合法律法规及相关政策的规定，决定驳回耿某的复议申请并无不当。遂判决驳回耿某的诉讼请求。

当前实践中有些申请人并非以获取政府信息为目的，而是意图利用政府信息公开申请权以获取党委、人大以及司法等机关的相关工作信息或人员信息，并借机提起行政复议或行政诉讼。此类情况实质上是对政府信息公开申请权的滥用，行政复议机关和人民法院均不应予以支持。

徐某元与某市公安局某分局政府信息公开案①

上诉人（原审原告）：徐某元

被上诉人（原审被告）：某市公安局某分局（以下简称某公安分局）

2016年12月23日，某市公安局某分局收到徐某元提交的政府信息公开申请，要求公开“公安机关审批徐某明户口于1999年9月15日迁入三泉路×××弄×××号×××室的审批报告”，某公安分局于当日向徐某元出具了《政府信息公开申请收件回执》，经审查，某公安分局于2017年1月3日作出编号为沪公静〔2016〕059的《告知书》，主要内容为：某公安分局依据《中华人民共和国政府信息公开条例》的规定答复徐某元，其要求获取的信息属于公安内部管理信息，不属于信息公开条例所指应予公开的政府信息。并于同日向徐某元送达。徐某元不服，诉至原审法院。

上海铁路运输法院一审驳回了原告的诉讼请求。

① 案号：上海市第三中级人民法院（2017）沪03行终615号。

上海市第三中级人民法院二审认为，《中华人民共和国行政诉讼法》规定，被告对作出的行政行为负有举证责任，应当提供作出该行政行为的证据和所依据的规范性文件。被告不提供或者无正当理由逾期提供证据，视为没有相应证据。但是，被诉行政行为涉及第三人合法权益，第三人提供证据的除外。本案中，某公安分局主张相关审批报告系公安机关内部管理信息，不属于信息公开条例所指应予公开的政府信息。则理应将该报告作为证据交人民法院审查。但某公安分局未向原审法院提交该证据。根据前述法律规定，应视为没有相应证据。且行政机关的内部管理信息一般是指与公共利益无关，其效力仅限于行政机关内部，不及于机关之外的信息。主要涉及行政机关内部人事、财务管理等与公共利益无关的事项。行政机关对外履行行政管理职责所产生的信息不属于内部管理信息的范畴。综上，原审判决不当，依法应予纠正。据此，判决撤销某公安分局于2017年1月3日对徐某元作出的编号为沪公静〔2016〕059的《告知书》，某公安分局应于本判决生效之日起20日内对徐某元重新作出答复。

徐某璞与某市审计局政府信息公开案①

上诉人（原审原告）：徐某璞

被上诉人（原审被告）：某市审计局

2016年7月14日，原告徐某璞通过EMS特快专递邮寄的方式向被告某市审计局提交《某市政府信息公开申请表》。2016年7月18日，被告某市审计局作出编号2016年第2号《某市审计局政府信息公开申请答复书》，主要内容为：“徐某璞：您好。我局于2016年7月18日收到您要求公开‘2014年进行的对天桥区检察长

① 案号：山东省济南市中级人民法院（2017）鲁01行终389号。

韩某离任经济责任审计报告的相关信息'和'对历下区反贪局局长韩某进行的离任经济责任审计报告的相关信息'的申请。根据《中华人民共和国政府信息公开条例》等相关规定，现答复如下：您申请公开的情况，我局于2016年7月12日已经答复。您申请公开的不存在。根据中共中央办公厅、国务院办公厅《党政主要领导干部和国有企业领导人员经济责任审计规定》[①]（中办发〔2010〕32号）第一条、第十三条、第三十九条的规定，对党政主要领导干部的经济责任审计，是根据干部管理监督工作的需要，受组织部门委托，审计部门负责组织实施审计并按规定向组织部门提交审计结果，不属于政府信息公开工作的范围。特此告知。感谢您对审计工作的关心和支持。"原告徐某璞不服提出行政诉讼。

一审法院判决驳回原告徐某璞的诉讼请求。

山东省某市中级人民法院二审认为，上诉人于2016年7月14日向被上诉人某市审计局邮寄政府信息公开申请表，被上诉人收到后于2016年7月18日作出2号申请答复书并依法送达，答复程序符合政府信息公开条例第二十四条的规定且合法。

根据《党政主要领导干部和国有企业领导人员经济责任审计规定》第十三条的规定，领导干部的经济责任审计由组织部门提出委托建议，由审计部门实施。根据《党政主要领导干部和国有企业领导人员经济责任审计规定》第三十九条的规定，有关部门和单位应当根据干部管理监督的相关要求运用经济责任审计结果，将其作为考核、任免、奖惩被审计领导干部的重要依据，并以适当方式将审计结果运用情况反馈至审计机关。经济责任审计结果报告应当归入被审计领导干部本人档案。据此，经济责任审计系为加强对干部进行监督管理需要，由组织部门委托，审计部门实施的责任审计，审

① 现已失效。

计结果作为考核、任免、奖惩被审计领导干部的重要依据。审计结果并非审计部门在履行行政管理职责过程中制作或获取的政府信息。故，对于上诉人申请公开的“2014年进行的对天桥区检察长韩某离任经济责任审计报告的相关信息”，被告某市审计局作出的答复并无不当。被上诉人某市审计局在2号申请答复书中告知上诉人，其申请公开的“对历下区反贪局局长韩某进行的离任经济责任审计报告”的相关信息不存在，被上诉人某市审计局已经履行了告知义务，本案现有证据亦不足以证明某市审计局制作或获取上诉人所申请公开的上述信息。判决驳回上诉，维持原判。

吴某沛与某自治区金融工作办公室、某自治区人民政府政府信息公开案①

上诉人（一审原告）：吴某沛

被上诉人（一审被告）：某自治区金融工作办公室、某自治区人民政府

上诉人吴某沛因与某自治区金融工作办公室（以下简称自治区金融办）政府信息公开及被告某自治区人民政府（以下简称自治区政府）行政复议一案，不服南宁市西乡塘区人民法院2018年5月29日作出的（2018）桂0107行初97号行政判决，向本院提起上诉。本院依法组成合议庭，根据《中华人民共和国行政诉讼法》第八十六条的规定，对本案进行了书面审理。本案现已审理终结。

原告向自治区金融办提交《政府信息公开申请表》，申请内容为：桂金办函〔2016〕150号《关于加强对南宁大宗商品交易所有限公司、南宁（中国－东盟）商品交易所有限公司2家交易所规范整顿的监管函》（以下简称150号《监管函》）。被告自治区金融办

① 案号：广西壮族自治区南宁市中级人民法院（2018）桂01行终313号。

于2017年11月27日向原告作出桂金办函〔2017〕1392号《政府信息公开申请答复书》（以下简称被诉《答复书》），内容如下：根据《国务院办公厅关于做好政府信息依申请公开工作的意见》（国办发〔2010〕5号）第二点有关规定，经研究，你申请公开的150号《监管函》属于内部管理信息，不属于政府信息公开的范围。原告不服，向法院提起行政诉讼。

另查明，150号《监管函》是自治区金融办于2016年2月29日为规范全区交易场所行业发展，妥善化解存量风险，防范新增风险，切实维护区域金融安全和社会稳定，建议南宁市人民政府对其辖区内两家交易场所有可能存在的违法违规经营等问题提出规范整顿的函告。

一审判决认为，原告吴某沛申请被告自治区金融办公开的内容，是150号《监管函》。而该150号《监管函》的作出机关为自治区金融办，相对机关为南宁市人民政府，属于两个行政机关之间的内部管理文件，并不会对原告吴某沛的权利义务产生实际影响。被告自治区金融办对该150号《监管函》不予公开于法有据，予以认可。判决驳回原告吴某沛的诉讼请求。

某自治区南宁市中级人民法院二审认为，本案中150号《监管函》是自治区金融办作为自治区金融行业的行政主管部门，在履行监督职责过程中就金融交易场所潜在的风险，建议南宁市人民政府对其辖区内相关交易场所有可能存在的违法违规经营等问题提出规范整顿，进行监管的函告。该函属于行政机关之间的内部管理文件，并不是依法履行职责对外发生效力的信息，对上诉人的权利义务并不产生实质性的影响。自治区金融办认为150号《监管函》属于内部管理信息、不属于政府信息公开范围，对上诉人不予公开并无不当。判决驳回上诉，维持原判。

刘某广与某市某乡人民政府不履行政府信息公开职责案[①]

原告：刘某广

被告：某市某乡人民政府

2018年12月28日，刘某广向某市某乡人民政府邮寄《政府信息公开申请表》，请求被告公开负责人关于信访接待日的具体时间与信访接待地点信息。某市某乡人民政府于2019年1月7日作出《某市政务公开办依申请政府信息公开告知书》（2019第1号），答复认为按照政府信息公开条例，其所申请信息不在信息公开范围之内，此信息属于内部管理信息。刘某广不服，于2019年2月1日诉至法院。

市人民法院认为，《信访条例》第十条规定，设区的市级、县级人民政府及其工作部门，乡镇人民政府应当建立行政机关负责人信访接待日制度，由行政机关负责人协调处理信访事项，信访人可以在公布的接待日和接待地点向有关行政机关负责人当面反映信访事项。故乡镇人民政府建立的行政机关负责人信访接待日制度中信访接待日和接待地点的信息属政府信息，应予公开。故某市某乡人民政府2019第1号告知书答复称该信息不在信息公开范围之内，属内部管理信息不当，应予撤销。本案中，庭审后某市某乡人民政府已向刘某广公开《2018年步云山乡领导接访日程表》，刘某广认可该信息系其所申请公开之政府信息，应认定某市某乡人民政府已改变原违法行政行为。现刘某广仍坚持要求确认原行政行为违法，本院予以支持。判决确认被告某市某乡人民政府于2019年1月7日作出《某市政务公开办依申请政府信息公开告知书》（2019第1号）的行政行为违法。

---

① 案号：辽宁省庄河市人民法院（2019）辽0283行初14号。

◆ 工作实务

申请公开某位省政府领导同志的个人工资

答复：本机关于2012年5月16日收到了您提交的政府信息公开申请。经审核，您申请公开的信息属于《中华人民共和国政府信息公开条例》第十六条所指的内部事务信息，依法不予公开。特此告知。

依申请公开副市长参观指导、调研活动的日程记录信息

A某通过邮政EMS以书面形式向B市人民政府提出政府信息公开申请，请求公开“B市人民政府副市长C某于××年×月×日前往D公司进行参观指导工作、调研活动的日程记录信息”。

本案中，A某以书面形式提出依申请公开，那么A某申请公开的内容是否属于一般意义上的政府内部信息？

政府信息公开条例第二条对政府信息的性质作出了界定。可见，政府信息是在行政权力运行的过程中形成的，与行政权力呈现出相伴相随、不可分割的关系，具有显而易见的行政性。

本案中，依据A某申请公开信息的内容表述，其想要公开的信息是副市长前往D公司参观指导、考察调研的日程记录信息，该信息实质上是公务活动中的行程计划性的信息，与行政管理职能没有法律意义上的关联性。

如前所述，申请人申请公开的参观指导、考察调研的日程记录信息，在属性上如同行政机关内部的人事管理、课题研究管理、设备维护管理的信息一样，系一种内部管理信息。

《国务院办公厅关于做好政府信息依申请公开工作的意见》（国办发〔2010〕5号）第二条规定，行政机关在日常工作中制作

或者获取的内部管理信息以及处于讨论、研究或者审查中的过程性信息，一般不属于条例所指应公开的政府信息。可见，依照国办发〔2010〕5号文的规定，本案中申请人申请公开的信息内容不属于政府信息公开条例中规制的政府信息。

本案中，申请人申请公开的内容系一种内部管理信息，对行政机关之外的任何组织或个人不能产生肯定的或否定的法律效果。易言之，既不会消减他们的权利，也不会增加他们的义务，没有任何的外部效力。而政府信息是具备外部效力的，其外部效力来源于行政机关的履行职责行为。

综上所述，无论从政府信息公开条例中政府信息的行政性还是从外部效力性而言，行政机关的行政首长参观指导、考察调研的日程记录信息均属于依法不公开的政府信息。

第十六条第二款　【过程性信息】行政机关在履行行政管理职能过程中形成的讨论记录、过程稿、磋商信函、请示报告等过程性信息以及行政执法案卷信息，可以不予公开。法律、法规、规章规定上述信息应当公开的，从其规定。

◆ **解读**

这是2019年4月15日修订后的《中华人民共和国政府信息公开条例》的新增条款。根据《国务院办公厅关于做好政府信息依申请公开工作的意见》（国办发〔2010〕5号）第二条第二款的规定，行政机关在日常工作中制作或者获取的内部管理信息以及处于讨论、研究或者审查中的过程性信息，一般不属于政府信息公开条例所指应公开的政府信息。一般认为，过程性信息是行政机关在作决定前的准备过程中形成的，处于讨论、研究或者审查过程中的信息，对于此类信息不公开，主要是考虑到行政行为尚未完成，公开可能会对行政机关独立作出行政行为产生不利影响，同时也是为了保护行政机关内部之间坦率的意见交换、意见决定的中立性，或者公开该信息具有危害公益的危险。

当前，我国政府职能和管理方式的转变正在进行之中，政府与市场、政府与社会的关系和边界尚未完全厘清，这在很大程度上影响了政府信息的界定。其中较为突出的是内部信息与过程性信息的认定问题，这不仅涉及二者是不是政府信息，即信息属性问题；而且还涉及公开与否，即公开属性问题。2008 年条例对内部信息和过程性信息均未作规定。国务院法制办在编写的释义中对内部信息问题作了回应，认为纯属行政机关内部管理的人事、财务等相关信息不属于本条例规定的政府信息。2010 年《国务院办公厅关于做好政府信息依申请公开工作的意见》（国办发〔2010〕5 号，以下简称国办《5 号意见》）将二者并列。

过程性信息，是指行政机关在决策或决定前的讨论、研究、调查或者审查阶段制作或者获取的相关信息。过程性信息具有动议性、咨询性、辅助性、资料性等特点，如上下级之间的请示、专家咨询、过程稿等。在信息属性上，过程性信息属于政府信息并无争议。在公开属性上，则有一律不公开和应视情况决定是否公开两种观点。

困扰信息公开的难题是决策或决定一旦作出，之前的信息还是否属于过程性信息？目前主要有三种观点：状态说，以申请人提出公开申请这一时间点为准，只有尚处于决策或决定过程中，“正在调查、讨论、处理中”的信息才属于过程性信息，如相关决策已经完成，则前述信息不再属于过程性信息；流程说，只要系争信息是为决策或决定做准备的，无论最终决策或决定在申请时是否已完成，均认定为过程性信息；权益平衡说，综合权衡相关利益，决定系争信息是否属于过程性信息，相关利益包括：公共利益，决策、决定参与人的自由发言权，申请人的特定权益等。

当然，内部信息与过程性信息不是绝对的区分，中间存在很多的交叉情形，如行政机关工作人员在讨论、审议过程中发表的各种意见、建议、相关文稿，既是内部信息也是过程性信息。与内部信息一样，过程性信息也不局限在一个行政机关内部，上下级之间的请示，行政机关征询社会公众、特定当事人、专家学者的意见，也属于过程性信息。

近年来，以申请政府信息公开方式要求行政机关公开行政处罚文书类的申请以及由此引发的行政复议、诉讼日渐增多。许多申请人本身是投诉人，往往以处罚文书确定罚款数额要求获得相应行政奖励，而行政处罚文书生效要经过行政复议诉讼等环节，涉案时间较长，且催收罚款、申请法院强制执行等亦费时日，于是引发投诉人与行政机关的矛盾日深。特别是旧条例未对之予以明确，于是各行政机关的答复也是五花八门。

所谓卷宗阅览（也称文件查阅）请求权，指的是处于特定行政程序中的当事人或利害关系人为主张或维护其法律上利益之必要，有向行政机关申请阅览、抄写、复印或摄影有关资料或卷宗之权利。我国尚没有制定行政程序法，亦无统一的卷宗阅览制度，但已有个别单行法律对此作出规定。例如，行政许可法第四十八条第一款第四项规定："举行听证时，审查该行政许可申请的工作人员应当提供审查意见的证据、理由，申请人、利害关系人可以提出证据，并进行申辩和质证。"《中华人民共和国行政复议法》第二十三条第二款规定："申请人、第三人可以查阅被申请人提出的书面答复、作出具体行政行为的证据、依据和其他有关材料，除涉及国家秘密、商业秘密或者个人隐私外，行政复议机关不得拒绝。"《中华人民共和国行政处罚法》第四十二条第一款第六项规定："举行听证时，调查人员提出当事人违法的事实、证据和行政处罚建议；当事人进行申辩和质证。”

卷宗阅览请求权与信息公开请求权，一个属于个案性之信息公开，另一个属于一般性之信息公开，看似相似，但实为两种不同的制度。两者的区别体现在以下方面：第一，权利目的不同。政府信息公开以保障知情权为目的，提供信息无须索取者事先证明涉及自身的直接利益或与本人有关联；卷宗阅览请求权则是保障被处分人的防御权，目的在于使当事人达至“武器平等”，且以维护自身权益为必要。第二，权利性质不同。信息公开请求权属独立实体权（知悉政府信息本身即法律所保障之利益），与有无案件并不相关；卷宗阅览请求权则一定是在某个特定的程序中享有的附属程序权。第三，权利主体不同。在政府信息公开方面，“对国家所持有信息的获取权是每个人的基本权利”，“任何人”都可以提出信息公开申请；卷宗阅览请求权则“一定是限于程序进行中的当事人或者利害关系人”。第四，权利存续期间不同。信息公开请求权一般没有时间限制，“任何时候”都可以提出；卷宗阅览请求权只存续于特定行政程序的存续期间，无论程序开始前还是程序终结后，这种权利均不存在。第五，权利救济方法不同。正是基于以上区别，两种权利遭受侵害时的救济亦遵循不同之渠道。由于信息公开请求权属独立实体权，行政机关拒绝公开政府信息即属作出一个“行政处分”，相对人可以单独对其提起拒绝申请之诉。同理，行政机关超过法定期限对政府信息公开申请不予答复，可以对其提起怠为处分之诉；而卷宗阅览请求权即属附属程序权，当事人或利害关系人不服行政机关在行政程序中所作的决定或处置，只能在对实体决定不服提起诉讼时一并提出。

具体行政执法活动中有关执法调查方法、机密信息来源、内部研究意见等敏感信息，通常不应公开，否则将有可能妨碍行政执法活动的正常进行。政府信息公开条例虽然没有明确将行政执法中的敏感信息规定为可以不予公开的情形，但这类信息一般都具有“内部性”或“非终极性”的特点，如果行政机关援引《国务院办公厅关于做好政府信息依申请公开工作的意见》（国办发〔2010〕5号）第二条关于“行政机关在日常工作中制作或者获取的内部管理信息以及处于讨论、研究或者审查中的过程性信息，一般不属于《条例》所指应公开的政府信息”的规定不予公开，人民法院经权衡认为不公开更有利于保证行政执法活动（包括今后的行政执法活动）正常进行的，应当予以支持。条例修改后，可以直接引用第十六条第二款的规定不予公开。

◆ **案例**

姚某金、刘某水与某县国土资源局政府信息公开案[①]

2013年3月20日，姚某金、刘某水通过特快专递，要求某县国土资源局书面公开二申请人房屋所在区域地块拟建设项目的“一书四方案”，即建设用地项目呈报说明书、农用地转用方案、补充耕地方案、征收方案、供地方案。2013年5月28日，某县国土资源局作出《关于刘某水、姚某金申请信息公开的答复》（以下简称《答复》），称：“你们所申请公开的第3项（拟建设项目的“一书四方案”），不属于公开的范畴。”并按申请表确定的通信地址将《答复》邮寄给申请人。2013年7月8日，姚某金、刘某水以某县国土资源局未就政府公开申请作出答复为由，提起行政诉讼。某县国土资源局答辩称：因“一书四方案”系被告制作的内部管理信息，处在审查中的过程性信息，不属于政府信息公开条例所指应公

① 案号：福建省福州市中级人民法院（2014）榕行终字第80号。

开的政府信息，所以被告没有公开的义务。

某县人民法院经审理认为，“一书四方案”系某县国土局在向上级有关部门报批过程中的材料，不属于信息公开的范围。虽然《答复》没有说明不予公开的理由，存在一定的瑕疵，但不足以否定具体行政行为的合法性。姚某金、刘某水要求被告公开“一书四方案”于法无据，判决驳回其诉讼请求。

姚某金、刘某水不服，提出上诉。福州市中级人民法院经审理认为，根据土地管理法实施条例第二十三条第一款第二项的规定，某县国土资源局是“一书四方案”的制作机关，福建省人民政府作出征地批复后，有关“一书四方案”已经过批准并予以实施，不再属于过程性信息及内部材料，被上诉人不予公开没有法律依据。判决撤销一审判决，责令某县国土资源局限期向姚某金、刘某水公开“一书四方案”。

本案的焦点集中在过程性信息如何公开。政府信息公开条例确定公开的例外仅限于国家秘密、商业秘密、个人隐私。《国务院办公厅关于做好政府信息依申请公开工作的意见》第二条第二款又规定：“……行政机关在日常工作中制作或者获取的内部管理信息以及处于讨论、研究或者审查中的过程性信息，一般不属于《条例》所指应公开的政府信息。”过程性信息一般是指行政决定作出前行政机关内部或行政机关之间形成的研究、讨论、请示、汇报等信息，此类信息一律公开或过早公开，可能都会妨害决策过程的完整性，妨害行政事务的有效处理。但过程性信息不应是绝对的例外，当决策、决定完成后，此前处于调查、讨论、处理中的信息即不再是过程性信息，如果公开的需要大于不公开的需要，就应当公开。本案福建省人民政府作出征地批复后，当事人申请的“一书四方案”即已处于确定的实施阶段，行政机关以该信息属于过程性信息、内部材料为由不予公开，对当事人行使知情权构成不当阻却。

二审法院责令被告限期公开，为人民法院如何处理过程性信息的公开问题确立了典范。

宋某仲、曹某峰与某区人民政府政府信息公开案[①]

再审申请人（一审原告、二审上诉人）：宋某仲、曹某峰

再审被申请人（一审被告、二审被上诉人）：某区人民政府

最高人民法院认为，结合一、二审判决的内容和宋某仲、曹某峰申请再审的理由，本案应审查的焦点问题是：涉案委托征地协议是否属于内部管理信息或者过程性信息。

关于涉案委托征地协议是否属于内部管理信息或者过程性信息的问题。根据《国务院办公厅关于做好政府信息依申请公开工作的意见》（国办发〔2010〕5号）第二条第二款的规定，行政机关在日常工作中制作或者获取的内部管理信息以及处于讨论、研究或者审查中的过程性信息，一般不属于政府信息公开条例所指应公开的政府信息。一般认为，行政机关内部的工作流程、人事管理、后勤管理等有关行政机关内部事务的信息，可不予公开。内部管理信息是与公共利益无关的纯粹的行政机关内部的事务信息，对于此类信息不公开，主要是因为该类信息对行政机关的决策、决定不产生实际影响，不公开不影响公民对行政权的监督，公开后对公民的生产、生活和科研等活动无利用价值。过程性信息是行政机关在作决定前的准备过程中形成的，处于讨论、研究或者审查过程中的信息，对于此类信息不公开，主要是考虑到行政行为尚未完成，公开可能会对行政机关独立做出行政行为产生不利影响，同时也是为了保护行政机关内部之间坦率的意见交换、意见决定的中立性，或者公开该信息具有危害公益的危险。对于是否属于内部管理信息和过

---

① 案号：最高人民法院（2018）最高法行申265号。

程性信息的判断，不能仅以该信息系行政机关内部工作安排，仅在内部流转，不向外部送达就认定为内部管理信息或过程性信息。本案中，涉案委托征地协议是制订村民社保方案的依据，并非关于行政机关内部事务的信息，亦非处于讨论、研究或者审查中的过程性信息，属于政府信息公开条例规定的应当公开的信息。据此，裁定指令陕西省高级人民法院再审本案。

周某梅与某区人民政府政府信息公开案[①]

再审申请人（一审原告、二审上诉人）：周某梅

再审被申请人（一审被告、二审被上诉人）：某区人民政府（以下简称某区政府）

2015 年 8 月 27 日，周某梅向某区政府邮寄《某区政府信息公开申请表》，要求公开“鹦鹉洲项目剩余拆迁工作指挥部第 34 期会议纪要”的政府信息。2015 年 9 月 17 日，某区政府作出《某区政府办公室关于对周某梅申请信息公开的回复》，告知周某梅其申请公开的信息不属于应当公开的范围。周某梅于 2015 年 9 月 21 日收到该答复后，认为某区政府作出的答复违法，诉至湖北省武汉市中级人民法院。

湖北省武汉市中级人民法院一审驳回周某梅的诉讼请求。

周某梅不服，提起上诉。湖北省高级人民法院二审判决驳回上诉，维持原判。

最高人民法院认为，本案中再审申请人向某区政府申请公开的政府信息为“鹦鹉洲项目剩余拆迁工作指挥部第 34 期会议纪要”。根据《党政机关公文处理工作条例》第八条第十五项的规定，会议纪要是适用于记载会议主要情况和议定事项的一种公文类型，因此

---

① 案号：最高人民法院（2017）最高法行申 1310 号。

会议纪要属于行政机关内部公文，具有过程性和决策性的特点。从世界范围看，内部信息、过程信息、决策信息通常被列为可以不公开的情形。这些信息普遍具有“内部性”和“非终极性”的特点，属于“意思形成”的信息，一旦过早公开，可能会引起误解和混乱或者妨碍坦率的意见交换以及正常的意思形成，从而降低政府效率。这类信息免予公开，目的是保护政府决策过程的完整性，鼓励政府官员之间相互讨论，并防止在决定作出以前不成熟地予以公布。政府信息公开条例虽然对内部信息、过程信息、决策信息没有作出明确规定，但《国务院办公厅关于做好政府信息依申请公开工作的意见》（国办发〔2010〕5号）第二条中规定：“……行政机关在日常工作中制作或者获取的内部管理信息以及处于讨论、研究或者审查中的过程性信息，一般不属于《条例》所指应公开的政府信息……”根据政府信息公开条例第三条第二款规定：“国务院办公厅是全国政府信息公开工作的主管部门，负责推进、指导、协调、监督全国的政府信息公开工作”，上述意见在性质上属于全国政府信息公开工作主管部门对政府信息公开条例的具体应用解释，且该解释符合国际通例，也有利于兼顾公开与效率的平衡。本案中，因再审申请人申请公开的“会议纪要”具有内部性、过程性等特点，某区政府在说明理由的基础上不予公开，并无不当。一审法院判决驳回再审申请人的诉讼请求，二审法院判决驳回上诉，亦无不妥。再审申请人的再审理由不能成立，本院不予支持。裁定驳回再审申请人周某梅的再审申请。

李某林与某市人民政府政府信息公开案[①]

再审申请人（一审原告、二审上诉人）：李某林

① 案号：最高人民法院（2017）最高法行申4750号。

再审被申请人（一审被告、二审被上诉人）：某市人民政府（以下简称某市政府）

2016 年 4 月 11 日，李某林向某市政府提出政府信息公开申请，申请公开事项为：某市食品药品监督管理局关于李某林举报反映认定生产制售假药大案向市委、市政府督查室调查汇报材料四份——领导批示、会议纪要、处理意见、结论。2016 年 4 月 29 日，某市政府对李某林作出《政府信息公开告知书》，对李某林申请公开事项逐项作出答复。李某林不服，诉至法院。

河南省濮阳市中级人民法院一审判决驳回李某林的诉讼请求。

河南省高级人民法院二审判决，驳回上诉，维持原判。

最高人民法院认为，本案中，再审申请人李某林申请公开的政府信息内容是，某市食品药品监督管理局关于李某林举报反映认定生产制售假药大案向市委、市政府督查室调查汇报材料四份——领导批示、会议纪要、处理意见、结论。正如再审申请人所言，依法公开行政处罚案件信息，是建设现代政府，提高政府公信力和保障公众知情权、参与权、监督权的重要举措。为了促进严格规范公正文明执法，保障和监督行政机关有效地履行职责，维护人民群众合法权益，国务院办公厅已经部署开展推行行政执法公示制度的试点工作。但是，按照国务院办公厅印发的《推行行政执法公示制度执法全过程记录制度重大执法决定法制审核制度试点工作方案》（国办发〔2017〕14 号）的规定，应当向社会公开的行政执法信息，主要包括：行政执法主体、人员、职责、权限、随机抽查事项清单、依据、程序、监督方式和救济渠道等一般性执法信息，对于个案来讲，只要求在事中出示能够证明执法资格的执法证件和有关执法文书，在事后公开行政执法决定。具体行政执法活动中有关执法调查方法、机密信息来源、内部研究意见等敏感信息，通常不应公开，否则将有可能妨碍行政执法活动的正常进行。政府信息公开条例虽然没有明确将行政执法中的敏感信息规定为可以不予公开的情形，但这类信息一般都具有“内部性”或“非终极性”的特点，如果行政机关援引《国务院办公厅关于做好政府信息依申请公开工作的意见》（国办发〔2010〕5号）第二条关于“行政机关在日常工作中制作或者获取的内部管理信息以及处于讨论、研究或者审查中的过程性信息，一般不属于《条例》所指应公开的政府信息”的规定不予公开，人民法院经权衡认为不公开更有利于保证行政执法活动（包括今后的行政执法活动）正常进行的，应当予以支持。本案中，再审申请人已经获知案件的处理结论，其所申请公开的领导批示、会议纪要、处理意见等，属于行政机关内部或者行政机关之间对于案件处理的意见交换，再审被申请人不予提供并无不当，原审法院判决驳回其诉讼请求并无不妥，再审申请人的再审理由依法不能成立。

综上，裁定驳回再审申请人李某林的再审申请。

郑某德与某区人民政府政府信息公开案①

再审申请人（一审原告、二审上诉人）：郑某德

再审被申请人（一审被告、二审被上诉人）：某区人民政府（以下简称某区政府）

2016年9月23日，郑某德向某区政府邮寄政府信息公开申请表，其中“所需信息的内容描述”一栏载明“申请公开贵机关组织实施强行腾空我户位于某区半山街道金星村××号。实施强行腾空的行政批准手续、风险评估以及参与实施强行腾空我户房屋的各行政执法机关名称和各行政执法人员的名单及行政执法证，并提供全程录音、录像全部资料。（提供复印件加盖印章）”2016年9月

① 案号：最高人民法院（2018）最高法行申2928号。

26日，某区政府收到郑某德的申请表。2016年11月9日，某区政府作出拱政信公复（2016）第34号《某区人民政府信息公开申请答复书》，答复称“1. 关于申请公开‘实施强行腾空的行政批准手续’，××号房屋系某区人民法院裁定，由某区政府组织对申请人（户）实施强制搬迁。故我机关认为行政批准手续指向的是（2015）杭拱行审字第4号行政裁定书，您要求公开的事项属于‘应当依照有关法律、法规规定查阅的案卷材料’，请您向某区人民法院申请查阅，地址：某区台州路1号。2. 关于申请公开‘实施强行腾空的风险评估以及参与实施强行腾空我户房屋的各行政执法机关名称和各行政机关行政执法人员的名单及行政执法证并提供全程录音、录像全部资料。（复印件加盖印章）’的信息，不予公开。3. 关于申请公开的‘全程录音、录像全部资料’，我机关认为指向的是公证书（附财物登记清单、光盘），故我机关决定予以公开，现将公证书（附财物登记清单、光盘）通过快递、电子邮件的方式提供给您，请收阅、获取”。某区政府将公证书（附财物登记清单、光盘）随答复书一并向郑某德提供。郑某德收到某区政府的答复后，认为某区政府向其提供的是空白光盘，于2016年11月14日向某区政府提出质疑。后某区政府再行刻录一份光盘提供给郑某德。郑某德不服某区政府作出的政府信息公开答复，便向浙江省杭州市中级人民法院提起行政诉讼。

浙江省杭州市中级人民法院一审判决驳回郑某德的诉讼请求。

郑某德不服提起上诉，浙江省高级人民法院二审判决驳回上诉，维持一审判决。

最高人民法院认为，政府信息以公开为原则，以不公开为例外，该原则是政府信息公开立法与实践应当坚持的基本精神。行政机关所制作或保存的政府信息应当尽可能地主动公开或者依申请公开，以最大限度地保障社会公众的知情权，以此监督行政权力在阳光下运行。但毋庸置疑，必然会有一部分政府信息不能公开，属于信息公开的豁免范围。事实上，只有明确了豁免公开信息的内容和范围，才能明确公开信息的内容和范围；只有准确界定了豁免信息的范围，才能为更全面的信息公开扫清障碍。实践中豁免公开的政府信息，既包括涉及国家安全等需要绝对豁免公开的信息，也包括可以由信息公开义务主体利益衡量后裁量免予公开的信息，还包括可以与第三方协商确立的豁免信息，等等。再审申请人申请再审的风险评估报告、参与实施强拆的执法机关名称和执法人员的名单及执法证、全程录音录像全部资料，虽非需要绝对豁免公开的信息，仍属信息公开义务主体可以裁量豁免的信息范围；是否全部或者部分公开，信息公开义务主体可以依法审查并决定。

关于风险评估报告应否公开问题。该报告系非诉执行中的社会稳定风险评估报告。此类有关社会稳定风险评估的政府信息，是行政机关在作出决策前据以研究、讨论使用的内部信息，也属于过程性信息，属于信息公开义务主体可以根据情况决定是否豁免的范围。《国务院办公厅关于做好政府信息依申请公开工作的意见》（国办发〔2010〕5号）第二条也规定，行政机关在日常工作中制作或者获取的内部管理信息以及处于讨论、研究或者审查中的过程性信息，一般不属于《中华人民共和国政府信息公开条例》所指应公开的政府信息。而且，此类社会稳定风险评估本身即包含部分敏感信息，其中有关风险隐患的认定、分析与防范，一旦公开既可能侵犯相关个人隐私，也可能造成风险防范措施失效；且一旦公开，就存在在一定范围内将影响公共安全和社会稳定的可能性，信息公开义务主体可以依法决定不予公开。

关于参与实施强拆的执法机关名称和执法人员的名单及执法证应否公开问题。由于本案系人民法院裁定准予执行后的强制拆除，不论是准予执行的行政裁定书还是其后的强制执行通知，以及现场执法人员的身份表示，均已经明确组织实施强拆的执法机关系某区政府，再审申请人业已明确知悉此节信息。行政机关依申请公开信息，只是提供行政机关以一定形式记录、保存的已经存在的信息，不因为申请人的请求而承担为其制作信息的义务。要求公开参与实施强拆的各行政执法机关名称和各行政执法人员的名单及行政执法证，已经明显属于要求行政机关加工、汇总的信息，行政机关对此类申请可以不予支持。尤其重要的是，有关执法人员名单和执法证，均属于政府机关内部人事管理信息，公开历次参与执法的人员名单和包括个人信息的执法证件，可能影响今后行政执法活动的顺利进行或者威胁相关人员的人身安全，且当此类信息公开的重要性显著小于公开可能带来的危害性时，信息公开义务主体可以依法决定不予公开。

关于“全程录音录像资料”公开申请是否已经依法得到处理问题。某区政府虽然组织实施了强制搬迁，但并不意味着某区政府即制作或者保存了强制搬迁全过程的所有信息，也不意味着强制搬迁全过程形成的所有信息均属于需要公开的信息。政府组织实施多个执法机关参与的强制搬迁，政府的信息公开义务也仍然遵循“谁制作谁公开，谁保存谁公开”的要求，政府不需要也不可能公开具体职能部门自身在实施过程中形成的政府信息，也不应当成为整个实施过程中信息的公开义务主体；其信息公开义务以公开其实际制作和保存的信息为限。根据再审申请人提供全部录音录像资料的信息公开申请，某区政府向其提供了由其保存的公证书及附财物登记清单、光盘。再审申请人虽然主张某区政府未将全程录音录像资料公开，但由于其既未提供某区政府应当保存全部录音录像资料的法律依据，也未提供证据或者证据线索证明某区政府尚保存有其他录音录像资料未公开，在某区政府经检索并陈述已经公开了与再审申请人强制执行过程中有关的全部资料的情况下，应当认为某区政府已经依法履行了信息公开义务。

需要说明的是，为保障公民、法人或者其他组织知情权，促进行政机关依法及时、准确公开政府信息，《中华人民共和国政府信息公开条例》不仅规定公民、法人或者其他组织认为行政机关在政府信息公开工作中的行政行为侵犯其合法权益，可以依法申请行政复议或者提起行政诉讼，还规定对行政机关不依法履行政府信息公开义务的，公民、法人或者其他组织可以向上级行政机关、监察机关或者政府信息公开工作主管部门举报。因而，对政府信息公开的纠纷，并非所有均需通过行政诉讼渠道解决，法律还规定了相应的行政机关内部监督和行政监察程序。鉴于司法审查强度的有限性和人民法院依职权调取证据的局限性，行政机关内部监督程序和行政监察程序在解决政府信息不存在引发的纠纷方面，有其自身优势。行政机关未尽合理检索查找义务，或者故意隐瞒政府信息，构成不依法履行政府信息公开义务的，信息公开申请人可依据《中华人民共和国政府信息公开条例》的规定，向上级行政机关、监察机关或者政府信息公开工作主管部门举报。

综上，裁定驳回再审申请人郑某德的再审申请。

尹某萍与某区人民政府政府信息公开案[①]

再审申请人（一审原告、二审上诉人）：尹某萍

再审被申请人（一审被告、二审被上诉人）：某区人民政府（以下简称某区政府）

最高人民法院认为，公民、法人或者其他组织可以向行政机关申请获取行政机关在履行职责过程中制作或者获取的以一定形式记录、保存的信息，公民、法人或者其他组织申请查阅人民法院诉讼档案信息的，则应当根据有关诉讼法律规定和人民法院档案管理规

① 案号：最高人民法院（2017）最高法行申4820号。

定进行。根据《中华人民共和国行政诉讼法》第一百零一条、《中华人民共和国民事诉讼法》第四十九条第二款规定，当事人可以查阅本案有关材料，并可以复制本案有关材料和法律文书。查阅、复制本案有关材料的范围和办法由最高人民法院规定。同时，《人民法院档案工作规定》第三十二条规定："人民法院档案机构应当建立档案利用制度，根据档案的保密等级确定不同的利用范围，规定不同的审批手续，并做好档案利用登记工作。涉及国家秘密、商业秘密、个人隐私和可能造成不良社会影响、后果的档案，应当严格限制利用范围。"第三十三条规定："利用人民法院档案，不得擅自抄录、复制、拆封、抽取材料、勾画、污损；严禁转借、丢失、泄密、破坏档案计算机管理系统。违反者应当追究责任。"因行政机关申请人民法院强制执行而形成的相应的信息资料，属于人民法院诉讼档案材料，案件当事人、利害关系人等应当依法向办理有关具体案件的人民法院申请查阅，而不宜以申请公开政府信息的方式向行政机关提出。就本案而言，尹某萍向某区政府申请获取该区政府向原上海市闸北区人民法院申请对上海市国庆路164弄×号房屋征收强制执行的申请书及授权委托书，依法不属于行政机关依申请公开政府信息的范围。因此，一、二审法院判决驳回尹某萍的诉讼请求及上诉，并无不当。因某区政府已经向尹某萍公开有关强制执行申请书，尹某萍认为仍需获取有关授权委托书的，应当依法向有关人民法院申请查阅。综上，裁定驳回再审申请人尹某萍的再审申请。

中国保监会与陈某荣信息公开上诉案[①]

上诉人（一审被告）：中国保监会

被上诉人（一审原告）：陈某荣

① 案号：北京市高级人民法院（2016）京行终5339号。

2015年11月16日，中国保监会针对陈某荣的政府信息公开申请作出2015年第321号《政府信息公开告知书》，内容如下："陈某荣：你于2015年11月2日提出的政府信息公开申请收悉。现将有关事项告知如下：你申请公开的请示报告的批复文件，属于行政机关内部工作交流文件。根据《国务院办公厅关于做好政府信息依申请公开工作的意见》第二条规定，行政机关内部管理信息一般不属于《政府信息公开条例》所指应公开的信息。"陈某荣不服，向北京市第一中级人民法院提起行政诉讼。

一审法院判决认为，本案中，陈某荣向中国保监会申请公开"你会向江苏省保监局批复中国平安财产保险股份有限公司网销老年人健康保险存在相关违法、违规问题请示报告的所有批复文件"。中国保监会依法具有对保险业违法违规行为进行监督管理的行政职责，中国保险监督管理委员会江苏监管局就有关网销老年人健康保险存在相关违法、违规问题向中国保监会进行请示，中国保监会据此作出的批复，是中国保监会在履行对保险业实施监督管理行政管理职能过程中制作的信息，属于政府信息公开条例中所指的政府信息。中国保监会认为陈某荣申请公开的信息属于内部管理信息、不属于政府信息公开条例所指应当公开的信息错误，且被诉告知书没有明确载明是否予以公开的结论，依法应予撤销。鉴于中国保监会对陈某荣申请公开的信息尚需要调查或裁量，故应判决中国保监会对陈某荣的信息公开申请重新处理。据此，判决责令中国保监会在法定期限内对陈某荣提出的政府信息公开申请重新作出答复。

中国保监会不服一审判决，向北京市高级人民法院提起上诉。二审法院认为，本案争议的焦点是本案申请公开的信息是否属于应当公开的政府信息范围。关于政府信息公开的范围，政府信息公开条例从主动公开和依申请公开两个方面进行了界定。本案申请公开的信息是上级行政机关对下级行政机关请示的批复，其是否属于公开范围，应当依据上述关于政府信息公开范围的规定并结合本案事实予以判定。如果行政机关的内部批复仅为行政系统内部上下级之间对有关执法问题的讨论、研究或指导，属于行政系统内部运转程序，政府信息公开条例关于政府信息公开范围的规定并未将这类行政系统内部运转过程中产生的信息明确列入应当主动公开的范围，对该类信息是否可以公开行政机关应具有裁量权。另外，上级行政机关对下级行政机关的内部批复，如未对行政相对人的权利义务予以特别设定，对申请人的合法权益不产生实际影响，则申请人与该信息亦缺乏自身相关性。本案中，中国保监会认为陈某荣申请公开的批复文件属于行政机关内部工作交流文件不予公开，具有事实和法律根据。一审判决认为涉案批复属于政府信息公开条例所定义的政府信息范畴，中国保监会以内部管理信息为由不予公开错误，该认定缺乏事实和法律根据。被诉告知书对是否予以公开的表述方式确属有失严谨，但并未产生歧义，一审判决以此作为撤销被诉告知书的理由之一，亦属不当。综上，判决驳回陈某荣的诉讼请求。

于某茹与某大学不履行信息公开职责案①

上诉人（一审原告）：于某茹

被上诉人（一审被告）：某大学

2015 年 5 月 20 日，于某茹通过发送电子邮件及邮寄方式向某大学提出信息公开申请。双方通过电子邮件进行沟通后，于某茹按某大学要求重新提交申请，并于同年 5 月 27 日通过电子邮件对身份证信息进行完善。于某茹要求某大学向其公开如下信息：（1）2014 年 9 月 18 日，某大学工作组与专家组谈话会议记录；（2）2014 年 10 月 25 日，某大学工作组与专家组谈话会议记录；（3）2014 年 11

① 案号：北京市高级人民法院（2016）京 01 行终 423 号。

月12日，某大学第117次学位评定委员会会议记录；（4）2014年12月16日，某大学学位评定委员会办公室向历史学系学位分委员会发出的《关于对于某茹学术论文抄袭事件尽快做出处理意见的通知》；（5）2015年1月9日，某大学第118次学位评定委员会会议记录；（6）校长法律顾问办公室出具的法律意见书（全文）。某大学在收到于某茹的信息公开申请材料后，于同年5月30日向于某茹发送电子邮件，告知其已于2015年5月28日正式受理其信息公开申请。同年6月16日，某大学作出答复函，向于某茹公开其申请的第4项信息，其他申请获取的信息不予公开。于某茹收到该答复函后，认为某大学未向其公开其余5项信息，于2015年7月2日向一审法院提起行政诉讼。

一审法院经审理判决驳回了于某茹的诉讼请求。

北京市高级人民法院认为，本案中于某茹申请公开的信息，是某大学根据学位条例第十七条的规定，在撤销于某茹学位过程中形成的信息。而高等学校对学生的学位管理行为属于根据《中华人民共和国高等教育法》第二十二条第二款以及学位条例的授权行使教育管理职能的行为，而非提供教育服务的行为。根据政府信息公开条例第三十六条的规定，本案应当适用政府信息公开条例。

于某茹的上诉理由实质上针对以下三个问题：第一，某大学在一审期间未向法院提交证据，是否即应由此承担败诉的法律后果。第二，于某茹所申请的信息是否应当予以公开。第三，某大学作出答复函是否超过法定期限。

（一）关于第一个问题。《中华人民共和国行政诉讼法》第三十四条第二款规定，被告不提供或者无正当理由逾期提供证据，视为没有相应证据。因此，如果因被告未提供证据而导致应当由被告承担证明责任的事实无法查清时，即应当由被告承担不利的法律后果。但是，如果综合全案有效证据及当事人无争议之陈述，法院能够查明案件事实的，仍然应当根据查明的事实作出裁判。对此，《最高人民法院关于行政诉讼证据若干问题的规定》第五十三条明确规定，人民法院裁判行政案件，应当以证据证明的案件事实为依据。且该规定进一步明确了法院认定案件事实的标准，即法庭应当对经过庭审质证的证据和无须质证的证据进行逐一审查和对全部证据综合审查，遵循法官职业道德，运用逻辑推理和生活经验，进行全面、客观和公正的分析判断，确定证据材料与案件事实之间的证明关系，排除不具有关联性的证据材料，准确认定案件事实。

本案中，某大学于一审期间确实未提交证据，但综合全案证据，一审判决中经审理查明的事实能够得到在案证据的佐证，上述事实应当作为法院裁判的事实依据，一审判决并未违反行政诉讼证据规定的要求。当然，对于应当由被告承担证明责任且本案现有证据不足以证明的案件事实，则仍然应当由被告承担不利的法律后果。

（二）关于第二个问题。根据政府信息公开条例第一条之规定，政府信息公开条例的宗旨之一是促进法治政府建设，而行政机关在作出行政决策之前充分汇集不同观点，从而保证行政决策能够正确作出，对于实现上述宗旨具有重要意义。对于直接记载行政机关之间或者行政机关内部交换意见情况的政府信息，无论在行政决策过程中公开，还是在行政决策作出后公开，均可能导致行政机关之间或者行政机关内部难以坦率地表达意见，故此类政府信息应免予公开。

本案中，尽管某大学未将于某茹申请的信息本身作为证据提交，但在行政机关决定不予公开信息案件中，如果法院基于对信息的描述已经能够对相关信息是否应予公开作出判断，则行政机关是否将相关信息本身作为证据提交不影响案件的审理和裁判。本案中于某茹申请公开的第1、2项信息是以会议记录形式记载的参与调查其论文是否抄袭的工作组成员与专家的讨论意见；于某茹申请公开的第3、5项信息是以会议记录形式记载的学位评定委员会委员就其涉嫌抄袭事件进行审议的意见；于某茹申请公开的第6项信息则是某大学校长法律顾问办公室提供的供参考的法律意见。上述信息涉及工作组成员与专家之间、学位评定委员会委员之间以及学校内部相关部门之间表达及交换意见的情况，因此即使在最终处理决定作出之后，上述信息亦应免予公开。因此，某大学答复于某茹其所申请的第1、2、3、5、6项信息不予公开，不违反政府信息公开条例的规定。同时，由于上述信息免予公开的理由在于保护行政机关内部意见交换的自由，而并非基于保护行政机关工作人员或者专家的个人隐私，因此直接记载内部不同观点和意见的信息应当作为一个整体免予公开，于某茹认为可以采用区分处理等方式予以公开之主张，亦不能成立。

（三）关于第三个问题。判断某大学答复是否超过法定期限的关键，在于确定其答复期限的起算点。即究竟自某大学收到于某茹的申请之日起计算，还是自某大学收到于某茹补充的身份证材料之日起计算。本院认为，对于申请不符合法定要求需要补正的，行政机关有权要求申请人予以补正，而审查的期限应当自申请材料补正之日起计算，但行政机关要求申请人补正应当符合法律规定并有事实依据。

但某大学要求其补充身份证信息的事实依据不足。某大学要求于某茹补充身份证信息的理由是其申请时提交的身份证照片不清晰，而于某茹在诉讼中则否定其提交的身份证照片不清晰。由于于某茹申请时提供的身份证材料已经提交给某大学，因此应当由某大学对上述事实承担证明责任。而某大学在诉讼中未向法院提供证据证明于某茹在申请时提交的身份证材料情况，导致其身份证照片是否清楚的事实无法查清，某大学应当对此承担不利的法律后果。因此，某大学对于某茹申请的审查期限，即应自其第一次收到于某茹的申请之日起计算。据此，某大学于2015年6月16日方作出答复函且未办理延期手续，已经超过政府信息公开条例规定的答复期限，构成程序违法。鉴于上述程序违法情形及整个答复行为，故针对该违法情形本院不再基于申请的各项信息分别予以评价。

综上，某大学针对于某茹的信息公开申请作出的答复函，结论并无不当，但因超过法定期限而构成程序违法。鉴于上述程序违法情节轻微，对于某茹的权利不产生实际影响，故应当确认答复函违法。于某茹请求公开其申请的第1、2、3、5、6项信息的诉讼请求不能成立，法院不予支持。一审法院针对于某茹的诉讼请求均判决予以驳回错误，本院应予纠正。判决确认被上诉人某大学于2015年6月16日作出的北大信息公开〔2014－2015〕021号《某大学信息公开申请答复函》违法。

聂某飞与证监会政府信息公开案①

上诉人（一审原告）：聂某飞

被上诉人（一审被告）：证监会

2016年6月14日，聂某飞向证监会邮寄提交政府信息公开申请表，要求公开：与证监会作出《关于核准浙江浙能电力股份有限公司发行股份吸收合并浙江东南发电股份有限公司的批复》（证监许可〔2013〕1253号）有关的并购重组审核的并购重组委会议的审核意见、审核意见落实情况的核实结果、初审报告、审核专题会的审核意见、反馈专题会的反馈意见、专项反馈意见。

证监会于2016年7月26日作出被诉告知书，主要内容如下：一、关于并购重组委会议的审核意见。涉案重组申请于2013年8

① 案号：北京市高级人民法院（2017）京行终1030号。

月29日经并购重组委2013年第22次会议审核，获无条件通过，并告知公告网址。二、关于审核意见落实情况的核实结果。涉案行政许可中，反馈意见的相关落实情况体现在审核报告中，重组委审核结果为无条件通过。据此，证监会作出核准批复。审核意见落实情况的核实结果即同意浙江浙能电力股份有限公司发行股份吸收合并浙江东南发电股份有限公司，并告知公示网址。三、关于初审报告。《关于在发行审核委员会中设立上市公司并购重组审核委员会的决定》（证监发〔2007〕93号）规定，并购重组委的职责之一是审核中国证监会有关职能部门出具的初审报告。因此，初审报告是行政许可程序中的内部文件，对外不具有约束力，系由我会有关职能部门向并购重组委出具，由并购重组委审核，不是审核的最终结果。同时，行政许可核准的吸收合并行为属于公司行为，聂某飞作为东电B股的普通投资者，与行政许可决定不具有利害关系。根据《中国证券监督管理委员会上市公司并购重组审核委员会工作规程》第二十四条的规定，并购重组委审阅的材料不限于初审报告。根据《国务院办公厅关于做好政府信息依申请公开工作的意见》（国办发〔2010〕5号）规定，初审报告不属于《中华人民共和国政府信息公开条例》所指应公开的政府信息。四、关于审核专题会的审核意见。审核专题会讨论决定是否将许可申请提交并购重组委审议。证监会有关职能部门召开审核专题会后决定将该行政许可申请提交并购重组委审议，并向并购重组委提交初审报告。相关重组委工作会议公告已在官网公开，并告知网址。此外，初审报告不属于政府信息公开条例所指应公开的政府信息，具体原因前文已述。五、关于反馈专题会的反馈意见和专项反馈意见。根据《中国证券监督管理委员会行政许可实施程序规定》的规定，反馈意见为证监会审查申请材料过程中，认为需要上市公司作出书面说明、解释的问题汇总；反馈意见送达申请人。《中华人民共和国证券法》（2014修正）

第六十七条、《上市公司信息披露管理办法》第三十条规定了上市公司应当履行临时信息披露义务的重大事件。反馈意见不属于法定信息披露义务范围，上市公司可依据相关规定决定是否披露上述信息。如上市公司认为该反馈意见对股价可能产生较大影响且属于依法必须披露的，上市公司应当按照法定方式披露。聂某飞申请公开的反馈意见应当由上市公司判断是否对股价存在影响，并由上市公司作为信息披露义务人进行披露。根据证券法第三条，《上市公司信息披露管理办法》第二条第二款、第三条，按照信息披露的公平性原则，上市公司在进行信息披露时应当同时向所有投资者披露。根据《中国证券监督管理委员会证券期货监督管理信息公开办法(试行)》[①] 第十二条规定，聂某飞申请公开的反馈意见不符合依申请公开信息的有关条件，建议向上市公司问询是否应当披露。聂某飞不服被诉告知，诉至一审法院。

一审法院认为，关于聂某飞申请公开的并购重组委会议的审核意见。被诉告知书已告知聂某飞涉案重组申请于2013年8月29日经并购重组委2013年第22次会议审核，获无条件通过，并告知公告网址，履行了上述告知义务。

关于聂某飞申请公开的初审报告及审核专题会的审核意见。政府信息公开条例第一条虽然确立了“提高政府工作透明度”的立法宗旨，但同时也确立了“促进法治政府建设”的立法宗旨。一般情形下，此二项原则并行不悖，但当公开此类决策过程中的信息将对行政决策判断、行政机关内部磋商、内部意见表达带来不良影响时，相关信息可免予公开，以保证依法行政的立法宗旨的实现。而行政机关作为执行法律、实现公共利益的国家机关，影响依法行政，则会导致公共利益受损。证监会主张聂某飞申请公开的初审报

① 现已失效。

告是行政程序中的内部文件，是证监会上市公司监管部门向并购重组委出具的初步的、不成熟的参考意见，并非申请材料，也不是最终审核结果，对外不具有约束力。如果公开，则会影响行政机关内部意见磋商。基于上述考量，证监会作出被诉告知，答复聂某飞其所申请的涉及初审报告的信息不属于政府信息公开条例所指应公开的政府信息，并无不当。另外，关于审核专题会的审核意见。除初审报告部分外，审核专题会的最终审核意见是决定将该行政许可申请提交并购重组委审议，已在官网公开，并告知了聂某飞网址。对于此可公开部分证监会亦已履行了告知义务。

关于反馈专题会的反馈意见和专项反馈意见。本案中，反馈意见如通过政府信息公开的方式向聂某飞公开，会违反证券法第三条规定的证券活动公平的原则。同时，即便采取公开披露的方式向社会公开，但由于该信息系涉案行政许可批复过程中所产生的信息，现突然公开，亦不免有扰乱正常交易秩序之虞。故证监会依据证券法第三条及信息披露的相关规定，对该项信息不予公开，并无不当。据此判决驳回聂某飞的诉讼请求。

聂某飞不服一审判决，提出上诉。

北京市高级人民法院认为，本案中，证监会针对聂某飞的信息公开申请，对关于并购重组委会议的审核意见、关于审核意见落实情况的核实结果、关于初审报告、关于审核专题会的审核意见以及关于反馈专题会的反馈意见和专项反馈意见等，逐一进行了说明和告知。被诉告知的总体内容合法，且结论对聂某飞亦未构成实质性影响，被诉告知并无不当。证监会作出被诉告知的行政程序并无不当，一审法院所作判决正确，本院予以确认。判决驳回上诉，维持一审判决。

瞿某与某市公安局某分局政府信息公开案[①]

再审申请人（一审原告、二审上诉人）：瞿某

再审被申请人（一审被告、二审被上诉人）：某市公安局某分局（以下简称某分局）

江苏省高级人民法院经复查认为，公安部《公安机关执法公开规定》第二条规定，本规定所称执法公开，是指公安机关依照法律、法规、规章和其他规范性文件规定，向社会公众或者特定对象公开刑事、行政执法的依据、流程、进展、结果等相关信息，以及开展网上公开办事的活动。第十六条规定，公安机关应当向控告人，以及被害人、被侵害人或者其家属公开下列执法信息：（一）办案单位名称和联系方式；（二）刑事案件立案、破案、移送起诉等情况，对犯罪嫌疑人采取刑事强制措施的种类和期限；（三）行政案件办理情况和结果。[②] 本案中，瞿某通过信函方式向某公安分局申请公开："申请人于2015年2月17日14时左右在某法院所报案件后，民警出警的执法记录仪视频。"首先，公安机关执法记录仪的视频录像系对报案进行处理过程中形成的材料，属于案件材料，不属于应当公开的政府信息范畴，不能通过申请政府信息公开的途径获得。其次，虽然接处警录音录像系民警在履行接处警过程中制作形成，但携带执法记录仪进行录音录像不是处警的法定程序，《公安机关执法公开规定》亦未要求公安机关的接处警录音录像应当向特定对象公开。最后，接处警录音录像具有其特殊性，当作为公安机关办理案件的证据时，由于其直接涉及案件当事人的利害关系，故应当向案件当事人公开，反之，接处警录音录像

① 案号：江苏省高级人民法院（2017）苏行申289号。

② 对应《公安机关执法公开规定》（2018修订）第二十二条。

的作用主要在于公安机关内部对执法办案活动的监督，对当事人权利义务并无影响。因此某公安分局作出《52号答复》，决定不向瞿某公开上述信息正确。综上，裁定驳回瞿某的再审申请。

钱某军与某市人民政府政府信息公开案[①]

上诉人（原审原告）：钱某军

被上诉人（原审被告）：某市人民政府（以下简称某市政府）

2014年8月7日，钱某军不服某市住房保障和房产管理局作出的《关于钱某军申请对违法拆迁监督查处的调查处理意见》以及《政府信息公开答复书》，向某市政府申请行政复议。某市政府分别于2014年9月23日、9月30日作出通政复决（2014）179号、184号行政复议决定书，维持了被申请人对钱某军作出的答复。2014年10月8日，钱某军通过邮寄方式向某市政府递交《政府信息公开申请书》，要求书面复印通政复决（2014）179号、184号行政复议决定书的承办人、审核、批准人员名单及被申请人提供的所有资料。2014年10月17日，某市政府作出《某市人民政府信息公开申请答复书》[（2014）通依复第141号]（以下简称《141号答复书》）并向钱某军邮寄送达。市政府告知原告依据《中华人民共和国行政复议法》的规定，到市政府负责法制工作的机构查阅。原告不服，遂诉至法院。

市中级人民法院一审判决驳回钱某军的诉讼请求。

省高级人民法院认为，《国务院办公厅关于做好政府信息依申请公开工作的意见》第二条规定，行政机关在日常工作中制作或者获取的内部管理信息以及处于讨论、研究或者审查中的过程性信息，一般不属于政府信息公开条例所指应公开的政府信息。《最高人民法院

① 案号：江苏省高级人民法院（2015）苏行终字第00308号。

关于审理政府信息公开行政案件若干问题的规定》第二条第四项规定，行政程序中的当事人、利害关系人以政府信息公开名义申请查阅案卷材料，行政机关告知其应当按照相关法律、法规的规定办理的，公民、法人或者其他组织对此行为不服提起行政诉讼的，人民法院不予受理。本案中，上诉人钱某军称其作为通政复决（2014）179号、184号行政复议案件的申请人，为“诉讼维权”的需要，要求公开“通政复决（2014）179号、184号行政复议决定书的承办人、审核、批准人员名单及被申请人提供的所有资料”。但钱某军申请公开的“通政复决（2014）179号、184号行政复议决定书的承办人、审核、批准人员名单”系行政复议机关在履行行政复议法定职责过程中的内部信息，因此不属于政府信息公开条例所指应予公开的政府信息。钱某军还申请公开“被申请人提供的所有资料”，而其作为行政复议程序中的当事人，提出的上述请求属于行使案件卷宗查阅权，其应通过《中华人民共和国行政复议法》等法律、法规规定的途径获取其所需信息。故某市政府告知钱某军依据《中华人民共和国行政复议法》的规定，到某市政府负责法制工作的机构查阅，并将联系电话附后符合《最高人民法院关于审理政府信息公开行政案件若干问题的规定》第二条第四项所规定的情形，其针对《141号答复书》提起行政诉讼，人民法院依法不予受理，原审法院判决驳回钱某军的诉讼请求正确。判决驳回上诉，维持原判。

刘某清与中国证监会政府信息公开案[①]

原告：刘某清

被告：中国证监会

① 案号：北京市第一中级人民法院（2017）京01行初72号。

原告刘某清于2016年8月22日到中国证监会提交信息公开申请表5件，申请公开：(1) 中国证监会调查处理证券期货违法违规案件证据准则；(2) 某上市公司2015年非公开发行股票发审委名单（审核人员）；(3) 中国证监会2015年三公消费金额；(4) 中国证监会2015年租车费用；(5) 中国证监会信息公开办公场所。被告中国证监会于2016年9月30日作出被诉告知书，并于同年10月8日当面送达原告。原告不服，提起本案诉讼。

北京市第一中级人民法院认为：

1. 关于原告的第(1)项申请，该申请涉及的信息属于行政机关对外执法的内部标准文件，被告以其属于内部管理信息为由不予公开，确有不当。原告针对该项申请所提诉讼请求成立，本院予以支持。鉴于被告已经当庭主张该信息不应予以公开的理由即其属于内部管理信息，故本院认为被告针对该信息是否应予公开已无判断裁量空间，本院应判决被告向原告公开上述信息。

2. 原告的第(2)项申请明显不属于政府信息公开条例依申请公开政府信息的范畴。行政机关是以其机关的名义对外执法，除非法律明确规定行政执法人员应当表明其身份，否则行政执法人员的身份信息应属于行政机关的内部管理信息，不属于政府信息公开条例依申请公开制度所调整的政府信息。原告针对该部分申请提起的本案诉讼，不符合起诉条件，其起诉依法应当予以驳回。

3. 针对原告的第(3)、(4)项申请，被告已经向原告告知了获取该政府信息的方式和途径，并无不当。经审查，该部分的答复程序亦无违法情形。原告针对该部分申请的诉讼请求不能成立，本院不予支持。

4. 原告的第(5)项申请，属于对相关问题的咨询，要求被告予以解答，明显不属于政府信息公开条例第二条所调整的政府信息范畴，原告针对上述部分提起的本案诉讼，不符合起诉条件，其起诉依法应当予以驳回。

综上，判决如下：

一、撤销被告中国证监会于2016年9月30日作出的《监管信息告知书》（证监信息公开〔2016〕389号）的第一项；被告中国证监会应当于本判决生效后7日内向原告刘某清公开“中国证券监督管理委员会调查处理证券期货违法违规案件证据准则”。

二、驳回原告刘某清的其他诉讼请求。

袁某来与某省人民政府不履行政府信息公开职责案①

2007年5月10日，张某兵等4人向某省人民政府提出行政复议申请，请求撤销宣城市人民政府作出的《关于同意设立市级绩溪县城区生态工业园区的批复》。2007年8月15日，某省人民政府以“因本案的相关设立开发区、工业园区的法律政策规定需要进一步向有关机关请示”为由，作出《行政复议中止通知书》。原告袁某来系复议申请人张某兵等4人的委托代理人。2008年6月11日，袁某来向被告某省人民政府申请公开下列信息：(1) 被告已经提出请示的“相关设立开发区、工业园区的法律政策规定”是哪些法律政策规定；(2) 被告向什么机关提出了请示、该机关有无答复。并要求被告以书面形式向其提供上述信息。被告于2008年6月16日收到原告申请后，认为行政复议案件的相关材料不属于政府信息公开条例所指应予公开的政府信息，原告作为行政复议案件的代理人可以查阅复议案件的相关材料、了解复议案件办理情况。被告工作人员将上述意见电话告知原告。2008年10月9日，原告的委托代理人徐某平律师到被告处查阅并复印了该复议案件的相关材料。原告认为被告没有按照其要求的书面形式对其作出答复，构成行政不

① 案号：安徽省高级人民法院（2008）皖行终字第0136号。

作为。

某高院裁判观点：上诉人要求被上诉人公开的政府信息，是被上诉人在行政复议案件程序中，为妥善处理好复议案件，在对法律、政策把握不准的情况下，向有关机关的请示，应当属于行政机关内部的请示材料。由于行政复议还未形成最终结果，该请示材料能否对复议案件产生影响，最终该材料确定为不对外公开的内部答复，还是形成具有普遍约束力的决定而对外发布，仍处于不确定状态。政府信息公开条例也没有明确说明“行政机关在履行职责过程中制作或者获取的信息”公开的时机，即职责履行完毕应当公开，还是在履行职责过程中任何环节都要公开。法院认为如果政府机关获取的信息在行政过程的每个环节都要公开，不仅不利于行政活动的开展，而且将严重影响行政效率。因此，在复议案件没有最终结果的情况下，该请示材料不能认定为政府信息公开条例规定的行政机关主动公开的政府信息。

对于上诉人的信息公开申请，被上诉人及时给予答复，并告知其可按照《中华人民共和国行政复议法》赋予的权利，查阅、复制复议案件的材料，了解办案相关信息。上诉人的委托代理人徐某平律师，也到被上诉人处查阅复议案件的卷宗，复印了相关材料，从被上诉人处获知了其申请要求公开的信息，也就是说上诉人要求信息公开的目的已经达到，从而说明被上诉人履行了法定职责。

周某送与某市公安局政府信息公开及行政赔偿案[①]

原告：周某送

被告：某市公安局

原告周某送诉称：2015 年 5 月 29 日，原告为寻找其兔子笼丢

① 案号：鄂州市鄂城区人民法院（2016）鄂 0704 行初 15 号。

失的线索，向被告某市公安局挂号邮寄《反映情况》及相关证据材料，被告未依法作出明确的书面答复。后原告到被告处当面提交申请材料，2015 年6 月 18 日，被告电话通知原告去调取监控录像，当晚原告将调取到的监控录像进行播放时，发现是近距离监控录像，没有远距离的监控录像，便于次日再次持近距离照片及远距离摄像头照片去被告处，要求调取前方位、远距离监控录像，被告称调取人员不在办公室。2015 年6 月20 日，原告再次来到被告处要求调取前方位、远距离监控录像，被告工作人员称："昨天监控录像还在，今天远距离的监控录像保存期到了，监控视频读不出来，只能保存20 天……"原告认为被告方恶意删除了有利害关系的远距离监控录像。故诉请：（1）判令被告在法定期限内对原告政府信息公开的申请予以答复，并提供我于2015 年5 月27 日9 时52 分2 秒至10 时 18 分1 秒在本市十字西街口摄像头前方位、远距离的监控录像信息；（2）判令被告赔偿损失500 元；（3）请求依法主持公开质证，必要时请媒体参与；（4）诉讼费由被告承担。

经审理查明，2015 年5 月29 日，原告周某送向被告某市公安局邮寄《反映情况》，要求调取2015 年5 月27 日9 时52 分至10 时30 分左右，其骑三轮电瓶车往返本市十字西街口、钢窗小区的监控录像。后周某送又亲自到被告处提出调取申请，被告于当日和6 月18 日两次安排其到该局视频支队，按照其指定的时段和地段调出附近相关监控视频，视频中可见原告经过视频辐射区域，被告下载给其观看，然后向其提供了复制件。在调取过程中，被告工作人员针对原告的要求，对视频角度不能变换、十字西街中段不在监控范围内等作了解释说明。原告认为被告恶意删除了前方位、远距离的监控录像，诉请被告对其申请作出答复，并提供前方位、远距离的监控录像等。

某市某区人民法院认为：1. 关于监控录像是否属于政府信息以

及被告主体是否适格。《湖北省公共安全视频图像信息系统管理办法》第三条第一款规定："本办法所称公共安全视频图像信息系统（以下简称公共视频系统），是指以维护公共安全、提供公共服务和创新社会管理为目的，采用视频技术及设备，对涉及公共安全、公共服务和管理的场所或者区域进行视频图像信息采集、传输、显示、存储和管理的系统。"第五条第一款规定："县级以上人民政府公安机关负责本行政区域内公共视频系统的统一管理工作。"本案中，周某送向被告某市公安局申请调取"十字西街口"有关监控录像，是被告在履行职责过程中制作或者获取的、以一定形式记录和保存的信息，属于《中华人民共和国政府信息公开条例》第二条所指的政府信息。周某送认为政府信息公开工作中的行政行为侵犯其合法权益，依法提起诉讼，属于《中华人民共和国政府信息公开条例》第一条规定的受案范围。依据"谁制作谁公开""谁保存谁公开"的原则，周某送向制作或者保存机关申请公开、以答复或受理机关为被告提起诉讼，符合《中华人民共和国政府信息公开条例》《最高人民法院关于审理政府信息公开行政案件若干问题的规定》第四条第一款的规定，故被告主体适格。

2. 关于被告是否履行了政府信息公开职责。原告周某送于2015年5月29日的政府信息公开书面申请，被告某市公安局在周某送其后的当面申请中，依据已保存的监控录像，在法定期限内，两次安排其当场查阅，按其当场描述的内容进行调取，并按其指定的形式，提供了复制件。对于其要求的十字西街中段兔子交易地的监控信息，因不在监控范围内而无法提供，被告也履行了法定告知和说明理由的义务。被告某市公安局的行为符合《中华人民共和国政府信息公开条例》的时限、形式和说明告知要求。根据《国务院办公厅关于施行〈中华人民共和国政府信息公开条例〉若干问题的意见》第五条第十三项之规定，同一申请人向同一行政机关就同一内容反复提出公开申请的，行政机关可以不重复答复。故原告周某送关于逾期不予答复的理由不能成立，应予驳回。原告关于提供“前方位、远距离”的监控录像的请求，实质上仍是认为被告提供的信息不能满足其要求的十字西街中段的监控信息的需要。对此，由于被告某市公安局对于存在的信息已经提供，对于不存在的信息已经履行了合理的搜寻义务和法定告知说明理由的义务，亦不存在重复答复和公开，原告此项诉请亦应驳回。

3. 关于原告要求被告赔偿500元的诉讼请求缺乏事实依据和法律依据，且与被诉行政行为无因果关系，本院不予支持。

4. 关于原告请求“公开质证，必要时请媒体参与”不属于《最高人民法院关于执行〈中华人民共和国行政诉讼法〉若干问题的解释》第二条规定的“有具体的诉讼请求”的情形，本院亦予以驳回。

判决驳回原告周某送的诉讼请求。

殷某某与某区人民政府某办事处政府信息公开案[①]

2015年3月11日，某区人民政府某办事处（以下简称某办事处）在辖区兰亭雅苑小区查处一楼住户违规搭建雨棚时，殷某某向街道办事处工作人员询问是否具有执法文书和强制措施凭证，在场工作人员表示，根据相关规定，当日发现的违建必须当日拆除。殷某某于2015年3月18日向某办事处邮寄政府信息公开申请表一份，要求某办事处将发现违建必须拆除的执法依据予以公开。2015年3月19日，某办事处收到上述政府信息公开申请表，2015年3月30日，某办事处工作人员电话答复殷某某，告知2015年3月11日拆除违规搭建雨棚的执法依据。殷某某对答复形式不服，遂提起本案诉

① 案号：江苏省南京市中级人民法院（2016）苏01行终384号。

讼，要求某办事处按其要求的书面形式提供政府信息。

江苏省某区人民法院经审理认为，行政机关依申请公开政府信息，应当按照申请人要求的形式予以提供。本案中，殷某某向某办事处提供的政府信息公开申请表中，未选择某办事处指定的信息提供方式，某办事处在收到申请之日起20个工作日内通过电话通知的方式进行了答复，对殷某某申请公开的事项，某办事处已经履行了法定告知义务，故对殷某某要求确认某办事处在法定期限内未按其要求的形式提供政府信息的行为违法，以及判令某办事处按殷某某要求的形式提供政府信息的诉讼请求不予支持。判决驳回殷某某的诉讼请求。

殷某某不服一审判决，提起上诉。江苏省南京市中级人民法院经审理认为，本案中，殷某某因对某办事处的拆除行为不服，继而要求某办事处公开“发现违建当日必须拆除的执法依据”，其实质上是要求某办事处对拆除行为的合法性进行说明，该申请内容不属于政府信息公开条例中所定义的政府信息。因此，某办事处对殷某某的涉案答复不适用政府信息公开条例的规定。某办事处对殷某某申请的涉案事项，通过电话通知的方式进行答复，已经履行了告知义务，一审判决驳回殷某某的诉讼请求并无不当。判决驳回上诉，维持原判。

第十七条　【政府信息公开审查机制】 行政机关应当建立健全政府信息公开审查机制，明确审查的程序和责任。

行政机关应当依照《中华人民共和国保守国家秘密法》以及其他法律、法规和国家有关规定对拟公开的政府信息进行审查。

行政机关不能确定政府信息是否可以公开的，应当依照法律、法规和国家有关规定报有关主管部门或者保密行政管理部门确定。

◆ **解读**

本条规定的主要内容包括要求行政机关建立健全政府信息发布保密审查机制的规定。主要包括以下三个方面：一是要求行政机关建立健全政府信息发布的审查机制，明确审查的程序和责任，行政机关在公开政府信息前，应当对拟公开的政府信息进行审查；二是确定了不予公开政府信息的审查主要依据是《中华人民共和国保守国家秘密法》；三是明确了行政机关对政府信息不能确定是否可以公开时的处理程序。

◆ **案例**

蔡某与司法部政府信息公开案①

再审申请人（一审原告、二审上诉人）：蔡某

再审被申请人（一审被告、二审被上诉人）：司法部

最高人民法院经审查认为，根据《中华人民共和国政府信息公开条例》第十七条的规定，行政机关应当建立健全政府信息公开审查机制，明确审查的程序和责任。行政机关应当依照《中华人民共和国保守国家秘密法》以及其他法律、法规和国家有关规定对拟公开的政府信息进行审查。行政机关不能确定政府信息是否可以公开的，应当依照法律、法规和国家有关规定报有关主管部门或者保密行政管理部门确定。本案中，蔡某向司法部递交《信息公开申请

---

① 案号：最高人民法院（2018）最高法行申11129号。

书》，申请公开本人参加2015年国家司法考试的试卷一、试卷二、试卷三的答题卡及试卷四的答题纸。针对此类问题，司法部曾于2008年根据《中华人民共和国保守国家秘密法》及其实施办法和《国家司法考试实施办法》的有关规定制定《国家司法考试保密工作规定》，该规定系司法部在其职权范围内会同国家保密局所制定的其主管业务方面的保密规定。依据《国家司法考试保密工作规定》第四条第三款，国家司法考试结束后未公布的试题试卷、标准答案、应试人员的考试成绩及其他有关情况、数据，属于工作秘密，未经司法部批准不得公开。司法部据此审查认定蔡某申请公开的事项不属于政府信息公开范围，符合《中华人民共和国政府信息公开条例》的上述规定。据此，一、二审判决驳回蔡某的诉讼请求，并无不当，蔡某申请再审的理由不能成立。裁定驳回蔡某的再审申请。

第十八条　【政府信息管理动态调整机制】 行政机关应当建立健全政府信息管理动态调整机制，对本行政机关不予公开的政府信息进行定期评估审查，对因情势变化可以公开的政府信息应当公开。

◆ **解读**

这是2019年4月15日修订后的《中华人民共和国政府信息公开条例》的新增条款。修订后的《中华人民共和国政府信息公开条例》公布，扩大了主动公开的范围和深度，同时明确了“公开为常态、不公开为例外”的原则。在目前经济全球化和信息化的时代，瞬息万变的信息，已成为社会经济发展的决定因素。信息社会就是信息和知识将扮演主角的社会，作为最重要的信息资源的政府信息涵盖全社会信息的80%，它既是公众了解政府行为的直接途径，也是公众监督政府行为的重要依据。除条例规定不予公开的政府信息外，政府信息应当以信息公开为常态。我国古人说，“兵无常势，水无常形，能因敌变化而取胜者，谓之神”。信息公开亦是如此，没有永远的不公开。

第三章　主动公开

第十九条　【主动公开】对涉及公众利益调整、需要公众广泛知晓或者需要公众参与决策的政府信息，行政机关应当主动公开。

◆ **解读**

所谓主动公开，就是行政机关根据法律的规定和本行政机关的职权，在政府信息形成以后，主动向社会公开有关信息内容。主动公开是政府信息公开的重要方式，也是本条例设定的一项重要制度。

◆ **规范性文件**

中共中央办公厅、国务院办公厅
关于全面推进政务公开工作的意见

（2016 年 2 月 17 日）

公开透明是法治政府的基本特征。全面推进政务公开，让权力在阳光下运行，对于发展社会主义民主政治，提升国家治理能力，增强政府公信力执行力，保障人民群众知情权、参与权、表达权、监督权具有重要意义。党中央、国务院高度重视政务公开，作出了一系列重大部署，各级政府认真贯彻落实，政务公开工作取得积极成效。但与人民群众的期待相比，与建设法治政府的要求相比，仍

存在公开理念不到位、制度规范不完善、工作力度不够强、公开实效不理想等问题。为进一步做好当前和今后一个时期政务公开工作，现提出以下意见。

一、全面推进政务公开工作的总体要求

（一）指导思想。认真落实党的十八大和十八届三中、四中、五中全会精神，深入贯彻习近平总书记系列重要讲话精神，紧紧围绕“四个全面”战略布局，牢固树立创新、协调、绿色、开放、共享的发展理念，深入推进依法行政，全面落实党中央、国务院有关决策部署和政府信息公开条例，坚持以公开为常态、不公开为例外，推进行政决策公开、执行公开、管理公开、服务公开和结果公开，推动简政放权、放管结合、优化服务改革，激发市场活力和社会创造力，打造法治政府、创新政府、廉洁政府和服务型政府。

（二）基本原则。紧紧围绕经济社会发展和人民群众关注关切，以公开促落实，以公开促规范，以公开促服务。依法依规明确政务公开的主体、内容、标准、方式、程序，加快推进权力清单、责任清单、负面清单公开。坚持改革创新，注重精细化、可操作性，务求公开实效，让群众看得到、听得懂、能监督。以社会需求为导向，以新闻媒体为载体，推行“互联网＋政务”，扩大公众参与，促进政府有效施政。

（三）工作目标。到2020年，政务公开工作总体迈上新台阶，依法积极稳妥实行政务公开负面清单制度，公开内容覆盖权力运行全流程、政务服务全过程，公开制度化、标准化、信息化水平显著提升，公众参与度高，用政府更加公开透明赢得人民群众更多理解、信任和支持。

二、推进政务阳光透明

（四）推进决策公开。把公众参与、专家论证、风险评估、合法性审查、集体讨论决定确定为重大行政决策法定程序。实行重大决策预公开制度，涉及群众切身利益、需要社会广泛知晓的重要改革方案、重大政策措施、重点工程项目，除依法应当保密的外，在决策前应向社会公布决策草案、决策依据，通过听证座谈、调查研究、咨询协商、媒体沟通等方式广泛听取公众意见，以适当方式公布意见收集和采纳情况。探索利益相关方、公众、专家、媒体等列席政府有关会议制度，增强决策透明度。决策作出后，按照规定及时公开议定事项和相关文件。

（五）推进执行公开。主动公开重点改革任务、重要政策、重大工程项目的执行措施、实施步骤、责任分工、监督方式，根据工作进展公布取得成效、后续举措，听取公众意见建议，加强和改进工作，确保执行到位。各级政府及其工作部门都要做好督查和审计发现问题及整改落实情况的公开，对不作为、慢作为、乱作为问责情况也要向社会公开，增强抓落实的执行力。

（六）推进管理公开。全面推行权力清单、责任清单、负面清单公开工作，建立健全清单动态调整公开机制。推行行政执法公示制度，各级政府要根据各自的事权和职能，按照突出重点、依法有序、准确便民的原则，推动执法部门公开职责权限、执法依据、裁量基准、执法流程、执法结果、救济途径等，规范行政裁量，促进执法公平公正。推进监管情况公开，重点公开安全生产、生态环境、卫生防疫、食品药品、保障性住房、质量价格、国土资源、社会信用、交通运输、旅游市场、国有企业运营、公共资源交易等监管信息。公开民生资金等分配使用情况，重点围绕实施精准扶贫、精准脱贫，加大扶贫对象、扶贫资金分配、扶贫资金使用等信息公开力度，接受社会监督。

（七）推进服务公开。把实体政务服务中心与网上办事大厅结合起来，推动政务服务向网上办理延伸。各地区各部门要全面公开服务事项，编制发布办事指南，简化优化办事流程，让群众不跑冤枉路，办事更明白、更舒心。公布行政审批中介服务事项清单，公开项目名称、设置依据、服务时限。推行政府购买公共服务、政府和社会资本合作（PPP）提供公共服务的公开。大力推进公共企事业单位办事公开，行业主管部门要加强分类指导，组织编制公开服务事项目录，制定完善具体办法，切实承担组织协调、监督指导职责。通过最大限度方便企业和群众办事，打通政府联系服务群众“最后一公里”。

（八）推进结果公开。各级行政机关都要主动公开重大决策、重要政策落实情况，加大对党中央、国务院决策部署贯彻落实结果的公开力度。推进发展规划、政府工作报告、政府决定事项落实情况的公开，重点公开发展目标、改革任务、民生举措等方面事项。建立健全重大决策跟踪反馈和评估制度，注重运用第三方评估、专业机构鉴定、社情民意调查等多种方式，科学评价政策落实效果，增强结果公开的可信度，以工作实绩取信于民。

（九）推进重点领域信息公开。着力推进财政预决算、公共资源配置、重大建设项目批准和实施、社会公益事业建设等领域的政府信息公开，有关部门要制定实施办法，明确具体要求。各级行政机关对涉及公民、法人或其他组织权利和义务的规范性文件，都要按照政府信息公开要求和程序予以公布。规范性文件清理结果要向社会公开。加强突发事件、公共安全、重大疫情等信息发布，负责处置的地方和部门是信息发布第一责任人，要快速反应、及时发声，根据处置进展动态发布信息。

三、扩大政务开放参与

（十）推进政府数据开放。按照促进大数据发展行动纲要的要求，实施政府数据资源清单管理，加快建设国家政府数据统一开放平台，制定开放目录和数据采集标准，稳步推进政府数据共享开放。优先推动民生保障、公共服务和市场监管等领域的政府数据向社会有序开放。制定实施稳步推进公共信息资源开放的政策意见。支持鼓励社会力量充分开发利用政府数据资源，推动开展众创、众包、众扶、众筹，为大众创业、万众创新提供条件。

（十一）加强政策解读。将政策解读与政策制定工作同步考虑，同步安排。各地区各部门要发挥政策参与制定者，掌握相关政策、熟悉有关领域业务的专家学者和新闻媒体的作用，注重运用数字化、图表图解、音频视频等方式，提高政策解读的针对性、科学性、权威性。对涉及面广、社会关注度高、实施难度大、专业性强的政策法规，要通过新闻发布、政策吹风、接受访谈、发表文章等方式做好解读，深入浅出地讲解政策背景、目标和要点。各省（自治区、直辖市）政府和国务院各部门要充分利用新闻发布会和政策吹风会进行政策解读，领导干部要带头宣讲政策，特别是遇有重大突发事件、重要社会关切等，主要负责人要带头接受媒体采访，表明立场态度，发出权威声音，当好“第一新闻发言人”。新闻媒体、新闻网站、研究机构要做好党中央、国务院重大政策解读工作。

（十二）扩大公众参与。通过政务公开让公众更大程度参与政策制定、执行和监督，汇众智定政策抓落实，不断完善政策，改进工作。研究探索不同层级、不同领域公众参与的事项种类和方式，搭建政民互动平台，问政于民、问需于民、问计于民，增进公众对政府工作的认同和支持。充分利用互联网优势，积极探索公众参与新模式，提高政府公共政策制定、公共管理、公共服务的响应速度。

（十三）回应社会关切。建立健全政务舆情收集、研判、处置和回应机制，加强重大政务舆情回应督办工作，开展效果评估。对涉及本地区本部门的重要政务舆情、媒体关切、突发事件等热点问题，要按程序及时发布权威信息，讲清事实真相、政策措施以及处置结果等，认真回应关切。依法依规明确回应主体，落实责任，确保在应对重大突发事件及社会热点事件时不失声、不缺位。

（十四）发挥媒体作用。把新闻媒体作为党和政府联系群众的桥梁纽带，运用主要新闻媒体及时发布信息，解读政策，引领社会舆论。安排中央和地方媒体、新闻网站负责人参与重要活动，了解重大决策；畅通采访渠道，积极为媒体采访提供便利。同时也要发挥新闻网站、商业网站以及微博微信、移动客户端等新媒体的网络传播力和社会影响力，提高宣传引导的针对性和有效性。

四、提升政务公开能力

（十五）完善制度规范。建立健全政务公开制度，注重将政务公开实践成果上升为制度规范，对不适应形势要求的规定及时予以调整清理。修订政府信息公开条例，完善主动公开、依申请公开信息等规定。建立公开促进依法行政的机制，推动相关部门解决行政行为不规范等问题。建立健全政务公开内容、流程、平台、时限等相关标准。推进政务服务中心标准化建设，统一名称标识、进驻部门、办理事项、管理服务等。制定政府网站发展指引，明确功能定位、栏目设置、内容保障等要求。

（十六）建立政务公开负面清单。各省（自治区、直辖市）政府和国务院各部门要依法积极稳妥制定政务公开负面清单，细化明确不予公开范围，对公开后危及国家安全、经济安全、公共安全、社会稳定等方面的事项纳入负面清单管理，及时进行调整更新。负面清单要详细具体，便于检查监督，负面清单外的事项原则上都要依法依规予以公开。健全公开前保密审查机制，规范保密审查程序，妥善处理好政务公开与保守秘密的关系，对依法应当保密的，要切实做好保密工作。

（十七）提高信息化水平。积极运用大数据、云计算、移动互联网等信息技术，提升政务公开信息化、集中化水平。加快推进“互联网+政务”，构建基于互联网的一体化政务服务体系，通过信息共享、互联互通、业务协同，实行审批和服务事项在线咨询、网上办理、电子监察，做到利企便民。推动信用信息互联共享，促进“信用中国”建设。充分利用政务微博微信、政务客户端等新平台，扩大信息传播，开展在线服务，增强用户体验。

（十八）加强政府门户网站建设。强化政府门户网站信息公开第一平台作用，整合政府网站信息资源，加强各级政府网站之间协调联动，强化与中央和地方主要新闻媒体、主要新闻网站、重点商业网站的联动，充分运用新媒体手段拓宽信息传播渠道，完善功能，健全制度，加强内容和技术保障，将政府网站打造成更加全面的信息公开平台、更加权威的政策发布解读和舆论引导平台、更加及时的回应关切和便民服务平台。

（十九）抓好教育培训。各级政府要把政务公开列入公务员培训科目，依托各级党校、行政学院、干部学院等干部教育培训机构，加强对行政机关工作人员特别是领导干部的培训，增强公开意识，提高发布信息、解读政策、回应关切的能力。制定业务培训计划，精心安排培训科目和内容，分级分层组织实施，力争 3 年内将全国从事政务公开工作人员轮训一遍，支持政务公开工作人员接受相关继续教育。教育主管部门要鼓励高等学校开设政务公开课程，培养政务公开方面的专门人才。

五、强化保障措施

（二十）加强组织领导。各级党委和政府要高度重视政务公开工作。各级政府要在党委统一领导下，牵头做好政务公开工作，确定一位政府领导分管，建立健全协调机制，明确责任分工，切实抓好工作落实。各级政府及其工作部门办公厅（室）是政务公开工作的主管部门，具体负责组织协调、指导推进、监督检查本地区本系统的政务公开工作，要整合政务公开方面的力量和资源，加强与新闻媒体、新闻网站等的沟通协调，做好统筹指导；进一步理顺机制，明确工作机构，配齐配强专职工作人员。有条件的应把政务公开、政务服务、政府数据开放、公共资源交易监督管理等工作统筹考虑、协同推进。要加强政务公开工作经费保障，为工作顺利开展创造条件。鼓励通过引进社会资源、购买服务等方式，提升政务公开专业化水平。

（二十一）加强考核监督。把政务公开工作纳入绩效考核体系，加大分值权重。鼓励支持第三方机构对政务公开质量和效果进行独立公正的评估。指导新闻媒体和政府网站做好发布政府信息、解读政策、回应关切的工作。充分发挥人大代表、政协委员、民主党派、人民团体、社会公众、新闻媒体对政务公开工作的监督作用。强化激励和问责，对政务公开工作落实好的，按照有关规定予以表彰；对公开工作落实不到位的，予以通报批评；对违反政务公开有关规定、不履行公开义务或公开不应当公开事项，并造成严重影响的，依法依规严肃追究责任。

国务院办公厅根据本意见制定相关实施细则。各地区各部门要结合实际，制定具体实施办法，细化任务措施，明确责任分工，认真抓好落实。

《关于全面推进政务公开工作的意见》实施细则

为贯彻落实中共中央办公厅、国务院办公厅《关于全面推进政务公开工作的意见》要求，进一步推进决策、执行、管理、服务、结果公开（以下统称“五公开”），加强政策解读、回应社会关切、公开平台建设等工作，持续推动简政放权、放管结合、优化服务改革，制定本实施细则。

一、着力推进“五公开”

（一）将“五公开”要求落实到公文办理程序。行政机关拟制公文时，要明确主动公开、依申请公开、不予公开等属性，随公文一并报批，拟不公开的，要依法依规说明理由。对拟不公开的政策性文件，报批前应先送本单位政务公开工作机构审查。部门起草政府政策性文件代拟稿时，应对公开属性提出明确建议并说明理由；部门上报的发文请示件没有明确的公开属性建议的，或者没有依法依规说明不公开理由的，本级政府办公厅（室）可按规定予以退文。

（二）将“五公开”要求落实到会议办理程序。各地区各部门要于2017年底前，建立健全利益相关方、公众代表、专家、媒体等列席政府有关会议的制度，增强决策透明度。提交地方政府常务会议和国务院部门部务会议审议的重要改革方案和重大政策措施，除依法应当保密的外，应在决策前向社会公布决策草案、决策依据，广泛听取公众意见。对涉及公众利益、需要社会广泛知晓的电视电话会议，行政机关应积极采取广播电视、网络和新媒体直播等形式向社会公开。对涉及重大民生事项的会议议题，国务院部门、地方各级行政机关特别是市县两级政府制定会议方案时，应提出是否邀请有关方面人员列席会议、是否公开以及公开方式的意见，随会议方案一同报批；之前已公开征求意见的，应一并附上意见收集和采纳情况的说明。

（三）建立健全主动公开目录。推进主动公开目录体系建设，要坚持以公开为常态、不公开为例外，进一步明确各领域“五公开”的主体、内容、时限、方式等。2017年底前，发展改革、教育、工业和信息化、公安、民政、财政、人力资源社会保障、国土资源、交通运输、环保、住房和城乡建设、商务、卫生计生、海关、税务、工商、质检、安监、食品药品监管、证监、扶贫等国务院部门要在梳理本部门本系统应公开内容的基础上，制定本部门本系统的主动公开基本目录；2018年底前，国务院各部门应全面完成本部门本系统主动公开基本目录的编制工作，并动态更新，不断提升主动公开的标准化规范化水平。

（四）对公开内容进行动态扩展和定期审查。各地区各部门每年要根据党中央、国务院对政务公开工作的新要求以及公众关切，明确政务公开年度工作重点，把握好公开的力度和节奏，稳步有序拓展“五公开”范围，细化公开内容。各级行政机关要对照“五公开”要求，每年对本单位不予公开的信息以及依申请公开较为集中的信息进行全面自查，发现应公开未公开的信息应当公开，可转为主动公开的应当主动公开，自查整改情况应及时报送本级政府办公厅（室）。各级政府办公厅（室）要定期抽查，对发现的应公开未公开等问题及时督促整改。严格落实公开前保密审查机制，妥善处理好政务公开与保守国家秘密的关系。

（五）推进基层政务公开标准化规范化。在全国选取100个县（市、区）作为试点单位，重点围绕基层土地利用总体规划、税费收缴、征地补偿、拆迁安置、环境治理、公共事业投入、公共文化服务、扶贫救灾等群众关切信息，以及劳动就业、社会保险、社会救助、社会福利、户籍管理、宅基地审批、涉农补贴、医疗卫生等方面的政务服务事项，开展“五公开”标准化规范化试点工作，探索适应基层特点的公开方式，通过两年时间形成县乡政府政务公开标准规范，总结可推广、可复制的经验，切实优化政务服务，提升政府效能，破解企业和群众“办证多、办事难”问题，打通政府联系服务群众“最后一公里”。

二、强化政策解读

（一）做好国务院重大政策解读工作。

国务院部门是国务院政策解读的责任主体，要围绕国务院重大政策法规、规划方案和国务院常务会议议定事项等，通过参加国务院政策例行吹风会、新闻发布会、撰写解读文章、接受媒体采访和在线访谈等方式进行政策解读，全面深入介绍政策背景、主要内容、落实措施及工作进展，主动解疑释惑，积极引导国内舆论、影响国际舆论、管理社会预期。

国务院发布重大政策，国务院相关部门要进行权威解读，新华社进行权威发布，各中央新闻媒体转发。部门主要负责人是“第一解读人和责任人”，要敢于担当，通过发表讲话、撰写文章、接受访谈、参加发布会等多种方式，带头解读政策，传递权威信息。对以国务院或国务院办公厅名义印发的重大政策性文件，起草部门在上报代拟稿时应一并报送政策解读方案和解读材料，并抓好落实。需配发新闻稿件的，文件牵头起草部门应精心准备，充分征求相关部门意见，经本部门主要负责人审签，按程序报批后，由中央主要媒体播发。要充分发挥各部门政策参与制定者和掌握相关政策、熟悉有关领域业务的专家学者的作用，围绕国内外舆论关切，多角度、全方位、有序有效阐释政策，着力提升解读的权威性和针对性。对一些专业性较强的政策，进行形象化、通俗化解读，多举实例，多讲故事。

充分运用中央新闻媒体及所属网站、微博微信和客户端做好国务院重大政策宣传解读工作，发挥主流媒体“定向定调”作用，正确引导舆论。注重利用商业网站以及都市类、专业类媒体，做好分众化对象化传播。宣传、网信部门要加强指导协调，组织开展政策解读典型案例分析和效果评估，不断总结经验做法，督促问题整改，切实增强政策解读的传播力和影响力。

国务院政策例行吹风会是解读重大政策的重要平台，各部门要高度重视，主要负责人要积极参加，围绕吹风会议题，精心准备，加强衔接协调，做到精准吹风。对国际舆论重要关切事项，相关部门主要负责人要面向国际主流媒体，通过集体采访、独家访谈等多种形式，深入阐释回应，进一步提升吹风会实效。遇有重大突发事件和重要社会关切，相关部门主要负责人要及时主动参加吹风会，表明立场态度，发出权威声音。对各部门主要负责人参加国务院政策例行吹风会的情况要定期通报。

（二）加强各地区各部门政策解读工作。

各地区各部门要按照“谁起草、谁解读”的原则，做好政策解读工作。以部门名义印发的政策性文件，制发部门负责做好解读工作；部门联合发文的，牵头部门负责做好解读工作，其他联合发文部门配合。以政府名义印发的政策性文件，由起草部门做好解读工作。解读政策时，着重解读政策措施的背景依据、目标任务、主要内容、涉及范围、执行标准，以及注意事项、关键词诠释、惠民利民举措、新旧政策差异等，使政策内涵透明，避免误解误读。

坚持政策性文件与解读方案、解读材料同步组织、同步审签、同步部署。以部门名义印发的政策性文件，报批时应当将解读方案、解读材料一并报部门负责人审签。对以政府名义印发的政策性文件，牵头起草部门上报代拟稿时应将经本部门主要负责人审定的解读方案和解读材料一并报送，上报材料不齐全的，政府办公厅（室）按规定予以退文。文件公布前，要做好政策吹风解读和预期引导；文件公布时，相关解读材料应与文件同步在政府网站和媒体发布；文件执行过程中，要密切跟踪舆情，分段、多次、持续开展解读，及时解疑释惑，不断增强主动性、针对性和时效性。

对涉及群众切身利益、影响市场预期等重要政策，各地区各部门要善于运用媒体，实事求是、有的放矢开展政策解读，做好政府与市场、与社会的沟通工作，及时准确传递政策意图。要重视收集反馈的信息，针对市场和社会关切事项，更详细、更及时地做好政策解读，减少误解猜疑，稳定预期。

三、积极回应关切

（一）明确回应责任。按照属地管理、分级负责、谁主管谁负责的原则，做好政务舆情的回应工作，涉事责任部门是第一责任主体。对涉及国务院重大政策、重要工作部署的政务舆情，国务院相关部门是回应主体；涉及地方的政务舆情，属地涉事责任部门是回应主体；涉及多个地方的政务舆情，上级政府主管部门是回应主体。政府办公厅（室）会同宣传部门做好组织协调工作。

（二）突出舆情收集重点。重点了解涉及党中央国务院重要决策部署、政府常务会议和国务院部门部务会议议定事项的政务舆情信息；涉及公众切身利益且可能产生较大影响的媒体报道；引发媒体和公众关切、可能影响政府形象和公信力的舆情信息；涉及重大突发事件处置和自然灾害应对的舆情信息；严重冲击社会道德底线的民生舆情信息；严重危害社会秩序和国家利益的不实信息等。

（三）做好研判处置。建立健全政务舆情收集、会商、研判、回应、评估机制，对收集到的舆情加强研判，区别不同情况，进行分类处置。对建设性意见建议，吸收采纳情况要对外公开。对群众反映的实际困难，研究解决的情况要对外公布。对群众反映的重大问题，调查处置情况要及时发布。对公众不了解情况、存在模糊认识的，要主动发布权威信息，解疑释惑，澄清事实。对错误看法，要及时发布信息进行引导和纠正。对虚假和不实信息，要在及时回应的同时，将涉嫌违法的有关情况和线索移交公安机关、网络监管部门依法依规进行查处。进一步做好专项回应引导工作，重点围绕"两会"、经济数据发布和经济形势、重大改革举措、重大督查活动、重大突发事件等，做好舆情收集、研判和回应工作。

（四）提升回应效果。对涉及群众切身利益、影响市场预期和突发公共事件等重点事项，要及时发布信息。对涉及特别重大、重大突发事件的政务舆情，要快速反应，最迟要在 5 小时内发布权威信息，在 24 小时内举行新闻发布会，并根据工作进展情况，持续发布权威信息，有关地方和部门主要负责人要带头主动发声。针对重大政务舆情，建立与宣传、网信等部门的快速反应和协调联动机制，加强与有关新闻媒体和网站的沟通联系，着力提高回应的及时性、针对性、有效性。通过购买服务、完善大数据技术支撑等方式，用好专业力量，提高舆情分析处置的信息化水平。

四、加强平台建设

（一）强化政府网站建设和管理。各级政府办公厅（室）是本级政府网站建设管理的第一责任主体，负责本级政府门户网站建设以及对本地区政府网站的监督和管理；要加强与网信、编制、工信、公安、保密等部门的协作，对政府网站的开办、建设、定级、备案、运维、等级保护测评、服务、互动、安全和关停等进行监管。建立健全政府网站日常监测机制，及时发现和解决本地区、本系统政府网站存在的突出问题。推进网站集约化建设，将没有人力、财力保障的基层网站迁移到上级政府网站技术平台统一运营或向安全可控云服务平台迁移。加快出台全国政府网站发展指引，明确网站功能定位以及相关标准和要求，分区域分层级分门类对网站从开办到关停的全生命周期进行规范。

（二）加强网站之间协同联动。打通各地区各部门政府网站，加强资源整合和开放共享，提升网站的集群效应，形成一体化的政务服务网络。国务院通过中国政府网发布的对全局工作有指导意义、需要社会广泛知晓的重要政策信息，国务院各部门和地方各级政府网站要即时充分转载；涉及某个行业或地区的政策信息，有关部门和地方网站应及时转载。国务院办公厅定期对国务院部门、省级政府、市县政府门户网站转载情况进行专项检查。要加强政府网站与主要新闻媒体、新闻网站、商业网站的联动，通过合办专栏专版等方式，提升网站的集群和扩散效应，形成传播合力，提升传播效果。

（三）充分利用新闻媒体平台。新闻媒体是政务公开的重要平台。各级政府及其部门要在立足政府网站、政务微博微信、政务客户端等政务公开自有平台的基础上，加强与宣传、网信等部门以及新闻媒体的沟通联系，充分运用新闻媒体资源，做好政务公开工作。要通过主动向媒体提供素材，召开媒体通气会，推荐掌握相关政策、熟悉相关领域业务的专家学者接受媒体访谈等方式，畅通媒体采访渠道，更好地发挥新闻媒体的公开平台作用。积极安排中央和地方主流媒体及其新媒体负责人列席有关会议，进一步扩大政务公开的覆盖面和影响力。

（四）发挥好政府公报的标准文本作用。政府公报要及时准确刊登本级政府及其部门发布的规章和规范性文件，做到应登尽登，为公众查阅、司法审判等提供有效的标准文本。各级政府要推进历史公报数字化工作，争取到“十三五”期末，建立覆盖创刊以来本级政府公报刊登内容的数据库，在本级政府网站等提供在线服务，方便公众查阅。

五、扩大公众参与

（一）明确公众参与事项范围。围绕政府中心工作，细化公众参与事项的范围，让公众更大程度参与政策制定、执行和监督。国务院部门要重点围绕国民经济和社会发展计划、重大规划，国家和社会管理重要事务、法律议案和行政法规草案等，根据需要通过多种方式扩大公众参与。省级政府要重点围绕国民经济和社会发展规划、年度计划，省级社会管理事务、政府规章和重要政策措施、重大建设项目等重要决策事项，着力做好公众参与工作。市县级政府要重点围绕市场监管、经济社会发展和惠民政策措施的执行落地，着力加强利益相关方和社会公众的参与。

（二）规范公众参与方式。完善民意汇集机制，激发公众参与的积极性。涉及重大公共利益和公众权益的重要决策，除依法应当保密的外，须通过征求意见、听证座谈、咨询协商、列席会议、媒体吹风等方式扩大公众参与。行政机关要严格落实法律法规规定的听证程序，提高行政执法的透明度和认可度。发挥好人大代表、政协委员、民主党派、人民团体、社会公众、新闻媒体的监督作用，积极运用第三方评估等方式，做好对政策措施执行情况的评估和监督工作。公开征求意见的采纳情况应予公布，相对集中的意见建议不予采纳的，公布时要说明理由。

（三）完善公众参与渠道。积极探索公众参与新模式，不断拓展政府网站的民意征集、网民留言办理等互动功能，积极利用新媒体搭建公众参与新平台，加强政府热线、广播电视问政、领导信箱、政府开放日等平台建设，提高政府公共政策制定、公共管理、公共服务的响应速度，增进公众对政府工作的认同和支持。

六、加强组织领导

（一）强化地方政府责任。地方各级政府要充分认识互联网环境下做好政务公开工作的重大意义，转变理念，提高认识，将政务公开纳入重要议事日程，主要负责人亲自抓，明确一位分管负责人具体抓，推动本地区各级行政机关做好信息公开、政策解读、回应关切等工作。主要负责人每年至少听取一次政务公开工作汇报，研究推动工作，有关情况和分管负责人工作分工应对外公布。要组织实施好基层政务公开标准化规范化试点工作，让政府施政更加透明高效，便利企业和群众办事创业。

（二）建立健全政务公开领导机制。调整全国政务公开领导小组，协调处理政务公开顶层设计和重大问题，部署推进工作。各地区各部门也要建立健全政务公开协调机制。各级政府政务公开协调机制成员单位由政府有关部门、宣传部门、网信部门等组成。

（三）完善政务公开工作机制。各地区各部门要整合力量，理顺机制，明确承担政务公开工作的机构，配齐配强工作人员。政务公开机构负责组织协调、指导推进、监督检查本地区本系统的政务公开工作，做好本行政机关信息公开、政府网站、政府公报、政策解读、回应关切、公众参与等工作。在政务公开协调机制下，各级政府及其部门要与宣传部门、网信部门紧密协作，指导协调主要媒体、重点新闻网站和主要商业网站，充分利用各媒体平台、运用全媒体手段做好政务公开工作。各地区各部门要完善信息发布协调机制，对涉及其他地方、部门的政府信息，应当与有关单位沟通确认，确保发布的信息准确一致。

（四）建立效果评估机制。政府办公厅（室）要建立健全科学、合理、有效的量化评估指标体系，适时通过第三方评估、民意调查等方式，加强对信息公开、政策解读、回应关切、媒体参与等方面的评估，并根据评估结果不断调整优化政务公开的方式方法。评估结果要作为政务公开绩效考核的重要参考。

（五）加强政务公开教育培训。各地区各部门要制定政务公开专项业务培训计划，组织开展业务培训和研讨交流，2018 年底前对政务公开工作人员轮训一遍。各级行政学院等干部培训院校应将政务公开纳入干部培训课程，着力强化各级领导干部在互联网环境下的政务公开理念，提高指导、推动政务公开工作的能力和水平。政务公开工作人员要加强政策理论学习和业务研究，准确把握政策精神，增强专业素养。

（六）强化考核问责机制。各地区各部门要将信息公开、政策解读、回应关切、媒体参与等方面情况作为政务公开的重要内容纳入绩效考核体系，政务公开工作分值权重不应低于4%。强化政务公开工作责任追究，定期对政务公开工作开展情况进行督查，对政务公开工作推动有力、积极参与的单位和个人，要按照有关规定进行表彰；对重要信息不发布、重大政策不解读、热点回应不及时的，要严肃批评、公开通报；对弄虚作假、隐瞒实情、欺骗公众，造成严重社会影响的，要依纪依法追究相关单位和人员责任。

政务公开是行政机关全面推进决策、执行、管理、服务、结果全过程公开，加强政策解读、回应关切、平台建设、数据开放，保障公众知情权、参与权、表达权和监督权，增强政府公信力执行力，提升政府治理能力的制度安排。各级行政机关、法律法规授权的具有管理公共事务职能的组织为《关于全面推进政务公开工作的意见》的适用主体，公共企业事业单位参照执行。公民、法人和其他组织向行政机关申请获取相关政府信息的，行政机关应依据《中华人民共和国政府信息公开条例》的规定妥善处理。

◆ 案例

关某瑜与国家药监局政府信息公开案①

原告：关某瑜

被告：国家药监局

当事人关某瑜认为通化东宝药业股份有限公司生产的东宝笔式胰岛素注射器存在安全质量问题，向国家药监局申诉要求查清东宝笔式胰岛素注射器是否存在安全隐患。国家药监局委托中国药检进行研究，作出《胰岛素注射笔安全试验报告》。后国家药监局将该报告的结论性意见告知了关某瑜。当事人关某瑜向药监局申请要求公开该试验报告遭到拒绝后，提起诉讼。

法院判决认为，行政机关已主动公开政府信息，当事人已经掌握相关政府信息或者经向行政机关申请已获得相关政府信息，但仍认为行政机关未履行主动公开政府信息义务或者未向社会公众公开政府信息而起诉的，裁定不予受理；已经受理的，应裁定驳回起诉。最终，法院驳回了原告的起诉。

① 最高人民法院编《中国行政审判案例》第101号案例。

第二十条 【行政机关主动公开的事项范围】行政机关应当依照本条例第十九条的规定，主动公开本行政机关的下列政府信息：

（一）行政法规、规章和规范性文件；

（二）机关职能、机构设置、办公地址、办公时间、联系方式、负责人姓名；

（三）国民经济和社会发展规划、专项规划、区域规划及相关政策；

（四）国民经济和社会发展统计信息；

（五）办理行政许可和其他对外管理服务事项的依据、条件、程序以及办理结果；

（六）实施行政处罚、行政强制的依据、条件、程序以及本行政机关认为具有一定社会影响的行政处罚决定；

（七）财政预算、决算信息；

（八）行政事业性收费项目及其依据、标准；

（九）政府集中采购项目的目录、标准及实施情况；

（十）重大建设项目的批准和实施情况；

（十一）扶贫、教育、医疗、社会保障、促进就业等方面的政策、措施及其实施情况；

（十二）突发公共事件的应急预案、预警信息及应对情况；

（十三）环境保护、公共卫生、安全生产、食品药品、产品质量的监督检查情况；

（十四）公务员招考的职位、名额、报考条件等事项以及录用结果；

（十五）法律、法规、规章和国家有关规定规定应当主动公开的其他政府信息。

◆ **解读**

本条有两层含义：一是要求各级人民政府及行政机关（部门）依照本条例第十九条的规定，在各自职责范围内确定主动公开的政府信息的具体内容；二是具体列举了行政机关应当公开政府信息的14项重点内容。为了防止法律的不周严性，以及社会情势的变迁性，在第十五项设立兜底条款。作为一项立法技术，它将所有其他条款没有包括的，或者难以包括的，或者立法时预测不到的，都包括在这个条款中。

第二十一条　【市县乡政府的公开范围】除本条例第二十条规定的政府信息外，设区的市级、县级人民政府及其部门还应当根据本地方的具体情况，主动公开涉及市政建设、公共服务、公益事业、土地征收、房屋征收、治安管理、社会救助等方面的政府信息；乡（镇）人民政府还应当根据本地方的具体情况，主动公开贯彻落实农业农村政策、农田水利工程建设运营、农村土地承包经营权流转、宅基地使用情况审核、土地征收、房屋征收、筹资筹劳、社会救助等方面的政府信息。

◆ **解读**

《国务院关于加强市县政府依法行政的决定》（国发〔2008〕

17号）强调：市县两级政府在我国政权体系中具有十分重要的地位，处在政府工作的第一线，是国家法律法规和政策的重要执行者。实际工作中，直接涉及人民群众具体利益的行政行为大多数由市县政府做出，各种社会矛盾和纠纷大多数发生在基层并需要市县政府处理和化解。市县政府能否切实做到依法行政，很大程度上决定着政府依法行政的整体水平和法治政府建设的整体进程。

设区的市级人民政府、县级人民政府是城市和乡镇的具体管理者，除执行上级人民政府的工作外，主要的工作就是管理城市和乡镇，对城乡建设进行规划，提供市政公益设施，安排城镇居民的生产生活。因此，设区的市人民政府、县级人民政府及其部门重点公开的政府信息除本条例第二十条规定的15项外，还应当包括下列内容：一是市政建设。城乡建设管理是设区的市级人民政府、县级人民政府及其部门的重要职责之一。二是公共服务。公共服务是21世纪公共行政和政府改革的核心理念，包括加强城乡公共设施建设，发展教育、科技、文化、卫生、体育等公共事业，为社会公众参与社会经济、政治、文化活动等提供保障。公共服务可以根据其内容和形式分为基础公共服务、经济公共服务、社会公共服务、公共安全服务。三是公益事业。社会公益事业，直接关系社会公众切身利益。加强社会公益事业，是各级人民政府及其部门工作的重要内容。四是土地征收、房屋征收。应对按照国家有关规定及时公开征收或者征用土地、房屋征收及其补偿、补助费用的发放、使用情况，确保征地、征收的公开、公平、公正。五是治安管理。社会治安管理是事关群众的安全感，事关社会经济发展与保持社会稳定的基础性工作。六是社会救助。社会救助和社会福利是国家社会保障体系建设中的重要环节，是解决困难群众生产生活实际问题，促进社会和谐和全面进步的重要保障。

乡（镇）人民政府是国家最基层的政权机关。在乡（镇）人民政府全面推行政府信息公开制度，有利于加强农村基层政权建设，提高乡（镇）人民政府依法行政的水平，增强权力运行的透明度，促进农村的改革、发展和稳定。

◆ **规范性文件**

国务院办公厅关于推进社会公益事业建设领域政府信息公开的意见

国办发〔2018〕10号

各省、自治区、直辖市人民政府，国务院各部委、各直属机构：

社会公益事业是增进民生福祉、惠及社会大众的事业，关系经济社会协调发展，对于保障和改善民生、促进社会和谐稳定、传承民族精神、引领社会风尚具有重要意义。近年来，我国社会公益事业建设取得显著成就，社会各界参与热情和关注度越来越高，但相关信息公开工作还存在不主动、不及时、不全面，面对公众关切解读引导不够等问题，一定程度上损害了社会公益事业的公信力和公平性。为进一步推动社会公益事业建设领域政府信息公开工作，推进国家治理体系和治理能力现代化，经国务院同意，现提出以下意见。

一、总体要求

（一）指导思想。全面贯彻党的十九大精神，坚持以习近平新时代中国特色社会主义思想为指导，按照党中央、国务院关于全面推进政务公开工作的部署和要求，准确把握社会公益事业建设规律和特点，进一步加大信息公开力度，明确公开重点，细化公开内容，增强公开实效，不断提升社会公益事业的透明度，让人民群众享有更多的获得感、幸福感、安全感，增强对党和政府的信任。

（二）基本原则。坚持依法依规，除法律法规有禁止性规定的外，社会公益事业建设领域政府信息都应当主动全面予以公开。坚持突出重点，围绕人民群众最关心最直接最现实的利益问题，明确相关信息公开的主体、内容、标准、方式、程序。坚持高效便民，面向基层，贴近群众，运用多种方式发布信息、解读政策、加强引导，便于群众知晓、理解和监督。坚持问题导向，以公开促规范、促服务、促治理，推动共建共治共享，促进社会公益事业健康有序发展。

（三）工作目标。经过3年左右的努力，公开内容覆盖社会公益事业建设各领域、各环节，公开工作制度化、规范化、标准化水平显著提高，社会公益事业透明度明显提升，社会公益资源配置更加公平公正，社会公益事业公益属性得到更好体现，全社会关心公益、支持公益、参与公益的氛围更加浓厚。

二、明确公开内容

（一）公开决策信息。加大社会公益事业建设领域重大决策公开力度，对群众利益影响直接、社会关注度高的重要改革方案、重大政策措施、重点建设项目等，要广泛征求意见并将各方面合理意见体现到决策中，结合实际尽可能把意见采纳情况予以公开。提升社会公益事业建设领域重大决策公开实效，公开前要认真评估公开的效果，避免引发不必要的攀比、炒作，公开后要认真对待并依法处理公众提出的相关意见。

（二）公开管理和服务信息。重点公开从事社会公益事业的公共企事业单位、社会组织名录，设立、变更、注销登记等审批信息，年检年报、评估检查、奖励处罚等管理信息。全面公开基本公共服务的项目清单、服务指南、服务标准、保障措施，及时准确公开政府购买公共服务、政府和社会资本合作提供公共服务等信息。推动公开城乡社区公共服务设施建设，财政资金直接投入和购买社区公共服务，社区公共服务项目、对象、办理流程、责任部门、供给状况和绩效评估等信息。

（三）公开执行和结果信息。加大党中央、国务院有关决策部署贯彻落实情况的公开力度，主动公开社会公益事业建设领域重要政策落实情况，尤其是国家面向困难群众的扶持、救助等政策落实情况和主要成效。深化社会公益事业建设资金分配和使用情况公开，准确记录资金的具体流向并向社会公开。加大彩票公益金使用规模、资助项目、执行情况和实际效果等信息的公开力度。鼓励开展社会公益事业建设评估，科学评价政策落实效果，及时公开评估结果。

三、突出公开重点

地方各级政府和国务院有关部门要以社会高度关注、公益色彩浓厚的社会公益事业为重点，着力推进脱贫攻坚、社会救助和社会福利、教育、基本医疗卫生、环境保护、灾害事故救援、公共文化体育等领域政府信息公开。同时要根据区域、行业特点，进一步明确本地区、本行业应重点公开的其他社会公益事业建设领域政府信息，不断扩大信息公开范围。

（一）脱贫攻坚领域。围绕“扶持谁、谁来扶、怎么扶、如何退”，进一步做好精准扶贫、精准脱贫信息公开工作。及时向社会公开扶贫政策，扶贫规划，扶贫项目名称、资金来源、实施期限、预期目标、实施结果、实施单位及责任人、举报电话、检查验收结果等信息，向特定区域特定群体公开贫困识别、贫困退出、扶贫资金分配和使用情况、帮扶责任人、扶贫成效等信息。注重运用技术手段实现公开的信息可检索、可核查、可利用，为社会各界参与脱贫攻坚事业提供服务，方便人民群众监督。

（二）社会救助和社会福利领域。重点围绕城乡低保、特困人员救助供养、受灾人员救助、医疗救助、教育救助、住房救助、就业救助、临时救助、老年人福利、残疾人福利、儿童福利、孤儿基本生活保障、计划生育特殊困难家庭扶助等事项，全面公开救助对象认定、救助标准，福利补贴申领及申请审批程序等相关政策，有针对性地公开救助款物的管理使用、福利补贴发放等情况。公开方式方法要因地制宜、因事制宜，既确保公开实效、维护底线公平，又保护好相关人员个人隐私。

（三）教育领域。立足办好人民满意的教育，进一步加大教育信息公开力度，重点做好义务教育、学前教育、特殊教育、职业教育、高等教育等方面的信息公开。紧扣利益关系直接、现实矛盾突出的事项，重点公开相关政策、发展规划、经费投入和使用、困难学生资助实施情况等信息。做好义务教育控辍保学、县域义务教育均衡发展等工作进展情况的公开。推动民办学校办学资质、办学质量、招生范围和收费等信息公开。

（四）基本医疗卫生领域。保障好人民群众对公共医疗卫生的知情权，重点公开重大疾病预防控制、国家免疫规划、突发公共卫生事件、传染病疫情及防控等信息。大力开展健康科普，针对妇女、未成年人、老年人等重点人群和农村、工矿企业等重点区域，开展专项健康科普，用现代医学知识为人民群众提供健康服务。进一步做好疾病应急救助、健康扶贫政策落实情况公开工作。探索利用信息公开手段加强卫生监督。深化食品安全信息公开，完善推广企业“黑名单”制度，让违法者寸步难行，让人民吃得放心。

（五）环境保护领域。进一步做好社会广泛关注的大气污染防治、水污染防治、土壤污染管控和修复等信息的公开工作。重点公开环境污染防治和生态保护政策措施、实施效果，污染源监测及减排，建设项目环境影响评价审批，重大环境污染和生态破坏事件调查处理，环境保护执法监管、投诉处理等信息。及时发布大范围重污染天气预警提示信息，统筹做好重污染天气期间信息发布、舆情引导等工作。健全环保信息强制性披露制度。

（六）灾害事故救援领域。准确及时发布自然灾害、重大事故灾难、公共卫生事件等突发事件的应急处置与救援、医疗救护与卫生防疫、次生灾害预警防范等工作情况及动态信息。及时发布灾害救助需求信息，推动做好救助款物和捐赠款物的数量、使用情况，救助对象及其接受救助款物数额，灾后恢复重建工作进展等信息的公开工作。

（七）公共文化体育领域。立足公共文化体育服务的公益性均等性便利性，大力推进公共文化体育的服务保障政策、服务体系建设、财政资金投入和使用、设施建设和使用，政府购买公共文化体育服务的目录、绩效评价结果等信息公开。公开文化遗产保护、公共文化体育设施名录、公益性文化服务活动、公益性体育赛事和活动、受捐款物管理使用等情况。

地方各级政府和国务院有关部门要按照各自职责权限，加强分类指导，建立健全长效机制，推动有关公共企事业单位、慈善组织如实公开社会公益事业信息。国务院教育、环境保护、文化、卫生计生等主管部门和其他有关部门要在 2018 年底前建立完善本部门监管的公共企事业单位信息公开制度，国务院民政部门要尽快制定出台慈善组织信息公开办法，不断提升社会公益事业建设领域政府信息公开的制度化规范化水平。

四、增强公开实效

（一）扩大公开范围。地方各级政府和国务院有关部门要梳理细化本地区、本部门社会公益事业建设领域应当公开的事项，主动、全面、及时公开相关政府信息。加强基层政务公开标准化规范化建设，探索形成符合基层实际的社会公益事业建设领域政府信息公开标准和规范。对公民、法人或者其他组织提出的社会公益事业建设领域政府信息公开申请，行政机关要按照《中华人民共和国政府信息公开条例》的规定认真办理，最大限度满足公众的信息需求。

（二）完善公开方式。要充分发挥政府网站、政务服务平台的优势，按照内容权威、格式规范、体例统一的要求，集中发布相关政府信息，归集展示公共企事业单位、社会组织发布的相关信息，便于公众查询利用。稳妥推进社会公益事业建设领域信息共享和数据开放，为部门间核对和社会开发利用提供条件。针对社会公益事业主要服务基层和特定群体的特点，灵活运用政务新媒体、新闻媒体、手机短信、公告栏、宣传手册、政务服务平台等多种载体和方式，定向发布，精准推送，提升信息覆盖面、到达率，确保人民群众看得到、看得懂。

（三）加强解读引导。要高度重视社会公益事业建设领域政策的解读和引导工作。对于出台的相关政策措施，注重更多运用客观事实进行解读，及时准确传递政策意图，赢得人民群众的理解和信任。对于敏感事项和存在地区、领域差异的相关政策，公开时要及时把政策解释清楚，避免误解误读。加强对社会公益事业建设领域热点舆情的预判、跟踪和处置，进一步提高对社会关切事项引导的针对性和时效性。要指导和监督从事社会公益事业的公共企事业单位、社会组织做好相关舆情处置工作，确保不失声、不缺位。

五、强化保障措施

（一）抓好组织实施。各地区各部门要充分认识推进社会公益事业建设领域政府信息公开的重要性，切实增强公开意识和服务意识，结合全面推进政务公开做好统筹谋划，形成常态化机制，务求取得实效。地方各级政府办公厅（室）要加强组织协调，会同本级政府有关部门提出具体措施，明确分工，压实责任，确保各项任务落到实处。

（二）开展考核评估。地方各级政府要把社会公益事业建设领域政府信息公开情况纳入政务公开工作绩效考核范围，加大督促落实力度。各有关部门可以根据工作需要，对所监管的公共企事业单位、慈善组织信息公开工作情况组织开展评估，公开评估结果。畅通群众投诉举报渠道，探索建立政府信息公开社会监督员制度，强化对社会公益事业建设领域政府信息公开工作的社会监督。

（三）强化监督问责。地方各级政府和国务院有关部门要加强对本地区本行业社会公益事业建设领域政府信息公开情况的监督检查。完善工作措施，强化激励约束，建立监督检查情况定期通报制度，对信息公开工作落实好的，予以通报表扬；对落实不到位的，予以通报批评；对违反有关规定、不履行公开义务并造成严重影响的，依法依规追究相关单位和人员的责任。

中共中央办公厅、国务院办公厅关于在全国乡镇政权机关全面推行政务公开制度的通知

中办发〔2000〕25 号

各省、自治区、直辖市党委和人民政府，中央和国家机关各部委，军委总政治部，各人民团体：

为贯彻落实党的十五大关于扩大基层民主、保证人民群众直接行使民主权利的精神，推进依法治国的进程，加强对行政权力运行过程的监督，密切党和政府同人民群众的联系，党中央、国务院决定，在全国乡镇政权机关和派驻乡镇的站所全面推行政务公开制度。现就有关问题通知如下：

一、指导思想、基本原则和基本要求

乡镇政权机关是国家政权机关的基层组织，派驻站所是政府有关部门派驻乡镇的工作机构。在乡镇政权机关和派驻站所全面推行政务公开制度，有利于加强农村基层政权建设、党组织建设和干部队伍建设，提高乡镇政权机关依法行政的水平，增强权力运行的透

明度，促进廉政勤政建设，推动党在农村各项政策的落实。各级党委、政府要按照江泽民同志关于“三个代表”的要求，充分认识在乡镇政权机关和派驻站所全面推行政务公开制度的重大意义，切实抓好这项工作。

推行政务公开制度的指导思想是：以邓小平理论、党的基本路线和十五大精神为指导，围绕加强基层民主政治建设和依法行政，以公正、便民和廉政、勤政为基本要求，切实加强对行政权力的监督，进一步密切党群、干群关系，促进农村的改革、发展和稳定。

推行政务公开制度的基本原则是：(1) 依法公开。乡镇政权机关和派驻站所政务公开工作应当依照国家法律、法规和有关政策规定进行。(2) 真实公正。公开的内容应当真实可信，办事的结果应当公平公正。(3) 注重实效。从实际出发，突出重点，循序渐进，讲求实效，不搞形式主义。(4) 有利监督。要方便群众办事，便于群众知情，有利于人民群众行使监督权。

推行政务公开制度的基本要求是：(1) 提高工作效率，方便群众和企业、事业单位办事。(2) 提高依法行政水平，严格依法管理。(3) 强化对行政权力运行的监督，有效遏制消极腐败现象。(4) 进一步落实民主决策、民主管理、民主监督制度。

要通过扎实工作和不懈努力，使政务公开制度成为乡镇政权机关和派驻站所的一项基本工作制度。

二、主要内容和工作方法

乡镇政务公开要从人民群众普遍关心和涉及群众切身利益的实际问题入手，对群众反映强烈的问题、容易出现不公平、不公正甚至产生腐败的环节以及本乡镇经济和社会发展的重大问题，都应当公开。其中，重点是财务公开。政务公开包括对群众、企事业单位公开和对本机关干部职工公开。

对群众、企事业单位公开的主要内容是：

1. 乡镇政府行政管理、经济管理活动的事项。主要包括：乡镇政府及有关部门的年度工作目标及执行情况；乡镇年度财政预算及执行情况；上级政府或政府部门下拨的专项经费及使用情况；乡镇的债权债务情况；乡镇集体企业及其他经济实体承发包、租赁、拍卖等情况；乡镇工程项目招投标及社会公益事业建设情况等。

2. 与村务公开相对应的事项。主要包括：乡、村税费的收缴、使用情况；计划生育情况；征用土地及土地补偿费、安置补助费的发放、使用情况；各村宅基地审批情况；救灾救济款物发放、优待抚恤情况；水电费的收缴情况等。

3. 乡镇政府各部门和派驻站所公开的事项。主要包括：工作职责、办事依据、办事条件、办事程序、办事纪律、办事期限、监督办法和办事结果；执收执罚部门的收费、罚款标准和收缴情况；上级主管部门明确要求必须公开的其他事项。

对本机关干部职工公开的主要内容是：领导干部廉洁自律情况；机关内部财务收支情况；招待费、差旅费的开支使用情况；干部交流、考核、奖惩情况以及机关干部职工关心的其他重要事项。

公开要采取相应的形式。各乡镇和派驻站所必须设立固定的便于群众观看的政务公开栏，及时将应公开的内容张榜公布。各地还可以根据实际情况，通过会议、广播、电视、便民手册、电子触摸屏等有效形式，予以公开。

公开的时间要与公开的内容相适应。经常性工作定期公开，阶段性工作逐段公开，临时性工作随时公开。

对于涉及群众切身利益的重要事项，每次公开后，都要认真听取群众的意见。对群众提出的合理建议，要积极采纳；对群众反映的问题，要及时加以解决，暂时无法解决的，要做好说明解释工作。

三、监督保障制度

推行政务公开制度，核心是加强监督。要建立健全乡镇政权机关和派驻站所内部的监督制度，以保证公开内容的真实性。要把办事结果公开与事前、事中民主决策和民主监督结合起来，把内部监督与外部监督结合起来，建立起一套便利、管用、有约束力的监督制约机制。

乡镇人民政府要自觉接受乡镇人民代表大会的监督。政务公开的重要内容要向人大报告。乡镇当年的经济和社会发展计划、财政预算决算等，要经乡镇人民代表大会审议通过后公开。

要实行重大事项集体讨论决定制度。重大决策、重要干部任免、重要项目安排和大额度资金的使用，必须在广泛征求意见的基础上，经乡镇党委、政府集体讨论作出决定后公开。

要实行预公开制度。乡镇机关和派驻站所在决定或办理与群众利益密切相关的重要事项时，应当在正式决定或办理之前将方案公布。在充分听取群众意见并进行调整、修改后，再予以正式公布。

要实行定期审计制度。县（市）级政府审计机关要对乡镇财政预算的执行情况和决算以及政府部门管理和政府委托社会团体代管的各类基金、资金的收支情况，依法进行审计监督，并将审计结果公开。

乡镇要成立政务公开监督小组，由乡镇人大、纪委、村党支部、村民委员会、企业事业单位等方面的人员组成，乡镇人大主席或纪委书记任组长。监督小组要定期或不定期地开展民主评议活动，广泛听取群众意见和要求，及时提出工作建议。

要通过设立举报电话、政务监督信箱等渠道，认真收集群众意见，鼓励干部群众积极参与监督，对群众举报的问题，应及时调查处理。

要充分发挥舆论监督的作用。对乡镇政务公开工作的成功经验要广泛宣传报道，对消极抵制、弄虚作假的典型事例要予以曝光。

在坚持上述制度的同时，各地要从实际出发，积极探索，大胆实践，不断完善监督制约机制。

四、组织领导

乡镇政务公开政策性强、涉及部门多、公开的内容广，必须切实加强领导。乡镇政务公开工作由党委统一领导，政府主抓，人大监督实施。纪检、监察机关要协助政府加强督促检查，政府办公厅（室）要加强组织协调工作。

各级党委、政府要把在乡镇推行政务公开制度作为农村工作的一件大事，列入重要工作日程，切实加强领导。要明确牵头部门，认真落实责任制。县（市）级党委、政府在推行乡镇政务公开制度工作中起至关重要的作用，必须加强组织领导和具体指导，狠抓落实。乡镇党委、政府负责组织实施本乡镇的政务公开工作。各乡镇都要成立以乡（镇）长为第一责任人的政务公开领导小组，按照谁主管、谁负责的原则，切实把这项工作落到实处。

各地要把派驻站所政务公开纳入所在乡镇政务公开工作全局之中，派驻站所要自觉接受所在乡镇党委、政府的统一领导。同时，上级主管部门要对基层站、所的政务公开工作提出要求，针对本部门业务工作实际，制定有关规范，加强督促和指导。

推行乡镇政务公开，要同乡镇党的建设、政权建设以及村务公开相结合，同各项基础管理工作相结合，综合治理，整体推进。要及时发现和处理倾向性、苗头性问题，保证政务公开制度的顺利推行，确保社会稳定。

要把政务公开作为党风廉政建设责任制和党政领导干部年度工作考核的一项重要内容，并将考核结果作为干部奖惩的重要依据。对在推行政务公开制度中工作不力或不称职的领导干部，要批评教育，情节严重的要调整其工作岗位或免去其所任职务；对拒不推行政务公开制度或在政务公开中有弄虚作假、打击报复、侵犯群众民主权利等违纪行为的干部，纪检监察机关要追究其党纪政纪责任。

在推行政务公开制度时，必须加强思想政治工作和宣传教育工作。要教育广大干部尤其是基层干部增强民主意识，树立群众观念，自觉维护人民群众的民主权利和合法权益。同时，要教育和引导广大人民群众依法行使民主权利，维护国家的根本利益。

城市街道办事处要参照本通知的规定，做好政务公开工作。

在推行乡镇政务公开的同时，县（市）级以上政权机关也要积极探索实行政务公开的有效途径，逐步推行政务公开制度。

各省、自治区、直辖市和中央、国家机关有关部门应根据本通知精神，结合实际，制定具体实施办法。

◆ 案例

任某年与某区人民政府信息公开案[①]

再审申请人（一审原告、二审上诉人）：任某年

被申请人（一审被告、二审被上诉人）：某区人民政府（以下简称某区政府）

2016年4月14日，任某年向某区政府提出信息公开申请，要求公开陕西省西安市某区席王街道办事处柴马村房屋征收面积分户调查结果和房屋征收分户初步评估结果。2016年5月4日，某区政府告知任某年将延期答复。2016年5月20日，陕西省西安市某区席王街道办事处柴马村村民委员会书面回复不同意公开。2016年5

① 案号：最高人民法院（2018）最高法行再76号。

月26日，某区政府作出《政府信息部分公开告知书》（〔2016〕第5号〔部告〕），向任某年公开了涉及其本人的房屋拆迁补偿价格评估报告、附着物拆迁补偿价格评估报告、柴马村拆迁奖励表、拆迁补偿费用表。任某年不服该信息公开告知书，提起诉讼，要求某区政府依法公开相关政府信息。

西安铁路运输中级法院判决驳回任某年的诉讼请求。任某年不服，提起上诉。

陕西省高级人民法院判决驳回上诉，维持原判。

最高人民法院认为，为了防止房屋征收部门滥用权力、暗箱操作，为某些被征收人牟取不正当利益，让被征收人互相监督，实现所有被征收人公平补偿，《国有土地上房屋征收与补偿条例》第十五条规定，房屋征收部门对房屋征收范围内房屋权属、区位、用途、建筑面积等情况的调查结果应当在房屋征收范围内向被征收人公布。第二十九条第一款规定："房屋征收部门应当依法建立房屋征收补偿档案，并将分户补偿情况在房屋征收范围内向被征收人公布。"上述两条规定对国有土地上房屋调查结果和分户补偿情况的公布并未附加不予公开的例外情况，即使涉及个人隐私，也要予以公开。因国务院信息公开条例是对政府信息公开问题的一般规定，而《国有土地上房屋征收与补偿条例》第十五条和第二十九条是对有关房屋征收政府信息公开的特别规定，故对房屋调查情况和分户补偿情况的公开问题，应当适用征收与补偿条例，而非信息公开条例。本案中，任某年申请公开柴马村房屋征收面积分户调查结果和房屋征收分户初步评估结果，某区政府以涉及个人隐私，柴马村村委会不同意公开为由，作出5号告知书，只向任某年公开了涉及其本人的拆迁补偿费用和分户房屋评估报告，适用法律错误，应予撤销。一、二审判决未适用《国有土地上房屋征收与补偿条例》第十五条和第二十九条的规定，适用法律、法规错误，应予纠正。综上，判决陕西省西安市某区人民政府于本判决生效之日起20个工作日内向任某年公开柴马村房屋征收面积分户调查结果和房屋征收分户初评结果。

徐某与某区人民政府政府信息公开案[①]

上诉人（原审原告）：徐某

被上诉人（原审被告）：某区人民政府（以下简称某区政府）

2015年4月20日，徐某以邮寄方式向某区政府申请公开以下信息：某区海泊河村遗留片改造项目拆迁补偿、补助费用发放情况的信息。某区政府于4月22日收到该申请后，于5月11日作出（2015）第013号《告知书》，内容为："关于您申请获取的'某区海泊河村遗留片改造项目拆迁补偿、补助费用发放情况的信息'，经落实，该信息不属于本机关职责范围。根据《中华人民共和国政府信息公开条例》第二十一条第三款的规定，建议您向某区开发局咨询，电话：85801260。"徐某不服，提起行政诉讼。

山东省高级人民法院经审理认为，政府信息公开条例（2007公布）第二十一条规定："对申请公开的政府信息，行政机关根据下列情况分别作出答复……（三）依法不属于本行政机关公开或者该政府信息不存在的，应当告知申请人，对能够确定该政府信息的公开机关的，应当告知申请人该行政机关的名称、联系方式……"徐某向某区政府申请公开的是某区海泊河村遗留片改造项目拆迁补偿、补助费用发放情况的信息，某区政府收到该申请后，经审查认为不属于某区政府公开的范围，作出（2015）第013号《告知书》，并告知徐某可以咨询的信息公开机关及联系方式，已经履行了法定义务，符合政府信息公开条例的规定。政府信息公开条例第二十一条所规定的公开主体是"设区的市级人民政府、县级人民政

---

① 案号：山东省高级人民法院（2015）鲁行终字第221号。

府及其部门”，并非仅限于市、县级人民政府，还包括政府的组成部门，某区政府告知徐某向有关机关咨询也并非将自己的职责推给其他部门。徐某主张根据政府信息公开条例第二十一条的规定，公开其要求的信息只是市、县级人民政府的法定职责，系对法律的误解，不应支持。遂判决驳回徐某的诉讼请求。

本案的典型意义在于，政府信息公开有别于其他行政行为，行政相对人申请公开政府信息，其主要目的是获取相关政府信息，在行政机关已经告知行政相对人获取政府信息的公开机关和联系方式的情况下，行政相对人应当按照行政机关的告知情况及时申请公开相关政府信息，以节约时间和经济成本。在有关行政机关对行政相对人合法合理的政府信息公开申请不予受理或不予答复的情况下，行政相对人寻求司法救济方为有必要。而在可以向有关机关申请获取政府信息的情况下，行政相对人选择司法救济，既会浪费个人时间和经济成本，也会浪费有限的行政资源和司法资源，不应予以鼓励和支持。

第二十二条 【主动公开内容的不断增加】 行政机关应当依照本条例第二十条、第二十一条的规定，确定主动公开政府信息的具体内容，并按照上级行政机关的部署，不断增加主动公开的内容。

◆ **规范性文件**

国务院办公厅关于推进公共资源配置领域政府信息公开的意见

国办发〔2017〕97号

各省、自治区、直辖市人民政府，国务院各部委、各直属机构：

按照党中央、国务院决策部署和《中共中央办公厅 国务院办公厅印发〈关于全面推进政务公开工作的意见〉的通知》等文件要求，为进一步推进公共资源配置领域政府信息公开，经国务院同意，现提出如下意见。

一、指导思想

全面贯彻党的十九大精神，坚持以习近平新时代中国特色社会主义思想为指导，统筹推进“五位一体”总体布局和协调推进“四个全面”战略布局，牢固树立和贯彻落实创新、协调、绿色、开放、共享的发展理念，不断推进国家治理体系和治理能力现代化，按照党中央、国务院关于全面推进政务公开工作的重要部署要求，推进公共资源配置决策、执行、管理、服务、结果公开，扩大公众监督，增强公开实效，努力实现公共资源配置全流程透明化，不断提高公共资源使用效益，维护企业和群众合法权益，为稳增长、促改革、调结构、惠民生、防风险作出贡献，促进经济社会持续健康发展。

二、主要任务

本意见所称公共资源配置，主要包括保障性安居工程建设、保障性住房分配、国有土地使用权和矿业权出让、政府采购、国有产权交易、工程建设项目招标投标等社会关注度高，具有公有性、公益性，对经济社会发展、民生改善有直接、广泛和重要影响的公共资源分配事项。各地区、各部门要根据区域、行业特点，进一步明确本地区、本行业公共资源配置信息公开范围，细化公开事项、内容、时限、方式、责任主体、监督渠道等，纳入主动公开目录清单。

（一）突出公开重点。

1. 住房保障领域。在项目建设方面，主要公开城镇保障性安居工程规划建设方案、年度建设计划信息（包括建设计划任务量、计划项目信息、计划户型）、建设计划完成情况信息（包括计划任务完成进度、已开工项目基本信息、已竣工项目基本信息、配套设施建设情况）、农村危房改造相关政策措施执行情况信息（包括农村危房改造政策、对象认定过程、补助资金分配、改造结果）；在住房分配方面，主要公开保障性住房分配政策、分配对象、分配房源、分配程序、分配过程、分配结果等信息。

2. 国有土地使用权出让领域。主要公开土地供应计划、出让公告、成交公示、供应结果等信息。

3. 矿业权出让领域。主要公开出让公告公示、审批结果信息、项目信息等信息。

4. 政府采购领域。主要公开采购项目公告、采购文件、采购项目预算金额、采购结果、采购合同等采购项目信息，财政部门作出的投诉和监督检查等处理决定、对集中采购机构的考核结果，违法失信行为记录等监督处罚信息。

5. 国有产权交易领域。除涉及商业秘密外，主要公开产权交易决策及批准信息、交易项目信息、转让价格、交易价格、相关中介机构审计结果等信息。

6. 工程建设项目招标投标领域。主要公开依法必须招标项目的审批核准备案信息、市场主体信用等信息。除涉及国家秘密、商业秘密外，招标公告（包括招标条件、项目概况与招标范围、投标人资格要求、招标文件获取、投标文件递交等）、中标候选人（包括中标候选人排序、名称、投标报价、工期、评标情况、项目负责人、个人业绩、有关证书及编号、中标候选人在投标文件中填报的资格能力条件、提出异议的渠道和方式等）、中标结果、合同订立及履行等信息都应向社会公布。

（二）明确公开主体。

按照“谁批准、谁公开，谁实施、谁公开，谁制作、谁公开”

的原则，公共资源配置涉及行政审批的批准结果信息由审批部门负责公开；公共资源项目基本信息、配置（交易）过程信息、中标（成交）信息、合同履约信息由管理或实施公共资源配置的国家机关、企事业单位按照掌握信息的情况分别公开。此外，探索建立公共资源配置“黑名单”制度，逐步把骗取公共资源等不良行为的信息纳入“黑名单”，相关信息由负责管理的部门分别公开。

（三）拓宽公开渠道。

充分发挥政府网站第一平台作用，及时发布公共资源配置领域各类信息，畅通依申请公开渠道。积极利用政务微博微信、新闻媒体、政务客户端等拓宽信息公开渠道，开展在线服务，提升用户体验。构建以全国公共资源交易平台为枢纽的公共资源交易数据共享平台体系，推动实现公共资源配置全流程透明化，各类依法应当公开的公共资源交易公告、资格审查结果、交易过程信息、成交信息、履约信息以及有关变更信息等在指定媒介发布后，要与相应的公共资源交易平台实现信息共享，并实时交互至全国公共资源交易平台汇总发布。公共资源配置领域的信用信息要同时交互至全国信用信息共享平台，并依托“信用中国”网站及时予以公开。要把公共资源交易平台与其他政务信息系统进行整合共享，实现公共资源配置信息与其他政务信息资源共享衔接。

（四）强化公开时效。

坚持以公开为常态、不公开为例外，公共资源配置过程中产生的政府信息，除涉及国家秘密、商业秘密等内容外，应依法及时予以公开。确定为主动公开的信息，除法律法规另有规定外，要严格按照《中华人民共和国政府信息公开条例》规定，自政府信息形成或变更之日起 20 个工作日内予以公开，行政许可、行政处罚事项应自作出行政决定之日起 7 个工作日内上网公开。对于政府信息公开申请，要严格按照法定时限和理由予以答复。

三、保障措施

（一）强化组织领导。

各级政府和有关部门要高度重视公共资源配置领域的政府信息公开工作，加强组织领导，狠抓任务落实，以此作为深化政务公开工作的有效抓手。各级政府要建立健全协调机制，明确分工，夯实责任，政府办公厅（室）作为组织协调部门，要会同发展改革、工业和信息化、财政、国土资源、环保、住房城乡建设、交通运输、水利、农业、商务、卫生计生、审计、国有资产监督管理、税务、林业、铁路、民航等部门以及公共资源交易相关监管机构，提出明确工作目标和具体工作安排，认真组织实施并做好政务舆情监测和回应，确保任务逐项得到落实。

（二）加强监督检查。

各级政府要定期对公共资源配置领域政府信息公开工作进行检查，主要包括政府信息公开情况、公开时效、交易平台掌握信息报送和公开情况等。各有关部门每年要将本领域工作进展情况报同级政务公开主管部门，并在政府信息公开年度报告中公布，接受社会公众、新闻媒体的监督。

（三）做好考核评估。

地方各级政府要按照政务公开工作绩效考核相关规定，把公共资源配置领域政府信息公开工作纳入政务公开工作绩效考核范围，加大考核力度，并探索引入第三方评估机制，推动工作有效开展。建立健全激励约束机制，对未按照相关规定和要求履行公开职责的，要通报批评，并在年度考核中予以体现；对工作成效突出的，给予通报表扬。

第二十三条　【政府信息公开的途径】行政机关

应当建立健全政府信息发布机制，将主动公开的政府信息通过政府公报、政府网站或者其他互联网政务媒体、新闻发布会以及报刊、广播、电视等途径予以公开。

◆ **解读**

本条是关于行政机关主动公开政府信息途径的规定。行政机关主动公开的政府信息都是涉及公民、法人或者其他组织切身利益，需要社会公众知悉或者参与的信息，应当采取便于公众广泛知晓的方式及时公开。

在确定主动公开政府信息的途径时应当综合考虑以下四个方面的因素：一是充分体现便民的要求，要通过多种方式保证不同地域、不同文化程序、不同收入水平的公民都能够及时获取政府信息；二是要提高主动公开政府信息的效益，在保障公民及时获取政府信息的同时，尽量减少公开的成本，提高公开的效益，降低财政的负担；三是在进一步畅通现有政府信息公开渠道的同时，利用现代信息技术，积极拓展新的公开方式，提高政府信息公开的实效性；四是既要对主动公开政府信息的法定渠道作出规定，明确行政机关通过政府公报、政府网站、新闻发布会依法公开政府信息的责任，也要鼓励行政机关因地制宜地拓展信息公开的渠道。

政府公报。政府公报是各级政府办公厅主办，刊载国家法律、法规和文件的政府出版物，是《中华人民共和国立法法》规定公布行政法规、规章的法定形式。

政府网站。目前由中央政府门户网站、国务院部门网站、地方各级人民政府及其部门网站组成的政府网站体系基本形成。

其他互联网政务媒体。政务新媒体是移动互联网时代党和政府联系群众、服务群众、凝聚群众的重要渠道，传播着党和政府的声音，展示着党和政府的形象。近年来，政务新媒体发展取得了较好成效，但部分政务新媒体仍然存在信息发布不严谨、建设运维不规范、监督管理不到位等突出问题，“僵尸”“雷人雷语”“不互动无服务”等现象时有发生，对党和政府的公信力造成不良影响。

新闻发布会。政府新闻发布制度的建立与完善是建设社会主义执政文明的要求，是建设服务型政府、推行政务公开的需要，是政府调解公共关系、处理公共事务的手段，也是政府主动沟通媒体、加强舆论引导的重要途径。

报刊、广播、电视等新闻媒体是政府信息发布的重要渠道。

第二十四条　【政府信息公开平台】各级人民政府应当加强依托政府门户网站公开政府信息的工作，利用统一的政府信息公开平台集中发布主动公开的政府信息。政府信息公开平台应当具备信息检索、查阅、下载等功能。

◆ **政策解释**

国务院办公厅政府信息与政务公开办公室关于规范政府信息公开平台有关事项的通知

国办公开办函〔2019〕61号

各省、自治区、直辖市人民政府办公厅，国务院各部委、各直属机构办公厅（室）：

《中华人民共和国政府信息公开条例》第二十四条规定：“各级人民政府应当加强依托政府门户网站公开政府信息的工作，利用统一的政府信息公开平台集中发布主动公开的政府信息。政府信息公开平台应当具备信息检索、查阅、下载等功能”。为更好贯彻落实这一规定，规范政府信息公开平台设置，提升主动公开工作实效，加强政府信息管理，提出如下意见：

一、找准定位

政府信息公开平台，是发布法定主动公开内容的公开平台，也是加强重点政府信息管理的管理平台。《中华人民共和国政府信息公开条例》确立的主动公开内容，特别是第二十条规定的各行政机关共性基础内容，是社会公众高度关注的重点政府信息。要牢牢把握“专栏姓专”的基本定位，聚焦法定主动公开内容，以专门性内容的发布和管理，展现政府信息公开平台的独特价值，使其成为社会公众便捷、全面获取重点政府信息的权威渠道。各行政机关的政府信息公开平台，是各级人民政府统一政府信息公开平台的基础，必须统一名称、统一格式，加强规范。

二、统一规范

政府信息公开平台，原则上以各行政机关网站已有的“政府信息公开”“政务公开”等栏目为依托，不另设专门栏目，不得设立专门网站。未设置“政府信息公开”栏目的，或者有类似栏目但使用其他名称的，应当统一设置并统一命名为“政府信息公开”，在网站首页位置展示。没有单独网站的行政机关，其政府信息公开平台设置事宜，由相应政府信息公开工作主管部门统筹安排。

政府信息公开平台内容主要由四部分组成。一是政府信息公开指南。二是政府信息公开制度，包括《中华人民共和国政府信息公开条例》，政府信息公开方面的地方性法规、自治条例、单行条例、规章，以及全国政府信息公开工作主管部门发布的法规解释性文件，原则上不包括其他制度文件。三是法定主动公开内容，以《中华人民共和国政府信息公开条例》第二十条规定的共性基础内容为主。四是政府信息公开工作年度报告，其中，各行政机关公开本机关政府信息公开工作年度报告，各政府信息公开工作主管部门公开本级政府或本系统汇总后的政府信息公开工作年度报告，以及所属各行政机关的政府信息公开工作年度报告。各行政机关根据自身实际情况，可以增加《中华人民共和国政府信息公开条例》规定的其他内容，但不宜过于泛化。

中国政府网运行中心根据上述要求设计了“政府信息公开栏目页面设计参考方案”，供参考使用。

三、优化功能

政府信息公开平台发布的内容，涵盖行政机关管理社会、服务公众的依据和结果，应当做到权威准确、内容全面、便于获取利用。要优化栏目页面设置，多运用列表、超链接等方式呈现相关内容，避免因信息量大而杂乱无章。要优化栏目检索功能，方便社会公众快速准确获取所需要的政府信息。要优化栏目下载功能，在丰富可下载格式的同时，通过现代技术手段防止篡改伪造。要优化栏目数据互联互通功能，预留必要的数据交换接口，便利各层级政府信息公开平台之间对接，为下一步构建全国统一政府信息公开平台打好基础。

四、注重衔接

政府信息公开平台集中发布的法定主动公开内容，有些可能与本行政机关网站的其他栏目内容存在交叉，如履职依据、机关简介等；有些可能与其他专门网站内容存在交叉，如各行政机关公开的行政处罚信息与“国家企业信用信息公示系统”中的行政处罚信息、地方各级政府公开的政府债务信息与“中国地方政府债券信息公开平台”中的政府债务信息等。要注意加强衔接，坚持数据同源，本行政机关网站其他栏目数据，以及本行政机关依法向其他专门网站提供的数据，涉及交叉重复的，原则上以政府信息公开平台上的数据为基准，最大限度保持数据一致性。

五、加强管理

政府信息公开平台集中发布的法定主动公开内容，涉及行政机关各方面工作，体现行政机关工作动态。要加强政府信息公开平台管理，按照法定时限及时发布并实时更新法定主动公开内容。要明确责任，各行政机关分管政府信息公开工作的领导人员是第一责任人，各行政机关政府信息公开工作机构是法定责任主体，负责推进协调政府信息公开平台建设和管理工作。各政府信息公开工作主管部门要将政府信息公开平台建设和管理工作，作为推进、指导、协调、监督的重要内容。

第二十五条　【政府信息查阅场所】 各级人民政府应当在国家档案馆、公共图书馆、政务服务场所设置政府信息查阅场所，并配备相应的设施、设备，为公民、法人和其他组织获取政府信息提供便利。

行政机关可以根据需要设立公共查阅室、资料索取点、信息公告栏、电子信息屏等场所、设施，公开政府信息。

行政机关应当及时向国家档案馆、公共图书馆提供主动公开的政府信息。

◆ **解读**

本条是关于政府信息公开场所的规定。本条规定的主要内容包括：一是要求各级人民政府在国家档案馆、公共图书馆设置政府信息查阅场所并配备相应的设施、设备，为公民、法人或者其他组织获取政府信息提供便利。这是对各级人民政府的硬性规定，是落实本条例确立的政府信息公开制度的基础保障。国家档案馆、公共图书馆既是政府信息的集中保管地，又是为政府和社会公众提供信息服务的重要机构。国家档案馆是集中保存管理档案的文化事业机构，负责收集和保存区域范围内对国家和社会有保存价值的档案，对所保存的档案严格按照规定整理和保管，采取各种形式开放档案资源，为社会利用档案提供服务。公共图书馆是由国家设立向社会公众提供图书阅读和知识咨询服务的学术性机构。二是要求行政机关根据需要设立公共查阅室、资料索取点、信息公告栏、电子信息屏等场所、设施公开政府信息。这是对各行政机关的弹性要求，强调因地制宜。三是要求行政机关及时向国家档案馆、公共图书馆提供主动公开的政府信息，充分发挥国家档案馆、公共图书馆在政府信息公开工作中的作用。为了充分发挥国家档案馆、公共图书馆在政府信息公开工作方面的独特作用，条例要求行政机关及时向国家档案馆、公共图书馆提供主动公开的政府信息，使国家档案馆、公共图书馆掌握的政府信息及相关资料、文献更加全面、丰富、完备，更好地利用政府信息为社会公众提供服务。

政府信息在形成一段时间之后，其中应当立卷归档的材料，按照国家规定就要定期向本单位档案机构或者档案工作人员移交并集中管理。再过一段时间，其中有永久保存价值的就要向国家档案馆移交。在我国，规定档案管理事项的法律和行政法规是《中华人民共和国档案法》《中华人民共和国档案法实施办法》。而这些档案管理的法律、行政法规对档案的开放和利用规定了一套与政府信息公开条例完全不同的权限和程序。这就产生了政府信息公开条例与档案管理法律、行政法规的适用竞合，并带来一系列需要界定的问题：政府信息与档案是什么关系？如果政府信息已经移交各级国家档案馆，在决定其公开问题时，是适用政府信息公开条例，还是适用有关档案管理的法律、行政法规？由单位档案机构或者档案工作人员管理，是否应当与移交各级国家档案馆同样对待？由于法律规定不明确，给实践带来很大的混乱。许多行政机关往往以政府信息已经归档，是否允许查阅须经档案部门同意为由，拒绝提供政府信息。理论界和档案实务界对于政府信息与档案的关系、政府信息公开条例与档案法的关系，也存在非常激烈而又各执一词的争论。这种法律衔接的问题，给司法实践带来不少尴尬和困惑，已经影响了司法裁判的统一。

政府信息公开条例对与档案管理法律、行政法规的适用竞合问题没有作出明确规定。可能的考虑是，作为一部行政法规，其无权对上位法层面的档案法的效力问题作出判断。之后，《国务院办公厅关于施行〈中华人民共和国政府信息公开条例〉若干问题的意见》（国办发〔2008〕36 号）第三部分第八条对此作出了明确规定：“已经移交档案馆及档案工作机构的政府信息的管理，依照有关档案管理的法律、行政法规和国家有关规定执行。”根据政府信息公开条例第三条第二款“国务院办公厅是全国政府信息公开工作的主管部门，负责推进、指导、协调、监督全国的政府信息公开工作”的规定，可见，上述国办发〔2008〕36 号文在性质上属于全国政府信息公开工作主管部门对政府信息公开条例的具体应用解释。

政府信息转变为档案信息的处理。政府信息转变成档案信息有两种情形：一是政府信息由行政机关的档案机构或者档案工作人员保管。行政机关仍保存政府信息，仅是保存主体的内部分工发生改变，应适用政府信息公开条例的规定。二是政府信息已经移交各级国家档案馆。行政机关已不再保存该信息，在客观上难以提供相关信息的，应依照有关档案管理的法律、行政法规和国家有关规定执行。

◆ **政策解释**

国务院办公厅政府信息与政务公开办公室关于机构改革后政府信息公开申请办理问题的解释

国办公开办函〔2019〕14号

广东省人民政府办公厅：

《关于请求明确依申请公开相关事宜处理方式的函》（粤办函〔2019〕4号）收悉。经研究并征求司法部、国家档案局、最高人民法院等单位意见，现函复如下：

按照有关法律规定，行政机关职权发生变更的，由负责行使有关职权的行政机关承担相应的责任。根据《中华人民共和国政府信息公开条例》有关规定，政府信息公开申请应当按照“谁收到、谁处理”的原则办理。对于行政机关职权划转后的政府信息公开责任划分问题，提出如下处理意见：

第一，行政机关涉及职权划转的，应当尽快将相关政府信息一并划转。

第二，申请人向职权划出行政机关申请相关政府信息公开的，职权划出行政机关可在征求职权划入行政机关意见后作出相应处理，也可告知申请人向职权划入行政机关另行提出申请。

第三，申请人向职权划入行政机关申请相关政府信息公开的，职权划入行政机关应当严格依法办理，与职权划出行政机关做好衔接，不得以相关政府信息尚未划转为由拒绝。

第四，相关政府信息已经依法移交国家档案馆、成为国家档案的，按照《中华人民共和国档案法》及相关规定管理。对于相关政府信息公开申请，行政机关可以告知申请人按照档案法的规定办理。

第五，行政机关职权划入党的机关的，如果党的机关对外加挂行政机关牌子，相关信息公开事项以行政机关名义参照前述规定办理；如果党的机关没有对外加挂行政机关牌子，相关信息公开事项按照《中国共产党党务公开条例（试行）》办理。

◆ **案例**

王某与某区人民政府政府信息公开案[①]

再审申请人（一审原告、二审上诉人）：王某

再审被申请人（一审被告、二审被上诉人）：某区人民政府（以下简称某区政府）

某区政府于2015年7月14日收到王某的政府信息公开申请，其要求获取"《关于某区2004年第4批次建设项目农转用耕地补偿征用土地的请示》[嘉府土（2004）第29号]"的信息。某区政府经查询，嘉府土（2004）第29号文已经移交某区档案馆，遂于同月20日作出《告知书》并送达王某，告知王某其要求获取的信息已归档，建议其向某区档案馆查询。

上海市第二中级人民法院一审判决驳回王某的诉讼请求。

王某不服一审判决，向上海市高级人民法院提起上诉，该院判决驳回上诉，维持一审判决。

最高人民法院认为，申请获取已经移交给各级国家档案馆的政府信息，应依照有关档案管理的法律、行政法规和国家有关规定执行。根据《最高人民法院关于审理政府信息公开行政案件若干问题的规定》第七条的规定，政府信息转变成档案信息有两种情形：一是政府信息由行政机关的档案机构或者档案工作人员保管。行政机

① 案号：最高人民法院（2017）最高法行申821号。

关仍保存政府信息，仅仅是保存主体的内部分工发生改变，应适用《中华人民共和国政府信息公开条例》的规定。二是政府信息已经移交各级国家档案馆。行政机关已不再保存该信息，在客观上难以提供相关信息的，应依照有关档案管理的法律、行政法规和国家有关规定执行。本案中，王某向某区政府申请公开的信息已经归入某区档案馆，某区政府不再保存所申请的信息。某区政府在法定期限内作出《告知书》，告知王某信息已归档并建议王某向某区档案馆咨询，并无不当。裁定驳回再审申请人王某的再审申请。

刘某儒与某区人民政府政府信息公开案①

再审申请人（一审原告、二审上诉人）：刘某儒

再审被申请人（一审被告、二审被上诉人）：某区人民政府（以下简称某区政府）

2016年10月11日，某区政府收到刘某儒提交的《某区政府信息公开申请表》，申请公开“北京西客站工程建设某征地拆迁指挥部的三定方案”。2016年10月11日，某区政府经查阅档案，未查到刘某儒申请公开的政府信息。同日，某区政府分别向区编办、区档案馆发函了解相关情况。2016年10月12日，某区机构编制委员会办公室作出《关于〈刘某儒申请信息公开有关问题的函〉的复函》，告知某区政府该办公室未发文成立过“北京西客站工程建设某征地拆迁指挥部”，也未制订过其三定方案。2016年10月17日，某区档案馆作出《〈刘某儒申请信息公开有关问题的函〉的复函》，告知某区政府区档案馆未查找到“北京西客站工程建设某征地拆迁指挥部的三定方案”，只查找到丰政办发（1992）056号《某区人民政府办公室关于成立北京西客站工程建设某征地拆迁指挥部的通

① 案号：最高人民法院（2018）最高法行申3624号。

知》、丰政办发（1997）30号《某区人民政府办公室关于调整北京西客站工程建设某征地拆迁指挥部领导成员的通知》，两份文件已分别于2004年、2006年移交档案馆，属于未满30年不开放档案。

2016年10月31日，某区政府作出某区政府信息公开办（2016）第206号《政府信息公开答复告知书》，主要内容为：经在我机关档案中查找，未查找到您申请的信息。经了解，我区未制订“北京西客站工程建设某征地拆迁指挥部的三定方案”，根据《中华人民共和国政府信息公开条例》的规定，您申请的政府信息我机关未制作且未获取，该政府信息不存在。经向某区档案馆了解，其仅查找到丰政办发（1992）056号《某区人民政府办公室关于成立北京西客站工程建设某征地拆迁指挥部的通知》、丰政办发（1997）30号《某区人民政府办公室关于调整北京西客站工程建设某征地拆迁指挥部领导成员的通知》两份文件与您申请的信息相关，并已分别于2004年、2006年移交档案馆。如需了解相关情况，请向某区档案馆咨询，联系方式……

刘某儒不服，诉至北京市第四中级人民法院，一审法院判决驳回刘某儒的诉讼请求。

北京市高级人民法院二审判决驳回上诉，维持一审判决。

最高人民法院认为，申请获取已经移交给各级国家档案馆的政府信息，应依照有关档案管理的法律、行政法规和国家有关规定执行。根据《最高人民法院关于审理政府信息公开行政案件若干问题的规定》第七条规定，政府信息转变成档案信息有两种情形：一是政府信息由行政机关的档案机构或者档案工作人员保管。行政机关仍保存政府信息，仅仅是保存主体的内部分工发生改变，应适用《中华人民共和国政府信息公开条例》的规定。二是政府信息已经移交各级国家档案馆。行政机关已不再保存该信息，在客观上难以提供相关信息的，应依照有关档案管理的法律、行政法规和国家有关规定执行。本案中，刘某儒向某区政府申请公开的信息已经归入某区档案馆，某区政府不再保存所申请的信息。根据《中华人民共和国政府信息公开条例》（2007 发布）第二十一条关于“对申请公开的政府信息，行政机关根据下列情况分别作出答复……（三）依法不属于本行政机关公开或者该政府信息不存在的，应当告知申请人，对能够确定该政府信息的公开机关的，应当告知申请人该行政机关的名称、联系方式……”的规定，某区政府在法定期限内作出《告知书》，告知刘某儒信息已归档并建议刘某儒向某区档案馆咨询，并无不当。裁定驳回再审申请人刘某儒的再审申请。

某区人民政府与李某政府信息公开案①

再审申请人（一审被告、二审被上诉人）：某区人民政府（以下简称某区政府）

再审被申请人（一审原告、二审上诉人）：李某

2015 年 6 月 25 日，李某通过邮寄方式向某区政府申请信息公开，内容为“某区罗庄村城中村改造指挥部由什么部门组建以及组成人员名单（原单位职务）”。某区政府于同年 7 月 16 日作出涉案信息公开答复，内容为“经核查，该信息已移交到某区档案馆，建议到某区档案馆查询。联系电话：0371 - 676 ××××7”。李某不服该信息公开答复，提起本案诉讼。

郑州铁路运输中级法院一审判决：驳回李某的诉讼请求。

河南省高级人民法院二审认为，上述文件虽然实际上移交某区档案馆存放，但这并不能免除某区政府的信息公开义务，而移交档案馆也不应该成为某区政府逃避信息公开义务的借口，某区政府辩称其已履行告知和说明义务的理由不成立。一审判决适用法律错

---

① 案号：最高人民法院（2017）最高法行申 5909 号。

误，依法予以纠正。

最高人民法院认为，根据《最高人民法院关于审理政府信息公开行政案件若干问题的规定》第七条之规定，政府信息由被告的档案机构或者档案工作人员保管的，适用信息公开条例的规定；政府信息已经移交各级国家档案馆的，依照有关档案管理的法律、行政法规和国家有关规定执行。上述规定将已经移交国家档案馆的信息与存放在行政机关档案机构的信息加以区分处理，考察该条的解释本意，意在防止行政机关以适用档案管理法规为借口规避承担政府信息公开义务。《机关档案工作条例》第二十五条规定，省辖市（州、盟）和县级以下机关应将永久、长期保存的档案在本机关保存十年左右，连同案卷目录（一式三份）和有关的检索工具、参考资料，一并向有关的档案馆移交。就本案而言，根据一、二审法院查明的事实，涉案信息在再审被申请人李某提出信息公开申请之时并未达到该条例规定的移交档案馆的期限。对于提前移交档案，《中华人民共和国档案法实施办法》第十三条对此作出明确规定，即已撤销单位的档案或者由于保管条件恶劣可能导致不安全或者严重损毁的档案，可以提前向有关档案馆移交。再审申请人某区政府对提前移交档案的原因并未提供充分的、有说服力的证据作出合理解释，且涉案信息亦非再审申请人移交之后就难以获取的复杂信息。故从保障信息公开申请人知情权、方便其获取政府信息的角度出发，即便涉案信息已经实际移交给某区档案馆存放，亦不应免除再审申请人的信息公开义务。一审法院认定某区政府已履行法定告知义务，属于适用法律错误，二审法院依法予以纠正，并无不当。再审申请人某区政府申请再审的理由不足以推翻二审法院分析理由及处理结果，本院对其再审申请不予支持。裁定驳回再审申请人某区人民政府的再审申请。

朱某珍与某区人民政府政府信息公开案①

再审申请人（一审原告、二审上诉人）：朱某珍

再审被申请人（一审被告、二审被上诉人）：某区人民政府（以下简称某区政府）

朱某珍系朱某才的女儿，朱某才已去世。2017 年 6 月 19 日，朱某珍向某区政府提交《政府信息公开申请表》，要求提供东风日产产能扩建指挥部办公室拆迁朱某才名下集体土地使用证：花府集建字（90）第××1 号房屋的合理合法居住建筑面积数量。2017 年 7 月 26 日，某区政府作出花公开复（2017）53 号《关于政府信息公开申请的答复》（以下简称 53 号答复），主要内容：朱某才名下集体土地使用证：花府集建字（90）第××1 号房屋的合理合法居住建筑面积信息在《房屋丈量现场登记表》上已记载。登记表已按规定移交某区国家档案馆。朱某珍可持有效身份证件，到某区国家档案馆按程序查阅。53 号答复并告知某区国家档案馆的地址及联系方式。朱某珍不服，提起行政诉讼。

广州铁路运输中级法院一审裁定驳回朱某珍的起诉。朱某珍不服，提起上诉。

广东省高级人民法院裁定驳回上诉，维持原裁定。

最高人民法院经审查认为，《最高人民法院关于审理政府信息公开行政案件若干问题的规定》第七条第二款、《国务院办公厅关于施行〈中华人民共和国政府信息公开条例〉若干问题的意见》第三部分第八条均规定，已经移交档案馆及档案工作机构的政府信息，依照有关档案管理的法律、行政法规和国家有关规定执行。本

① 案号：最高人民法院（2019）最高法行申 5319 号。

案中，经审查朱某珍申请公开的政府信息材料，已移交某区国家档案馆，某区政府告知朱某珍可以按照档案管理有关规定，向某区国家档案馆查询。朱某珍主张，涉案政府信息未达到《机关档案工作条例》第二十五条规定的十年移交档案期限，某区政府以信息移交档案馆为由，逃避信息公开义务。但是，《机关档案工作条例》第二十五条规定，县级以下机关应将永久、长期保存的档案在本机关保存十年左右，连同案卷目录和有关的检索工具、参考资料，一并向有关的档案馆移交。这一规定目的是引导行政机关加快推进永久、长期保存档案的移交工作，并非强制规定政府信息必须满十年，才能移交档案部门。而且，《广东省档案事业发展十三五规划》和广东省委、省政府《关于加强和改进新形势下我省档案工作的意见》还规定，要扩大形成满5年、属于进馆范围的纸质档案和数字化副本移交进馆及电子档案次年归档移交工作试点。本案中，拆迁合同签订于2009年，2014年某区政府将相关档案材料移交档案部门，不违反档案法关于十年归档的规定。朱某珍以此为由申请再审，理由不能成立。朱某珍还主张，信息移交档案馆亦不免除政府信息公开义务。但是，归档信息政府已经不掌握，对已经移交档案馆的政府信息，应当按照档案法的有关规定申请获取，不属于政府信息公开法律规范调整的范围。朱某珍的该项主张，缺乏法律依据，本院亦不予支持。

应当指出的是，申请人申请政府信息公开，行政机关审查后有多种处理方式：经审查符合公开条件的，依法予以公开；不符合公开条件的，不予公开并说明理由；属于其他职能部门公开事项的，告知申请人向相关部门申请公开等，其中对于申请的政府信息资料已经移交档案部门的，告知申请人向档案部门申请，也是一种答复方式。前述处理方式都是对申请人政府信息公开申请的实体处理，对申请人的权利义务当然产生实际影响，均属于可诉的行政行为。本案中，某区政府作出53号答复告知朱某珍，其申请的相关政府信息已经移交某区国家档案馆，告知朱某珍到某区国家档案馆按程序查阅。53号答复对朱某珍的权利义务已经产生实际影响，属于行政诉讼的受案范围。综上，裁定驳回朱某珍的再审申请。

关某秋、李某群与某区人民政府、某区档案局政府信息公开案①

原告：关某秋、李某群

被告：某区人民政府（以下简称某区政府）、某区档案局（以下简称某档案局）

原告关某秋、李某群诉称：2017年1月17日，原告通过代理人向某区政府申请公开政府信息，其中第一项为《批转市水利局等单位关于市水利局基层水利所站机构改革和经费改革的请示的通知》（南府〔2001〕187号）（以下简称南府〔2001〕187号《通知》）。2017年2月8日，某区政府对原告的申请作出南公开〔2017〕3号《关于政府信息公开申请答复》（以下简称3号《答复》），以该文件“已移交国家档案局，如需要，你们可向区档案局申请查阅”为由作出答复，但并无向原告提交其向被告某档案局移交、接收手续以证明南府〔2001〕187号《通知》确已移交、接收的证据。原告依据某区政府的指引前往某档案局查阅、复制，但该局作出南档馆函〔2017〕4号《关于档案利用的答复》，以“经征求立档单位某区人民政府办公室意见，根据《中华人民共和国档案法》第十九条第一款的规定‘国家档案馆保管的档案，一般应当自形成之日起满三十年向社会开放’，因您要求查询的档案自形成之日起未满三十年，故不予提供利用”为由拒绝原告查阅、复制。原告认为，在某区政府没有向原告提交其向某档案局移交、接收手

① 案号：广东省佛山市中级人民法院（2017）粤06行初59号。

续文件以证明南府〔2001〕187号《通知》确已移交给某档案局接收的情形下，仅凭某档案局《关于档案利用的答复》并不能证明已经完成涉案文件的交收手续。故请求法院：(1) 撤销某区政府作出的3号《答复》的第一项内容；(2) 撤销某档案局作出的南档馆函〔2017〕4号《关于档案利用的答复》；(3) 判令某区政府在五个工作日内依法公开南府〔2001〕187号《通知》或判令某档案局依法对原告要求获取的南府〔2001〕187号《通知》予以查阅、复制。

佛山市中级人民法院认为，行政诉讼法第四十九条规定："提起诉讼应当符合下列条件……（三）有具体的诉讼请求和事实根据……"根据"一案一诉"的基本原则，在一个案件中，法院一般只审查一个行政行为的合法性。而原告关某秋、李某群在本案中所起诉的行为分别为某区政府作出的3号《答复》的第一项内容以及佛山市档案馆作出的南档馆函〔2017〕4号《关于档案利用的答复》，明显为两个机关作出的两个行为。本院在2017年4月20日已向原告释明，要求其择一起诉，但其予以拒绝。结合级别管辖的规定，本院将对某区政府作出的3号《答复》的第一项内容进行审查，故原告起诉要求撤销某档案局作出的南档馆函〔2017〕4号《关于档案利用的答复》，本院予以驳回。综上，裁定驳回原告关某秋、李某群对某档案局的起诉。

杨某生与某市某区司法局不履行政府信息公开职责案①

原告：杨某生

被告：某市某区司法局（以下简称司法局）

2015年6月29日，原告杨某生为核实其父母遗产中，申请人杨某生所占份额在动迁中的补偿、安置、补助、奖励去向的需要，

---

① 案号：常州市金坛区人民法院（2015）坛行初字第00056号。

向被告司法局提出要求公开某市某区公证处对其父母遗嘱进行公证的时间、地点、现场人物以及申请公证的申请书等内容的政府信息公开申请。被告司法局于2015年7月7日对原告杨某生的申请作出答复，根据《中华人民共和国政府信息公开条例》的规定，原告杨某生所申请的事项不属于依法或者依申请可以公开的政府信息范围。根据《公证档案管理办法》的规定，原告杨某生不是公证当事人，该公证事项也不得向其公布。原告杨某生对被告司法局拒绝向其公开申请事项不服，提起诉讼。

另查明，原告杨某生申请公开的其父母的遗嘱公证档案信息已移送某市某区档案局保管。

某市某区人民法院认为，根据《中华人民共和国公证法》第六条之规定，某市某区公证处是依法独立行使公证职能，承担民事责任的证明机构，属事业单位法人。作为司法行政部门的被告司法局依照《中华人民共和国公证法》第五条的规定，仅对某市某区公证处的公证业务进行监督和指导。因此，某市某区公证处在办理公证事项过程中形成的公证档案，不是被告司法局在履行行政管理职能过程中形成的政府信息。且某市某区公证处已将原告杨某生父母的遗嘱公证档案移交至某市某区档案局保管。依照《最高人民法院关于审理政府信息公开行政案件若干问题的规定》第七条第二款的规定，该公证档案的查阅应按照档案管理的法律和规定执行。因此，原告杨某生要求被告司法局公开其父母遗嘱公证的相关信息于法无据。判决驳回原告杨某生的诉讼请求。

邱某与某区市场监督管理局政府信息公开案①

原告：邱某

① 案号：北京市通州区人民法院（2019）京0112行初23号。

被告：某区市场监督管理局（以下简称某市场监管局）

2018年1月25日，三元公司向某市场监管局提交调档申请书，载明：三元公司与物美超市卖场系业务合作单位，三元公司产品益菌多（三元发酵乳）在物美超市卖场进行售卖，现物美超市卖场告知三元公司该产品被邱某向某市场监管局举报，作为该产品的生产商及邱某举报事项的利益关系人，三元公司特向某市场监管局申请有关对邱某举报事项的最终处理决定。同日，某市场监管局将针对邱某作出的《举报办理结果告知书》（《以下简称告知书》）复印件提供给三元公司，《告知书》主要内容为：邱某，你的物美超市卖场物美潞苑店销售的三元发酵乳不符合相关规定的举报，我局现将办理结果回复如下：经查……故你举报的内容不属实，我局不予立案处理。邱某认为某市场监管局向三元公司公开《告知书》时泄露其姓名，侵犯其隐私权，故向法院提起诉讼。

邱某曾对物美潞苑店销售的三元发酵乳进行投诉举报，三元发酵乳的生产企业为三元公司，某市场监管局于2017年12月8日作出《告知书》，决定不予立案；2018年1月25日，三元公司向某市场监管局提交调档申请书，要求查阅某市场监管局处理邱某举报物美超市卖场销售三元发酵乳的处理决定，同日，某市场监管局将《告知书》复印件给付三元公司，未对邱某姓名作遮挡等处理，未征询邱某是否同意公开的意见。

另查，2017年10月30日，北京市顺义区人民法院作出14905号民事判决，认定邱某从物美后沙峪店购买的产品不符合食品安全标准，判令物美后沙峪店向邱某支付赔偿金1000元。2017年11月29日，本院作出33220号民事判决，认定邱某从物美三间房店购买的三元发酵乳不符合食品安全标准，判令物美三间房店向邱某支付赔偿金1000元；物美三间房店不服，提起上诉，在二审期间，物美三间房店将《告知书》复印件作为新证据提交，北京市第三中级人民法院于2018年2月1日作出1327号民事判决，判决驳回上诉，维持原判。

再查，本院于2018年11月1日对邱某起诉某市场监管局姓名权纠纷一案予以立案，于2018年12月26日作出39219号判决，认定某市场监管局不存在侵犯邱某姓名权的民事侵权行为，邱某亦未提交任何证据证明其所主张的某市场监管局侵犯其姓名权的行为造成何种侵权后果，故判决驳回邱某的诉讼请求。

又查，在案件审理中，因机构改革，原某区食品药品监督管理局并入某市场监管局。

某区法院认为，在对本案争议焦点进行归纳总结和认定之前，需要先行明确被诉行政行为的性质以及案件类型。

（一）被诉行政行为的性质认定

本案被诉行政行为系某市场监管局依据三元公司的申请向其提供《告知书》复印件的行为，行为性质的认定涉及政府信息和档案之间的关系，具体到本案中，涉及三元公司提出的调档申请到底是查阅档案的行为还是政府信息公开的申请行为，与此相对，某市场监管局的行为是受有关档案管理的法律、行政法规的规制还是受《中华人民共和国政府信息公开条例》的规制。一般而言，政府信息和档案之间存在一定的前后演变关系，行政机关在履行职责过程中制作或者获取的，以一定形式记录、保存的信息构成了条例中的政府信息，其中按照规定应当立卷归档的，要向本机关档案机构或者档案工作人员移交进行集中管理，其中具有永久保存价值的则要向国家档案馆移交。从二者的演变关系可以看出，政府信息与档案具有一般与特殊的关系，在法律适用上按照特别法优于一般法的原则，当有特别规定则优先适用特别规定，否则一律适用一般规定。按照《最高人民法院关于审理政府信息公开行政案件若干问题的规定》第七条规定，政府信息由被告的档案机构或者档案工作人员保管的，适用条例的规定，政府信息已经移交各级国家档案馆的，依照有关档案管理的法律、行政法规和国家有关规定执行。本案中，邱某举报案件的材料包括但不限于《告知书》并未移交各级国家档案馆管理，不符合上述优先适用特别法的条件，某市场监管局提交的《执法档案查询规定》仅系其内部规范性文件，亦不能成为优先适用的特别规定，故某市场监管局向三元公司提供《告知书》的行为应属政府信息公开行为，受条例的规制。

（二）本案的案件类型

一般来说，政府信息公开类案件针对的是行政机关不公开政府信息的行为，其目的是要求公开政府信息；但与此相反，还有一类特殊的政府信息公开案件，针对的是行政机关公开政府信息的行为，其目的是阻止行政机关公开政府信息，对于此类特殊的案件一般称为反政府信息公开诉讼，在《最高人民法院关于审理政府信息公开行政案件若干问题的规定》第一条第一款第三项中有明确规定，公民、法人或者其他组织认为行政机关主动公开或者依他人申请公开政府信息侵犯其商业秘密、个人隐私，依法提起行政诉讼的，人民法院应当受理。具体到食品药品投诉举报领域，为了鼓励公民、法人或者其他组织进行实名举报，有效保护投诉举报人的人身、财产安全，避免受到打击报复，《食品药品投诉举报管理办法》（已失效）第三十三条第一款第三项规定，严禁泄露投诉举报人的相关信息；严禁将投诉举报人信息透露给被投诉举报对象及与投诉举报案件查处无关的人员，不得与无关人员谈论投诉举报案件情况。其中投诉举报人的相关信息当然包含投诉举报人的姓名，故在投诉举报领域内，投诉举报人的姓名应当属于个人隐私范畴，食品药品监督管理部门应当对投诉举报人的姓名进行保密，在公民、法人或者其他组织申请政府信息公开时，应当按照条例的规范指引进行，除经权利人同意公开或者不公开可能对公共利益造成重大影响外，不得公开。本案某市场监管局的政府信息公开行为系针对三元公司作出的，但因《告知书》内容中涉及邱某的名字，邱某作为投诉举报人认为某市场监管局公开《告知书》侵犯了其个人隐私提起本案诉讼，即属于前述反政府信息公开诉讼，邱某具有原告主体资格。

基于对前述两个问题的认定，本院结合双方举证质证及庭审诉辩情况，归纳争议焦点为某市场监管局向三元公司公开《告知书》行为是否侵犯了邱某的个人隐私。目前，关于个人隐私的内涵和外延在现行法律法规中均没有明确界定，但一般而言，个人隐私是指公民个人生活中不愿为他人公开或知悉的秘密，个人的意愿是判断相关信息是否属于个人隐私的最重要标准之一。本案中，邱某作为投诉举报人，投诉举报物美超市销售的三元公司生产的产品不符合食品安全标准，利益相关人直接涉及物美超市和三元公司，邱某和某市场监管局理应首先向物美超市和三元公司保密，但从本院查明的情况可知，邱某针对涉案举报产品向物美三间店提起民事诉讼要求赔偿，本院在2018年1月25日前已经作出判决，本院认为邱某通过民事诉讼的形式向物美超市公开了其个人信息，而基于物美超市卖场和三元公司之间的供销关系，三元公司亦能够知晓邱某投诉举报人的身份，尽管邱某认为在民事诉讼中其并未说明举报事实，但结合邱某的多次举报、诉讼情况，物美超市卖场或者三元公司将其提起民事赔偿的主张与投诉举报进行关联具有合理性，这一点在三元公司提交的调档申请书中亦能够得到印证，即三元公司在提出政府信息公开申请之前已经知晓邱某举报事实，此时，某市场监管局并无不予公开告知书或者隐去邱某姓名之必要，某市场监管局向三元公司公开告知书的行为并未侵犯邱某的个人隐私，故对于邱某的诉讼请求，本院不予支持。

综上，判决驳回原告邱某的诉讼请求。

张某与某市档案馆政府信息公开案①

上诉人（原审原告）：张某

被上诉人（原审被告）：某市档案馆

2018年3月27日，张某向某市档案局申请政府信息公开，所需信息描述为“1. 中国人民解放军江苏省某县公检法军事管制委员会的权属单位；2. 成立该军事管制委员会的政府批复及备案信息；3. 该军事管制委员会主任、副主任及组成人员名单”。某市档案局于2018年4月9日作出答复书称，张某可携带身份证等有效证件至某市档案馆申请查阅，由某市档案馆依照档案法的规定决定是否提供利用。针对该答复，张某向一审法院提起行政诉讼，一审法院已依法作出判决。2018年4月19日，张某携带身份证件至某市档案馆查阅案涉相关信息，某市档案馆准许张某摘抄了部分档案资料。张某不服某市档案馆提供档案利用的行为，诉至一审法院。

江苏省某市经济技术开发区人民法院一审裁定驳回张某的起诉。

张某不服一审裁定，提起上诉。

本法院另查明以下事实：某市经济技术开发区人民法院针对张某不服某市档案局2018年4月9日所作答复书提起的诉讼，于2018年10月16日作出112号判决，该判决认定档案局与档案馆在法律上系不同的两个法人，各自职能不同，档案局不直接从事档案的接收、整理等工作，只对辖区内的档案工作进行宏观上的监督指导。张某主张阅览、复制和摘录相关档案信息并非某市档案局的职能范围。张某申请公开的信息属于档案馆保管的档案信息，该信息的获取利用依法不属于政府信息公开条例调整的范围。最终判决驳回张某请求撤销某市档案局所作答复书的诉讼请求。

---

① 案号：江苏省南通市中级人民法院（2019）苏06行终68号。

法院认为，本案的争议焦点在于档案馆提供档案利用的行为是否属于行政行为。

《中华人民共和国行政诉讼法》第二条规定，公民、法人或者其他组织认为行政机关和行政机关工作人员的行政行为侵犯其合法权益，有权依照本法向人民法院提起诉讼。前款所称行政行为，包括法律、法规、规章授权的组织作出的行政行为。这一规定意味着，行政诉讼法意义上的可诉行政行为包括两种情形：一是行政机关作出的行政行为；二是法律、法规、规章授权的组织作出的行政行为。以上两种情形所涉及的行政行为均属于国家行政的范畴。公共行政并不必然属于可诉的行政行为。档案法（2016 修正）第八条规定，中央和县级以上地方各级各类档案馆，是集中管理档案的文化事业机构，负责接收、收集、整理、保管和提供利用各分管范围内的档案。这表明我国法律确实对档案馆从事档案管理、提供档案利用等工作作出规定，但这一规定并不能认为是法律规范对档案馆授予了行政职权。档案馆是文化事业机构。《事业单位登记管理暂行条例》第二条规定，本条例所称事业单位，是指国家为了社会公益目的，由国家机关举办或者其他组织利用国有资产举办的，从事教育、科技、文化、卫生等活动的社会服务组织。根据上述规定，作为事业单位的中央和县级以上地方各级各类档案馆，其向社会提供的服务属于公共行政的范畴。国家行政和公共行政虽然都具有向社会公众提供公共服务的共同属性，但国家行政是国家意志的体现，体现的服务是行政权作用的结果，而公共行政体现的服务只是公共服务机构本身的职能，其本身即国家行政的结果，不同于行政法意义上行政权对国家意志的体现。

基于以下几个方面的分析，本院认为档案馆提供档案利用的行为不具有行政权的特征。第一，在追求行政管理目的的方式上，行政权的行使具有积极性和主动性，而档案馆虽然从事的工作符合公共利益的要求，但本质上不具有主动追求国家利益或公共利益的目的。行政主体担负着执行国家法律，管理国家社会、经济、文化等各项事务的职责，在其职权范围内必须积极主动地行使权力才能确保法律得以实施，维护社会安全、秩序稳定，实现人民福祉。事业单位是政府为满足某一领域内的公共管理需要而设立的从事某种公共服务事业的组织。虽然事业单位的工作任务决定了其应当具有公共利益的目的，但设立事业单位是政府的职能，事业单位自身的行为并不必然具有行政权的属性，其从事的公共服务不具有行政主体依法行使行政权所具有的追求国家利益或者公共利益的积极性和主动性。这就意味着类似档案馆单纯提供公共服务的事业单位，并没有因此取得行使行政权的主体资格。第二，在行政权的实现方式上，行政行为是由国家强制力予以保障实施，而档案馆从事公共服务过程中并不具有国家强制力保障实施的特性。根据国家机构的职能划分，体现国家、人民意志的法律、法规、政策主要通过行政权的行使得以实施，因此行政权的行使以国家强制力作为保障。即使在某些行政管理领域采用协商等非强制性的方式，强制力也是作为一种后盾力量发挥作用。档案馆在档案管理中的行为并没有国家强制力的保障，这也就失去了行政行为的根本特征。第三，在行政权行使的法律关系中，行政主体处于管理者的地位，对行政管理职权范围内的事项具有决定权，但档案馆在档案行政管理中实际处于被管理者的地位。尽管根据行政组织的层级监督制度，下级行政机关应当接受上级行政机关以及专门监督机关的监督，但各级行政机关都是独立的行政主体，具有在各自行政管理职权范围内自主作出行政行为的管理权和决定权。就档案管理而言，档案法第六条第二款明确规定，县级以上地方各级人民政府的档案行政管理部门主管本行政区域内的档案事业，并对本行政区域内机关、团体、企业事业单位和其他组织的档案工作实行监督和指导。《中华人民共和国档案法实施办法》第十九条规定，涉及国防、外交、公安、国家安全等国家重大利益的档案，以及其他虽自形成之日起已满30年但档案馆认为到期仍不宜开放的档案，经上一级档案行政管理部门批准，可以延期向社会开放。第二十一条规定，机关、团体、企业事业单位和其他组织以及中国公民利用档案馆保存的未开放的档案，须经保存该档案的档案馆同意，必要时还须经有关的档案行政管理部门审查同意。可见，虽然作为档案保管单位，档案馆对于档案是否开放具有一定的管理权，但档案能否开放的最终决定权仍在档案行政管理部门。《档案法》第二十四条第一款规定，擅自提供、抄录、公布、销毁属于国家所有的档案，明知所保存的档案面临危险而不采取措施，造成档案损失等，由县级以上人民政府档案行政管理部门、有关主管部门对直接负责的主管人员或者其他直接责任人员依法给予行政处分。这也表明档案馆处于行政法律关系中的被管理者地位，并不具有行政诉讼法意义上的行政主体资格。

尽管实践中存在档案行政管理部门与档案馆实行“一套人马、两块牌子”的做法，但不影响各自职能的行使。若将事业单位依法从事的公共服务行为都纳入司法审查范围，不仅混淆了行政行为和其他公共服务行为的界限，也剥夺了行政管理部门对事业单位的管理权。

综上所述，由于档案馆作为事业单位，接受档案行政管理部门的管理，不具有最终决定权，档案管理工作对外不形成最终的行政法律后果，不具有行政权所具有的一般特性，故其实施的行为不应认定为法律、法规、规章授权作出的行政行为。

需要指出的是，行政诉讼最终关注的是公民权利的救济和保障问题，档案法第十九条第三款关于“中华人民共和国公民和组织持有合法证明，可以利用已经开放的档案”的规定涉及公民对档案依法利用的权利，将档案馆对档案的管理行为排除在可诉行政行为之外，并不影响公众档案利用权的救济和保障。根据《中华人民共和国档案法实施办法》第二十六条第四项的规定，对于不按照国家规定开放档案的，县级以上人民政府档案行政管理部门有权责令限期改正。档案馆受档案行政管理部门的管理，如果档案馆有侵犯公众档案利用权利的行为，公众可以向档案行政管理部门反映，由档案行政管理部门行使监督管理权。

综上，裁定驳回上诉，维持原裁定。

第二十六条　【主动公开的时限】 属于主动公开范围的政府信息，应当自该政府信息形成或者变更之日起20个工作日内及时公开。法律、法规对政府信息公开的期限另有规定的，从其规定。

◆ **解读**

本条是关于主动公开政府信息时限的规定。本条规定的主动公开时限有两种情况：一是法律、法规对特定的政府信息公开时限另有规定的，从其规定。这是主动公开政府信息时限的特殊规定。二是法律、法规没有规定政府信息的公开时限，且属于主动公开范围的政府信息，应当自该政府信息形成或者变更之日起20个工作日内予以公开，这是主动公开政府信息时限的一般规定。

设定主动公开政府信息时限的必要性。在信息时代，信息成为所有社会主体作出决策和选择的基础，是决定每个社会成员发展和进步的重要因素。因此，行政机关应当及时、准确地公开涉及公民、法人或者其他组织切身利益、需要社会公众广泛知晓或者参与反映本行政机关机构设置、职能、办事程序等情况，以及其他依照法律、法规和国家有关规定应当主动公开的政府信息，充分发挥政府信息资源对人民群众生产、生活和经济社会活动的服务作用。需要注意的是，本条例规定的时限只是行政机关主动公开政府信息的原则规定，考虑到有些政府信息在管理和公开方面有特殊要求，如果法律、法规对政府信息公开的期限另有规定的，应当按照法律、法规规定的时限办理。

第四章　依申请公开

第二十七条　【依申请公开】除行政机关主动公开的政府信息外，公民、法人或者其他组织可以向地方各级人民政府、对外以自己名义履行行政管理职能的县级以上人民政府部门（含本条例第十条第二款规定的派出机构、内设机构）申请获取相关政府信息。

◆ **解读**

政府信息量大面广，涉及社会生产、生活各方面。为保障公民、法人或者其他组织申请获取政府信息，充分发挥政府信息对经济社会生活的服务作用，有必要对依公民、法人和其他组织申请公开政府信息作出权利性规定。

特别要注意的是，新修订的条例在本条取消了原有的“公民、法人或者其他组织可以根据自身生产、生活、科研等特殊需要，向国务院部门、地方各级人民政府及县级以上地方人民政府部门申请获取相关政府信息”的限定性规定。据中国社会科学院“法治蓝皮书”的《中国政府透明度年度报告（2010）》执笔人、中国社会科学院法学所副研究员介绍，（中国）政府机关要求说明申请用途几乎成为常态。有的政府部门要求申请人在线上传证明用途的文件，有的部门要求申请人以传真等形式补正有关部门出具的、盖有公章的证明文件，以说明申请用途。更有甚者，有的政府部门要求申请人声明保证不滥用所获取的信息。不少机关认为，申请获取的政府信息必须与申请人自身关系直接、密切，否则不受理申请，也不予公开相关信息。①

就政府信息公开主体而言，新条例主要带来了两点变化：一是新条例修改后，公共企事业单位，公开提供社会公共服务过程中制作、获取的信息，依照相关法律、法规和国务院有关主管部门或者机构的规定执行，不再参照政府信息公开条例执行；二是行政机关设立的派出机构、内设机构，除依照法律、法规对外以自己名义履行行政管理职责的信息，由派出机构、内设机构公开外，对其他信息，内设机构、派出机构不再是公开主体。具体而言，新条例第十条第二款规定："行政机关设立的派出机构、内设机构依照法律、法规对外以自己名义履行行政管理职能的，可以由该派出机构、内设机构负责与所履行行政管理职能有关的政府信息公开工作。"第二十七条规定："除行政机关主动公开的政府信息外，公民、法人或者其他组织可以向地方各级人民政府、对外以自己名义履行行政管理职能的县级以上人民政府部门（含本条例第十条第二款规定的派出机构、内设机构）申请获取相关政府信息。"新条例未施行前，一般认定环保分局、自然资源分局等派出机构具有政府信息公开主体资格，对分局作出的政府信息公开答复不服，可以按照行政复议法第十五条的规定以该分局为被申请人向市局或者市级人民政府申请行政复议。新条例施行之后，派出机构、内设机构除依照法律、法规对外以自己名义履行行政管理职能的，其他将不再具有政府信息公开主体资格。换言之，过去可以向自然资源

① 万静：《公众获取政府信息难度与成本逐年增加》，载《法制日报》2011年10月8日。

分局要求公开土地征收的批准文件、“一书四方案”等审批文件，现在因为自然资源分局并无依法律、法规对外以自己名义履行的行政管理职责，因此自然资源分局不再具有政府信息公开的法定职权和主体资格。同时，在新条例修改后，以自然资源分局作出的政府信息公开答复，只能按照行政复议法实施条例第十四条的规定以分局的设立机关为被申请人申请行政复议。市级政府设立的经济开发区管理委员会、园区管理委员会、综合指挥办公室等内设机构、派出机构的政府信息公开主体资格问题及相关行政复议案件的审理与上述案例一致。

◆ 规范性文件

国务院办公厅关于做好政府信息依申请公开工作的意见

国办发〔2010〕5号

……

三、明确“一事一申请”原则

在实际工作中，有时会遇到一个申请要求公开分属多个行政机关制作或保存的政府信息，有的申请公开的信息类别和项目繁多，受理机关既不能如需提供，又难以一一指明哪条信息不存在，哪条信息属于哪个行政机关公开，影响了办理时效。为提高工作效率，方便申请人尽快获取所申请公开的信息，对一些要求公开项目较多的申请，受理机关可要求申请人按照“一事一申请”原则对申请方式加以调整：即一个政府信息公开申请只对应一个政府信息项目。

同时，对将申请公开的政府信息拆分过细的情况，即申请人就一个具体事项向同一行政机关提出多个内容相近的信息公开申请，行政机关需要对现有的信息进行拆分处理才能答复，受理机关可要求申请人对所提申请作适当归并处理。

四、妥善处理研究课题类申请

对于要求行政机关为其大范围提供课题研究所需资料、数据的申请，因其不同于《条例》规定一般意义上的申请，且在一定程度上超出了设置依申请公开的立法本意，行政机关可要求申请人对其申请方式作出调整：

对于课题研究所需政府信息，若已经主动公开的，可告知申请人通过政府网站、政府公报、部门统计年鉴、相关公开出版物和档案馆、图书馆信息查阅点等渠道自行查阅。

通过主动公开渠道确实难以获取的政府信息，申请人可按照“一事一申请”的方式，向相关行政机关分别提出申请。

……

◆ **案例**

韩某春与某区某街道办事处政府信息公开案[①]

再审申请人（一审原告、二审上诉人）：韩某春

再审被申请人（一审被告、二审被上诉人）：某区某街道办事处（以下简称某街道办事处）

最高人民法院认为，本案的争议焦点是韩某春是否具有本案原告主体资格。《中华人民共和国行政诉讼法》第二十五条第一款规定，行政行为的相对人以及其他与行政行为有利害关系的公民、法人或者其他组织，有权提起诉讼。人民法院审查原告主体资格时，应当审查起诉人是否与被诉行政行为有利害关系。《最高人民法院关于审理政府信息公开行政案件若干问题的规定》第一条第一款规

① 案号：最高人民法院（2019）最高法行申 1701 号。

定，公民、法人或者其他组织认为下列政府信息公开工作中的具体行政行为侵犯其合法权益，依法提起行政诉讼的，人民法院应当受理：（一）向行政机关申请获取政府信息，行政机关拒绝提供或者逾期不予答复的；（二）认为行政机关提供的政府信息不符合其在申请中要求的内容或者法律、法规规定的适当形式的；（三）认为行政机关主动公开或者依他人申请公开政府信息侵犯其商业秘密、个人隐私的；（四）认为行政机关提供的与其自身相关的政府信息记录不准确，要求该行政机关予以更正，该行政机关拒绝更正、逾期不予答复或者不予转送有权机关处理的；（五）认为行政机关在政府信息公开工作中的其他具体行政行为侵犯其合法权益的。在政府信息公开案件中，申请获取政府信息，是政府信息公开条例赋予公民、法人或者其他组织的权利。行政机关针对申请作出不予公开决定、部分公开决定或者逾期未作出任何决定，均影响了申请人信息获取权的行使或实现。而针对“利害关系”的审查系针对政府信息公开行为，并非政府信息公开行为的标的（政府信息的内容）。本案中，韩某春申请公开海域使用权征收的相关信息，某街道办事处于2017年4月19日作出告知书。人民法院审查原告主体资格时，应当审查韩某春与某街道办事处作出的告知书是否有利害关系，而非韩某春与告知书中的具体内容是否有利害关系。韩某春系告知书的相对人，与被诉行政行为有利害关系，其对告知书不服有权提起行政诉讼，具有原告主体资格。一审法院认为韩某春不具有原告主体资格，裁定驳回起诉，二审予以维持，确有不当。

综上，裁定指令辽宁省高级人民法院再审本案。

黄某平与某区人民政府政府信息公开案[①]

再审申请人（一审原告、二审上诉人）：黄某平

再审被申请人（一审被告、二审被上诉人）：某区人民政府（以下简称某区政府）

黄某平向市第一中级人民法院提起本案诉讼，请求法院判决撤销某区政府于2017年6月30日作出的〔2017〕020号《政府信息公开告知书》，责令某区政府及时依法公开其申请的政府信息。

重庆市第一中级人民法院一审作出（2017）渝01行初141号行政裁定认为，《国务院办公厅关于做好政府信息依申请公开工作的意见》（国办发〔2010〕5号）第三条规定，为提高工作效率，方便申请人尽快获取所申请公开的信息，对一些要求公开项目较多的申请，受理机关可要求申请人按照“一事一申请”原则对申请方式加以调整，即一个政府信息公开申请只对应一个政府信息项目。根据政府信息公开条例的规定，对申请公开的政府信息，行政机关认为申请内容不明确的，应当告知申请人作出更改、补充。黄某平在《政府信息公开申请书》中要求公开的政府信息是：(1) 征收某区复兴镇太山村13社全部431.2亩农村集体土地的征地批文，涉及黄某平鱼塘所在地的批文，以及批文涉及的农用地转用方案、征收土地方案、补充耕地方案、供地方案和征地红线图，向建设单位颁发的建设用地批准书；(2) 上述批文如果不是国务院审批的，公开国务院就上述征地批文作出的备案登记手续；(3) 上述征地年度的土地利用年度计划中确定的农用地转用指标；(4) 上述批文的征地公告；(5) 某区政府经批准的本轮正在使用的土地利用总体规

① 案号：最高人民法院（2018）最高法行申2606号。

划，重点是涉及某区复兴镇的本轮土地利用总体规划；（6）征地报批中有关将拟征地的用途、位置、补偿标准、安置途径告知被征地农民及被征地农村集体经济组织，农户签名确认的情况，土地现状的调查经被征收集体经济组织和农户签名确认的资料。某区政府对黄某平的政府信息公开申请经审查后作出被诉《告知书》，告知其按照“一事一申请”原则调整申请内容。该告知书系某区政府要求黄某平作出更改、补充且对其权利义务不产生实际影响的告知行为，该告知行为不属于行政诉讼的受案范围。据此，裁定驳回黄某平的起诉。

黄某平不服，向重庆市高级人民法院提起上诉，重庆市高级人民法院二审作出（2017）渝行终741号行政裁定，以同一理由裁定驳回上诉，维持原裁定。

最高人民法院经审查认为，本案争议焦点在于被诉《告知书》是否属于行政诉讼的受案范围。《最高人民法院关于审理政府信息公开行政案件若干问题的规定》第二条规定，公民、法人或者其他组织对下列行为不服提起行政诉讼的，人民法院不予受理：（一）因申请内容不明确，行政机关要求申请人作出更改、补充且对申请人权利义务不产生实际影响的告知行为。本案中，某区政府认为黄某平提出的《政府信息公开申请书》中对申请公开的政府信息的内容描述不符合“一事一申请”要求，遂作出《告知书》告知黄某平按照“一事一申请”方式对申请内容进行调整，并向黄某平邮寄《告知书》。某区政府作出《告知书》系告知政府信息公开申请人黄某平对申请内容进行更改的程序性告知行为，对黄某平的权利义务未产生实际影响，黄某平不服该告知书提起的行政诉讼不属于行政诉讼的受案范围。故一、二审法院裁定驳回黄某平的起诉，并无不当。综上，裁定驳回黄某平的再审申请。

第二十八条　【便利政府信息获取】本条例第二十七条规定的行政机关应当建立完善政府信息公开申请渠道，为申请人依法申请获取政府信息提供便利。

◆ **解读**

地方各级人民政府负责领导所属工作部门和下级人民政府的工作，根据一些法律、法规的规定，政府自身也会是一些特定事项的责任主体，但一级政府往往由若干工作部门组成，政府工作的一些具体事项通常会根据法律、法规的规定或政府的指令，由政府所属的特定工作部门负责。与这些具体工作事项相关的政府信息也往往由特定工作部门制作、获取并保存。公民、法人或者其他组织在需要某类政府信息时，最便捷的渠道是向相关工作部门提出申请。如果其向政府机关提出，政府机关告知其向相关工作部门申请，申请人未必非要提起诉讼，执意要求人民法院判令政府机关公开。因为其根本需要是获取信息，并无必要纠结于这个信息是由哪一个机关公开。

考察政府信息公开制度较为发达的国家的立法例，其在信息公开制度建立之初，普遍对申请人设有严格的限定条件。例如，美国于1946年制定的《行政程序法》第三节规定，公众向文书档案的保存单位提出查询申请，必须证明自己有提出该项申请的“正当理由”，只有“适当的直接的利害关系人”才享有信息公开请求权，否则，官方有权拒绝申请者的要求。日本早期的地方公共团体的信息公开条例，多数对申请人也有不同程度的限制性规定。有半数的条例中规定的请求权人不仅是在本区域内有住所的个人和法人，而且扩大到与实施机关所进行的事务事业有利害关系的人。随着政府信息公开制度的深入推行，相关国家已改变先前做法，目前已有100多个国家制定了全国性的信息公开法。大多数国家对申请人的申请资格已不作限制。

第二十九条　【申请获取政府信息的方式】 公民、法人或者其他组织申请获取政府信息的，应当向行政机关的政府信息公开工作机构提出，并采用包括信件、数据电文在内的书面形式；采用书面形式确有困难的，申请人可以口头提出，由受理该申请的政府信息公开工作机构代为填写政府信息公开申请。

政府信息公开申请应当包括下列内容：

（一）申请人的姓名或者名称、身份证明、联系方式；

（二）申请公开的政府信息的名称、文号或者便于行政机关查询的其他特征性描述；

（三）申请公开的政府信息的形式要求，包括获取信息的方式、途径。

◆ **解读**

本条是关于公民、法人或者其他组织如何提出政府信息公开申请的规定。公民、法人或者其他组织申请获取政府信息的一般形式要件是书面形式。主要从以下两个方面考虑：一是为了便于行政机关充分了解申请人的申请请求，准确、迅速地为申请人查找其所希望获取的政府信息，并且及时答复申请人，确保行政机关依照本条例向申请人公开相关政府信息；二是为了保障申请的严肃性，规定采用书面形式提出申请，可以在申请人与行政机关就申请人是否提出过有关政府信息公开申请以及申请的具体内容发生争议时有据可查，从而有效地减少不必要的争议，化解矛盾，维护政府信息公开工作的严肃性。在特定情形下政府信息公开申请也可以通过口头形式提出。这一例外规定也突出体现了以人为本的理念和便民原则，充分反映了关心弱势群体的立法宗旨。

口头申请主要包括三层含义：一是采用书面形式确有困难的公民可以通过口头形式提出政府信息公开申请；二是采取口头形式申请的必须由受理该申请的行政机关代为填写政府信息公开申请；三是代为填写政府信息公开申请的行政机关必须如实记录申请人有关申请内容，申请人应当对此确认无误。

政府信息公开申请的实质要件有三：一是政府信息公开申请需要提供申请人姓名或者名称、身份证明、联系方式；二是政府信息公开申请中应当有申请公开的政府信息的内容描述；三是申请人在政府信息公开申请中应当列明申请公开的政府信息的形式要求，包括获取信息的方式、途径。这是判断信息公开的主要因素。

◆ 案例

袁某明与某省人民政府政府信息公开案[①]

再审申请人（一审原告、二审上诉人）：袁某明

被申请人（一审被告、二审被上诉人）：某省人民政府（以下简称某省政府）

2014 年 5 月 7 日，袁某明向某省政府原法定代表人李某勇省长邮寄了一份《再给某省人民政府的征地、用地、绿化补偿等信息公开申请函》，其主要内容为：“扬州泰州机场高速路于 2010 年 10 月

① 案号：最高人民法院（2017）最高法行申 17 号。

动工到2012年4月竣工，政府相关部门未能主动按相关规定，在我们生产组公开征地、用地、绿化补偿信息。2012年至2014年5月，本人分别陆续写信给镇政府、区政府、市政府，申请政府公开在我们生产组征地、用地、绿化补偿款信息和补偿费发放、使用情况信息。各地政府至今未能答复。本人只能向地方高级人民政府和您再次提出申请，要求省人民政府根据政府信息公开条例和《中华人民共和国土地管理法》及国务院2011年1月8日修改的土地管理法实施条例相关法规，真诚、主动、准确公开国家在我们生产组连征带用200余亩土地各项补偿信息及征地补偿费发放、使用情况信息，或责成地方政府迅速公开上述信息，并把省政府（2010）1567号文（该文为扬州泰州机场高速路的征地批文）实施情况顺便告知申请人。”

省政府于2014年5月8日收到该信件后，将该信件作为信访信件最终转至江都区宜陵镇信访部门处理。2014年5月20日，袁某明向某省高级人民法院提交了诉省政府不履行法定职责一案的行政起诉书，某省高级人民法院于同日作出（2014）苏行立督字第0056号《督办函》，将该起诉移送扬州中院审查处理。2014年6月19日，袁某明向扬州中院提交了补正的《行政起诉书》（落款时间为2014年6月10日），其诉讼请求为：“状告被告行政不作为，致使原告多次写信反映国家建设扬泰机场路征地、用地、绿化补偿信息公开问题及申请行政复议之事犹如石沉大海，至今无回复。故诉至法院，责令被告带头依法行政，按行政复议法等规定，迅速复议（2005）125号文相关条款，真诚解决失地农民合法权益被侵问题，取信于民，为打造遵法、诚信政府做表率。”同日扬州中院立案受理了袁某明诉省政府不履行行政复议法定职责一案。2014年6月23日，袁某明向扬州中院递交《变更诉求的申请》称：“我诉某省人民政府不履行行政复议一案虽已立案，但根据省人民政府法制办公室行政复议处2014年6月12日告知函精神，诉讼请求申请变更如下：状告被告行政不作为，致使多次写信反映国家建设扬泰机场路征地、用地、绿化补偿信息公开问题及申请行政复议之事至今无回复。故诉至法院，责令被告带头依法行政，按行政复议法第六条、第七条、第九条之规定，迅速对扬泰机场路征地、用地、绿化补偿行政行为进行复议，并对苏政法（2005）125号文转发文件第285页、第286页相关条款进行审查。真诚地解决失地农民合法权益被侵问题，取信于民，为打造遵法、诚信政府做表率。”2014年8月27日，扬州中院作出（2014）扬行初字第00018号行政判决，驳回袁某明的诉讼请求。袁某明不服，向某省高级人民法院提起上诉。某省高级人民法院于2015年1月13日作出（2014）苏行终字第00183号行政裁定，以扬州中院遗漏袁某明起诉省政府不履行信息公开法定职责的诉讼请求为由，裁定撤销（2014）扬行初字第00018号行政判决、发回重审。扬州中院在重审期间向袁某明进行了释明，袁某明将其诉省政府不履行政府信息公开法定职责一案的诉讼请求表述为：“1. 状告被告行政不作为，并责令被告出庭，为打造法治江苏、诚信政府做表率；2. 责令被告依原告于2014年5月7日邮递的《再给某省人民政府的征地、用地、绿化补偿等信息公开申请函》的要求，履行法定职责，依申请答复；3. 责令被告监督苏政发（2010）1567号文完整实施与贯彻，做到补偿到位，权益不少，使失地农民真正享受改革带来的社会保障之红利。”

另查明，2012年9月16日和2014年3月8日，袁某明两次向扬州市市长朱某阳寄送信件，要求公开扬泰机场高速路征地、用地及道路两边绿化补偿等信息，公开扬泰机场高速路取土、人造丘陵绿化相关信息，公开新野组200余亩耕地征地补偿及补助费发放、使用情况。袁某明认为扬州市政府未对其信件予以回复，提起行政诉讼。扬州中院于2014年6月19日立案受理。扬州中院经审理后认为，袁某明向扬州市市长朱某阳写的两封信不属于政府信息公开申请，且袁某明已获取了相关政府信息，遂作出（2014）扬行初字第00017号判决，驳回袁某明的诉讼请求。袁某明不服上诉后，某省高级人民法院于2015年1月28日作出（2014）苏行终字第00180号行政判决，驳回上诉，维持原判。

关于袁某明于2014年5月7日向某省政府提交的《再给某省人民政府的征地、用地、绿化补偿等信息公开申请函》，某省扬州市中级人民法院于2015年12月18日作出（2015）扬行初字第00022号行政判决，驳回袁某明的诉讼请求。袁某明不服提起上诉后，某省高级人民法院于2016年6月27日作出（2016）苏行终229号行政判决，驳回上诉，维持一审判决。

最高人民法院认为：

一、关于向行政机关法定代表人邮寄信件能否视为政府信息公开申请问题

依法获取政府信息是公民、法人和其他组织的权利，行政机关应依法积极履行政府信息公开的职责，保障公民、法人和其他组织的知情权。同时，公民、法人和其他组织申请公开政府信息，亦应按照法律法规规定的形式，向行政机关内设的政府信息公开工作机构提出。行政机关对不符合法定申请形式、未依法通过政府信息公开工作机构提出的信息公开申请，可以根据具体情况作出相应处理。

本案中，以多种形式向全社会公开发布的《某省政府办公厅信息公开指南》（以下简称《信息公开指南》）明确规定，省政府办公厅负责向社会主动公开省政府以及省政府办公厅的政府信息，具体受理机构是某省政府办公厅政府信息公开办公室。《信息公开指南》还对依申请公开的事项作了进一步规定，公民、法人和其他组织需要某省政府主动公开内容以外的政府信息，可以通过互联网

（网上申请平台、电子邮箱）、信函、传真等途径申请获取相关政府信息，并详细描述了通过互联网提出申请的申请人，可以在“中国江苏”政府门户网站网上申请平台直接填写并提交，也可以填写电子版《申请表》后，通过电子邮件方式发送至受理机构的电子邮箱。对于申请人书面申请的，《信息公开指南》对申请形式也提出了明确的要求和指引，申请人通过信函方式提出申请的，要在信封左下角注明“政府信息公开申请”的字样，邮寄至某省政府办公厅政府信息公开办公室。申请人通过传真方式提出申请的，要相应注明“政府信息公开申请”的字样，传真至某省政府办公厅政府信息公开办公室所指定的电话号码。

由此可见，某省政府已经建立健全了政府信息公开工作制度，在此情况下，公民、法人或其他组织向某省政府申请政府信息公开，应按照《信息公开指南》的要求和指引，按照统一的样式向某省政府办公厅政府信息公开办公室提出。本案中，再审申请人袁某明向时任某省政府法定代表人的李某勇写信反映下级行政机关未依法公开其申请的信息并要求某省政府公开或者责成地方政府公开相关信息，然而，该信件既不符合政府信息公开申请的形式要件，也非向符合政府信息公开条例和《信息公开指南》规定的受理机构提出，某省政府根据信件内容未将其视为政府信息公开申请，而是作为信访件进行处理，并不违反法律法规的规定。

需要特别指出的是，对于符合形式要件，且属于该行政机关公开的政府信息范围的申请，即使申请人未向政府信息公开工作机构提出申请，而是向法定代表人、其他内设机构提出，行政机关仍应以及时保障知情权和减轻申请人负担为原则，转本机关政府信息公开工作机构处理。本机关政府信息公开工作机构可以按照国务院办公厅政府信息与政务公开办公室发布的国办公开办函〔2015〕207号文件规定精神，与申请人联系确认申请事宜。但此种情况下，不应以法定代表人或者其他内设机构收到信息公开申请时间作为政府信息公开条例规定的行政机关“收到申请之日”，而应以指定的政府信息公开工作机构实际收到转送的申请书之日或者电话确认确系政府信息公开申请之日作为“收到申请之日”，并以此计算相关答复期限。

二、关于某省政府是否存在公开政府信息法定职责问题

结合袁某明信件内容，其所申请公开的信息，主要涉及征地、用地、绿化补偿信息，以及补偿费发放、使用情况等信息，此类信息明显不属于某省政府制作或者保存的信息，某省政府也不具有公开上述信息的职责和义务，而且某省高级人民法院（2014）苏行终字第00180号行政判决已认定，袁某明已经实际获取涉案政府信息的主要内容。由于袁某明邮寄的信件既不符合政府信息公开申请的形式要件，且相关信息也非某省政府制作或者保存，因此某省政府不存在履行政府信息公开的法定职责。

三、关于本案是否属于行政诉讼受案范围问题

政府信息公开申请人如认为行政机关不履行政府信息公开法定职责，有权提起行政诉讼，人民法院亦应依法登记立案并依法审理。但对于明显不符合政府信息公开申请形式要件，又不依法向政府信息公开工作机构提出，且又具有信访性质的申请，行政机关未予回复或者按照信访件处理后，申请人又以行政机关不履行政府信息公开法定职责为由提起的诉讼，因其并不具备诉的利益，其诉讼请求亦不具有权利保护的必要性，人民法院应当释明告知其通过信访渠道反映。申请人坚持起诉的，人民法院应直接裁定不予立案或者迳行裁定驳回起诉，而不宜作为政府信息公开案件立案并审理，以节约行政和司法资源。鉴于本案一、二审法院已经立案并已经实体审理后作出驳回诉讼请求判决，为避免诉累，对原一、二审判决，本院不予改判。

综上，裁定驳回再审申请人袁某明的再审申请。

郑某才与某省人民政府政府信息公开案①

再审申请人（一审原告、二审上诉人）：郑某才

再审被申请人（一审被告、二审被上诉人）：某省人民政府（以下简称某省政府）

2016年3月29日，郑某才向某省政府的法定代表人蒋某良邮寄一份《政府信息公开申请书》，某省政府于次日收到后，按照处理省长来信程序将信件转到某省信访局处理。同年4月11日，该局接到此信件后按照某省政府的职能分工和信访程序转某省住房和城乡建设厅办理。该厅受理后，根据郑某才申请中描述的内容，按照政府信息公开程序于2016年4月25日向郑某才作出吉建信开（2016）8号《政府信息公开告知书》（以下简称8号《告知书》）并邮寄送达给郑某才。郑某才对该告知书不服，认为某省政府公开的主体错误，公开内容与其申请不符，提起行政诉讼。

长春市中级人民法院一审判决驳回郑某才的诉讼请求。

郑某才不服，向某省高级人民法院提起上诉。某省高级人民法院二审判决驳回上诉，维持一审判决。

最高人民法院经审查认为，其一，本案中，郑某才申请公开《白城市光明南街三二一医院路西棚户区拆迁改造开发建设项目》征地拆迁依据的有关法律、法规、政策、文件，因该项目属于白城市政府实施，故郑某才申请事项应当由白城市政府负责公开，某省政府不具有公开的法定职责。其二，公民、法人和其他组织申请公开政府信息，应按照法律、法规规定的形式，向行政机关内设的政府信息公开工作机构提出。行政机关对不符合法定申请形式、未依法通过政府信息公开工作机构提出的信息公开申请，可以根据具体

① 案号：最高人民法院（2018）最高法行申7891号。

情况作出相应处理。本案中，根据吉政办发（2008）15号《某省人民政府办公厅贯彻落实国务院办公厅关于施行〈中华人民共和国政府信息公开条例〉若干问题意见的通知》的规定，某省政府政务公开协调办公室系某省政府信息公开的主管部门。郑某才向某省政府申请政府信息公开，但未按照规定邮寄给某省政府政务公开协调办公室，而是邮寄给省长个人，不符合法定的申请形式。但郑某才的邮件封面上已标注“政府信息公开申请书”，某省政府应以及时保障郑某才知情权和减轻其负担为原则，转某省政府政务公开协调办公室处理，其按信访件进行处理不妥。故一、二审判决驳回郑某才的诉讼请求不当。某省住建厅已经根据郑某才的申请，作出8号《告知书》，郑某才已实际获得所申请的内容，本案启动再审并无实质意义。对郑某才的再审申请，本院不予支持。

综上，裁定驳回郑某才的再审申请。

胡某方与某区人民政府政府信息公开案①

再审申请人（一审原告、二审上诉人）：胡某方

再审被申请人（一审被告、二审被上诉人）：某区人民政府（以下简称某区政府）

2016年6月17日，某区政府收到胡某方政府信息公开申请，内容为“2013年2月征收申请人房屋依据文件”。2016年6月29日，某区政府作出二七政申复〔2016〕366号政府信息公开告知书，内容为“依据文件：郑州市人民政府城市建设拆迁管理办公室《房屋拆迁许可证》[郑拆许字（2010）第002号]、郑州市人民政府城市建设拆迁管理办公室《行政许可准予延续决定书》[郑拆许延（2011）第002号]、郑州市房屋征收办公室《行政许可准予延

① 案号：最高人民法院（2018）最高法行申1122号。

续决定书》[郑拆许延（2012）第002号]和《百年德化二期项目拆迁补偿安置方案》”，并将上述文件附后对胡某方予以公开。胡某方对该信息公开答复不服，提起行政诉讼。

郑州铁路运输中级法院一审判决驳回胡某方的诉讼请求。

胡某方不服，提起上诉。

河南省高级人民法院二审查明：某区政府于2016年6月17日收到胡某方信息公开申请的内容是“2010年7月征收申请人房屋依据文件”，并非一审法院查明的“2013年2月征收申请人房屋依据文件”。

河南省高级人民法院二审认为，胡某方的信息公开申请内容不明确，对其信息公开申请不予支持。首先，胡某方的请求是公开2010年的房屋征收补偿文件，而这些文件没有文号、制作机关和数量范围等，没有特定的载体，不符合政府信息公开条例第二条的规定。由于胡某方的信息公开申请缺乏明确具体的信息载体，某区政府无法判断需要公开的具体信息，而产生这种结果的责任在胡某方，不在某区政府。其次，胡某方申请公开的“2010年房屋征收文件”在法律上不存在。2010年我国尚未出台房屋征收制度，因而也不存在法律上的房屋征收文件。最后，某区政府根据胡某方的申请已经公开的相关政府信息不能成为法律上应当继续履行职责的理由。某区政府针对胡某方的申请对相关信息所作的答复体现了尽可能回应申请人的工作态度，但由于胡某方的申请存在内容不明确、不存在等问题，某区政府无法继续对胡某方的申请进行答复。据此判决驳回上诉，维持原判。

最高人民法院认为，《中华人民共和国政府信息公开条例》第二十九条第二款规定：“政府信息公开申请应当包括下列内容：（一）申请人的姓名或者名称、身份证明、联系方式；（二）申请公开的政府信息的名称、文号或者便于行政机关查询的其他特征性描述；（三）申请公开的政府信息的形式要求，包括获取信息的方式、途径。”申请人在提出政府信息公开申请时，应当尽可能具体详细地对政府信息的内容进行描述。这样做的目的是使行政机关能够寻找、确定并提供给申请人其所希望获得的信息。如果申请人提供的描述过于笼统，必然会增加行政机关检索的难度，最终导致申请人难以及时、准确地获取政府信息。但是，行政机关也应合理把握内容描述的限度。所谓的具体详细，不是要求申请人必须说出政府信息的具体文号和标题，只要使行政机关足以知道申请人所要申请的信息是什么就可以。

本案中，再审申请人申请公开的信息是“2010年7月征收申请人房屋依据文件”，虽然不是非常具体，但毕竟指向了政府信息的特定范围。二审法院认为“这些文件没有文号、制作机关和数量范围等，没有特定的载体，不符合《中华人民共和国政府信息公开条例》第二条的规定”，是对政府信息公开条例第二条的过度解读，并对“内容描述”作出了过分要求。好在行政机关还是较好地把握了内容描述的具体化标准，并在法定期限内作出答复，提供了《房屋拆迁许可证》和《百年德化二期项目拆迁补偿安置方案》，其履行答复职责称得上是认真、积极的。再审申请人在再审申请书中认为，征收依据包括规划许可证、建设项目立项批复、土地使用权批文、补偿资金证明、补偿方案、建设项目立项论证说明、征收范围论证说明、四规划一计划论证文件，并要求再审判令公开，但其在当初向行政机关提出申请时并未具体指明这些信息。行政机关在政府信息公开告知书中，将实施拆迁的主要依据《房屋拆迁许可证》和安置补偿的主要依据《百年德化二期项目拆迁补偿安置方案》予以提供，并无不妥。裁定驳回再审申请人胡某方的再审申请。

刘某珍与某市人民政府政府信息公开案①

再审申请人（一审原告、二审上诉人）：刘某珍

被申请人（一审被告、二审被上诉人）：某市人民政府（以下简称某市政府）

最高人民法院认为，公民、法人或者其他组织可以向行政机关申请公开政府信息，但应当按照法定形式和要求提出。《中华人民共和国政府信息公开条例》第二十九条第二款规定："政府信息公开申请应当包括下列内容：（一）申请人的姓名或者名称、身份证明、联系方式；（二）申请公开的政府信息的名称、文号或者便于行政机关查询的其他特征性描述；（三）申请公开的政府信息的形式要求，包括获取信息的方式、途径。"同时，《国务院办公厅关于做好政府信息依申请公开工作的意见》规定："为提高工作效率，方便申请人尽快获取所申请公开的信息，对一些要求公开项目较多的申请，受理机关可要求申请人按照'一事一申请'原则对申请方式加以调整：即一个政府信息公开申请只对应一个政府信息项目。"具体到本案而言，刘某珍向某市政府申请公开"世博会可行性研究报告、土地拍卖情况、拆迁补偿安置方案决议过程和记录、拆迁补偿安置政策文件、拆迁补偿安置资金预算及资金的最终分配结果"等信息，因该申请涉及与世博会相关的多个建设项目可行性研究报告和多个地块的征收补偿安置情况、土地拍卖情况等内容，其指向不明确、不具体，也不符合"一事一申请"的基本要求，经某市政府告知补正后，刘某珍仍未予以进一步明确，因而不符合政府信息公开法定申请条件。某市政府告知刘某珍不予公开答复符合法律规定，一、二审法院判决驳回刘某珍的诉讼请求及上诉，并无不当。

---

① 案号：最高人民法院（2017）最高法行申5138号。

综上，裁定驳回再审申请人刘某珍的再审申请。

储某付、王某林与某市人民政府政府信息公开案[①]

再审申请人（一审原告、二审上诉人）：储某付

再审申请人（一审原告、二审上诉人）：王某林

再审被申请人（一审被告、二审被上诉人）：某市人民政府（以下简称某市政府）

一审原告：于某军

2015年12月7日，储某付等三人通过EMS快递寄送了单号为1099514334106的邮件，收件人为某市市长李某，快递单品名一栏为空白，某市政府的收发部门于2015年12月8日签收该快递。某市政府以于2016年1月18日收到储某付等三人的信息公开申请为由，电话通知储某付在法定期限内补充其三人的身份证复印件、通信信息及获取政府信息的用途，同时告知其无正当理由拒绝补充、更正或者逾期补充、更正证件材料的，视为放弃申请。储某付等三人认为某市政府收到信息公开申请后，未在法定期限内予以答复，故请求人民法院确认某市政府不履行信息公开法定职责的行为违法，判令其依法公开信息并承担本案诉讼费。

安徽省某市中级人民法院一审驳回储某付等三人的诉讼请求。

储某付、王某林不服，提起上诉。

安徽省高级人民法院对一审法院认定的案件事实予以确认。另查明，2016年1月18日，某市市长李某收到储某付通过EMS快递邮寄的《信息公开申请书》，同日李某将该申请书批转本行政机关负责信息公开的机构办理。二审判决驳回上诉，维持原判。

最高人民法院认为，本案涉及政府信息公开制度中几个重要的

---

① 案号：最高人民法院（2017）最高法行申7093号。

程序问题，也是本案的争议焦点之所在。

一、政府信息公开申请向谁提出

向行政机关申请获取政府信息，是政府信息公开条例赋予公民、法人或者其他组织的权利，但这种权利的行使也应遵循法律规定的方式。按照政府信息公开条例第四条的规定，各级人民政府及县级以上人民政府部门均指定专门的政府信息公开工作机构，具体承办本行政机关的政府信息公开事宜，公民、法人或者其他组织申请政府信息公开，也应向政府信息公开工作机构提出，向其他机构甚至向行政机关法定代表人个人提出，都不符合法律的要求，由此带来的耽误、丢失等不利后果，应当由申请人承担。行政机关答复政府信息公开申请的期限也应当从申请书到达政府信息公开工作机构之日起计算。本案中，再审申请人投递的 EMS 将收件人写为某市市长李某，内件品名一栏为空白，且未在快递详情单上注明“政府信息公开”字样，致使该信件被作为私人信件处理，其责任不能归咎于行政机关。

二、告知更改、补充及其可诉性

好在李某及时将信件转给了政府信息公开工作机构，政府信息公开工作机构也及时对申请书进行了审查。但其发现，再审申请人邮寄的申请书欠缺相关材料，于是电话通知再审申请人在法定期限内补充储某付等三人的身份证复印件、通信信息及获取政府信息的用途，同时告知其无正当理由拒绝补充、更正或者逾期补充、更正证件材料的，视为放弃申请。这种告知行为具有相应的法律依据。即政府信息公开条例第二十九条第二款的规定。作出这种要求，是为了确保行政机关能够更准确、更迅速、更符合申请人需求地提供政府信息。对于这种本质上有利于申请人的要求，申请人应当遵循。在申请内容不明确的情况下，行政机关有权依照政府信息公开条例的规定，“告知申请人作出更改、补充”。而这种告知行为系行政机关基于对申请书内容的审查而作出的一种程序处置，是一种中间阶段的行为，尚不属于最终的行政决定，根据《最高人民法院关于审理政府信息公开行政案件若干问题的规定》第二条第一项的规定，针对告知行为提起诉讼的，人民法院不予受理。即使不是直接针对告知行为提起诉讼，而是请求人民法院确认行政机关逾期不予答复违法或者请求人民法院责令行政机关履行答复职责，也会因申请人并未按照行政机关的告知作出更改、补充，而导致行政机关作出答复的前提不能成就，起诉的时机并不成熟。本案的情况就是如此，所以，一审和二审法院不予支持其诉讼请求，并无不当。

三、对行政机关公开信息的形式要求

再审申请人还认为，“其在信息公开申请书中写明了‘公开、公布’，原审未查明这就是申请公开政府信息的形式要求”。这一认识并未理解法律规定的真实含义。政府信息公开条例（2007 发布）规定：“行政机关依申请公开政府信息，应当按照申请人要求的形式予以提供；无法按照申请人要求的形式提供的，可以通过安排申请人查阅相关资料、提供复制件或者其他适当形式提供。”这一规定体现了依申请提供政府信息“以申请人指定的形式为原则，以法律规定的其他形式为例外”的原则。按照政府信息公开条例（2019 修订）第二十九条第二款第三项的规定，政府信息公开申请应当包括“申请公开的政府信息的形式要求”，这种形式要求不是指泛泛地说一句“公开、公布”，而是指定具体的获取信息的方式，如查阅档案、复制档案、获取经过核实的副本、获取电子邮件、通过传真获取，等等。既然法律要求申请书中应当包括“申请公开的政府信息的形式要求”，在此项内容欠缺的情况下，行政机关告知申请人作出补充，应属必要。

综上，裁定驳回再审申请人储某付、王某林的再审申请。

华林厂与某乡人民政府履行政府信息公开答复职责案[①]

上诉人（一审原告）：华林厂

被上诉人（一审被告）：某乡人民政府（以下简称某乡政府）

2018年9月7日，华林厂通过EMS全球邮政特快专递向某乡政府邮寄材料。华林厂向一审法院提交的EMS全球邮政特快专递单记载，“收件人”填写为“北京市朝阳区”，“单位名称”填写为“某乡人民政府（办公室收）”，地址填写为“朝阳区某乡某村18号三层办公室”，“寄达城市”填写为“政府信息公开”，“内件品名”填写为“每户补助费发放明细、地图、租赁合同”。华林厂向一审法院提交的EMS官网邮单投递详情截图显示，2018年9月8日20：10的状态为“未妥投，原因：收件人名址有误”，2018年9月10日9：05的状态为“退回，妥投”。华林厂向一审法院提交的“特快专递邮件再投、改退批条”记载的状态为“改退”，原因为“地址欠详，拒收”。

一审法院审理过程中，某乡政府表示，为实质解决本案争议，可以在与华林厂沟通协商的基础上受理华林厂的政府信息公开申请，并在法定期限内作出政府信息公开答复。但是，华林厂拒绝协商解决涉案政府信息公开争议，并明确表示，其提起本次诉讼的目的在于解决华林厂所承租场地的拆迁问题。

一审法院认为，本案为履责之诉，华林厂诉请某乡政府履行的具体职责为依华林厂申请履行政府信息公开职责。本案华林厂以邮寄的方式申请政府信息公开，而某乡政府未履行华林厂所诉政府信息公开职责的直接原因在于华林厂向某乡政府邮寄的邮件被退回。

① 案号：北京市第三中级人民法院（2019）京03行终257号。

因此，本案的争议焦点在于，华林厂是否以适当的方式向某乡政府提出了政府信息公开申请。

结合华林厂向一审法院提交的涉案 EMS 全球邮政特快专递单的相关记载，“收件人”填写为“北京市朝阳区”，“单位名称”填写为“某乡人民政府（办公室收）”，地址填写为“朝阳区某乡某村 18 号三层办公室”，“寄达城市”填写为“政府信息公开”，“内件品名”填写为“每户补助费发放明细、地图、租赁合同”。该 EMS 全球邮政特快专递单填写内容混乱，极不规范。结合“特快专递邮件再投、改退批条”记载的状态为“改退”，原因为“地址欠详，拒收”，可以认定，华林厂关于“收件人”“单位名称”等的填写明显不当，直接导致了该邮件因“地址欠详”被退回。

EMS 全球邮政特快专递单之所以设置“收件人”“单位名称”“地址”等具体项目，其目的在于确保邮件有效投递，防范投递风险。寄件人应当按照格式要求进行准确、规范填写。中国邮政速递物流股份有限公司制定的《国内标准快递详情单填写说明》第一条规定，收件人为法人的，除填写具体的收件人姓名外，还要将收件单位全称填写清楚。本案中，华林厂因“收件人”“单位名称”等填写不规范，直接导致涉案 EMS 全球邮政特快专递投递失败，应当自行承担邮件投递失败的法律后果。因此，华林厂并未以合法有效的方式向某乡政府提出政府信息公开申请。在此基础上，华林厂请求判决某乡政府受理华林厂的上述政府信息公开申请，并在法定期限内对政府信息公开申请进行答复，缺乏事实根据，一审法院不予支持。

当然，某乡政府在日后的工作中亦应进一步增强服务意识，加强对待收邮件的甄别，综合“收件人”“单位名称”“地址”等全部内容判断收件人，以进一步提升服务水平和效率。

此外，需要说明的是，本案为政府信息公开行政争议。本案审理过程中，为实质解决涉案政府信息公开争议，某乡政府明确表示可以在与华林厂沟通协商的基础上受理华林厂所述的政府信息公开申请，并在法定期限内作出答复。但是，经一审法院多次协调，华林厂均予以拒绝，并明确表示其提起本次诉讼的目的在于解决华林厂所承租场地的拆迁问题。华林厂如与相关部门存在拆迁争议，本可以通过更加直接、有效的法律途径予以解决。但是，华林厂却以间接、迂回的方式，先申请政府信息公开，后又提起行政诉讼。在行政资源和司法资源极端紧张的现状下，华林厂此种以信息公开和行政诉讼为手段以达到拆迁目的的行为，是不值得提倡和鼓励的。

综上判决驳回华林厂的诉讼请求。

北京市第三中级人民法院二审认为，本案为华林厂申请某乡政府履行政府信息公开职责的履责之诉，华林厂主张其已通过邮寄的方式向某乡政府申请政府信息公开，某乡政府否认收到该申请，本案争议的焦点在于华林厂是否向某乡政府有效提出了政府信息公开申请。现有证据表明，华林厂寄递的邮件被退回，其中“特快专递邮件再投、退改批条”上显示的内容为“改退”，原因记载为“地址欠详，拒收”，EMS官网邮单投递详情截图显示：2018年9月8日的状态为“未妥投，原因：收件人名址有误”，2018年9月10日的状态为“退回，妥投”。从华林厂提交的EMS全球邮政特快专递单的记载看，华林厂并未在快递单中载明的“收件人”“单位名称”“地址”等栏目中填写相对应的内容，其填写不规范有可能导致投递失败，现涉案邮件被退回，实际发生了投递失败的后果，该后果应系华林厂填写不规范所致，故该后果应由华林厂自行承担。由于华林厂并未向某乡政府有效地提出政府信息公开申请，故其有关要求判决某乡政府受理政府信息公开申请，并在法定期限内作出答复的起诉缺乏事实和法律依据，本院不予支持。一审法院以判决方式驳回华林厂的诉讼请求，其处理结果并未剥夺当事人的诉讼权利，本院对该结果予以维持。判决驳回上诉，维持一审判决。

系方公司与某市公安局某分局政府信息公开案[①]

原告：系方公司

被告：某市公安局某分局

2014年1月10日晚，案外人徐某某与原告因租赁原告位于某市某区招贤东路×××号的厂房后续问题发生纠纷。原告以×××××××××××的移动电话报警称徐某某站在原告公司厂房2楼窗台上要跳楼。2015年3月15日，原告以邮寄方式向被告提出书面申请，要求被告对2014年1月10日因徐某某在原告公司内实施跳楼的危险方法威胁原告，原告报警求助消防支队（应急救援支队）的信息予以公开。2015年3月17日，被告的指挥处签收了原告邮寄的信件，但之后，被告一直未向原告作出信息公开答复。原告遂向本院提起诉讼。

被告辩称，被告未收到原告的申请，故无相关履行义务。原告的信件是寄给被告局长个人的，此属私人信件，被告相关工作人员无法处理，请求法院依法驳回原告的诉讼请求。

某市某区人民法院认为，根据《中华人民共和国政府信息公开条例》的规定，被告具有受理和处理原告向其提出的政府信息公开申请的法定职责。本案被告收到原告于2015年3月15日寄出的政府信息公开申请后，却一直未予答复，属行政不作为。被告辩解其未收到原告申请、原告的信件是寄给局长个人之私信等，均属强词夺理。被告的行为对行政机关依法行政带来了负面影响，希望被告在今后工作中加强信件接收、流转的工作制度。本案中，被告应当依法向原告履行政府信息公开的法定职责。据此，判决被告应在本判决生效后15日内，向原告履行申请的政府信息公开答复的法定职责。

---

① 案号：上海市嘉定区人民法院（2015）嘉行初字第76号。

第三十条　【告知补正】政府信息公开申请内容不明确的，行政机关应当给予指导和释明，并自收到申请之日起7个工作日内一次性告知申请人作出补正，说明需要补正的事项和合理的补正期限。答复期限自行政机关收到补正的申请之日起计算。申请人无正当理由逾期不补正的，视为放弃申请，行政机关不再处理该政府信息公开申请。

◆ **解读**

新条例增加了第三十条，对依申请政府信息公开中申请内容不明确的更改补充告知程序进行了规定。值得注意的是旧条例第二十一条第四项："申请内容不明确的，应当告知申请人作出更改、补充"将"更改、补充"作为依申请政府信息公开的四种答复方式之一，而新条例第三十条将补正作为政府信息公开申请答复前的更改补充告知程序，不再作为答复的方式。故此，政府信息公开补正通知一般不属于行政复议、诉讼的范围。

就新条例第三十条规定的补正程序在适用时需注意以下问题：一是补正后答复期限的起算。新条例第三十条规定："……答复期限自行政机关收到补正的申请之日起计算……"此处需要注意的是，行政机关收到申请人补正的申请的日期，需按照新条例第三十一条行政机关收到政府信息公开申请的时间规定规则予以确定。二是一次性补正问题。新条例第三十条规定："……行政机关应当给予指导和释明，并自收到申请之日起7个工作日内一次性告知申请人作出补正……"首先，法条明确了行政机关在政府信息公开内容不明确时，应当给予申请人指导和释明，帮助申请人理解，亦方便行政机关提供相关政府信息。因此，行政机关有义务和责任对申请人的补正进行指导，同时应当一次性告知补正事项，以避免反复补正情形的发生。但一次性告知申请人作出补正并不意味着行政机关仅可以让申请人补正一次，申请人提交的补正材料申请公开内容仍不明确的，行政机关可以再次作出补正申请，再次一次性告知申请人需要补正的事项。三是申请人不予补正的法律后果。新条例第三十条规定："……申请人无正当理由逾期不补正的，视为放弃申请，行政机关不再处理该政府信息公开申请。"产生视为申请人放弃申请的法律后果，必须建立在申请人无正当理由、超过行政机关规定的补正期限、未进行补正三个条件同时成立的基础上，三个条件缺一不可，同时，视为申请人放弃申请后，行政机关仅对该政府信息公开申请不再处理，若申请人再次向同一机关提出相同的政府信息公开申请，政府信息公开机关仍需要进行新的处理。

告知申请人作出更改、补充的行为系行政机关基于对申请书内容的审查而作出的一种程序处置，是一种中间阶段的行为，尚不属于最终的行政决定，根据《最高人民法院关于审理政府信息公开行政案件若干问题的规定》第二条第一项的规定，针对告知行为提起诉讼的，人民法院不予受理。即使不是直接针对告知行为提起诉讼，而是请求人民法院确认行政机关逾期不予答复违法或者请求人民法院责令行政机关履行答复职责，也会因申请人并未按照行政机关的告知作出更改、补充，而导致行政机关作出答复的前提不能成就，起诉的时机并不成熟。但告知行为对政府信息公开程序在事实上产生终局性效果的除外，如政府信息公开机关以补正通知履行政府信息公开职责，即补正后无正当理由不再予以申请人政府信息公开答复。

补正后申请信息仍不明确的处理。

1. 申请人在提出政府信息公开申请时，应当尽可能具体详细地对政府信息的内容进行描述，但是普通公民在客观上难以知晓其申请信息的具体名称和文号的情况下，行政机关不应对申请人提出过于苛刻的补正要求，只要使行政机关足以知道申请人所要申请的信息是什么就可以了。

2. 申请人有政府信息的具体内容指向而无具体名称和文号时，应区分政府信息公开工作中正常、必要的检索、核实工作与需要行政机关汇总、加工、收集或重新制作政府信息的程度区别。

3. 若行政机关认为申请人补正后的信息申请仍不明确的，应当依据申请人现有的信息申请相关材料进行检索，作出实体判断，而不是再次告知申请人其申请信息仍不明确。

咨询类政府信息公开申请如何处理问题。咨询类政府信息公开申请是政府信息公开条例实施以来较为常见的一种。咨询类申请是指申请人通过向行政机关提出政府信息公开申请，要求其就政策文件、法律规定、行为活动和特定事项等提供指导和解释的申请。咨询类申请既可以以设问形式提出，也可以不以设问形式提出。实践过程中，最常见的咨询类申请，一类是申请人要求行政机关就其提出的问题作出选择性答复，如请求公开“申请人所在土地是否征收为国有”；另一类是申请人要求行政机关提供解释，如请求公开“作出某行政处罚决定的事实依据和法律依据”“举报投诉案件的办理程序”等。对咨询类政府信息公开申请的处理核心在于申请人申请公开的内容是否可以指向特定的政府信息，由此分别作出处理：（1）申请人咨询性描述指向的是明确的政府信息，此时应当予以公开；（2）申请人咨询性描述指向的是不特定的政府信息，此时需要启动补正程序，如申请人请求公开“某地块的征地审批手续”，征地审批手续既包括审批文件，也包括一书四方案、勘测定界图、征前告知、确认、听证材料等，此时行政机关应启动补正程序，指导和帮助申请人明确申请公开的内容；（3）申请人咨询性描述不能指向政府信息，此时可以认定为咨询类非政府信息公开申请。如申请人请求公开“某行政处罚案件的法律依据、事实依据、办理程序”，政府信息公开机关可以认定该政府信息公开申请是申请人对行政处罚案件的咨询。新条例第三十九条第一款对此类非政府信息公开申请的处理亦作出了规定，即“申请人以政府信息公开申请的形式进行信访、投诉、举报等活动，行政机关应当告知申请人不作为政府信息公开申请处理并可以告知通过相应渠道提出”。

◆ **规范性文件**

国务院办公厅关于做好政府信息依申请公开工作的意见

国办发〔2010〕5号

各省、自治区、直辖市人民政府，国务院各部委、各直属机构：

……

四、妥善处理研究课题类申请

对于要求行政机关为其大范围提供课题研究所需资料、数据的申请，因其不同于《条例》规定一般意义上的申请，且在一定程度上超出了设置依申请公开的立法本意，行政机关可要求申请人对其申请方式作出调整：

对于课题研究所需政府信息，若已经主动公开的，可告知申请人通过政府网站、政府公报、部门统计年鉴、相关公开出版物和档案馆、图书馆信息查阅点等渠道自行查阅。

通过主动公开渠道确实难以获取的政府信息，申请人可按照“一事一申请”的方式，向相关行政机关分别提出申请。

……

◆ 案例

徐某福与某市某区人民政府政府信息公开案①

再审申请人（一审原告、二审上诉人）：徐某福

再审被申请人（一审被告、二审被上诉人）：某市某区人民政府（以下简称某区政府）

徐某福因被拆迁后，居住面积安置不足，以及宅基地等土地问题向某区政府申请公开宅基地相关信息，某区政府作出编号为2017（告）—2号的《告知书》，徐某福不服向上海市第一中级人民法院提起诉讼。上海市第一中级人民法院于2017年8月18日作出（2017）沪01行初244号行政判决，驳回徐某福的诉讼请求。徐某福不服，提出上诉后，上海市高级人民法院于2017年11月29日作出（2017）沪行终750号行政判决，驳回上诉，维持一审判决。

最高人民法院认为，根据政府信息公开条例（2007发布）第二十九条第二款第二项的规定，公民、法人或者其他组织向行政机关申请获取政府信息的，应当提交政府信息公开申请，申请中应当包括申请公开的政府信息的内容描述。实践中，为方便行政机关查找检索并及时提供政府信息，公民、法人或者其他组织在进行内容描述时，一般应当包括明确的文件名称、文号或者其他特征性描述。在判断信息公开申请中“内容描述”是否明确具体，行政机关是否能够检索、查找到该政府信息时，要处理好群众习惯用语与法律专业术语之间的关系，只要申请中对内容描述和特征描述能够被理解和识别，不会发生歧义，可以进行查找和检索，行政机关就不能以内容描述不明确、不具体为由拒绝答复，更不能以制作或保存

① 案号：最高人民法院（2018）最高法行申3488号。

的政府信息内容或者名称与申请中的内容描述不完全一致为由，不予提供。另外，根据政府信息公开条例第三十条的规定，申请内容不明确的，应当告知申请人作出补正。因此，只有在申请人的申请内容不明确、不具体，难以查找和检索时，行政机关才能启动补正程序，告知申请人对申请内容作出更改或补充，并且在申请人拒绝更改或补充的情况下，行政机关才能不予支持。

另外，根据政府信息公开条例第二条的规定，行政机关公开政府信息的前提是其制作或者保存该信息，行政机关不负有基于申请人的申请，而为其制作或者保存政府信息的义务。

具体到本案中，徐某福将申请公开的信息内容表述为："1. 政府批准征用申请人宅基地使用证所载土地的批准文件；2. 政府批准征用申请人宅基地使用证所载土地的补偿方案；3. 政府批准征用申请人宅基地使用证所载土地周边农用地的批准文件。"从内容描述来看，案涉信息指向的批复及补偿方案能够特定化，并不存在不能够被识别的问题。某区政府关于徐某福提交第一项、第三项申请内容不明确的认定不符合政府信息公开条例的相关规定。需要说明的是，某区政府在通知徐某福补正申请内容的同时，已经将其能查找的可能涉及徐某福要求公开的包括批复在内的共计九份批复一并提交给徐某福，也即针对徐某福的第一项、第三项申请，某区政府已经实际履行政府信息公开职责，法院再责令其向徐某福提供案涉批复已无实际意义，因而在此仅对某区政府答复理由予以指正。

针对徐某福申请公开的第二项信息，某区政府告知徐某福：因其未制作案涉信息，该信息不存在。对未制作上述信息的原因，某区政府在一审庭审过程中陈述，案涉土地征收时并无制订案涉补偿方案的法律规定。在某区政府明确答复没有制作上述信息并且作出说明的情况下，法院在审理政府信息公开类案件时，不能责令其为徐某福制作其所申请的信息。至于某区政府是否应该制作或者保存相关信息以及未制作或者未保存相关信息是否合法问题，属于行政机关是否履行职责范畴，不属政府信息公开类案件的审查范围。一、二审法院判决驳回徐某福的诉讼请求及上诉符合法律规定。裁定驳回再审申请人徐某福的再审申请。

某区人民政府与张某成政府信息公开案①

上诉人（一审被告）：某区人民政府（以下简称某区政府）

被上诉人（一审原告）：张某成

2017年5月24日，张某成向某区政府申请公开：《某区刘寨街道张砦村城中村安置改造项目》已签订拆迁安置补偿协议的人员详细名单，如同一人员签订两份及以上协议的请注明。某区政府收到该申请后，于2017年7月7日作出〔2017〕第58号《关于对张某成政府信息公开申请的答复》，主要内容为：因你提交的信息公开申请内容中“已签订拆迁安置补偿协议的人员”不明确，请明确“人员”的界定和范围，“已签订”起始日期，同时请明确对申请信息用途以及与申请人有何关系作出说明，以方便回复。张某成不服该答复，将某区政府诉至郑州铁路运输中级法院。

郑州铁路运输中级法院一审认为，政府信息公开的目的是最大限度地满足群众的知情权，以便使信息申请人进行了解、掌握而满足自己的各种正当需求。本案中，张某成申请公开其所在的张砦村城中村改造中已签订拆迁补偿协议的人员名单等事项，其申请事项内容基本明确，某区政府应当按照政府信息公开的有关规定给予答复。但某区政府却认为张某成申请已签订安置补偿协议的人员“不明确”，并要求其明确起始日期及对“人员”进行界定，此种做法明显不妥。对一般公民申请的政府信息，政府应按照通常的、普通人的认知进行理

① 案号：河南省高级人民法院（2018）豫行终9号。

解，对其提出的政府信息公开申请，只要不是明显地违反法律法规的相关规定，无论是从形式上还是内容上都不能过于苛刻。即使申请人的申请存在轻微的不规范或不够清晰的地方，也应当通过简便易行的方式予以解决，以便使申请人尽快知晓其所要了解的信息，也有利于政府的高效行政，以节省更多的行政资源。同时，某区政府在本案涉及的答复中，还要求张某成对其所申请信息用途与其有何关系作出说明，亦属不当，不符合政府信息公开的立法精神。综上，本案某区政府作出的答复虽系行政行为作出过程中的程序性补正告知，但该答复行为明显不当，并对张某成的权利义务产生实际影响，某区政府的答辩意见不能成立。被诉答复应予撤销，某区政府应当对张某成提出的信息公开申请进行答复。郑州铁路运输中级法院作出判决：一、撤销某区政府作出的〔2017〕第58号《关于对张某成政府信息公开申请的答复》；二、某区政府于本判决生效之日起15个工作日内对张某成申请公开的涉案政府信息作出答复。

某区政府不服一审判决，提起上诉。

河南省高级人民法院二审认为：(1) 张某成向某区政府申请政府信息公开，请求公开其所在的张砦村城中村改造中已签订拆迁安置补偿协议的人员名单等事项，其申请事项基本明确，某区政府应依据其申请内容按照通常理解对其进行答复，某区政府作出的补正告知要求张某成对申请内容中“人员”“日期”进一步明确，并说明对申请内容用途的做法明显不妥。(2) 某区政府上诉称该答复属阶段性行为，不应对该告知行为进行司法审查，该上诉理由不能成立。在张某成提出的申请政府信息公开内容基本明确的情况下，某区政府要求张某成对申请的“人员”进行界定，该行为无疑提高了对张某成申请该项政府信息的要求，对张某成的权利义务产生了法律上的影响，而某区政府答辩称张某成如果按照要求明确其申请内容之后，其当然可以依法获得针对该申请的实体性答复，也从另一方面印证了被诉答复对张某成所产生的影响。故一审对被诉答复进行实体审理符合法律规定。综上，一审判决认定事实清楚，适用法律正确，依法应予维持，上诉人的上诉理由不能成立，依法应予驳回。判决驳回上诉，维持一审判决。

冉某海与某县国土资源和房屋管理局政府信息公开案[①]

原告：冉某海

被告：某县国土资源和房屋管理局（以下简称某县国土房管局）

冉某海因酉阳县政府在2009年实施规划，征收土地修建园区大道即江阳大道和金沿海大道，冉某海以涉及本人权益，需了解相关政府信息为由，于2017年8月21日，向酉阳县政府提交《政府信息公开申请书》，请求公开在20世纪60年代为修建“落底洞电站”防洪槽而征收土地的征收土地申请书、补偿计划、安置计划、经批准的建设工程初步设计文件及平面布置图、施工时间文件、相关人民委员会的书面意见、征收土地批准文件、用地单位绘制的征收土地绘制图、征收川主村2组即当时的川主大队第7生产队土地的补偿安置协议和补偿安置凭证等政府信息。冉某海的申请由酉阳县政府转交酉阳县国土房管局办理。2017年9月4日，酉阳县国土房管局作出《通知书》，认为冉某海申请书中提出了数项申请，要求冉某海根据国办发〔2010〕5号意见规定的“一事一申请”原则对申请书进行补正，并要求冉某海将身份证原件和户口簿原件交该局查验，在5个工作日内对申请进行补正，否则将按放弃申请处理。同年9月8日，冉某海向酉阳县国土房管局提交了户口簿、身份证供验证，但未按通知要求补正申请。同年9月25日，酉阳县国土房管局将冉某海的《政府信息公开申请书》连同证据材料邮寄

① 案号：重庆市第四中级人民法院（2018）渝04行终11号。

退还给冉某海。

酉阳土家族苗族自治县人民法院认为，该通知书符合国办发〔2010〕5号意见中“一事一申请”原则的规定，属于对冉某海权利义务不产生实际影响的告知行为，应依法不予受理。裁定驳回冉某海的起诉。

市第四中级人民法院二审认为，2017年8月21日，冉某海向酉阳县政府提交《政府信息公开申请书》，酉阳县政府收到冉某海的申请书后转酉阳县国土房管局办理。酉阳县国土房管局经审查，认为冉某海的申请书提出了数项申请，不符合国办发〔2010〕5号意见规定的“一事一申请”原则，在法定期限内作出本案被诉《通知书》，《通知书》告知冉某海在规定期限内提交身份证明原件查验主体资格并对申请书进行补正，同时告知冉某海在规定期限内不补正的按放弃申请处理。冉某海接到酉阳县国土房管局的《通知书》后，在告知的期限内向酉阳县国土房管局提供了身份证原件和户口簿原件供查验，但在告知的期限内无正当理由未对申请书进行补正，也未作出回复。酉阳县国土房管局视为冉某海放弃申请，将冉某海的申请及所提交的材料一并退回冉某海，未再作出后续行政行为，行政程序终止，对冉某海的权利产生了实际影响，原审认为《通知书》是对冉某海权利义务不产生实际影响的告知行为，驳回冉某海的起诉错误。酉阳土家族苗族自治县人民法院继续审理。

胡某发、卢某等与某市公安消防支队政府信息公开案①

原告：胡某发、卢某等

被告：某市公安消防支队（以下简称消防支队）

2012年至2013年，胡某发、卢某等分别向凤盛公司购买了位

① 案号：无锡市梁溪区人民法院（2016）苏0202行初3号。

于学前东路与广南路交叉口西北侧的某电子数码城（金格商业广场）的房屋。2015年5月18日，胡某发、卢某等人分别向消防支队递交政府信息公开申请表，相应要求公开凤盛公司关于XDG-2008-06号地块上金格广场项目的“具有防火性能要求的建筑构件、建筑材料、装修材料符合国家标准或者行业标准的证明文件、出厂合格证”“建设工程竣工验收报告和有关消防设施的工程竣工图纸”“消防设施检测合格证明文件”“消防产品质量合格证明文件”“建设工程消防验收合格证明”“建设工程消防验收申请表”“建设工程消防设计文件”“建设工程消防设计质量承诺书”“建设工程消防设计审核申请表”“建设工程消防设计审核意见书”，在申请表上均明确不申请减免费用，指定提供方式为纸面，获取信息方式为邮寄、快递。2015年5月20日，消防支队收到上述申请。2015年5月22日，消防支队向凤盛公司发函，称“我支队于近日收到群众来信，申请政府信息公开你公司开发的金格广场建设工程的消防设计文件、消防设计图纸。你公司是该项目的建设方，按照相关法律法规的规定，现征求你公司意见，是否同意公开该项目的消防设计文件、消防设计图纸。望尽快书面回复”。凤盛公司未回复。2015年6月11日，消防支队作出《关于某金格商业广场业主政府信息公开申请的答复》，载明：“胡某发、卢某等：我支队于2015年5月20日收到你们提交的政府信息公开申请，要求公开凤盛公司关于XDG-2008-06号地块上金格广场项目的建设工程消防验收申请表、消防验收合格意见书等信息。根据《中华人民共和国政府信息公开条例》的规定，现将相关事项答复如下：一、金格广场建设工程的消防验收申请表、消防验收合格意见书、消防设计审核申请表、消防设计质量承诺书、消防设计审核意见书、建筑构建和材料符合国家标准的证明文件、建设工程竣工验收报告、消防设施检测合格证明文件、消防产品质量合格证明文件已归入该项目验收档案中，我支队可提供场所供你们查阅。二、你们以申请政府信息公开方式要求获取的消防设计文件、消防设计图纸不属于《中华人民共和国政府信息公开条例》第二条所指的政府信息，故我支队已发函征求凤盛公司的意见，现还未得到答复，故现不予公开。”

法院认为，本案中，原告等九人系分别向消防支队申请要求公开凤盛公司关于XDG－2008－06号地块上金格广场项目的“建设工程消防验收申请表”等不同内容的政府信息，并明确指定提供方式为纸面，获取信息方式为邮寄、快递，消防支队根据上述申请以已归入该项目验收档案、涉及档案众多等为由，一并予以答复仅提供场所查阅，理由不成立，且不符合法律规定。

本案中，针对陶某年申请公开的“建设工程消防设计文件”、卢某申请公开的“有关消防设施的工程竣工图纸”，消防支队答复既称“消防设计文件、消防设计图纸不属于《中华人民共和国政府信息公开条例》第二条所指的政府信息”，又称“我支队已发函征求凤盛公司的意见，现还未得到答复，故现不予公开”，前后矛盾，且与申请人的申请内容不符。消防支队在答复中以未得到凤盛公司答复为由不予公开，亦不符合法律规定。

本案中，消防支队于2015年5月20日收到胡某发等九人的政府信息公开申请后，虽于2015年5月22日就是否同意公开消防设计文件、消防设计图纸向凤盛公司发函征求意见，但该函中并未明确回复时间，凤盛公司亦未回复，故无法确定其征求凤盛公司意见所用的起止时间。消防支队并未就陶某年、卢某的申请另行作出答复，而是与其余七人的申请一并于2015年6月11日作出答复，已超过法定期限，且未提供经负责人同意延长期限的相关证据，构成程序违法。

综上所述，被告消防支队作出的《关于某金格商业广场业主政府信息公开申请的答复》，属认定事实不清、主要证据不足，程序违法，应予撤销。判决对《告知书》确认违法。

李某玲等与某县住房和城乡规划建设局政府信息公开案[①]

上诉人（原审原告）：李某玲

上诉人（原审原告）：刘某

上诉人（原审原告）：胡某

被上诉人（原审被告）：某县住房和城乡规划建设局（以下简称某住建局）

2014年5月14日，三原告书面向某县人民政府提交《查询申请》，要求查询《关于某县永定供销社违法建设综合楼的调查报告的办理情况的回复》的政府信息，2014年5月19日，某县人民政府办公室书面答复三原告："你三人送交的《查询申请》已按《中华人民共和国政府信息公开条例》转县监察局、县住建局、县城管局，由三家部门按相关规定办理。"2014年5月27日，被告某住建局向三原告作出《关于申请人刘某、胡某、李某玲三人提出要求查询昆城管（2014）4号〈关于某县永定供销社违法建设综合楼项目调查情况的再次报告〉回复的答复意见》（以下简称《答复意见》），三原告对被告作出的该答复意见不服，向本院提起行政诉讼。

一审法院认为，李某玲等三人要求某住建局向其公开的《关于某县永定供销社违法建设综合楼的调查报告的办理情况的回复》，是某住建局在工作中获取的内部信息，不属于政府信息公开条例所指的应公开的政府信息。李某玲等三人要求判决某住建局向其公开，不予支持。遂判决驳回李某玲等三人的诉讼请求。李某玲等三人不服，提起上诉。

昆明市中级人民法院二审认为，本案三上诉人否认被上诉人作出的《答复意见》中涉及的信息是其申请公开的政府信息，也即被

---

① 案号：云南省昆明市中级人民法院（2015）昆行终字第61号。

上诉人虽依三上诉人提交的《查询申请》作出了《答复意见》，但是该答复针对的内容并非三上诉人所申请的内容，换言之，被上诉人答非所问。本案被上诉人在未查明申请人申请公开的政府信息为何的情形下，同时在自己否认制作或获取过上诉人申请公开的政府信息的情况下，迳行作出不予公开的《答复意见》，违反了法律的规定，依法应予撤销。被上诉人应当根据三上诉人所提交《查询申请》上要求公开的政府信息进行审查并作出针对性的答复。判决责令某住建局重新作出答复。

第三十一条　【收到政府信息公开申请的时间】 行政机关收到政府信息公开申请的时间，按照下列规定确定：

（一）申请人当面提交政府信息公开申请的，以提交之日为收到申请之日；

（二）申请人以邮寄方式提交政府信息公开申请的，以行政机关签收之日为收到申请之日；以平常信函等无需签收的邮寄方式提交政府信息公开申请的，政府信息公开工作机构应当于收到申请的当日与申请人确认，确认之日为收到申请之日；

（三）申请人通过互联网渠道或者政府信息公开工作机构的传真提交政府信息公开申请的，以双方确认之日为收到申请之日。

◆ **政策解释**

国务院办公厅政府信息与政务公开办公室关于政府信息公开期限有关问题的解释

国办公开办函〔2015〕207号

国务院国有资产监督管理委员会信息公开办公室：

《关于商请明确依申请公开办理程序有关问题的函》收悉。综合参考我国诉讼法和其他国家信息公开法的相关规定，结合信息公开工作实际，经征求国务院法制办秘书行政司、最高人民法院办公厅等单位的意见，现答复如下：

一、关于"收到信息公开申请"的时点确定问题

1. 申请人当面提交信息公开申请的，以提交之日为收到申请之日。

2. 申请人以邮寄方式提交信息公开申请的，以行政机关签收之日为收到申请之日。申请人以平信等无需签收的邮寄方式提交信息公开申请的，或者将信息公开申请寄送至行政机关政府信息公开工作机构以外的机构或个人的，政府信息公开工作机构应当在实际收到信息公开申请的当日电话联系申请人予以确认，并以确认之日为收到申请之日，申请人没有提供联系电话或提供的联系电话无法接通的，行政机关政府信息公开工作机构应当做好登记，自恢复与申请人的联络之日启动处理程序并起算期限。

3. 申请人通过行政机关对外公布的信息公开申请邮箱提交申请的，自电子邮件系统接收之日为收到申请之日。

4. 申请人通过行政机关对外公布的信息公开申请传真提交申请的，自传真收到并双方确认之日为收到申请之日。

5. 申请人通过行政机关对外公布的其他接收渠道提交申请的，

以行政机关规定的时间为收到申请之日，没有规定的，以双方确认之日为收到申请之日。

信息公开处理期限，自收到申请之日的次日起计算。

二、关于补正期间停止计算期限问题

申请人申请内容不明确，行政机关依法告知申请人作出更改、补充的，依申请办理时限可以自补正通知发出之日停止计算，待收到申请人补正材料之日起，继续计算剩余期限。补正通知发出之日当日以及收到申请人补正材料之日当日，不计算在内。

行政机关在补正通知中明确了合理的补正材料提交期限，申请人逾期不提交补正材料的，视为撤回信息公开申请。

◆ **案例**

李某雄与某省交通运输厅政府信息公开案①

原告：李某雄

被告：某省交通运输厅

2011 年 6 月 1 日，原告李某雄通过某省人民政府公众网络系统向被告某省交通运输厅递交了政府信息公开申请，申请获取广州广园客运站至佛冈的客运里程数等政府信息。政府公众网络系统以申请编号 11060100011 予以确认，并通过短信通知原告确认该政府信息公开申请已提交成功。7 月 28 日，被告作出受理记录确认上述事实，并于 8 月 4 日向原告送达《关于政府信息公开的答复》和《政府信息公开答复书》。庭审中被告确认原告基于生活生产需要获取上述信息，原告确认 8 月 4 日收到被告作出的《关于政府信息公开的答复》和《政府信息公开答复书》。

---

① 最高人民法院审判委员会讨论通过，2014 年 1 月 26 日发布。

广州市越秀区人民法院于2011年8月24日作出（2011）越法行初字第252号行政判决：确认被告某省交通运输厅未依照政府信息公开条例规定的期限对原告李某雄于2011年6月1日申请其公开广州广园客运站至佛冈客运里程数的政府信息作出答复违法。

法院生效裁判认为，本案原告于2011年6月1日通过某省人民政府公众网络系统向被告提交了政府信息公开申请，申请公开广州广园客运站至佛冈的客运里程数。政府公众网络系统生成了相应的电子申请编号，并向原告手机发送了申请提交成功的短信。被告确认收到上述申请并认可原告是基于生活生产需要获取上述信息，却于2011年8月4日才向原告作出《关于政府信息公开的答复》和《政府信息公开答复书》，已超过了上述规定的答复期限。由于某省人民政府"政府信息网上依申请公开系统"作为政府信息申请公开平台所应当具有的整合性与权威性，如未作例外说明，则从该平台上递交成功的申请应视为相关行政机关已收到原告通过互联网提交的政府信息公开申请。至于外网与内网、上下级行政机关之间对于该申请的流转，属于行政机关内部管理事务，不能成为行政机关延期处理的理由。

该指导案例的裁判要点：公民、法人或者其他组织通过政府公众网络系统向行政机关提交政府信息公开申请的，如该网络系统未作例外说明，则系统确认申请提交成功的日期应当视为行政机关收到政府信息公开申请之日。行政机关对于该申请的内部处理流程，不能成为行政机关延期处理的理由，逾期作出答复的，应当确认为违法。

本案例及时回应了政府信息公开网络建设中遇到的法律问题，明确了对政府信息公开网上申请答复期限的理解，有利于促进行政机关加强内部管理衔接，提高政府信息公开的工作效率，监督行政机关依法行政，及时、充分地保护行政相对人的知情权。

某市某区人民政府与
程某刚、程某洁政府信息公开案[①]

再审申请人（一审被告、二审被上诉人）：某市某区人民政府（以下简称某区政府）

再审被申请人（一审原告、二审上诉人）：程某刚

再审被申请人（一审原告、二审上诉人）：程某洁

最高人民法院经审查认为，本案中，程某刚、程某洁申请公开朱某芳《报税表240号》、张某清《报税表336号》以及阳逻街柴泊村二组李师傅的佛像安置的相关信息，涉及个人隐私，某区政府作出《关于政务信息公开的回复》，决定不予公开，并无不当。修订前的《中华人民共和国政府信息公开条例》第二十四条第二款规定，行政机关不能当场答复的，应当自收到申请之日起15个工作日内予以答复。《最高人民法院关于适用〈中华人民共和国行政诉讼法〉的解释》第四十八条第二款、第四款规定，期间以时、日、月、年计算。期间开始的时和日，不计算在期间内。期间不包括在途时间，诉讼文书在期满前交邮的，视为在期限内发送。某区政府于2017年7月4日收到程某洁、程某刚的信息公开申请，15个工作日的答复期限应从7月5日开始计算，扣除期间内法定休息日，至7月25日答复期限届满。某区政府7月21日作出《关于政务信息公开的回复》，并于7月25日交付邮寄，应视为在法定期限内答复。二审判决以某区政府超期答复为由，撤销一审判决，确认某区政府《关于政务信息公开的回复》以及武汉市政府武政复决〔2017〕第204号行政复议决定违法，结果错误，应予纠正。某区政府、武汉市政府申请再审的理由成立，本院予以支持。综上，裁定指令湖北省高级人民法院再审本案。

---

① 案号：最高人民法院（2019）最高法行申522号。

李某与某市环境保护局不履行法定职责案[①]

上诉人（原审原告）：李某

被上诉人（原审被告）：某市环境保护局

李某系山西省某县云兴镇北门街水口巷13号居民，因认为北环路改造工程建设项目和某县棚户区改造项目涉及其自身利益，于2016年12月21日向某市环境保护局申请公开《环境影响评价报告书》及其批复文件。某市环境保护局称并未收到李某邮寄的政府信息公开申请表。

某市城区人民法院一审认为，本案中，原告认为其已经向被告提出政府信息公开申请，并提供政府信息公开申请表、快递底单、快递妥投记录查询单、EMS快递查询、快递签收单、某市投递局出具的投递情况说明等证据予以证明，被告认为原告向被告邮寄的信息公开申请书在中国邮政集团公司某市投递局派发邮件中遗失，被告没收到原告的信息公开申请表，单位也没有赵某此人，并提供中国邮政集团公司某市投递局证明予以证明。因双方当事人对此争议较大，本院通知某市投递局御东投递部班组长苟某到庭作证，其陈述“2016年12月22日，邮件投递到御东投递部，当天邮件送往环保局收发室，由值班人员赵某签收”“当天送快递的快递员是马某峰，已经离职”。本院综合分析认为，原、被告针对各自主张提供的证据存在明显对立，中国邮政集团公司某市投递局向各方当事人出具的证据亦互相矛盾，且在官网EMS快递查询中签收人显示为单位收发章，而在EMS邮件投递单投递局存底联上显示签收人为赵某。经本院查证，被告单位确无“赵某”此人，当天送快递的快递员马某峰又已经离职，到庭证人苟某亦未直接见到“赵某”签

---

① 案号：山西省大同市中级人民法院（2018）晋02行终38号。

字，故对被告是否确已收到原告邮寄的政府信息公开申请无法证实。根据《中华人民共和国行政诉讼法》“在起诉被告不履行法定职责的案件中，原告应当提供其向被告提出申请的证据”。这一举证分配原则，原告应对其主张承担举证不利的法律后果，故原告的证据不足以证实被告收到邮件，原告要求确认被告未在法定期限内作出答复的行为违法的理由不当，本院不予支持。并且，在本案诉讼中，原告已获取其申请公开的相关环评文件的受理、审批信息，也知道相关环评文件的其他信息应从某县环境保护局获取，其诉讼目的已经实现，原告继续要求被告就原告申请的政府信息作出书面答复并送达原告的理由不当，本院不予支持。据此，判决：驳回原告李某的诉讼请求。李某不服，上诉至某市中级人民法院。

二审法院认为，本案中，上诉人李某提供政府信息公开申请表、快递底单、快递妥投记录查询单、EMS 快递查询、快递签收单可证实其已向被上诉人以邮寄方式提出申请。被上诉人认为，没有收到上诉人的该邮件且邮件上的签收人赵某并非本局职工，并提供本局职工花名册。根据《最高人民法院关于行政诉讼证据若干问题的规定》第六十三条的规定，证明同一事实的数个证据，其证明效力一般可以按照下列情形分别认定……（九）数个种类不同、内容一致的证据优于一个孤立的证据。因此，上诉人提供的证据已形成完整的证据链，其证明效力明显优于被上诉人提供的孤立证据。关于该邮件是否已妥投的问题，双方当事人争议较大，分别提供了中国邮政集团公司某市投递局的证明材料，本院经审查认为，中国邮政集团公司某市投递局向各方当事人出具的证明材料证明的内容相互矛盾，故本院对该两份证明材料均不予采信。被上诉人虽主张其未收到上诉人邮寄的政府信息公开申请，但并没有提供足以证明其未收到该邮件的证据，对其未收到上诉人邮寄的政府信息公开申请的主张本院不予支持。被上诉人应当按照法律规定对上诉人以邮寄方式提出的申请履行职责，作出答复。因此，上诉人要求确认被上诉人未在法定期限内作出答复的行政行为违法的理由成立，本院予以支持。在本案诉讼中，上诉人称其向某县环境保护局和某市环境保护局申请公开信息的内容一样。上诉人已从某县环境保护局获取其申请公开的相关环评文件的受理、审批信息，也已知道相关环评文件的其他信息，其诉讼目的已经实现。且被上诉人并非制作、保存该信息的行政机关，故上诉人请求法院判决被上诉人就其申请的政府信息作出书面答复，已没有履行的意义。综上，判决确认被上诉人某市环境保护局对上诉人李某的政府信息公开申请未在法定期限内作出答复的行政行为违法。

满某流与某市公安局某区分局政府信息公开案[①]

上诉人（原审原告）：满某流

被上诉人（原审被告）：某市公安局某区分局（以下简称某区公安分局）

2018年6月28日，原告满某流通过特快专递的方式向被告某区公安分局寄交政府信息公开申请书。其在EMS（全球邮政特快专递）上填写的收件人信息为“收件人栏为负责人，电话为027－853 9×××，单位名称栏为某公安局纪委（信息公开办公室），地址栏为武汉市某区吴中路199号，内件品名栏为某公安局立案决定、身份证，备注栏为政府信息公开申请表、申请书等内容”。同月29日10时许，快递员潘某将该邮件送达被告某区公安分局门卫室，值班人员余某春（武汉市雨阳物业管理有限公司外派人员）让其直接联系收件人。快递员潘某拨打邮件上注明的收件人电话，对方接电话询问了收件人后，告知其拨打另一座机电话。快递员潘某经拨打该座

① 案号：武汉市中级人民法院（2018）鄂01行终725号。

机电话，未能联系上收件人。快递员潘某要求门卫签收，余某春以该邮件没有收件人姓名，该局又没有“信息公开办公室”这个科室为由拒收。快递员潘某就给原告满某流打电话告知邮件送不出去，原告满某流同意其退回。对此，原告满某流认为被告某区公安分局的拒收行为违法，向法院提起行政诉讼。

另查明，被告某区公安分局于2018年7月18日作出武东公申（答）字〔2018〕1号《政府信息公开申请答复书》并以邮政特快专递的方式送达给原告满某流。

一审法院认为，本案争议的焦点是被告某区公安分局是否存在拒收原告满某流寄出的邮政特快专递邮件的行为以及拒收行为是否违法的问题。

原告满某流是通过邮政特快专递的方式向被告某区公安分局寄交政府信息公开申请，而被武汉市雨阳物业管理有限公司外派到被告某区公安分局负责门卫工作的人员拒收而形成纠纷。在一般情况下，门卫工作人员负有报刊、公函、信件的收发登记工作，单独设立有收发室的除外。被告某区公安分局既然通过购买服务的方式，让武汉市雨阳物业管理有限公司聘用的人员参与到自己的门卫工作当中，门卫工作人员的拒收行为，就是被告某区公安分局的拒收行为。那么，门卫工作人员的拒收行为是否违法就是本案唯一的焦点。

本案中，原告满某流在邮件上填写的收件人为负责人，电话：027－8539××××，单位名称为某公安局纪委（信息公开办公室）。而被告某区公安分局辩称其内设机构中没有信息公开办公室这一部门，其政府信息公开职能由机要室负责履行。由于原告满某流在邮件上填写的收件人信息不是明确的某一个人，所填的两个单位非同一部门，门卫工作人员认为收件人信息不清楚、不准确，故而要求快递员直接与收件人联系而拒收的行为，并不违反法律的规定。综上所述，由于原告满某流的政府信息公开申请未能有效寄达，被告某区公安分局不存在拒绝履行政府信息公开法定职责的行为，原告满某流的诉讼理由不能成立。判决驳回原告满某流的所有诉讼请求。

上诉人满某流不服上述判决，提起上诉。

武汉市中级人民法院二审认为，根据《中华人民共和国邮政法》第二十三条第一款规定："用户交寄邮件，应当清楚、准确地填写收件人姓名、地址和邮政编码……"第三十五条第一款规定："任何单位和个人不得私自开拆、隐匿、毁弃他人邮件。"第八十四条规定："本法下列用语的含义……给据邮件，是指邮政企业在收寄时向寄件人出具收据，投递时由收件人签收的邮件……"从上述规定看，只有邮件上填写的收件人信息是清楚、准确的，收件人才可以打开邮件，否则就是违法行为，邮政特快专递属于给据邮件，应由收件人签收。本案中，上诉人满某流通过特快专递的方式向被上诉人某区公安分局寄交政府信息公开申请书，因未能准确地填写收件人的具体信息，导致该邮件被退回，故，上述邮件被拒收不能归责于被上诉人某区公安分局。本案一审认定事实清楚，适用法律正确，审判程序合法，上诉人满某流的上诉理由不能成立，其上诉请求本院不予支持。但需要指出的是，某区公安分局应当建立健全本行政机关的政府信息公开制度，并指定机构负责本行政机关政府信息公开的日常工作包括对申请人政府信息公开申请的接受和具体承办等事宜。同时，政府信息公开工作应遵循公正、公平和便民的原则，结合本案实际，应进一步完善信件的签收与转交工作。判决驳回上诉，维持原判。

某物流公司北京市双榆树营业部与张某东侵权责任纠纷案[①]

上诉人（原审被告）：某物流公司北京市双榆树营业部（以下

① 案号：北京市第一中级人民法院京01民终3895号。

简称营业部）

被上诉人（原审原告）：张某东

张某东在×法院起诉民间借贷纠纷一案。×法院通过司法专邮，向张某东送达2016年7月21日9时的开庭传票，并在邮单上填写了张某东的手机号码和家庭座机号码。

该邮件于2016年7月11日交邮，由营业部负责投递。该部投递员于当月12日、13日、15日进行了三次投递但均未成功。根据张某东所提供的查询通话详单，第一次投递未成功后，投递员与张某东有过电话联系；但后两次投递未成功后，则无电话联系记录。

对于所述投递情况，营业部的职工邢某作为证人到庭作证，其证言主要内容为：就该邮件的投递情况询问过投递员王某，王某答复为按照“五日三投”的规定进行了投递，上门的时候敲门没有人，也打过电话，后来就退回法院。2016年7月21日，×法院出具裁定书，主要内容为：因张某东经传票传唤，无正当理由拒不到庭，故裁定该案按撤诉处理，案件受理费9807元，由张某东负担（已交纳）。

海淀区人民法院一审认为，《最高人民法院关于以法院专递方式邮寄送达民事诉讼文书的若干规定》第六条规定，邮政机构按照当事人提供或确认的送达地址在五日内投送三次以上未能送达，通过电话或者其他联系方式又无法告知受送达人的，应当将邮件在规定的日期内退回人民法院……该司法解释明确规定，邮政机构在相关地址未能送达的情况下，应通过电话或者其他联系方式告知受送达人。根据上述规定可以确定本案的关键问题是：在第二次、第三次按地址投递未成功时，营业部的投递员是否通过电话告知张某东。对此作为投递主体的营业部应当承担相应的举证责任。

邢某作为营业部的证人就投递情况出庭作证。但根据《最高人民法院关于民事诉讼证据的若干规定》（2008 调整）第六十九条第二项的规定，与一方当事人有利害关系的证人出具的证言，不能单独作为认定案件事实的依据。根据该规定，邢某作为营业部的职工，与该单位存在利害关系，在无其他证据加以佐证的情况下，法院对其证言内容无法采信。

综上，现无证据证明，营业部在第二次、第三次投递邮件过程中，在按地址未能实际送达时，通过电话告知张某东相关情况。营业部的投递行为不符合相关规定存在过错，导致张某东未收到法院的传票并按时参加庭审，最终使其所立案件被按撤诉处理，造成了诉讼费的损失。现张某东要求营业部赔偿诉讼费损失，理由正当，法院予以支持。因法院已判决营业部全额赔偿诉讼费损失，故对张某东要求营业部予以赔礼道歉的诉请则不予支持。

据此判决：营业部赔偿张某东诉讼费损失 9807 元，判决生效后 7 日内履行。

二审法院认为，根据双方当事人的诉辩主张，本案二审争议的焦点是营业部在投递法院邮件时是否存在过错？是否与张某东所受损失存在因果关系？

最高人民法院对司法专邮的程序作出了明确规定，邮政部门应严格按照规定履行投递义务。涉案邮件封面批条记载了投递员的投递情况，即“一次投递无人、二次投递无人、地址欠详、电话不通”。该邮件被退回法院。而邮件收件人地址一栏清晰写明了张某东的收件地址及手机、座机电话号码，并非地址不详，显然在投递过程中存在相应的问题。同时，营业部没有提供证据证明在第二次、第三次投递时符合相关的规定，因而其投递行为存在过错，由于此过错，导致张某东未及时收到法院传票参加庭审，被按撤诉处理，导致了诉讼费的损失。该损失与营业部的投递行为具有因果关系，故营业部应赔偿张某东的相应损失。

二审中，营业部称张某东未通过法院的纠错程序挽回损失，法院不应开庭审理，对此本院认为，法院按照法定程序对张某东案件按照撤诉处理符合法律的规定，开庭传票被退回不影响庭审的正常进行，营业部二审中提交的证据与本案不具有关联性。由于其过错行为给张某东造成的合理损失应承担赔偿责任。据此，营业部的上诉理由不能成立，本院不予采信。判决驳回上诉，维持原判。

◆ **工作实务**

2008 年 11 月 29 日，夏某辉以挂号信方式向某市政府寄出《信息公开申请书》，申请公开有关残疾人乘车优惠措施等信息。2008 年 12 月 4 日，市政府的门卫签收了该信件。后因在信件转送处理过程中工作存在疏漏，导致市政府负责信息公开的受理机构某市政府办公室秘书科没有收到该信件，故没有对夏某辉的申请给予答复。2009 年 1 月 5 日，夏某辉就市政府没有答复其提交的《信息公开申请书》一事向省政府申请行政复议并要求赔偿，省政府予以受理。

第三十二条　【征求第三方意见】依申请公开的政府信息公开会损害第三方合法权益的，行政机关应当书面征求第三方的意见。第三方应当自收到征求意见书之日起 15 个工作日内提出意见。第三方逾期未提出意见的，由行政机关依照本条例的规定决定是否公开。第三方不同意公开且有合理理由的，行政机关不予公开。行政机关认为不公开可能对公共利益造成重大影响的，可以决定予以公开，并将决定公开的政府信息内容和理由书面告知第三方。

◆ 解读

本条是关于依申请公开的政府信息涉及第三方合法权益时如何处理的规定。根据本条例第十五条的规定，涉及商业秘密、个人隐私等公开会对第三方合法权益造成损害的政府信息，行政机关不得公开。但是，第三方同意公开或者行政机关认为不公开会对公共利益造成重大影响的，予以公开。通过本条例赋予行政机关在政府信息公开工作上一定的裁量权，不但可以使政府信息公开制度更为科学和全面，而且也有利于真正实现确定不予公开政府信息的范围所要保护的社会利益。本条即基于上述法理所作的具体程序性规定。

通过书面征求第三方意见的制度，在保护第三方合法权益的前提下，保障了政府信息最大限度地公开。本条规定主要包括五个方面的含义：一是本条的规定适用于依申请公开政府信息；二是书面征求第三方意见的前提是行政机关认为申请公开的政府信息涉及商业秘密、个人隐私、公开后可能损害第三方合法权益；三是征求第三方意见的形式要件是书面形式；四是第三方对涉及自身商业秘密、个人隐私的政府信息是否可以依申请公开具有决定权；五是在适用本条处理依申请公开涉及商业秘密、个人隐私的政府信息的问题时，必须坚持公共利益优先原则。此外，为了保障受损害的第三方的知情权以及第三方意见未被采纳时可以行使相应的救济权，行政机关还应当将决定公开的政府信息内容和理由书面通知第三方。

本条还有一个比较大的突破，就是引入了预防性的禁止判决。一直以来的做法是，只有在行政机关作出行政行为，并且有可能或者事实上已经损害了相对人的合法权益后，才能申请救济。在信息公开领域也有引入预防性诉讼的迫切需要，如政府信息公开条例规定，当申请的信息涉及第三方的商业秘密或个人隐私时，行政机关应当书面征求第三方的意见，要是行政机关不顾第三方的反对，仍然决定公开，就会有覆水难收的危险。《最高人民法院关于审理政府信息公开行政案件若干问题的规定》第十一条第一款规定："政府信息尚未公开的，应当判决行政机关不得公开……"实际上引入了禁止判决。在该条的第二款，还规定了暂时权利保护，也就是，在起诉的时候，还可以同时申请法院裁定暂时停止公开。这些都是对行政诉讼制度的有益探索和突破，对于嗣后修改行政诉讼法，起到了投石问路的作用。

◆ 案例

王某与某区人民政府政府信息公开案①

原告：王某

被告：某区人民政府

第三人：中海公司

王某系某区九水路社区居民，在青李拆许字（2010）第2号房屋拆迁许可证范围内有合法房屋一处。2010年4月30日，王某与某现代商贸区建设办公室签订编号为"九308"号中海地块房屋拆迁补偿协议一份，协议约定回迁时间为2013年5月20日前。因一直未被安置，王某于2014年11月25日向某区人民政府（以下简称某区政府）提出政府信息公开申请，申请获得某区政府与第三人青岛中海华业房地产有限公司（以下简称中海公司）签订的回购或代建协议和改建协议信息。11月27日，某区政府向第三人中海公司发出（2014）第1101号《政府信息公开第三方意见征询函》，

① 案号：山东省青岛市中级人民法院（2015）青行初字第18号。

征求中海公司是否同意公开王某申请的信息。12月1日，中海公司向某区政府发出《关于政府信息公开第三方意见征询函的复函》，称王某的申请涉及公司商业秘密，不同意公开。12月12日，某区政府作出（2014）第1101号《某区政府信息公开不予公开告知书》，告知王某其申请获取的政府信息属于商业秘密或公开可能导致商业秘密被泄露的政府信息，不予公开。王某不服，提起行政诉讼。

青岛市中级人民法院经审理认为，本案的审理焦点应为王某申请公开的信息是否涉及第三人的商业秘密，是否应予公开。《最高人民法院关于审理政府信息公开行政案件若干问题的规定》第五条第一款规定，被告拒绝向原告提供政府信息的，应当对拒绝的根据以及履行法定告知和说明理由义务的情况举证。本案中，某区政府认为王某申请获取的政府信息属于商业秘密或公开可能导致商业秘密被泄露的政府信息，不予公开，但其并未向法院提交《回购协议》或能够证明《回购协议》涉及第三人商业秘密的相关证据材料，亦不能充分说明如《回购协议》涉及第三人商业秘密，是否可以作区分处理。因此，某区政府以王某所申请的《回购协议》涉及商业秘密为由作出（2014）第1101号《某区政府信息公开不予公开告知书》，主要证据不足，依法应予撤销。因本案现有有效证据不能证明《回购协议》是否涉及第三人商业秘密，尚需被告进一步调查、裁量，因此对王某请求判令某区政府直接公开该回购协议的诉讼请求不予支持。遂判决撤销某区政府作出的涉案《某区政府信息公开不予公开告知书》；判令某区政府依法重新作出答复。

本案的典型意义在于，当申请人提出政府信息公开申请后，行政机关负有对拟公开的政府信息进行保密审查的职责。行政机关在初步审查后，如认为申请人申请获取的政府信息涉及第三方的商业秘密，公开后可能损害其权益的，应当书面征求第三方的意见。

申请人申请公开的政府信息中如果含有不应当公开的内容，行政机关还应当对申请公开的信息进行进一步判断。对于能够作区分处理的，行政机关应当向申请人提供可以公开的信息内容；对不予公开的部分，则应当说明理由，而不应在未判断相关信息是否可以作出区分处理的情况下，对申请人申请获取的全部信息决定不予公开。

国家发展和改革委员会与肖某政府信息公开案①

上诉人（一审被告）：国家发展和改革委员会（以下简称国家发改委）

上诉人（一审第三人）：兵团公司

被上诉人（一审原告）：肖某

2016年3月31日，肖某当面向国家发改委提交申请公开涉案政府信息，要求形式为纸面邮寄。2016年4月7日，国家发改委向新疆生产建设兵团发展改革委致函（发改办农经〔2016〕902号），请其代为征求一审第三人的意见，并将一审第三人出具的书面意见于4月13日前反馈国家发改委。2016年4月12日，新疆生产建设兵团发展和改革委向国家发改委提交《关于新建38团且末垦区苏塘灌区水源工程可行性研究报告信息公开意见的报告》并附一审第三人复函。2016年4月15日，国家发改委作出《关于对是否公开新疆生产建设兵团新建38团且末垦区苏塘灌区水利工程（一）期水源工程可行性研究报告的分析评估》。2016年4月22日，国家发改委作出被诉答复，并于同日以邮寄方式向肖某送达。肖某不服，诉至一审法院。

一审法院判决责令国家发改委于本判决生效后的法定期限内对

① 案号：北京市高级人民法院（2017）京行终2141号。

肖某的政府信息公开申请重新作出处理。

北京市高级人民法院认为，本案中，国家发改委对于涉案政府信息是否涉及商业秘密负有审查职责。且就一审第三人所主张的商业秘密是否构成，应由其提供相应客观证据，以用于对涉案政府信息是否构成商业秘密进行审查。案件中为证明涉案政府信息涉及商业秘密，须有相应确凿对应的客观证据加以佐证，方予认可。国家发改委在一审诉讼中提交的一审第三人的回函，仅为一审第三人以涉案信息属于商业秘密而不同意公开的声明，该回函本身不能佐以证明涉案政府信息即涉及商业秘密，应有相应的客观证据予以证明。本案现有证据确属不足以证明该涉案信息即能认定为涉及商业秘密。一审法院认为被诉答复以涉案信息构成商业秘密为由决定不予公开，构成主要证据不足，并无不当。判决驳回上诉，维持一审判决。

梅某明与某区人力资源和社会保障局政府信息公开案[①]

上诉人（一审原告）：梅某明

被上诉人（一审被告）：某区人力资源和社会保障局（以下简称某区人社局）

2014年7月4日，梅某明向某区人社局提交了政府信息公开申请表，要求某区人社局公开某区2013年第三季度公开招聘事业单位区中医院驾驶员岗位的以下信息：（1）技能、面试方案；（2）面试命题和专业技能测试的相关测评材料；（3）面试和技能考官人员组成成员基本情况和评定标准；（4）提供笔试第44考室的监控视频资料；（5）纪检监察部门对该项招聘的监督办法和结果；（6）面试试题的参考答案，评分标准和计分表及评分结果；（7）提供技能面试前一天技能面试场地的全天监控录像；（8）提

① 案号：重庆市第五中级人民法院（2015）渝五中法行终字第00005号。

供现场考试全程视频资料；(9）提供邓某的参考资格审查资料、文考资料（文考考场的视频资料)、面试和技能（视频）考试资料。

某区人社局收到梅某明提交的政府信息公开申请表后，于2014年7月9日作出《关于对梅某明〈申请公开某区2013年第三季度公开招聘事业单位区中医院驾驶员岗位信息〉答复书》，该答复书对梅某明申请的信息公开进行了如下答复：一、关于申请公开“技能、面试方案”：“技能、面试方案”是我局内部管理信息，不属于应公开的政府信息。二、关于申请公开“面试命题和专业技能测试的相关测评材料”：其属于信息公开范围，根据你的申请，现将相关材料复印件给你，予以书面公开（见附件1)。三、关于申请公开“面试和技能考官人员组成成员基本情况和评定标准”：“面试和技能考官人员组成成员基本情况”属于保密内容，不属于应公开的政府信息。“评定标准”属于信息公开范围，根据你的申请，现将相关材料复印件给你，予以书面公开（评定标准见附件1)。四、关于申请公开“提供笔试第44考室的监控视频资料”：笔试视频内容，由于时间过长，已经被其他的笔试视频内容所覆盖，无法提供。区纪委对笔试过程进行了全程监督，笔试合法合规。五、关于申请公开“纪检监察部门对该项招聘的监督办法和结果”：该申请内容不属于我局职责范围，请向具有该职责的区纪委监察局提出信息公开申请。联系人于某，联系电话4981×××1。六、关于申请公开“面试试题的参考答案，评分标准和计分表及评分结果”：属于信息公开范围，根据你的申请，现将相关材料复印件给你，予以书面公开（面试参考答案及评分标准见附件1，计分表及评分结果见附件2)。七、关于申请公开“提供技能面试前一天技能面试场地的全天监控录像”：该申请内容不属于我局职责范围，请向具有该职责的重庆市公安局交通巡逻警察总队车辆管理所七分所提出信息公开申请。联系人黄某，电话4978×××0。八、关于申请公开

"提供现场考试全程视频资料"：因考场工作人员没有开启录像设备，现场考试全程视频资料不存在，无法向你提供。九、关于申请公开"提供邓某的参考资格审查资料、文考资料、面试和技能考试资料"：按照政府信息公开条例，"行政机关认为申请公开的政府信息涉及商业秘密、个人隐私，公开后可能损害第三方合法权益的，应当书面征求第三方意见；第三方不同意公开的，不得公开"，经书面征求邓某本人意见，不同意公开，故无法向你提供。并于当日将该答复书及其附件邮寄送达梅某明。梅某明于 2014 年 7 月 10 日收到该答复书及其附件。

梅某明收到该答复后不服，以某区人社局拒绝公开相关信息为由提起诉讼，请求法院判令某区人社局向梅某明公开利害关系人邓某的参考资格审查资料信息。

某区人民法院经审理判决驳回梅某明的诉讼请求。

重庆市第五中级人民法院审理认为，本案中，上诉人梅某明要求被上诉人某区人社局公开某区 2013 年第三季度公开招聘事业单位区中医院驾驶员岗位一职的技能、面试方案，考试方案的信息，属于招录单位的内部管理信息，不属于公开范围；上诉人要求公开面试和技能考官人员组成成员基本情况，作为人事管理工作中不宜公开的内部事项，不属于政府信息公开范围；上诉人要求公开纪检监察部门对该项招聘的监督办法和结果，并非被上诉人某区人社局制作，亦非被上诉人某区人社局从公民、法人或者其他组织获取的信息，不属被上诉人某区人社局的公开范围。对于上述信息，被上诉人未予公开并无不当。对于考试相关的测评材料，考试评定标准被上诉人某区人社局已经向上诉人予以公开。上诉人要求公开笔试第 44 考室的监控视频资料、现场考试全程的视频资料和邓某的文考、面试和技能考试资料（根据上诉人的信息公开申请表，该资料特指视频资料），被上诉人某区人社局已举示证据证明该信息不存在，并履行了说明告知义务。故上诉人认为该信息存在的上诉理由不能成立，本院不予支持。

关于利害关系人邓某的参考资格审查资料的公开问题。上述资料信息可能涉及当事人的个人隐私。保障当事人对机关、事业单位的人事招录工作监督权的行使，是确保机关、事业单位人事招录工作公平、公开、公正的重要手段之一，体现了社会的公平性。根据《中华人民共和国政府信息公开条例》第三十二条关于“行政机关认为不公开可能对公共利益造成重大影响的，可以决定予以公开，并将决定公开的政府信息内容和理由书面告知第三方”之规定，在涉及对个人隐私权的保护与对人事招录工作公平、公开、公正的监督权行使的保护时，后者所体现的公共利益足够重要，个人隐私权的保护应当为公共利益作出一定的让步。行政机关应当根据实际情况对此两种权利的保护作出利益裁量，并根据具体情况对当事人在一定范围内的个人信息予以公开。本案中，被上诉人某区人社局在对上诉人提起的信息公开申请中涉及个人隐私权的保护和公民知情权、监督权保护存在一定冲突时，未根据政府信息公开条例第十五条但书之规定，进行利益衡量，而是直接以申请人申请的信息属于个人隐私，且第三人不同意公开为由，作出不予公开的决定，与法规规定不符，属于适用法律错误。

上诉人梅某明上诉要求确认2013年第三季度公开招聘事业单位区中医院驾驶员岗位程序违法的请求，以及招聘中无纪委监察局监督等而招聘过程违法的问题，不属本案信息公开审查范围。本院不予审查。

综上，虽然被上诉人某区人社局收到上诉人梅某明信息公开申请后，根据《中华人民共和国政府信息公开条例》的规定，针对上诉人梅某明的政府信息公开申请，根据不同情况分别作出了答复：对其认为属于其公开范围的政府信息予以了公开；对其认为属于不予公开范围的，告知了上诉人梅某明并说明了理由；对其认为不属于其公开范围的政府信息以及不存在的政府信息，依法对梅某明履行了说明告知义务，对能够确定政府信息公开机关的，告知了上诉人梅某明该机关的名称、联系方式。并在《中华人民共和国政府信息公开条例》规定的期限内作出了答复，某区人社局作出的信息公开答复程序合法，但其在对“关于利害关系人邓某的参考资格审查资料的公开问题”上适用法律错误，一审法院对此予以支持不当。判决撤销某区人社局作出的不予公开答复，并责令其依法重新作出答复。

杨某陆等与农业部信息公开案①

原告：杨某陆

原告：李某珍

原告：田某萍

被告：农业部

第三人：美国孟山都公司（以下简称孟山都公司）

2014年2月9日，原告三人向被告提出政府信息公开申请，申请公开被告批准美国孟山都草甘膦除草剂“农达”进入中国市场，对其颁发“安全证书”所依据的中国有资质机构完成的毒理学动物试验报告。

2014年2月25日，被告作出农公开（农）〔2014〕4号《农业部信息公开申请答复书》，其答复内容为：孟山都草甘膦除草剂“农达”于1988年在我国取得正式登记，登记证号为PD73－88。按照当时的登记规定，公司提供了由美国“YoungerLaboratories”于1985年12月23日出具的毒理学试验报告。试验报告结果表明，

① 案号：北京市第三中级人民法院（2015）三中行初字第178号。

“农达”对大鼠的急性经口 LD50 > 5000mg/kg，对家兔的急性经皮 LD50 > 5000mg/kg，对家兔眼睛和皮肤无刺激性、无致敏性。

2014 年 3 月 11 日，原告三人向被告提出信息公开申请，申请公开的信息为：农业部于 2014 年 2 月 25 日在给其三人的农公开（农）〔2014〕4 号《农业部信息公开申请答复书》中说，孟山都公司 1988 年为“农达”登记时提供了由美国“YoungerLaboratories”于 1985 年 12 月 23 日出具的草甘膦除草剂“农达”毒理学试验报告。因此申请公开：孟山都公司 1988 年提供的由美国“YoungerLaboratories”于 1985 年 12 月 23 日出具的草甘膦除草剂“农达”毒理学试验报告的原件扫描件。同时提供农业部对该英文报告所做的中译文。

被告农业部收到原告三人的申请后，农业部种植业管理司于 2014 年 3 月 28 日向美国孟山都公司作出农农（农药）〔2014〕44 号《关于商请公开草甘膦除草剂“农达”毒理学试验报告的函》，内容为：美国孟山都公司，你公司草甘膦除草剂“农达”于 1988 年在我国取得农药登记，登记证号为 PD73 - 88。按照当时的登记规定，你公司在申请时提供了由美国“YoungerLaboratories”于 1985 年 12 月 23 日出具的毒理学试验报告。近日，杨某陆等公民根据政府信息公开条例第十三条的规定，向我部申请获取该信息。鉴于该信息涉及你公司的权益，根据政府信息公开条例第十四条和第二十三条的规定，现征求你公司意见。请你公司认真研究，确认是否涉及商业秘密，明确是否同意公开该信息，于 4 月 8 日前书面答复我司。同日，被告向原告三人作出农公开（农）〔2014〕5 号《农业部信息公开申请答复书》内容为：孟山都公司在我国申请草甘膦除草剂“农达”登记时提供了由美国“YoungerLaboratories”于 1985 年 12 月 23 日出具的毒理学试验报告，该信息涉及孟山都公司的商业秘密，根据政府信息公开条例的规定，我部已书面征求孟山都公司意见。目前孟山都公司尚未答复意见。

2014年5月23日，孟山都远东有限公司北京代表处向农业部种植业管理司作出《关于〈商请公开草甘膦除草剂“农达”毒理学试验报告的函〉的回复》，内容为：我公司向贵司提交草甘膦毒理学试验报告的目的是按照农药登记相关法规要求，获得草甘膦原药及“农达”制剂的农药登记审批。我公司在全球许多个国家都申请过草甘膦和“农达”，并向其法规监管机构提交过该试验报告，这些农药登记申请均获得了批准，且从未被相关国家有关政府部门向公众公开过。根据政府信息公开条例的有关规定，贵司来函中提及美国“YoungerLaboratories”于1985年12月23日出具的毒理学试验报告，不属于政府应主动公开的信息范畴，包含该报告在内的我公司为获得草甘膦原药及“农达”制剂的农药登记审批而递交的申请材料，作为不为公众所知悉、能为我公司带来经济利益、具有实用性并经我公司采取保密措施的技术信息和经营信息，系我公司重要的商业秘密。而且，由于该试验报告及其他申请材料中均含有重要的个人隐私以及商业秘密信息，我们在全球范围内一直将其视为重要的商业秘密使用，从未向公众公开过。据此，作为权利人，我公司不同意贵司公开上述毒理学试验报告以及其他用于支持该产品法规登记的试验报告等用于草甘膦原药及“农达”制剂农药登记的审批申请材料，同时希望贵司对我公司的相关权利予以充分的理解和尊重，并根据政府信息公开条例的有关规定，不予公开前述相关信息。

2014年6月4日，被告农业部向原告三人作出了被诉答复书，内容为：“杨某陆、李某珍、田某萍：你们于2014年3月11日提交的关于孟山都草甘膦除草剂‘农达’毒理学试验报告的政府信息公开申请收悉。现答复如下：草甘膦除草剂‘农达’毒理学试验报告结果我部已于2014年2月25日依法向你们公开［农公开（农）〔2014〕4号］。草甘膦除草剂‘农达’毒理学试验报告原件因涉及孟山都公司商业秘密，我部根据《中华人民共和国政府信息公开条例》的规定，发函征求了孟山都公司的意见。近日，孟山都远东有限公司北京代表处复函认为，草甘膦除草剂毒理学试验报告系该公司重要的商业秘密，含有重要的个人隐私以及商业保密信息，该公司在全球范围内从未向公众公开过，不同意公开该报告。根据《中华人民共和国政府信息公开条例》的规定，不予公开你们申请的政府信息。”原告三人不服被诉答复书，向本院提起行政诉讼。

北京市第三中级人民法院认为，本案中，结合各方当事人的主张，本案的争议焦点为：(1) 被告征求孟山都公司是否同意公开该毒理学试验报告的程序是否合法；(2) 原告申请公开的毒理学试验报告是否属于商业秘密；(3) 被告在被诉答复书中告知原告不予公开该毒理学试验报告是否合法。

关于焦点 (1)，被告征求孟山都公司是否同意公开该毒理学试验报告的程序是否合法问题，原告三人于2014年3月11日向被告提交政府信息公开申请，被告于2014年3月28日向美国孟山都公司作出农农（农药）〔2014〕44号《关于商请公开草甘膦除草剂“农达”毒理学试验报告的函》，这期间用时为12个工作日，孟山都远东公司北京代表处于2014年5月23日回函，至被告2014年6月4日作出被诉告知书，用时为6个工作日，已经超过了15个工作日的期限，且被告未提交相应证据证明被告进行了延长答复期限的证据，因此应当认定被诉答复违反法定程序。

关于焦点 (2) 及焦点 (3)，即原告申请公开的毒理学试验报告是否属于商业秘密及被告在被诉答复书中告知原告不予公开该毒理学试验报告是否合法的问题，法院认为，涉案的毒理学试验报告属商业秘密，应当受到法律的保护，被告还应当依据政府信息公开条例的规定对于涉案的毒理学试验报告的公开与否是否对公共利益造成重大影响进行评判，从而进一步行使相应的裁量权。关于涉案报告公开与否是否对公共利益造成重大影响，被告已经履行了审查的职责，被告在农公开（农）〔2014〕4号《农业部信息公开申请答复书》中已经告知了原告涉案毒理学试验报告的结论。同时《中华人民共和国农药管理条例》第十条规定，国家对获得首次登记的、含有新化合物的农药的申请人提交的其自己所取得且未披露的试验数据和其他数据实施保护。根据这一规定，本院认为被告针对商业秘密不予公开不会对公共利益造成重大影响的判断并无不当。因此，被告作出的被诉答复书认定事实、适用法律并无不当，但因被告作出的被诉答复书违反了政府信息公开的程序性规定，应属程序轻微违法，但该违法并未对原告权利产生实际影响。综上，判决确认被告农业部于2014年6月4日作出的农公开（农）〔2014〕8号《农业部信息公开申请答复书》违法。

林某与某市环境保护局政府信息公开案①

原告：林某

被告：某市环境保护局（以下简称市环保局）

第三人：巨浪公司

案涉《环境影响报告书》系第三人委托案外人上海化工研究院于2010年12月制作。被告市环保局根据第三人提交的《环境影响报告书》等材料，于2011年1月31日作出沪环保许评（2011）62号《关于巨浪公司热解气化综合利用多循环环保项目环境影响报告书的审批意见》。

2015年1月9日，被告市环保局受理了原告提出政府信息公开申请，原告要求公开“巨浪公司环保环评报告（需要按照新的环保法全文公开，包括公众参与者名单）”。被告市环保局经审查认为，

① 案号：上海市黄浦区人民法院（2015）黄浦行初字第292号。

之前有其他公民要求公开第三人的“巨浪公司热解气综合利用多循环环保项目环境影响报告书（全文）”，被告市环保局曾征询过第三人是否同意公开的意见，第三人于2014年9月出具《删除内容说明》，认为报告书中部分内容涉及个人隐私、商业秘密。随后，被告市环保局电话询问第三人对上述《环境影响报告书》的意见，第三人告知以其于2014年9月出具的《删除内容说明》为准。

2015年1月29日，被告市环保局认定，《环境影响报告书》中110名公众调查对象的姓名、电话，环境影响评价机构工作人员的姓名、照片，专家的姓名、单位、职务（职称）、电话等信息系个人隐私；危废来源单位名称（详见章节：3.6）、图纸（详见章节：4.1.4、4.2.2.2、4.2.2.3、4.4.2、附图6）、同类型企业单位名称（详见章节：4.1.9）、技术协作单位名称（详见章节：4.1.4.2、5.1、13.2.3）、废气催化氧化处理装置验收报告中的部分信息、建设项目环境保护审批登记表中的评估经费等信息系商业秘密，上述信息不公开不影响公共利益，故均不应当公开，遂根据政府信息公开条例的规定作出沪环保公答（2015）6号《政府信息公开申请答复书》，告知原告：“根据有关规定，向您公开该项目环境影响报告书（除去涉及商业秘密和个人隐私的部分），现将该政府信息提供给您。”随后，被告市环保局将答复书以及隐去上述个人隐私与商业秘密的《环境影响报告书》送达原告。原告不服，提起诉讼。

上海市黄浦区人民法院认为，当事人的争议主要集中在以下两个方面：被告市环保局未征询公众调查对象是否同意公开其个人隐私的意见，行政程序是否合法；公众调查对象的姓名、电话等个人隐私是否应当公开。

关于争议焦点一：被告市环保局未征询公众调查对象是否同意公开其个人隐私的意见，行政程序是否合法。本院认为，个人隐私属于公民的人格权利，具有人身属性，一般不能转移。本案中，百余名公民因参加第三人建设项目的公众参与程序，其姓名、电话等信息被编制在《环境影响报告书》中。通常情况下，姓名、电话是公民在个人生活中不愿向社会公众公开的信息，本院认为上述信息的权利人仍应为公众调查对象本人。那么，被告市环保局未征询上述公众调查对象是否同意公开的意见，程序是否违法？对此，本院认为，根据政府信息公开条例的规定，行政机关对所申请公开的政府信息中是否涉及商业秘密、个人隐私具有判断权，并具有决定是否公开这些个人隐私、商业秘密的行政职权，权利人的意见在行政机关决定是否公开相关信息时具有参考作用，即使权利人不同意公开，行政机关认为不公开可能影响公共利益的也可决定予以公开。被告认为被告市环保局在涉案政府信息公开申请答复中具有判断涉案政府信息是否涉及个人隐私、商业秘密以及决定是否公开这些个人隐私、商业秘密的行政职权，本院予以认可。在一般情况下，行政机关在处理涉及商业秘密、个人隐私的政府信息公开行政程序中，应当征询第三方（权利人）的意见。但在本案中，原告申请公开的《环境影响报告书》产生于环境影响评价行政审批环节中，涉及第三人建设项目概况、周围环境现状，对环境可能造成影响的分析、预测和评价，环境保护措施及其技术、经济论证，对环境影响的经济损益分析以及对建设项目实施环境监测的建议，环境影响评价结论等多项内容，《环境影响报告书》不仅内容庞杂，而且涉及权利人众多，仅公众调查对象就百余人，如若逐一征询其本人意见，则势必耗费较多的行政资源，导致行政效率的低下与行政程序的拖沓。在此情形下，应当允许行政机关选择便捷的决策方式，对经判断为商业秘密、个人隐私的政府信息，不公开且不损害公共利益的，行政机关可迳行决定不予公开。当然，无论行政机关是采取征询第三方意见，还是直接决定不予公开，其必须严格按照政府信息公开相关法律规定的要求，以有利于申请人知情权的实现为目的，避免因对行政效率的片面追求，对申请人的权利有所损害。在本案中，原告申请获取的信息指向《环境影响报告书》，该报告书系对建设项目进行环境影响评价形成的文件，其核心内容是预测和评价建设项目对环境造成的影响，并提出对策和措施。被告市环保局将不予公开的个人隐私、商业秘密隐去，未对上述内容在该报告书中的完整体现带来影响。另外，被告市环保局采用涂黑的方式，在公开给原告的《环境影响报告书》中将不予公开的内容隐去，该报告书形式上的完整性亦未受到影响。因此，本院认为，针对涉及权利人众多，内容庞杂的政府信息，行政机关采用较为便捷的程序审查处理，且处理结果无损于原告的知情权，亦不会对公共利益造成不利影响，应予支持。

关于争议焦点二：公众调查对象的姓名、电话等个人隐私是否应当公开。本院认为，原告所述的环境保护法于2014年4月24日修订，2015年1月1日起施行，该法第五十六条第二款是新增加的内容，系针对环境影响评价行政审批程序所作的规定。本案中，第三人的建设项目环境影响评价行政审批程序在2011年1月已经终结，2015年1月1日方才施行的环境保护法对其没有溯及力，故该法不适用本案。另外，根据环发（2006）28号《环境影响评价公众参与暂行办法》、沪环保管（2008）475号《关于印发〈关于开展环境影响评价公众参与活动的指导意见（暂行）〉等三个环境影响评价管理文件的通知》等规定，公众参与形式有座谈会、论证会、听证会等多种，也可采用涉案的书面问卷调查形式。相较前几种，问卷调查形式具有一定的私密性，参与问卷调查人员的身份不向社会公开，不被公众知晓等特征。另外，在新修订的环境保护法生效之前，并无对公众参与人员的个人隐私应予公开的相关规定。故涉案百余名公众调查对象对其行为的合理预期为其个人隐私不因接受问卷调查而被泄露，应依法受到保护。因此，本院认为，被告市环保局认定公众调查对象的姓名、电话等个人隐私不应当公开，并无不当。

本案中，原告申请获取的《环境影响报告书》既有应当公开的内容，亦有不应当公开的内容，被告市环保局将该报告书予以区分处理，适用政府信息公开条例答复原告，适用法律正确。在诉讼中，被告市环保局将《环境影响报告书》涉及的环境影响评价机构工作人员姓名，专家姓名、单位、职务（职称）等基于环境影响评价工作产生的职业信息公开给原告。对此，本院认为，被告市环保局上述做法有利于加强社会公众对环境影响评价工作的监督，提升政府公信力，且在已公开给原告的《环境影响报告书》中，一些人员的资质证书编号已公开，这些人员姓名等信息确无保密之必要。在诉讼中，原告多次提及系质疑第三人建设项目环境影响评价工作中公众参与程序存在弄虚作假，才提起涉案政府信息公开申请和本案诉讼。对此，本院认为，公众参与程序是否合法不属于本案审查范围，原告应寻求其他救济途径解决争议。据此判决驳回原告林某的诉讼请求。

第三十三条 【答复时限】行政机关收到政府信息公开申请，能够当场答复的，应当当场予以答复。

行政机关不能当场答复的，应当自收到申请之日起20个工作日内予以答复；需要延长答复期限的，应当经政府信息公开工作机构负责人同意并告知申请人，延长的期限最长不得超过20个工作日。

行政机关征求第三方和其他机关意见所需时间不计算在前款规定的期限内。

◆ **解读**

本条是关于行政机关答复政府信息公开申请人的时限制度的规定。本条规定的时限制度是为了保证行政机关及时答复申请人，提高政府信息公开的效率而提出的要求。规定时限制度可以促进行政机关提高办事效率，也可以防止出现办事不认真、答复不及时等侵害公民、法人或者其他组织的合法权益的问题。

确定答复政府信息公开申请的一般时限主要考虑到以下三个方面的因素：一是行政机关要从便民原则出发答复政府信息公开申请。本条规定要求行政机关答复政府信息公开申请的时限应当越短越好，能够当场答复的应当当场答复。二是时限必须明确。行政机关做出行政行为必须有明确的时间约束，关于答复政府信息公开申请人的时限也不例外。三是时限的规定应当合理。要充分体现立法应当以人为本，构建社会主义和谐社会的精神。在制定《中华人民共和国政府信息公开条例》时充分考虑了目前各地方、各部门的实际做法，将行政机关答复申请人的一般时限确定为：能够当场答复的应当当场予以答复。行政机关不能当场答复的应当在收到申请之日起 20 个工作日内予以答复，从而使这一时限与各地方、各部门的实际做法和相关规定保持衔接。

关于延长时限的特殊规定理解。这一规定主要应当把握以下三个方面的内容：一是行政机关延长答复时限必须履行严格的内部报批手续，只有经政府信息公开工作机构负责人同意后才能够延长答复时限；二是行政机关延长答复时限必须告知申请人；三是行政机关延长答复时限最长不得超过 20 个工作日。为了督促行政机关提高办事效率防止出现任意延长答复时限、久拖不决损害申请人合法权益的情况，本条对延长答复时限的时间也作了明确的规定，即延长答复的时限不能超过一般时限。

关于计算答复时限的例外规定。本条第三款专门规定了计算答复时限的例外情况，即行政机关征求第三方意见所需时间不计算在本条第二款规定的时限内。这样规定可以保证行政机关能够有充足的时间去征求第三方意见，防止出现审查政府信息公开申请时，因为时限限制而未能征求第三方意见导致损害他人商业秘密或者个人隐私的负面影响。

◆ 政策解释

国务院办公厅政府信息与政务公开办公室
关于政府信息公开期限有关问题的解释

国办公开办函〔2015〕207 号

国务院国有资产监督管理委员会信息公开办公室：

《关于商请明确依申请公开办理程序有关问题的函》收悉。综合参考我国诉讼法和其他国家信息公开法的相关规定，结合信息公开工作实际，经征求国务院法制办秘书行政司、最高人民法院办公厅等单位的意见，现答复如下：

一、关于“收到信息公开申请”的时点确定问题

1. 申请人当面提交信息公开申请的，以提交之日为收到申请之日。

2. 申请人以邮寄方式提交信息公开申请的，以行政机关签收之日为收到申请之日。申请人以平信等无需签收的邮寄方式提交信息公开申请的，或者将信息公开申请寄送至行政机关政府信息公开工作机构以外的机构或个人的，政府信息公开工作机构应当在实际收到信息公开申请的当日电话联系申请人予以确认，并以确认之日为收到申请之日，申请人没有提供联系电话或提供的联系电话无法接通的，行政机关政府信息公开工作机构应当做好登记，自恢复与申请人的联络之日启动处理程序并起算期限。

3. 申请人通过行政机关对外公布的信息公开申请邮箱提交申请的，自电子邮件系统接收之日为收到申请之日。

4. 申请人通过行政机关对外公布的信息公开申请传真提交申请的，自传真收到并双方确认之日为收到申请之日。

5. 申请人通过行政机关对外公布的其他接收渠道提交申请的，以行政机关规定的时间为收到申请之日，没有规定的，以双方确认之日为收到申请之日。

信息公开处理期限，自收到申请之日的次日起计算。

二、关于补正期间停止计算期限问题

申请人申请内容不明确，行政机关依法告知申请人作出更改、补充的，依申请办理时限可以自补正通知发出之日停止计算，待收到申请人补正材料之日起，继续计算剩余期限。补正通知发出之日当日以及收到申请人补正材料之日当日，不计算在内。

行政机关在补正通知中明确了合理的补正材料提交期限，申请人逾期不提交补正材料的，视为撤回信息公开申请。

◆ 案例

沈某与某区人民政府政府信息公开案①

原告：沈某

被告：某区人民政府（以下简称某区政府）

2015年3月9日，某区政府负责收发信件的后勤服务中心收到沈某邮寄的行政复议申请书，次日，某区政府法制办取走该信件，此后查明以下情况：原告要求确认某分局办理其举报案件［京工商

① 案号：北京市第四中级人民法院（2015）四中行初字第324号。

朝六不受字（2014）第0821号《不予受理案件通知书》］过程中未拍摄现场照片的行政行为违法，根据《工商行政管理机关行政处罚程序规定》（已失效）第二十三条的规定，办案人员应当依法收集与案件有关的证据包括以下几种：（一）书证；（二）物证；（三）证人证言；（四）视听资料、计算机数据；（五）当事人陈述；（六）鉴定结论；（七）勘验笔录、现场笔录。被告认定行政机关办案过程拍摄现场照片是收集证据的过程，不是最终的行政行为。被告根据决定对原告的复议申请不予受理，并于3月17日作出被诉《决定书》，3月18日交寄。原告于3月19日收到《决定书》。原告不服，诉至本院。

法院认为，本案中，原告针对某分局在调查案件中未拍摄现场照片的行为提起行政复议，该行为系行政机关办理案件中收集证据的调查行为，不是针对原告举报案件作出的终局性行政行为，未对原告的权利、义务进行设立、变更或消灭，即未对原告的权利义务产生影响。故被告认定原告申请的行政复议事项不在行政复议范围内，并作出不予受理决定，认定事实清楚，适用法律正确。

行政复议法第十七条第一款规定，行政复议机关收到行政复议申请后，应当在五日内进行审查，对不符合本法规定的行政复议申请，决定不予受理，并书面告知申请人；对符合本法规定，但是不属于本机关受理的行政复议申请，应当告知申请人向有关行政复议机关提出。行政复议法第四十条规定，行政复议期间的计算和行政复议文书的送达，依照民事诉讼法关于期间、送达的规定执行。本法关于行政复议期间有关“五日”“七日”的规定是指工作日，不含节假日。《中华人民共和国民事诉讼法》第八十二条规定，期间包括法定期间和人民法院指定的期间，期间以时、日、月、年计算，期间开始的时和日，不计算在期间内，期间届满的最后一日是节假日的，以节假日后的第一日为期间届满的日期，期间不包括在途时间，诉讼文书在期满前交邮的，不算过期。依据上述规定，行政复议机关作出不予受理决定的期间应当自行政复议机关收到行政复议申请的时间计算5个工作日，而不是从行政复议机关负责法制工作的机构收到之日起计算。本案中某区政府系行政复议机关，原告邮寄的行政复议申请到达某区政府的时间3月9日应当作为收到之日，3月9日为期间开始时间不予计算，至3月16日5个工作日届满（其中3月14日、15日为周六、周日）。现被告于3月17日作出《决定书》显然超出法定期限。

综上，被告对原告行政复议申请作出不予受理的证据充分、符合相关法律规定，但其未在法定期限内作出，应属程序轻微违法，本院确认被告作出《决定书》的行为违法，鉴于该行为未对原告权利产生实际影响，故不撤销被诉《决定书》。判决如下：确认某区政府作出朝政复不决字〔2015〕第134号《某区人民政府行政复议申请不予受理决定书》违法。

王某某等与某县人民政府政府信息公开案[①]

上诉人（原审原告）：王某某等

被上诉人（原审被告）：某县人民政府（以下简称某县政府）

王某某等109人于2014年8月1日向某县人民政府提出书面申请，要求公开对某县拳铺镇徐集片区东至梁嘉路，西至金马路，南至东、西徐连村路范围内房屋进行征收的省级以上部门的批准文件及某县政府授权拳铺镇政府对徐集片区房屋进行征收的授权文件等相关政府信息。某县政府于2014年8月3日签收了该申请，并于同年9月14日将政府信息公开答复书邮寄至王某某等。该答复书对王某某等申请事项，即是否存在批准文件、授权文件及征收公告

① 案号：山东省济宁市中级人民法院（2015）济行终字第92号。

备案记录，给予了答复，说明了不存在上述文件的理由；并公开答复了《拳铺镇徐集片区房屋征收补偿安置协议书》的存档地点及取得方式。王某某等以某县政府未针对其申请给予明确答复，且答复超过法律规定时限，违反法律规定为由，提起行政诉讼。

济宁市中级人民法院经审理认为，关于王某某等要求某县政府公开涉案片区省级以上部门的房屋征收批准文件和某县政府对拳铺镇人民政府的征收授权文件，某县政府作出的答复书中已明确告知王某某等，该机关不存在上述信息，同时进行了说明，告知了存档地点及取得方式，王某某等亦未提供某县政府存在上述信息的线索，应当认定某县政府已经履行了法定告知义务。某县政府于2014年8月3日收到王某某等109人邮寄的政府信息公开申请，但某县政府于2014年9月14日才作出被诉政府信息公开答复书，超过了政府信息公开条例中关于答复期限的规定。行政程序的设定由许多环节组成，各环节的设定目的也不尽相同，某县政府超期答复的行为虽然影响了行政效率，但未对王某某等的合法权益产生重大影响，故该行为应属于轻微程序违法。《中华人民共和国行政诉讼法》第七十四条第一款规定：“行政行为有下列情形之一的，人民法院判决确认违法，但不撤销行政行为……（二）行政行为程序轻微违法，但对原告权利不产生实际影响的……”故本案应当确认被诉行政行为违法。遂判决确认某县政府于2014年9月5日所作政府信息公开答复书违法，驳回王某某等109人的其他诉讼请求。

本案是涉及政府信息公开过程中程序轻微违法应如何裁判的典型案例。行政审判在解决行政争议的同时，也要注重监督行政机关依法行政。行政行为程序违法一般应当予以撤销，但行政程序轻微违法并不必然导致行政行为无效或被撤销，而应根据行政行为实体结果的正当性、对相对人权益造成的影响、程序目的等因素综合考量。本案中政府超期答复的行为虽然影响了行政效率，但未对相对人的合法权益产生重大影响，属程序轻微违法，法院根据案情综合裁量，作出确认该行政行为程序违法，但不撤销行政行为的判决，既可以督促行政机关依法定程序行使行政权，又兼顾了行政效率。

陈某平与某市房地产管理局不履行政府信息公开职责案[①]

原告：陈某平

被告：某市房地产管理局

2015年8月30日，原告陈某平通过邮政特快专递向被告某市房地产管理局提交《政府信息公开申请表》，要求被告公开以下政府信息：某市街尾片区危旧房改造项目中城北富春商城北单块1号楼1-2号房屋、4-18号房屋的初步评估结果和评估报告。因被告未答复原告，原告于2015年9月24日向本院提起行政诉讼。被告于次日向原告送达《关于陈某平申请公开政府信息的答复》，告知原告"根据《中华人民共和国政府信息公开条例》的相关规定，现予答复如下：经查，城北富春商城北单块1号楼1号房屋、2号房屋、4-18号房屋的所有权人均选择产权调换补偿安置方式，因此不存在您申请公开的初步评估结果和评估报告信息"。原告遂撤回其于2015年9月24日提起的诉讼，于2015年11月17日向本院提起本案诉讼。

法院认为，行政机关作出行政行为应当程序正当、适用法律正确。本案中，首先，被告于2015年8月31日收到原告的政府信息公开申请，至2015年9月23日作出答复、9月25日送达原告，已超过法定期限，且未告知申请人延期答复。因此，被告作出的政府信息公开答复程序违法。其次，被告在《关于陈某平申请公开政府

① 案号：宁德市蕉城区人民法院（2015）蕉行初字第116号。

信息的答复》中告知原告“根据《中华人民共和国政府信息公开条例》的相关规定”作出该答复，但未援引法律、法规的具体条文，系适用法律错误。

综上，本院认为，被告作出被诉行政行为程序违法、适用法律错误，应予纠正。原告诉请撤销被告作出的信息公开答复有理，本院予以支持。由于原告申请的政府信息是否存在及是否应当公开，尚需被告调查、裁量，因此，被告应在法定期限内重新作出答复。据此判决责令被告某市房地产管理局在法定期限内对原告陈某平于2015年8月30日提出的政府信息公开申请重新作出行政行为。

张某广与某市某区房屋管理局政府信息公开案[①]

原告：张某广

被告：某市某区房屋管理局（以下简称某区房管局）

2016年11月15日，张某广向某区房管局提出政府信息公开申请，申请事项：2005年前门大街东片保护整治发展工程的：（1）房屋拆迁许可证；（2）拆迁计划；（3）拆迁方案；（4）拆迁公告。获取信息的方式为自行领取。2016年12月5日，某区房管局作出东房（2016）第129号－告《政府信息公开答复告知书》，主要内容为，第1项、第2项、第4项均查找到，向张某广公开。第3项拆迁方案，在拆迁人提交的拆迁预分方案中没有找到张某广这一户的相关信息，某区房管局未保存，该信息不存在。张某广不服该答复告知书，向某区政府申请行政复议。某区政府于2017年1月18日作出东政复字〔2016〕396号《行政复议决定书》，认为张某广申请公开拆迁方案，某区房管局只就张某广一户的拆迁方案存在与否

① 案号：北京市东城区人民法院（2017）京0101行初627号。

进行了答复，未进行针对性的答复，属于事实认定不清，撤销了某区房管局作出的答复告知书，责令某区房管局重新答复。某区房管局于2017年1月25日收到该复议决定书后，于2017年3月2日作出《政府信息延长答复期告知书》，告知张某广因故无法按期答复，经该机关政府信息公开工作机构负责人同意，延期至2017年3月23日前作出答复。2017年3月13日，某区房管局作出东房（2017）第129号－重告《政府信息公开答复告知书》。张某广于3月31日到某区房管局一并签字领取了《政府信息延长答复期告知书》和东房（2017）第129号－重告《政府信息公开答复告知书》。主要内容为：一、我局经查阅相关档案，已找到您要求公开的：1.《房屋拆迁许可证》（京崇拆许字〔2005〕第204号）。2.《前门地区西片工程拆迁计划》。4.《某市房屋拆迁公告》［崇国土房管拆告字（2005）第10号］。鉴于我局在作出《政府信息公开答复告知书》（东房2016第129号－告）时，已将上述信息向您提供，此处不再重复提供。二、关于您要求公开的第3项内容“拆迁方案”，告知如下：拆迁方案在现存的拆迁档案中以“预分方案表”的形式存在，包含拆迁人已查明的项目范围内居民信息。查找拆迁方案中涉及申请人本人的相关信息进行公开。对于涉及其他居民的信息，将不予公开。此次重新答复过程中，我局再次核实了该项目的预分方案表，未找到关于您的相关信息。根据政府信息公开条例的有关规定，告知关于您要求公开的第3项“拆迁方案”中涉及您的信息我局未获取，该政府信息不存在。

法院认为，本案中，对于被告某区房管局已向原告张某广公开的三项政府信息，原、被告均无异议。就原告申请公开的第3项信息“拆迁方案”，被告某区房管局经查找，在拆迁档案中“拆迁方案”以“预分方案表”的形式存在，包含拆迁人已查明的项目范围内居民信息，由于在预分方案表中未找到原告的信息，某区房管局告知原告其申请公开的该项信息未获取，该政府信息不存在的答复不违反法律法规的规定。但是，被告某区房管局作出《政府信息延长答复期告知书》后没有通知原告领取，而是与其后作出的告知书一并送达原告；作出告知书后也没有及时通知原告领取，属于程序违法。鉴于该程序违法对原告权利没有产生实际影响，故本院依法确认被告某区房管局作出该告知书行为的程序违法，但不撤销该告知书的答复内容。判决确认被告某市某区房屋管理局作出的东房（2017）第 129 号－重告《政府信息公开答复告知书》违法。

第三十四条　【多机关共同制作的政府信息】 申请公开的政府信息由两个以上行政机关共同制作的，牵头制作的行政机关收到政府信息公开申请后可以征求相关行政机关的意见，被征求意见机关应当自收到征求意见书之日起 15 个工作日内提出意见，逾期未提出意见的视为同意公开。

◆ **解读**

2019 年 4 月 15 日，新修订的《中华人民共和国政府信息公开条例》第十条第三款规定，两个以上行政机关共同制作的政府信息，由牵头制作的行政机关负责公开。这明确了常见的联合制作情况下的政府信息公开责任主体。

新条例第三十四条规定，如果存在第十条第三款规定的行政机关共同制作某一政府信息的情况，牵头机关向相关行政机关征求意见后，被征求意见机关应当在收到征求意见书后 15 个工作日内提出意见，否则视为同意公开。

第三十五条　【信息公开申请权的滥用】申请人申请公开政府信息的数量、频次明显超过合理范围，行政机关可以要求申请人说明理由。行政机关认为申请理由不合理的，告知申请人不予处理；行政机关认为申请理由合理，但是无法在本条例第三十三条规定的期限内答复申请人的，可以确定延迟答复的合理期限并告知申请人。

◆ **解读**

本条是新增条款，是对滥用政府信息公开权的规制问题。这一直是困扰政府信息公开工作的一项“顽症”，突出表现为部分申请人超出正当的知情需要，重复、大量、恣意地向一个或多个公开机关申请与其自身无关或关联不大的信息，甚至是推测、假想的信息，继而提起行政复议、诉讼和信访申诉，穷尽一切救济途径，让公开机关疲于应付，借此实现其知情权之外的其他实体利益诉求。近年来，该问题越发突出，并有蔓延趋势，由个人滥用发展到家庭滥用甚至是群体性滥用；由按部就班地“申请信息公开—复议—诉讼—信访—再申请信息公开”，发展到信息公开与复议、信访交叉运用，循环救济，不一而足。由于条例对该类行为未作明确和限制，各级公开机关和复议机关尽管采取了一些应对措施，但收效不大，总体上仍处于被动应对状态，导致知情权滥用人提起的信息公开申请数和行政复议、诉讼案件数畸多，大量行政资源被少数人占用，严重影响了政府信息依申请公开、行政复议、行政诉讼等工作的正常开展。

这一规定可以有效减少目的不正当地申请政府信息公开，同时在特殊情况下为行政机关减轻工作压力。在政府信息公开工作日益深入，取得成效越来越显著的同时，政府信息公开权滥用问题也日益严重。实践中部分申请人基于种种目的，向政府部门大量、反复甚至恶意提起政府信息公开申请，致使行政机关行政资源被严重浪费。《最高人民法院公报》2015 年第 11 期刊登了陆某霞诉南通市发展和改革委员会政府信息公开答复案，通过个案裁判为政府信息公开权利滥用的规制提供了一个蓝本，但对这一方案能否普遍性地解决此类问题，仍需进一步研究。

新条例从立法的层面，分三个层次对滥用政府信息公开权的规制提供了依据。一是对反复申请的不再重复处理。新条例第三十六条第六项规定："行政机关已就申请人提出的政府信息公开申请作出答复、申请人重复申请公开相同政府信息的，告知申请人不予重复处理"。二是收取合理的信息处理费。新条例第四十二条规定："行政机关依申请提供政府信息，不收取费用。但是，申请人申请公开政府信息的数量、频次明显超过合理范围的，行政机关可以收取信息处理费。行政机关收取信息处理费的具体办法由国务院价格主管部门会同国务院财政部门、全国政府信息公开工作主管部门制定。"实践中，因具体办法尚未出台，不建议行政机关通过收取费用的方式限制政府信息公开权滥用。三是对反复多次申请的直接进行规制。新条例第三十五条规定："申请人申请公开政府信息的数量、频次明显超过合理范围，行政机关可以要求申请人说明理由。行政机关认为申请理由不合理的，告知申请人不予处理；行政机关认为申请理由合理，但是无法在本条例第三十三条规定的期限内答复申请人的，可以确定延迟答复的合理期限并告知申请人。"尽管本次修订删除了"三需要"的规定，但根据《最高人民法院关于审理政府信息公开行政案件若干问题的规定》第五条第六款的规定，除行政机关应主动公开的政府信息外，申请人可基于自身生产、生活、科研等特殊需要申请公开相关政府信息，但申请人需承担合理说明义务。如申请人不能对此作出合理说明，行政机关可以拒绝提供。基于公民监督权的行使而申请相关政府信息公开，不属于“三需要”范畴。

◆ 案例

杨某凤与某市人民政府政府信息公开案[①]

再审申请人（一审原告、二审上诉人）：杨某凤

再审被申请人（一审被告、二审被上诉人）：某市人民政府（以下简称某市政府）

2016年6月30日，杨某凤向某市政府邮寄《政府信息公开申请书》，请求提供2013年11月19日某政复决字〔2013〕3号行政复议决定审批表，加盖某市政府公章，签上经办人的姓名，并注明日期。2016年7月14日，某市政府作出本案被诉《政府信息公开申请答复书》，主要内容为：一、申请人申请公开的政府信息，系市政府在行政复议过程中制作、记录、保存的信息，依据《中华人民共和国政府信息公开条例》的规定，不属于政府主动公开的范围。二、某政复决字〔2013〕3号审批表，是在白某国不服某市国土资源局某国土资罚〔2013〕第44号行政决定书提起的行政复议一案审理过程中，对行政复议决定的审批过程中形成的。该行政复议案件当事人为白某国和某市国土资源局，与申请人自身的生产、生活、科研等特殊需求无关，不符合政府信息公开条例的规定，不属于依申请公开的范围。依据《国务院办公厅关于施行〈中华人民共和国政府信息公开条例〉若干问题的意见》（国办〔2008〕36号）第十四条的规定，行政机关对申请人申请公开与本人生产、生

① 案号：最高人民法院（2018）最高法行申1579号。

活、科研等特殊需要无关的政府信息，可以不予提供。三、某政复决字〔2013〕3号审批表属于市政府在审理复议案件中，处于讨论、研究或者审查中的过程性信息，依据《国务院办公厅关于做好政府信息依申请公开工作的意见》（国办发〔2010〕5号）第二条之规定，该审批表不属于政府信息公开条例所指应公开的政府信息。杨某凤不服，提起行政诉讼。

河南省郑州市中级人民法院另查明，2014年4月15日，杨某凤针对某政复决字〔2013〕3号行政复议决定，以某市政府为被告向河南省郑州市中级人民法院提起行政诉讼。在诉讼中，某市政府向法院提交了该行政复议案件卷宗，杨某凤在本案起诉状中认可"2014年在郑州市中级人民法院开庭审理该案时，被告某市政府的委托代理人主动公开交给原告代理人"。该诉讼案件经河南省郑州市中级人民法院及河南省高级人民法院一、二审裁判，以杨某凤与相关行政复议案件没有法律上的利害关系，其不具有原告主体资格为由，驳回杨某凤的起诉。在本案审理过程中，杨某凤和某市政府均向法庭提交某政复决字〔2013〕3号行政复议决定审批表，其中杨某凤提交的该审批表加盖有河南省高级人民法院档案资料专用章。

河南省郑州市中级人民法院一审认为：一、杨某凤申请内容是否是与其生产、生活、科研需要无关的问题。本案被诉《政府信息公开申请答复书》以杨某凤非相关行政复议案件当事人，因而杨某凤要求公开该行政复议案件复议决定审批表与其生产、生活、科研需要无关。某市政府的相关意见实际上是对政府信息公开"三需要"规定的误解。二、杨某凤申请内容是否属于处于讨论、研究或者审查中的过程性信息及杨某凤申请内容是否应当公开的问题。首先，杨某凤申请公开的某政复决字〔2013〕3号行政复议决定审批表是相关行政复议决定的前置审批文件，属于服务于相关行政复议行为的程序性信息，杨某凤向某市政府申请公开之时，相关行政复议决定早已作出，因此杨某凤申请内容不宜认定为过程性信息。其次，杨某凤申请内容为审批信息，公开相关信息既不会造成公众误解或影响决策效率，也不会侵犯相关人员权利，某市政府将该复议决定审批表在行政复议相关案件及本案中作为证据出示并接受公开质证可以佐证这一点。因此，本案被诉《政府信息公开申请答复书》将杨某凤申请内容认定为过程性信息并不予公开，明显不当。三、关于杨某凤是否构成重复申请、重复公开问题。从本案查明的事实看，杨某凤早在2014年诉某市政府行政复议决定一案审理过程中就已通过诉讼案卷查阅复制方式取得其本案申请公开的某政复决字〔2013〕3号行政复议决定审批表，而其于2016年6月30日，向某市政府提出政府信息公开申请，要求公开该审批表，在客观上已经构成重复申请。对于该申请，某市政府可以不重复公开。至于杨某凤在政府信息公开申请及本案诉讼请求中要某市政府公开审批表的同时需再加盖某市政府公章、签上“情况属实”、签上经办人姓名、注明日期等，已经超越了政府信息公开的形式要求。而且杨某凤通过前述诉讼案卷查阅复制方式取得的某政复决字〔2013〕3号行政复议决定审批表，为人民法院终审认定的案件证据，并加盖有河南省高级人民法院档案资料专用章，从内容和形式上均具有确定该审批表真实性的效力，无须通过政府重复公开并加盖公章、签经办人姓名、注明“情况属实”及日期等方式予以确定。杨某凤在已经取得相关政府信息的前提下，向某市政府重复申请公开，其要求公开政府信息的请求不能得到支持。但是，本案为撤销之诉，在本案被诉《政府信息公开申请答复书》中并未将杨某凤重复申请问题作为拒绝公开相关信息的理由。因此，虽然杨某凤的公开请求不能成立，也并不影响法院对本案被诉《政府信息公开申请答复书》合法性问题的评价。综上，本案被诉《政府信息公开申请答复书》拒绝公开相关政府信息的理由混淆了相关法律概念，适用法律错误，依法应予撤销。杨某凤政府信息公开申请构成重复申请，其关于“在审批表上签上‘情况属实’，注明日期，并加盖某市政府红色公章”的诉讼请求不予支持。作出（2016）豫01行初541号行政判决，撤销本案被诉《政府信息公开申请答复书》；驳回杨某凤其他诉讼请求。

杨某凤不服，提起上诉。

河南省高级人民法院二审判决驳回上诉，维持原判。

最高人民法院认为，公民、法人或者其他组织向行政机关提出政府信息公开申请、向人民法院提起政府信息公开诉讼，目的通常是获取有关政府信息。但在本案中，根据一审法院查明的事实，再审申请人杨某凤早在2014年诉某市政府行政复议决定一案审理过程中就已通过诉讼案卷查阅复制方式取得其在本案中所要求公开的行政复议决定审批表。在已经获取相关信息的情况下仍然提出公开申请，在性质上属于“重复申请”，至少在效果上相当于“重复申请”。要求行政机关在其已经掌握的政府信息上加盖公章、签上经办人姓名、注明日期等，并非政府信息公开条例所规定的政府信息公开的方式和形式，甚至不属于政府信息公开范畴。行政机关对此予以拒绝，不构成不履行政府信息公开法定职责。本案中，虽然行政机关的答复说明理由不当，但不予提供政府信息的结果并无不当，且该处理结果对申请人的合法权益并不构成侵害。对于明显缺乏权利侵害事实的起诉，人民法院没有必要仅以行政行为说明理由不当为由判决撤销。可以要求行政机关进行瑕疵补正或者在裁判文书中予以释明之后判决驳回原告的诉讼请求。考虑到再审申请人的再审理由不能成立，生效裁判撤销政府信息公开答复的判决结果亦不对再审申请人的合法权益有所影响，因此决定不对本案提起再审。裁定驳回再审申请人杨某凤的再审申请。

艾某珍与某市某区人民政府政府信息公开案①

上诉人（原审原告）：艾某珍

被上诉人（原审被告）：某市某区人民政府（以下简称某区政府）

艾某珍分别于2014年12月30日、2015年2月10日向某区政府申请查阅《江苏省村镇工程建设许可证》编号0006418、0006419、0009578的许可证及核发该三份许可的政务（指规范文件、程序），某区政府收到上述申请后，未予答复。

江苏省泰州市中级人民法院一审认为，《中华人民共和国政府信息公开条例》明确规定了对信息公开申请的答复方式和程序。某区政府虽称根据《国务院办公厅关于施行〈中华人民共和国政府信息公开条例〉若干问题的意见》第十三条的规定，行政机关对同一申请人向同一行政机关就同一内容提出重复申请的行为可以不予答复。但行政机关不得对该条规定进行扩大性解释，其中同一申请人应当严格限定为一个人，不能扩大性解释为同一户。且艾某珍与陈某明在艾某珍申请信息公开之时已经离婚，双方之间不具有法律关系，也不应当认定为同一户。因此，某区政府以艾某珍与陈某明为同一户为由，适用《国务院办公厅关于施行〈中华人民共和国政府信息公开条例〉若干问题的意见》第十三条的规定，于法无据。某区政府在收到艾某珍的信息公开申请后，在规定期限内未作出任何答复，系未履行信息公开的法定职责。因艾某珍未举证证明其因某区政府的不予答复行为造成的损害，故其相关行政赔偿请求，依法应予驳回。故一审法院判决责令某区政府于该判决生效之日起15日内针对艾某珍的信息公开申请依法作出答复；驳回艾某珍要求某

① 案号：江苏省高级人民法院（2015）苏行终字第00444号。

区政府采取补救措施的赔偿请求。

江苏省高级人民法院二审驳回上诉，维持原判。

杨某云与某市教育局政府信息公开案[①]

上诉人（原审原告）：杨某云

被上诉人（原审被告）：某市教育局（以下简称市教育局）

2017年9月22日，杨某云向市教育局提交《某市教育局政府信息公开申请表》，以自身生活特殊需要为由，申请市教育局公开"某市教育局2005年部门预算"的纸质文本。市教育局收取后于当日向杨某云出具《政府信息公开申请回执》。2017年10月18日，市教育局向杨某云送达其于2017年10月16日作出的《关于政府信息公开申请答复日期告知书》（佛教依申请公开〔2017〕13号），告知将于2017年11月8日对杨某云所申请的信息进行答复。2017年11月8日，市教育局向杨某云送达其于2017年11月6日作出的《关于政府信息公开申请补正告知书》（佛教依申请公开〔2017〕15号），要求杨某云在收到告知书之日起5日内向市教育局补正"某市教育局2005年部门预算"与杨某云自身生活特殊需要相关的证明，逾期视为放弃本次政府信息公开申请。杨某云收到后未向市教育局补正相关证明，并于2017年11月16日向法院提起诉讼。

另查，杨某云以自身生活特殊需要为由，于2017年9月22日向市教育局提出申请公开"某市教育局2005年部门决算""某市教育局2006－2008年部门预、决算""佛山市教育局2009年部门预算""某市教育局2008年度政府信息公开工作年度报告"的政府信息。同时，于2017年6月6日向某市国土资源和城乡规划局申请公开已经依法批准的城市总体规划或者城市分区规划组

① 案号：广东省佛山市中级人民法院（2018）粤06行终311号。

织编制的“某市祖庙东华里片区控制性详细规划”的政府信息。

杨某云与杨某谦原分别是某市某区上贤里2号××房和某市某区建设一街3号3座××房的国有土地使用权人与房地产权人。2007年10月23日，某市国土资源和城乡规划局作出《收回国有土地使用权公告》，决定收回某市某区祖庙东华里片区国有土地使用权。杨某云和杨某谦的上述房产在拆迁改造范围内。因杨某云和杨某谦与相关部门未就拆迁补偿事宜达成协议，杨某云和杨某谦分别以某市对外贸易经济合作局、某市某区财政局、某市国土资源和城乡规划局、某市某区国土城建和水务局、某省某市人民政府、某省人民政府为被告，要求公开相关政府信息。据了解，在2013年期间，杨某云与杨某谦认为某省人民政府、39个某省省直行政机关、21个某省地级以上市人民政府、某市法制局没有履行主动公开有关年度部门预算、决算、政府信息公开报告的职责，向某省人民政府递交了487份行政复议申请，后又撤回。在2013年2月18日，杨某云以某市某区相关部门、四个镇街为被申请人向某市某区人民政府提出共253件行政复议申请，申请的内容涉及2008年至2012年各部门（及分单位）预（决）算以及部门年度信息公开报告等政府信息的主动公开内容，同一时期内，杨某云又向某市人民政府申请相关行政复议533宗，被申请人分别为某市五区人民政府及市直39个部门，同时，杨某云和杨某谦又分别向某市四个区的人民政府提起行政复议197宗，内容也主要是有关部门没有履行主动公开有关年度部门预算、决算、政府信息公开报告的职责。

某区人民法院一审认为，获取政府信息和提起诉讼是法律赋予公民的权利。为了保障公民知情权的实现，行政机关应当主动公开政府信息，以提高政府工作的透明度。为了监督行政机关依法行政，切实保障公民依法获取政府信息，公民认为行政机关在政府信息公开工作中的行政行为侵犯其合法权益的，可以依法提起行政诉讼。但任何公民享有宪法和法律规定的权利，同时必须履行宪法和法律规定的义务；公民在行使自由和权利的时候，不得损害国家的、社会的、集体的利益和其他公民合法的自由和权利；公民在行使权利时，应当按照法律规定的方式和程序进行，接受法律及其内在价值的合理规制。《中华人民共和国政府信息公开条例》第一条明确规定，制定本条例的目的是“保障公民、法人和其他组织依法获取政府信息，提高政府工作的透明度，建设法治政府，充分发挥政府信息对人民群众生产、生活和经济社会活动的服务作用”，因此，保障社会公众获取政府信息的知情权是《中华人民共和国政府信息公开条例》最主要的立法目的之一。而有关“依法获取政府信息”的规定，表明申请获取政府信息也必须在现行法律框架内行使，应当按照法律规定的条件、程序和方式进行，必须符合立法宗旨，能够实现立法目的。据上述法院查明的事实，杨某云所提出的政府信息公开的申请次数众多，除向市教育局提出申请公开 10 份政府信息外，还向某市国土资源和城乡规划局申请公开已经依法批准的城市总体规划或者城市分区规划组织编制的“某市祖庙东华里片区控制性详细规划”。除杨某云现向法院提起的（2017）粤 0606 行初 1289 – 1299 号案外，杨某云及杨某谦以政府信息公开为由在 2012 年度另行提起了相关诉讼，同时，在 2013 年期间，杨某云及杨某谦以没有履行主动公开有关年度部门预算、决算、政府信息公开报告的职责为由，向某省人民政府、39 个某省省直行政机关、21 个某省地级以上市人民政府以及某市五区的人民政府及有关部门，提出 1000 多宗政府信息公开申请，杨某云所申请公开的政府信息内容较为庞杂，但都不能证实所申请公开的政府信息与其生产、生活或科研等特殊需要有何联系。杨某云不间断地向政府及其相关部门申请获取所谓政府信息，真实目的并非获取和了解所申请的信息，而是借此表达不满情绪，并向政府及其相关部门施加答复、行政复议和诉讼的压力，以实现其个人利益的最大化。根据《中华人民共和国行政诉讼法》第二条第一款的规定，杨某云的诉讼行为已经背离了要求救济受侵害的合法权益这一诉讼宗旨，不具有正当性。保障当事人的诉权与制约恶意诉讼、无理缠诉均是审判权的应有之义。对于个别当事人反复多次提起轻率的、相同的或者类似的诉讼请求，或者明知无正当理由而反复提起的诉讼，人民法院对其起诉应严格依法审查。杨某云所提起的相关诉讼因明显缺乏诉的利益、目的不当、有悖诚信，违背了诉权行使的必要性，因而也就失去了权利行使的正当性，属于典型的滥用诉权行为，不应得到支持。

综上所述，杨某云诉请判决确认市教育局没有在法定期限内就其申请公开的“某市教育局2005年部门预算”作出答复的行为违法；市教育局就杨某云申请公开的“某市教育局2005年部门预算”作出答复的主张，不具有正当性，缺乏诉的利益，应予驳回。裁定驳回杨某云的起诉。案件受理费50元不予收取。

某市中级人民法院二审认为，除法律规定的应由行政机关主动公开的政府信息外，公民、法人和其他组织申请政府信息公开的，申请人应当提供材料证明该申请公开的政府信息与其自身生产、生活、科研等特殊需要有关。而上诉人并未提供任何材料证明其申请公开的上述政府信息与其自身生产、生活、科研等特殊需要存在关联性，且在被上诉人以书面形式明确要求提供相关证明并释明后果后，仍无提交任何相关证明材料。可见，上诉人轻率且同时就类似的问题提出政府信息公开申请进而提起行政诉讼共10件，以及所提起的诉讼明显没有值得保护的与其自身合法权益相关的实际利益，其诉讼行为已明显违反《中华人民共和国政府信息公开条例》立法目的，实属消耗行政资源、挤占司法资源、滥用诉讼权利之行为。根据《最高人民法院关于进一步保护和规范当事人依法行使行政诉权的若干意见》第十六条："要充分尊重和保护公民、法人或者其他组织的知情权，依法及时审理当事人提起的涉及申请政府信息公开的案件。但对于当事人明显违反《中华人民共和国政府信息公开条例》立法目的，反复、大量提出政府信息公开申请进而提起行政诉讼，或者当事人提起的诉讼明显没有值得保护的与其自身合法权益相关的实际利益，人民法院依法不予立案。公民、法人或者其他组织申请公开已经公布或其已经知晓的政府信息，或者请求行政机关制作、搜集政府信息或对已有政府信息进行汇总、分析、加工等，不服行政机关作出的处理、答复或者未作处理等行为提起诉讼的，人民法院依法不予立案"的规定，同时，根据《最高人民法院关于适用〈中华人民共和国行政诉讼法〉的解释》第六十九条第一款的有关规定，对上诉人的起诉依法应当裁定驳回。上诉人主张，其作为我国合法公民，依法享有获取政府信息的权利，以使教育管理部门相应的预防腐败工作顺利开展。从原审法院查明的事实可知，上诉人曾因其权属的房地产征收拆迁补偿事宜未与有关部门达成协议，单在2013年间就向从省级到镇街基层等的不同行政机关提出政府信息公开及行政复议，总数多达千余件，内容均主要为有关部门没有履行主动公开有关年度部门预算、决算、政府信息公开报告的职责，也有以政府信息公开为由提起过相关诉讼。在此之前的信息公开申请、行政复议及行政诉讼中，上诉人亦不能证实其所申请公开的政府信息与其自身生产、生活、科研等特殊需要有关，只是一味以大量、重复、杂乱的方式提出申请、复议和诉讼，借此向政府和法院施加压力和负担，以实现其个人利益最大化。有鉴于此，上诉人提起诉讼是滥用政府信息公开知情权，有违诚实信用原则；其行使诉讼权利不具有保护合法知情权的正当目的性，没有值得通过司法程序保护的正当利益。原审裁定认为上诉人的起诉属于滥用诉权的性质认定正确，本院予以确认。因此，对于上诉人要求确认被上诉人对其申请不予答复违法等上诉主张，本院不予支持。综上所述，原审法院以上诉人滥用诉权为由裁定驳回其起诉正确，依法应予维持。依照《中华人民共和国行政诉讼法》第八十九条第一款第一项的规定，裁定驳回上诉，维持原裁定。

二审诉讼费50元不予收取。

张某某与某县某镇人民政府政府信息公开案①

上诉人（原审原告）：张某某

被上诉人（原审被告）：某县某镇人民政府（以下简称某镇政府）

张某某于2014年8月31日通过挂号信向某镇政府邮寄了政府信息公开申请表，申请该政府公开其2013年公车配置情况，包括数量、型号、品牌、购置价格、购置时间、归何人使用、全年油耗量、行驶里程、修理费、过路费明细清单。某镇政府在收到张某某提出的政府信息公开申请后，于2014年10月14日对张某某的申请进行了回复，回复内容为："与申请人的生产生活无直接关系，按照政府信息公开相关管理办法，可以不予公开。"张某某对该回复不服，向某县人民政府提出行政复议申请，某县人民政府于2015年2月6日作出行政复议决定书，维持某镇政府于2014年10月14日作出的《关于张某某政府信息公开申请的回复》，张某某对该行政回复不服，遂提起本案诉讼。

在本案受理之前及审理过程中，张某某先后向某县人民法院邮寄了81件行政诉状要求立案。所邮寄的诉状中包括诉某县公安局49件，诉某镇政府27件，诉某县城乡建设委员会1件，诉某县水

① 案号：重庆市第二中级人民法院（2015）渝二中法行终字第00169号。

务局4件。其中诉某县公安局政府信息公开的案件，主要是申请公开其多次报警的记录，出警情况，出警人员信息，报警录音光盘，公安督查电话接听人员警号、职务，变更其户籍地的法律依据等。诉某镇政府信息公开案件，主要是申请公开某镇政府普法情况、土地利用总体规划、年度工作计划、财政预算情况、计生执行情况、宅基地建设审批情况、违法建筑查处情况、党员干部违法违纪查处情况以及某县某镇书记、镇长关于群众路线教育实践活动的个人总结、接待来访群众情况、镇长的离任审计报告、领导分管工作分工情况等。此外，自2014年年底以来，张某某向重庆市第二中级人民法院、重庆市渝北区人民法院以及某县人民法院提起的请求相关行政机关履行信息公开职责及信息公开行政复议职责等行政诉讼案件已受理14件。

某县人民法院在其相关案件审理过程中对某县人民政府法制办公室、某镇政府、某县公安局等行政机关调查发现，张某某自2014年8月以来已经向某镇政府、某县公安局、某县人民政府、某县规划局、某县国土资源和房屋管理局、某县移民局、某县城乡建设委员会、某县环保局等行政机关提出政府信息公开申请至少215次，提起行政复议99件。张某某仅向某县公安局提出各类政府信息公开的申请就达90余件，部分已经过行政复议程序和行政诉讼程序。张某某以其承包的花椒地受外界影响为由向某县公安局重复报警多次，其中拨打110电话报警就达40余次，并就其每次拨打110电话的出警情况分别向某县公安局提出信息公开申请，还要求对接警警员、出警警员以及参加行政诉讼的干警的个人身份情况予以公开。张某某向某镇政府提出政府信息公开申请51件，包括要求某镇政府公开制作关于张某某政府信息公开申请回复的工作人员的基本情况、公开镇政府领导干部在抗洪救灾中每天抗洪抢险的过程、镇政府分管信息公开工作的负责人的基本情况、镇政府2015年的工作计划和安排、华电国际某电厂工程相关问题、镇政府与村民委员会签订的2005年度基本农田保护责任书等。另外，张某某还向某镇政府、某县规划局、某县移民局、某县城乡建设委员会、某县环保局等单位提出各类投诉及实名举报10余次。

某县人民法院经审理认为，根据《中华人民共和国政府信息公开条例》第一条的规定，保障社会公众获取政府信息是《中华人民共和国政府信息公开条例》最主要的立法目的。而有关"依法获取政府信息"的规定，表明申请获取政府信息应当按照法律规定的条件、程序和方式进行，必须符合立法宗旨，能够实现立法目的。本案张某某向行政机关频繁申请信息公开，并向人民法院寄送了大量的行政诉状，其请求的事项存在类似或相同的情况，申请公开的内容涉及多方面，且存在要求公开行政机关相关工作人员个人信息的情况。张某某申请政府信息公开和提起诉讼的目的并非依法获取和了解政府信息本身，而是通过不断的、大量的申请、复议和诉讼，表达不满情绪和向政府及相关部门施加压力，以达到其承包地附着物利益补偿的最大化。张某某频繁地申请信息公开的行为已经背离了《中华人民共和国政府信息公开条例》的立法目的，构成了申请权的滥用。

保障当事人的诉权与制约恶意诉讼、无理缠诉均是我国行政诉讼法的应有之义。对于个别当事人基于不正当目的，反复多次提起相同的或者类似的诉讼请求或者明知无正当理由而反复提起的诉讼，人民法院对其起诉应依法严格审查。当事人提起诉讼应具有诉的利益。张某某滥用政府信息公开申请权，在客观上并不具有信息公开诉讼应该保护的利益。《中华人民共和国行政诉讼法》第二条第一款明确规定："公民、法人或者其他组织认为行政机关和行政机关工作人员的行政行为侵犯其合法权益，有权依照本法向人民法院提起诉讼。"行政诉讼是保护公民、法人和其他组织合法权益的制度，张某某的诉讼行为已经背离了救济受侵害的合法权益这一诉讼本旨，不具有正当性。同时，张某某的起诉也违背了诚实信用原则。诚实信用原则要求当事人实施诉讼行为、行使诉讼权利必须遵守伦理道德，诚实守诺，并在不损害对方合法利益和公共利益的前提下维护自身利益。张某某的起诉明显有悖诉讼诚信原则的基本要求。

行政资源和司法资源的有限性，决定了行政机关和人民法院只能满足公民正当合理的行政救济和司法救济需求。张某某的行为浪费了行政资源和司法资源，严重背离了权利正当行使的宗旨，有违诚实信用原则，超越了行使个人权利的界限。张某某在提起相关行政诉讼时，主观上滥用诉权的意图明显，属于法律所禁止的滥诉行为。根据法律的基本原则和精神，决定对张某某因滥用诉权提起的行政诉讼案件不作实体审理。对于张某某对行政机关信息公开向人民法院提起的类似的行政诉讼，该院将依据《中华人民共和国政府信息公开条例》等规定进行严格审查，张某某须举证说明其申请和诉讼具有正当目的，否则将得不到法律支持。遂裁定驳回张某某的起诉。

张某某不服，提出上诉。重庆市第二中级人民法院经审理，裁定驳回上诉，维持原判。

本案裁判的典型意义在于，对形式上符合法定条件的信息公开案件的起诉，如果人民法院查明当事人存在滥用诉权的情形，可以迳直裁定驳回起诉。人民法院可以从如下方面审查当事人的起诉是否属于滥用诉权。第一，在行政程序中，申请人是否具有滥用信息公开申请权的行为。围绕申请人递交的申请本身对申请权滥用行为予以界定。申请人过往的申请行为和申请目的及申请价值，对于是否构成草率或纠缠申请有重要参考价值。这是因为申请人过往的经验已经很好地印证了申请人的新申请只不过是某种申请权滥用的表现。这里既包括“定量”的分析，亦包括“定性”的分析。定量分析并不是说原告向行政机关的信息公开申请的绝对数量，而是强调要求反复多次。定性分析则是判断原告的申请是否符合《中华人民共和国政府信息公开条例》第一条“依法获取政府信息”的规定，具体包括申请目的是否符合立法目的并具有善意，申请权的行使方式是否正当，申请权的行使是否损害国家、社会、集体的利益和其他公民的合法自由和权利。第二，原告是否具有诉的利益。按照诉益理论，诉的利益就是原告存在司法救济的客观需要，没有利益就没有起诉权。当事人提起诉讼的目的是维护被诉具体行政行为侵犯的合法权益，如果明显不存在原告主张的合法权益，原告当然无权提起诉讼。没有任何诉讼利益或者仅仅是通过诉讼达到宣泄情绪，攻击行政机关等目的而提起的诉讼将不受保护，司法程序也没有必要对此类所谓起诉予以启动。第三，原告的起诉目的是否正当。行政诉讼是为保护处于行政权力相对方的当事人合法权益而设立的裁判制度，维护其合法权益是原告起诉的正当性基础。行政诉讼不是当事人依靠主观臆想、随心所欲发泄对公权力的不满情绪的手段和渠道。现实中，原告通过信息公开之诉对行政机关甚至给法院施加压力，企图追求合法利益之外的更大利益甚至非法利益的情形比较普遍，其起诉的不当目的通过其对行政机关及法院的责骂、刁难、骚扰等行为有着直观的表现。第四，原告的起诉是否有悖于诚实信用原则。民事诉讼法第十三条规定，民事诉讼应当遵循诚实信用的原则。根据现行规定，人民法院审理行政案件，可以参照民事诉讼的有关规定。诚实信用原则要求诉讼当事人在实施诉讼行为，行使诉讼权利时必须遵守社会伦理道德，诚实守诺，在不损害对方利益和社会利益的前提下追求自己的利益。这一原则从根本上排斥欺诈、泄愤、盲目、重复、琐碎性质的起诉。如果原告所提起诉讼存在理由高度雷同，已经获取所申请政府信息但仍坚持提起诉讼，即可认定为违背诚实信用原则。以上四个方面实质上是从不同角度界定了信息公开案件原告滥用诉权的构成，本案的裁判为滥用诉权的认定提供了一条可资借鉴的审判思路。

高某华与某市交通委员会政府信息公开案[①]

原告：高某华

被告：某市交通委员会（以下简称交通委）

2018年7月26日，原告高某华通过邮政挂号信的方式向被告交通委提交了小客车指标申请书等相关材料，被告交通委于2018年7月27日收到了原告的申请书及相关材料，但在法定履责期限内，被告交通委并未就原告的申请作出书面答复，为此，原告高某华就被告交通委未履行法定职责的行为向市政府提起行政复议。市政府于2018年9月26日收到原告高某华的复议申请书后，依法履行了法定复议程序，经审查，告知其因其名下的小客车被盗，曾于2014年向被申请人邮寄申请书，请求直接取得小客车指标，被告交通委已予答复，且经法院生效判决确认，被告基于同一事实再次申请直接取得小客车指标，属于重复申请，被告交通委通过电话方式答复申请人，不存在未履行法定职责的行为，故驳回原告高某华的行政复议申请，并于2018年11月17日送达原告高某华。

法院认为，原告提交的申请虽不规范、不明确，但被告在明确知道原告系申请小额车指标更新申请的意思表示后，理应在法定时限内就原告申请事项是否同意作出明确答复。现被告称其在法定时限内针对原告的申请事项以原告不符合条件对原告进行了口头告知并向法庭提交了电话通话记录，但对此原告并不认可，且该通话记

① 案号：北京市东城区人民法院（2019）京0101行初130号。

录仅反映被告通过单位的电话呼叫过原告的手机及通话时长，但却不能证明双方通话的内容。在没有其他有效证据证明的情况下，对该事实本院不能确认，不能认定被告针对原告的申请进行了有效的告知或答复。

关于被告针对原告高某华于2014年提出申请直接取得小客车指标申请事项的答复，业已经人民法院生效判决确认正确，原告的此次申请是否构成重复申请的意见，本院认为，重复申请是指当事人就相同事项依据同一理由反复提出的申请。这里的重点不但是申请事项的同一，还须理由或依据的同一。就本案而言，原告2014年提出小客车指标申请时依据的是当时生效并适用的《（某市小客车数量调控暂行规定）实施细则（2013修订）》，“实施细则（2013）修订”在2017年进行了修订，即《（某市小客车数量调控暂行规定）实施细则（2017修订）》。而此次原告提出申请的依据明确为“实施细则（2017修订）”，故原告申请的依据不同，应视为新的申请。被告即应针对原告申请法定期限内履行告知答复义务。判决交通委于判决生效之日起60日内对原告高某华于2018年7月26日向交通委提出的《小客车指标申请书》作出回复。

第三十六条　【信息公开的答复方式】 对政府信息公开申请，行政机关根据下列情况分别作出答复：

（一）所申请公开信息已经主动公开的，告知申请人获取该政府信息的方式、途径；

（二）所申请公开信息可以公开的，向申请人提供该政府信息，或者告知申请人获取该政府信息的方式、途径和时间；

（三）行政机关依据本条例的规定决定不予公开

的，告知申请人不予公开并说明理由；

（四）经检索没有所申请公开信息的，告知申请人该政府信息不存在；

（五）所申请公开信息不属于本行政机关负责公开的，告知申请人并说明理由；能够确定负责公开该政府信息的行政机关的，告知申请人该行政机关的名称、联系方式；

（六）行政机关已就申请人提出的政府信息公开申请作出答复、申请人重复申请公开相同政府信息的，告知申请人不予重复处理；

（七）所申请公开信息属于工商、不动产登记资料等信息，有关法律、行政法规对信息的获取有特别规定的，告知申请人依照有关法律、行政法规的规定办理。

◆ **解读**

本条是关于行政机关如何处理政府信息公开申请的规定。申请人提出政府信息后行政机关即负有作出回应的义务。行政机关受理政府信息公开申请后，应当对申请人所需要的政府信息进行查找，然后根据不同的查找结果答复申请人。行政机关对申请人提出的政府信息公开申请应当区别七种不同情况作出不同答复。

新政府信息公开条例最终确立的处理决定类型化方案，接近于塞尔维亚的做法，在立法上确立了五种实体处理决定类型和五种程序处理决定类型，其中，每种实体处理决定类型下面又分为若干种具体类型，可以组合成几十种具体类型。

1. 予以公开。一是告知获取方式和途径。申请人所申请的政府信息已经主动公开的，行政机关可以告知获取方式和途径（第三十六条第一项）。二是向申请人提供政府信息，以提供政府信息的事实行为，替代书面的予以公开决定（第三十六条第二项）。三是告知申请人获取该政府信息的方式、途径和时间（第三十六条第二项）。

2. 不予公开。一是构成国家秘密（第十四条）。二是法律、行政法规禁止公开（第十四条）。三是公开后可能危及国家安全、公共安全、经济安全、社会稳定（第十四条）。四是涉及商业秘密、个人隐私等，公开后会对第三方合法权益造成损害（第十五条）。五是纯属人事管理、后勤管理、工作规范三类内部事务信息（第十六条第一款）。六是行政机关在履行行政管理职能过程中形成的讨论记录、过程稿、磋商信函、请示报告四类过程性信息（第十六条第二款）。七是行政执法案卷（第十六条第二款）。八是工商登记资料、不动产登记资料等其他法律或行政法规规定了专门查询办法的信息（第三十六条第七项）。

3. 部分公开部分不予公开。三种予以公开的具体类型与八种不予公开的具体类型，可以组合成二十四种相应的具体类型。

4. 无法提供。一是本机关不掌握相关政府信息（第三十六条第四项或第五项）。二是申请人所申请的政府信息，需要本机关专门汇总、分析、加工整理的，或者需要本机关专门另行制作的（第三十八条）。三是行政机关告知申请人补正，补正后重新提交的申请内容仍不明确。

5. 不予处理。一是以政府信息公开申请的形式提出信访、举报、投诉等诉求（第三十九条第一款）。二是申请人就行政机关已经依法处理过的申请内容，向同一行政机关重复提起内容相同或相近的信息公开申请（第三十六条第六项）。三是要求行政机关提供政府公报、报纸、杂志、书籍等公开出版物（第三十九条第二款）。

四是申请人申请公开政府信息的数量、频次明显超过合理范围且无法提供合理理由（第三十五条）。五是申请人已经通过其他渠道获取，要求行政机关进行确认或重新出具。

还有若干程序处理类型。一是补正处理（第三十条）。二是征求第三方意见处理（第三十二条）。三是公开后告知第三方处理（第三十二条）。四是延期处理（第三十三条）。五是征求其他机关意见处理（第三十四条）。

需要强调的是，新政府信息公开条例处理决定类型化的实际意义，既在于其规范性，也在于其排他性。所谓排他性，意即在法定处理决定类型之外，行政机关不得自行创造新的处理决定类型，不宜再以“不属于条例调整范围”“属于政策咨询”“不属于政府信息”等理由或者方式作出处理决定。

第三十六条第一项　【已主动公开信息的答复】

（一）所申请公开信息已经主动公开的，告知申请人获取该政府信息的方式、途径；

◆ 解读

这是信息公开最常用的答复方式，也是减少行政诉讼的最主要方式。

◆ 工作实务

2009 年 5 月 23 日，夏某辉向某市物价局提出政府信息公开申请。夏某辉在《申请表》的“所需信息的内容描述”一栏填写内容为“某市物价局掌握、制作的关于某市范围内城市公共交通票价的收费批准文件”；“所需信息的用途”一栏填写内容为“了解信息，维护消费者合法权益”；“获取信息的方式”一栏填写内容为

“书面方式，邮寄送达”。

6月2日，市物价局通过电话与夏某辉进行了联系，要求夏某辉对所申请的具体内容和用途作补充说明，夏某辉坚持市物价局按《申请书》要求提供信息。同日，市物价局作出关于夏某辉信息公开申请的书面答复，告知其某市各级物价部门已将佛山市范围内城市公共交通票价的收费批准文件等信息通过互联网主动公开发布，请夏某辉登录市物价局以及辖下各区物价部门的网站查阅，并以附表的形式告知上述网站的网址。

夏某辉不服，认为市物价局的答复没有为其提供便利，没有按其要求的书面形式提供信息，违反了政府信息公开条例的规定，遂向某市政府申请行政复议。

第三十六条第二项　【可公开信息的答复方式】

（二）所申请公开信息可以公开的，向申请人提供该政府信息，或者告知申请人获取该政府信息的方式、途径和时间；

◆ **政策解释**

国务院办公厅政府信息与政务公开办公室关于政府信息公开处理决定送达问题的解释

国办公开办函〔2016〕235号

农业部办公厅：

《关于可否采用到付方式送达政府信息公开答复的函》（农办便函〔2016〕233号）收悉。经研究并征求国务院法制办、最高人民法院和国家邮政管理部门意见，现答复如下：

一、行政机关作出的信息公开处理决定，是正式的国家公文，应当以权威、规范的方式依法送达申请人。参照有关法律规定，送达方式包括直接送达、委托其他行政机关代为送达和邮寄送达。

二、采取邮寄送达方式送达的，根据《中华人民共和国邮政法》第五十五条规定，以及我国国家公文邮寄送达实际做法，应当通过邮政企业送达，不得通过不具有国家公文寄递资格的其他快递企业送达。

三、采取邮寄送达方式送达的，行政机关可以依照《中华人民共和国政府信息公开条例》及有关规定收取邮寄成本费用，但不得以要求申请人向邮政企业支付邮寄费的方式收取。

四、采取直接送达、委托其他行政机关代为送达等方式送达的，以申请人及其法定代理人签收之日当日为期限计算时点。采取邮寄送达方式送达的，以交邮之日当日为期限计算时点。

五、本答复做出以前，已经通过其他快递企业寄出的，以交邮之日当日为期限计算时点。

◆ **案例**

如果爱公司与民政部政府信息公开案[①]

上诉人（一审原告）：如果爱公司

被上诉人（一审被告）：民政部

2013 年 1 月 28 日，如果爱公司请求民政部向其书面公开中国婚姻家庭研究会的社会团体登记资料、年检资料、社会团体法人登记证书及对中国婚姻家庭研究会涉嫌欺诈行为的查处结果。民政部接到如果爱公司的申请后，未在法定的 15 日期限内作出答复。在行政复议期间，民政部于 2013 年 4 月 26 日向申请人作出《政府信息告知书》。如果爱公司不服，提起行政诉讼。

---

① 案号：北京市高级人民法院（2015）高行终字第 1998 号。

北京市第二中级人民法院经审理认为，民政部认为如果爱公司申请的该政府信息属于公开范围，遂答复如果爱公司获取该政府信息的方式和途径，即登录中国社会组织网查询并附上网址，并无不当。民政部在《政府信息告知书》中并未引用相关法律条款，导致该被诉具体行政行为适用法律错误，应予撤销。作出《政府信息告知书》超过法定答复期限，且没有依法延长答复的批准手续，属程序违法。此外，在作出对外发生法律效力的《政府信息告知书》时，应以民政部的名义作出，并加盖民政部公章。综上，判决撤销民政部所作《政府信息告知书》，并判决民政部应于本判决生效之日起60日内针对如果爱公司的政府信息公开申请重新作出具体行政行为。

如果爱公司不服，提出上诉。北京市高级人民法院经审理认为，民政部认定中国婚姻家庭研究会的社会团体登记情况、历年年检情况属于公开信息，并告知如果爱公司登录中国社会组织网查询。但通过前述网址查询到的内容显然不能涵盖如果爱公司申请公开的中国婚姻家庭研究会的社会团体登记资料、年检资料所对应的信息。对于中国社会组织网查询结果以外的，中国婚姻家庭研究会的其他社会团体登记资料、年检资料信息，民政部未在被诉告知书中予以答复，亦未说明理由，其处理构成遗漏政府信息公开申请请求事项的情形。同时，尽管民政部不保留登记证书的原件及副本，但作为全国性社会团体的登记机关，民政部应当掌握中国婚姻家庭研究会登记证书上记载的相关信息。民政部在未要求如果爱公司对其申请事项予以进一步明确的情况下，仅告知其不保留登记证书原件及副本，未尽到审查答复义务。一审法院关于民政部答复内容并无不当的认定错误，本院予以纠正。民政部作出被诉告知书明显超过法定答复期限，且无依法延长答复期限的批准手续，民政部在复议程序中已经确认超期答复违法，本院予以确认。此外，被诉告知书有可援引的法律依据而未援引，应属适用法律错误。民政部作为政府信息公开义务主体，应以其自身名义对外作出政府信息公开答复。综上，判决驳回上诉，维持一审判决。

刘某友与某市某区人民政府政府信息公开案[①]

再审申请人（一审原告、二审上诉人）：刘某友

被申请人（一审被告、二审上诉人）：某市某区人民政府（以下简称某区政府）

刘某友向某区政府提出政府信息公开申请，要求公开其名下房屋、宅基地、地上附属物补偿及人口安置补偿等全部拆迁补偿信息，包括但不限于其亲笔签名的拆迁补偿协议、亲笔签名的《津秦客运专线涉及拆迁房产及附属物价值明细表》、宅基地征收补偿标准及补偿费数额、农村人口安置补助费标准及数额、误工费、搬迁费数额以及前述补偿、补助费用的发放明细等。某区政府 2015 年 9 月 7 日收到该政府信息公开申请后，于 2015 年 10 月 20 日对刘某友作出〔2015〕27 号政府信息公开申请告知书，告知刘某友相关信息应向某市国土资源局某分局申请公开，并在告知书中提供了该局的联系方式。该政府信息公开申请告知书送达后，刘某友不服，向人民法院提起诉讼。

河北省唐山市中级人民法院一审认为，某区政府在收到刘某友信息公开申请后，并未对刘某友申请的全部事项逐一作出审查判断，而仅仅是笼统地告知其向其他机关申请公开。且某区政府未提交充分证据证明刘某友所申请的信息不属于由其制作或者保存的，某区政府作出的政府信息公开申请告知书不符合《中华人民共和国政府信息公开条例》的规定，依法应予撤销。判决责令某区政府于本判决生效

---

① 案号：最高人民法院（2018）最高法行申 4709 号。

之日起30个工作日内对刘某友重新作出政府信息公开答复。

刘某友、某区政府均不服一审判决，上诉至河北省高级人民法院。

河北省高级人民法院二审认为，刘某友申请公开其名下的房屋、宅基地、地上附着物补偿及人口安置补偿等全部拆迁补偿信息。《唐山市人民政府关于津秦铁路客运专线唐山市境内建设的通告》（唐政通字〔2008〕13号）第二条规定，津秦客运专线涉及我市的征地拆迁工作，由相关县（市）、区人民政府（管委会）和市政府有关部门按照职责分工具体组织实施，自即日起立即进行登记和补偿证据保全。2009年4月9日某区政府发布的通告及6月15日的《关于限期选择参加平改或放弃参加平改选择享受国家铁路建设征地现金补偿的通知函》均显示某市某区重点项目征地拆迁指挥部参与实施了涉案征地拆迁。刘某友认为某市某区重点项目征地拆迁指挥部是某区政府设立的临时机构，某区政府虽然予以否认，但是并未提供证据证实，故刘某友有理由认为某区政府应当掌握相关征地拆迁补偿信息。某区政府仅告知刘某友相关信息应向某市国土资源局某分局申请公开，而其本身不承担公开义务，理由不充分。一审法院判决撤销其政府信息公开申请告知书并责令重新答复并无不当，应予维持。判决驳回上诉，维持原判。

最高人民法院经审查认为，本案的争议焦点是原审法院的判决方式是否符合法律规定。为强化行政审判在解决政府信息公开案件中的纠纷解决功能，最大限度地保障权利救济的实用性，《最高人民法院关于审理政府信息公开行政案件若干问题的规定》第九条第一款规定："被告对依法应当公开的政府信息拒绝或者部分拒绝公开的，人民法院应当撤销或者部分撤销被诉不予公开决定，并判决被告在一定期限内公开……"该规定使政府信息公开案件行政判决内容变得明确、具体、直接。但选择这一判决方式的前提是，被告依法应当公开，即被告系政府信息公开主体。但若尚需被告调查、裁量的，《最高人民法院关于审理政府信息公开行政案件若干问题的规定》第九条第一款亦规定了“判决其在一定期限内重新答复”。

本案再审申请人刘某友向被申请人某区政府申请公开的信息是其名下的房屋、宅基地、地上附着物补偿及人口安置补偿等全部拆迁补偿信息。原审法院依据《唐山市人民政府关于津秦铁路客运专线唐山市境内建设的通告》（唐政通字〔2008〕13号）、《关于限期选择参加平改或放弃参加平改选择享受国家铁路建设征地现金补偿的通知函》等相关文件认定“刘某友有理由认为某区政府应当掌握相关征地拆迁补偿信息”，故在某区政府未提供证据证实其不掌握相关信息的情况下，原审法院以“某区政府仅告知刘某友相关信息应向某市国土资源局某分局申请公开，而其本身不承担公开义务，理由不充分”为由，判决被诉信息公开申请告知书违法并予以撤销并无不当。但《中华人民共和国政府信息公开条例》第二条规定的政府信息的客观存在是其可以公开的前提。本案中，无论是根据再审申请人提供的证据还是根据原审法院查明的事实，均仅能推定某区政府有可能掌握相关征地拆迁补偿信息，不能认定其一定制作或者保存了相关信息，选择义务判决的时机尚未成熟，在此情形下，原审法院判决责令某区政府于本判决生效之日起30个工作日内对刘某友重新作出政府信息公开答复，亦无不当。裁定驳回刘某友的再审申请。

谈某与某市公安局某分局政府信息公开案[①]

原告：谈某

被告：某市公安局某分局

---

① 案号：上海市闸北区人民法院（2013）闸行初字第75号。

原告谈某诉称，2011 年 11 月 13 日 18 点多，原告所住小区即共和新路×弄×号大楼发生凶杀案。19 点多，原告及其丈夫张某返回住所途经小区案发大楼时发现有 3 辆警车停放于小区内，当时凶手张 A 隐匿于小区内未被抓获。张某回到住所后因寻找外出的原告，于 4 号楼门前遭遇张 A 并被其捅伤，张某负伤行至警车旁后倒地不起，其间未遇见警察，直到原告从邻居处获悉找到张某时，民警才出现。张某遂即被警车送至医院，然因抢救无效死亡。原告向被告申请公开 2011 年 11 月 13 日被告接警后外派处置当日本市共和新路×弄×号张 A 故意杀人案现场人员名单及职务，是被告在正常履职过程中必然掌握的政府信息，申请内容亦符合政府信息公开条例第二条之规定。但被告仅向原告提供了 2 名民警的警号，不符合原告要求申请公开姓名、职务的要求，被告的答复违背了《上海市政府信息公开规定》第三条确立的政府信息除法律法规规定不予公开外，应当公开的原则，故系违法。综上，请求撤销被告作出的沪公闸〔2013〕第×号政府信息公开申请告知书的具体行政行为，同时判令被告公开原告申请的政府信息。

被告辩称，事发当天发生刑事案件，故现场有办理刑事侦查案件的各部门民警及接 110 报警后处警的民警，被告公开的警号系 110 处警民警的警号。因警号对应于派出所民警具有唯一性，故派出所民警执行公务，对外都以警号示人，被告业已针对原告的申请向原告提供了事发当日出警民警所在的派出所名称及警号的信息，故被诉政府信息公开申请告知书认定事实清楚、程序合法、证据充分，请求驳回原告的诉讼请求。

经审理查明，被告于 2013 年 3 月 11 日收到原告落款时间为 2013 年 3 月 8 日的政府信息公开申请书，要求公开 4 项信息。同日，被告作出沪公闸〔2013〕第×号政府信息公开申请收件回执及政府信息公开补正申请告知书，告知原告应于 2013 年 3 月 25 日前明确申请事项并按照申请事项内容分别以申请表的方式提出申请。当月14日，原告向被告提交了政府信息公开申请表，要求申请公开2011年11月13日被告接警后外派处置当日本市共和新路×弄×号张A故意杀人案现场人员名单及职务。同日，被告向原告出具了沪公闸〔2013〕第×号政府信息公开补正申请收件回执。3月25日，芷江西路派出所报告被告，2011年11月13日处警民警警号分别为033267、033792。经审核，被告于2013年3月29日作出沪公闸〔2013〕第×号政府信息公开申请告知书，并于4月1日邮寄原告。原告不服，成讼。

另查明，2011年11月13日19点多，原告丈夫张某于本市共和新路×弄×号门口遭遇杀死其妻的凶手张A，被张A捅伤，张某经抢救无效后死亡。

法院认为，经查，原告提出的政府信息公开申请的具体要求是获取当日凶案现场所有警方人员的相关信息，但被告在未有任何询问、说明的情况下，迳行提供当日110出警民警的相关信息，该答复未针对原告的申请作出全面回应，显然不符合政府信息公开条例的规定。据此，判决被告某局某分局针对原告谈某的申请依法重新作出答复。

韩某华与某省公安厅政府信息公开案[①]

原告：韩某华

被告：某省公安厅

2018年10月29日，原告韩某华向被告某省公安厅邮寄政府信息公开申请表，申请公开“2017年11月9日至23日韩某华用（手机号：134××××7739）共拨打12××9紧急报警电话次数，详细

① 案号：河南省郑州市中级人民法院（2019）豫01行初249号。

内容、已受理、具体处理意见”，次日被告收悉。同年 11 月 28 日被告作出本案被诉（2018）第 100 号《关于对韩某华政府信息公开申请的答复书》，答复原告“经查，2017 年 11 月 9 日至 23 日期间，我厅 12××9 平台先后于 11 月 15 日、11 月 20 日两次接到您的电话（134××××7739）反映其被非法拘禁，郑州市公安局民警不作为等问题，我厅值机员在倾听诉求过程中，已告知您反映的问题不属于公安机关管辖范围，建议您向民政部门进行投诉”。同年 11 月 30 日原告签收该答复书。2019 年 4 月 12 日原告不服，诉至法院。

法院认为，本案原告韩某华申请公开“2017 年 11 月 9 日至 23 日韩某华用（手机号：134××××7739）共拨打 12××9 紧急报警电话次数，详细内容、已受理、具体处理意见”。原告该信息公开申请以类似问题发问的形式向被告某省公安厅申请公开相关政府信息，被告所作被诉政府信息公开答复针对原告的问题进行了回答。但原告诉讼中质疑被告被诉政府信息公开答复中告知的内容与事实不符，被告未提交证据证明其答复内容属实，且明确要其拨打 12××9 紧急报警电话的通话录音记录或文字记录、证明被告对其报警电话处理结果的文件资料等。

政府信息公开不是单纯地作出书面答复，以转述信息内容的方式来履行政府信息公开职责，而是要将以一定形式和载体记录、保存的信息依法向申请人进行公开。本案中原告申请公开的信息，如果被告没有以一定形式记录、保存，被告可以直接告知原告；如果以一定形式记录、保存并属于公开范围，被告应当将记录、保存信息的载体向原告公开，这是政府信息公开的应有之义，而不是对原告发问式的信息公开申请给予回答。就本案而言，关于原告拨打 12××9 电话的次数，如果 12××9 电话平台保存有原告 134××××7739 手机号拨打的通信记录，即可形成以一定形式和载体记录、保存的政府信息，直接提供给原告即可满足原告该项内容的知情权。关于“详细内容”，如果被告保存有原告拨打12××9电话的通话录音记录或文字记录，直接将之提供给原告即可满足原告该项内容的知情权。如果12××9电话平台记录、保存的通话录音或文字记录中已显示处理结果，则被告将通话录音或文字记录提供给原告即履行了对原告“已受理、具体处理意见”公开申请的政府信息公开职责。如果通话录音或文字记录等载体不存在，则被告在被诉答复中作出的“我厅值机员在倾听诉求过程中，已告知您反映的问题不属于公安机关管辖范围”并无不当，原告当庭亦承认其在拨打12××9电话时值机员告知其去北京上访违法、公安机关不管。但是原告诉讼中所称被告应当受理其电话报警并对之作出具体处理意见的理由，与本案政府信息公开诉讼无关，本院不予支持。

综上，判决责令被告某省公安厅对原告韩某华本案的政府信息公开申请重新履行政府信息公开职责。

第三十六条第三项 【不予公开的答复】（三）行政机关依据本条例的规定决定不予公开的，告知申请人不予公开并说明理由；

◆ 解读

我国政府信息公开条例实施近十年来，在保障公民知情权、监督权、打造阳光政府方面取得了明显成效，但也暴露出不少问题：一方面，政府信息公开范围、公开义务主体、主动公开、依申请公开、公开的管理体制、公开方式、公开的监督与救济等方面的制度还不健全；另一方面，有限的政府资源和司法资源被个别人滥用，导致政府信息公开制度未能充分实现其应有功能。

禁止权利滥用是一项基本的法律原则。早在罗马法中就有关于行使权利不许以损害他人为目的之规定。19 世纪末，英国最早通过立法的方式明确禁止滥诉。这一原则也延续至今，英国《信息公开法》第十四条第一款明确规定信息公开法没有为行政机关设定答复纠缠申请的义务，即对于滋扰性的信息公开申请，公共机构无须处理。英国地方政府协会还在 2014 年公布了公民向地方政府提出的十个古怪的信息公开申请事例。德国等大陆法系国家，也将民法典中禁止仅以损害他人为目的的权利行使这一原则扩展至诉讼领域，从而禁止仅以给他人制造负担为目的的滥诉行为。

关于禁止滥用权利，在我国的政策文件和法律规范中也有明确的禁止性规定。十八届四中全会有关全面推进依法治国的决定中提出，要“加大对虚假诉讼、恶意诉讼、无理缠诉行为的惩治力度”。我国宪法第五十一条规定，中华人民共和国公民在行使自由和权利的时候，不得损害国家的、社会的、集体的利益和其他公民的合法的自由和权利。《中华人民共和国民法典》第一百三十二条特别规定，民事主体不得滥用民事权利损害国家利益、社会公共利益或者他人合法权益。民事诉讼法第十三条规定，民事诉讼应当遵循诚实信用原则。

政府信息公开制度的初衷本是通过赋予公民获取政府信息的权利，提高政府的透明度。如果这个制度被个别人滥用，不仅无法实现其立法目的，而且导致大量的行政和司法资源被滥用，实际上是对公共利益的损害，因此有必要加以规制。政府信息公开条例施行以来，国务院办公厅先后制定了国办发〔2008〕36 号、〔2010〕5 号文，其中也都包含规范申请的内容。其中一些标准，也在 2011 年发布的《最高人民法院关于审理政府信息公开行政案件若干问题的规定》中有所体现。2015 年 2 月，江苏南通港闸法院以滥用政府信息申请权、滥用起诉权为由裁定驳回起诉，成为在政府信息领域率先规制滥用起诉权的案例，并被《最高人民法院公报》刊登，其引发了广泛关注。要确保我国政府信息公开制度功能的充分实现，根本上还有赖于社会矛盾化解机制的进一步健全，以及政府信息公开制度的不断完善。在政府信息公开条例的修改过程中，政府信息的界定、信息公开申请人资格、信息公开的例外事项、信息公开的收费等问题，都是必须要认真加以研究的课题。

政府信息公开条例第一条规定条例的直接立法目的是“保障公民、法人和其他组织依法获取政府信息”，反言之，公民、法人和其他组织需依法获取政府信息。依法，既包括依照具体法律制度，也包括符合条例之根本目的，即“充分发挥政府信息对人民群众生产、生活和经济社会活动的服务作用”。但是，有些申请人申请公开的信息就其内容而言多数并不直接涉及某部委及其所属分支机构的行政管理职责，而是集中在信访答复、复议、行政诉讼、行政赔偿等易对行政机关形成问责压力和社会负面评价的领域。就申请动机而言，综合该申请人进行大量投诉进而获得经济补偿的系列行为，其申请目的不符合政府信息公开条例的规定，具有通过向行政机关施压进而向企业施压的主观恶意。实践过程中确实存在的滥用申请权的情形，在很大程度上影响到了我国政府信息公开条例的实施效果，造成了制度空转和异化后果。这次政府信息公开条例的修改对此作了合理限制，尤其对各界认同度高的最为典型的几种情形，以明确列举的方式进行规制。

第三十六条第四项　【信息不存在的告知】（四）经检索没有所申请公开信息的，告知申请人该政府信息不存在；

◆ **解读**

政府信息不存在的审查内容。政府信息不存在，既是政府信息公开条例通常规定的拒绝公开的一个法定理由，也是行政机关非常乐于使用的一个借口。个别行政机关随便找一个例外情形搪塞，在司法审查监督之下毕竟是难以瞒天过海的，而主张政府信息根本不存在，发一句“不存在就是不存在，还能举什么证”的牢骚，即使再较真的法官也无可奈何。“政府信息不存在”由此也就成为一个世界性通病。

适用本款规定应当注意的是：（1）除明确答复政府信息不存在外，行政机关答复“未制作、未获取、未保存、未找到”相应的政府信息，均可视为属“政府信息不存在”范畴；（2）行政机关应当对“政府信息不存在”承担举证责任，应提供证据证明其已经尽到合理的查找和检索义务，并将相应情况告知申请人，对应当制作、获取、保存但未制作、获取、保存等情况也应作出合理说明；（3）合理说明的判断应当坚持有限审查原则，即符合常理、充分可信；（4）依法应当制作、获取、保存的政府信息但没有制作、获取或遗失导致不存在的，不是判定政府信息公开行为是否合法的依据。

政府信息不存在与非本机关信息的异同问题。政府信息不存在是指政府信息事实上的不存在，即客观上不可能存在的政府信息。非本机关信息是指政府信息不属于本机关负责公开。实践中，行政机关经常答复为本机关“不存在”，该答复方式将政府信息不存在和非本机关信息杂糅在一起，看似巧妙，却属于适用法律错误。新条例第三十六条规定：“……（四）经检索没有所申请公开信息的，告知申请人该政府信息不存在；（五）所申请公开信息不属于本行政机关负责公开的，告知申请人并说明理由；能够确定负责公开该政府信息的行政机关的，告知申请人该行政机关的名称、联系方式”，由此，新条例对政府信息不存在的答复仅在经检索没有申请人所申请公开政府信息情形下发生，当然，本机关未履行相关职权因而未制作或获取相关信息亦属于经检索没有所申请公开信息的一种特殊情形。实践中，申请人希望通过政府信息是否存在来判定行政机关是否履行法定职责，需要说明的是政府信息是否存在是一种客观状态，行政机关因未履行职责而未制作或获取相关信息而告知申请人该政府信息不存在的，并不影响该政府信息答复的合法性和适当性，申请人由此对行政机关不作为提起复议或诉讼的应另案处理。新条例对非本机关负责公开政府信息的答复亦作出了具体规定，即行政机关必须要说明理由，实践中，非本机关政府信息既包括本机关无相关法定职权，亦包括本机关存在该政府信息，但不由本机关负责公开，如行政机关从其他行政机关获取行政机关制作的信息。

◆ 案例

罗某昌与某县地方海事处政府信息公开案[①]

上诉人（原审原告）：罗某昌

被上诉人（原审被告）：某县地方海事处（以下简称某县地方海事处）

在政府信息公开案件中，被告以政府信息不存在为由答复原告的，人民法院应审查被告是否已经尽到充分合理的查找、检索义务。原告提交了该政府信息系由被告制作或者保存的相关线索等初步证据后，若被告不能提供相反证据，并举证证明已尽到充分合理的查找、检索义务的，人民法院不予支持被告有关政府信息不存在

① 最高人民法院审判委员会讨论通过，2018 年 12 月 19 日发布。

的主张。

原告罗某昌是兴运2号船的船主，在乌江流域从事航运、采砂等业务。2014年11月17日，罗某昌因诉某水电开发公司财产损害赔偿纠纷案需要，通过邮政特快专递向被告某县地方海事处邮寄书面政府信息公开申请书，具体申请的内容为：（1）公开某县港航管理处、某县地方海事处的设立、主要职责、内设机构和人员编制的文件。（2）公开下列海事调查报告等所有事故材料：兴运2号在2008年5月18日、2008年9月30日的2起安全事故及鑫源306号、鑫源308号、高谷6号、荣华号等船舶在2008年至2010年发生的安全事故。

某县地方海事处于2014年11月19日签收后，未在法定期限内对罗某昌进行答复，罗某昌因此向某县人民法院提起行政诉讼。2015年1月23日，某县地方海事处作出（2015）彭海处告字第006号《政府信息告知书》，载明：一是对申请公开的某县港航处、某县地方海事处的内设机构名称等信息告知罗某昌获取的方式和途径；二是对申请公开的海事调查报告等所有事故材料经查该政府信息不存在。某县法院于2015年3月31日对该案作出（2015）彭法行初字第00008号行政判决，确认某县地方海事处在收到罗某昌的政府信息公开申请后未在法定期限内进行答复的行为违法。

2015年4月22日，罗某昌以某县地方海事处作出的（2015）彭海处告字第006号《政府信息告知书》不符合法律规定，且与事实不符为由，提起行政诉讼，请求撤销某县地方海事处作出的（2015）彭海处告字第006号《政府信息告知书》，并由某县地方海事处向罗某昌公开海事调查报告等涉及兴运2号船的所有事故材料。

另查明，罗某昌提交了涉及兴运2号船于2008年5月18日在发生整船搁浅事故以及于2008年9月30日在某高谷煤炭沟发生沉没事故的《某水电站断航碍航问题调查评估报告》《某县地方海事处关于近两年因某电站不定时蓄水造成船舶搁浅事故的情况报告》《重庆市发展和改革委员会关于委托开展某水电站断航碍航问题调查评估的函（渝发改能函〔2009〕562号)》等材料。

某县人民法院于2015年6月5日作出（2015）彭法行初字第00039号行政判决，驳回罗某昌的诉讼请求。罗某昌不服一审判决，提起上诉。重庆市第四中级人民法院于2015年9月18日作出（2015）渝四中法行终字第00050号行政判决，撤销（2015）彭法行初字第00039号行政判决；确认某县地方海事处于2015年1月23日作出的（2015）彭海处告字第006号《政府信息告知书》行政行为违法。

法院生效裁判认为，某县地方海事处作为行政机关，负有对罗某昌提出的政府信息公开申请作出答复和提供政府信息的法定职责。根据《中华人民共和国政府信息公开条例》第二条“本条例所称政府信息，是指行政机关在履行行政管理职能过程中制作或者获取的，以一定形式记录、保存的信息”的规定，罗某昌申请公开某县港航处、某县地方海事处的设立、主要职责、内设机构和人员编制的文件，属于某县地方海事处在履行职责过程中制作或者获取的，以一定形式记录、保存的信息，当属政府信息。某县地方海事处已为罗某昌提供了某编发（2008）11号《某县机构编制委员会关于对县港航管理机构编制进行调整的通知》的复印件，明确载明了某县港航处、某县地方海事处的机构性质、人员编制、主要职责、内设机构等事项，罗某昌已知晓并予以确认。

罗某昌申请公开涉及兴运2号船等船舶发生事故的海事调查报告等所有事故材料的信息，根据《中华人民共和国内河交通事故调查处理规定》的相关规定，船舶在内河发生事故的调查处理属于海事管理机构的职责，其在事故调查处理过程中制作或者获取的，以一定形式记录、保存的信息属于政府信息。某县地方海事处作为某县的海事管理机构，负有对某县行政区域内发生的内河交通事故进行立案调查处理的职责，其在事故调查处理过程中制作或者获取的，以一定形式记录、保存的信息属于政府信息。罗某昌提交了兴运2号船于2008年5月18日发生整船搁浅事故以及于2008年9月30日在某高谷煤炭沟发生沉没事故的相关线索，而某县地方海事处作出的（2015）彭海处告字第006号《政府信息告知书》第二项告知罗某昌申请公开的该项政府信息不存在，仅有某县地方海事处的自述，没有提供证据证明其尽到了查询、翻阅和搜索的义务。故某县地方海事处作出的（2015）彭海处告字第006号《政府信息告知书》违法，应当予以撤销。

张某与某市规划和国土资源管理局政府信息公开案[①]

原告：张某

被告：某市规划和国土资源管理局

2013年2月19日，张某向某市规划和国土资源管理局申请获取“本市116地块项目土地出让金缴款凭证”政府信息。某市规划和国土资源管理局经至其档案中心以“缴款凭证”为关键词进行手工查找，未找到名为“缴款凭证”的116地块土地出让金缴款凭证的政府信息，遂认定其未制作过原告申请获取的政府信息，根据政府信息公开条例答复张某，其申请公开的政府信息不存在。张某不服，提起诉讼，要求撤销该政府信息公开答复。

某区人民法院经审理认为，原告申请公开的相关缴款凭证，应泛指被告收取土地使用权受让人缴纳本市116地块国有土地使用权出让金后形成的书面凭证。在日常生活中，这种证明缴纳款项凭证的名称或许为缴款凭证，或许为收据、发票等，并不局限于缴款凭

① 案号：上海市黄浦区人民法院（2013）黄浦行初字第132号。

证的表述。原告作为普通公民，认为其无法知晓相关缴款凭证的规范名称，仅以此缴款凭证描述其申请获取的政府信息内容的主张具有合理性。而与之相对应，被告系本市土地行政管理部门，应知晓其收取土地使用权出让金后开具给土地使用权受让人的凭证的规范名称，但在未与原告确认的前提下，擅自认为原告仅要求获取名称为缴款凭证的相关政府信息，并仅以缴款凭证为关键词至其档案中心进行检索，显然检索方式失当，应为未能尽到检索义务，据此所认定的相关政府信息不存在的结论，也属认定事实不清，证据不足。判决撤销被诉政府信息公开答复，责令被告重新作出答复。

一审宣判后，当事人均未上诉，一审判决发生法律效力。

本案涉及政府信息公开的两项重要制度：一是申请人在提交信息公开申请时应该尽可能详细地对政府信息的内容进行描述，以有利于行政机关进行检索；二是政府信息不存在的行政机关不予提供。本案在处理这两个问题时所采取的审查标准值得借鉴。也就是说，行政机关以信息不存在为由拒绝提供政府信息的，应当证明其已经尽到了合理检索义务。申请人对于信息内容的描述，也不能苛求其必须说出政府信息的规范名称甚至具体文号。如果行政机关仅以原告的描述为关键词进行检索，进而简单答复政府信息不存在，亦属未能尽到检索义务。

顾某根与某市人民政府政府信息公开案[①]

再审申请人（一审原告、二审上诉人）：顾某根

再审被申请人（一审被告、二审被上诉人）：某市人民政府（以下简称市政府）

市政府于 2014 年 12 月 15 日收到顾某根的政府信息公开申请，

---

① 案号：最高人民法院（2017）最高法行申 5630 号。

2014年12月30日，市政府作出编号为SQ00242001702014121××××的《告知书》，书面告知顾某根，因申请人申请不明确，要求其予以补正。2015年1月9日，市政府收到顾某根提交的补正申请，将宅基地使用证号更改为《上颛－牛桥－395》。2015年1月19日，市政府作出本案被诉编号为SQ00242001702014121××××－2的《告知书》，对顾某根要求获取：(1)依据《中华人民共和国土地管理法》(2004修正)(以下简称《土地管理法》)第六十五条"经农村集体经济组织报经原批准用地的人民政府批准，可以收回土地使用权"之规定，集体经济组织闵行区颛桥镇牛桥村7队向市政府呈报收回位于颛桥镇牛桥村7队顾家塘×号顾某根《上颛－牛桥－395》某市农村宅基地使用证所载集体所有宅基地使用权呈请报告信息；(2)依据《土地管理法》第六十五条"经农村集体经济组织报经原批准用地的人民政府批准，可以收回土地使用权"之规定，市政府批准集体经济组织闵行区颛桥镇牛桥村7队收回位于颛桥镇牛桥村7队顾家塘×号顾某根《上颛－牛桥－395》某市农村宅基地使用证所载集体所有宅基地使用权批准书信息；(3)依据《土地管理法》第六十五条"经农村集体经济组织报经原批准用地的人民政府批准，可以收回土地使用权"之规定，市政府批准集体经济组织闵行区颛桥镇牛桥村7队收回位于颛桥镇牛桥村7队顾家塘×号顾某根《上颛－牛桥－395》某市农村宅基地使用证所载集体所有宅基地使用权的公告信息；(4)依据《土地管理法》第六十五条"经农村集体经济组织报经原批准用地的人民政府批准，可以收回土地使用权"之规定，市政府批准集体经济组织闵行区颛桥镇牛桥村7队收回位于颛桥镇牛桥村7队顾家塘×号顾某根《上颛－牛桥－395》某市农村宅基地使用证所载集体所有宅基地使用权的批准书送达/签收信息；(5)市政府批准集体经济组织闵行区颛桥镇牛桥村7队收回位于颛桥镇牛桥村7队顾家塘×号顾某根《上颛－牛桥－395》某市农村宅基地使用证所载集体所有宅基地转用、征用的批准文件信息的申请，依据《中华人民共和国政府信息公开条例》的规定，作出答复：经查，本机关未制作或获取过如您所述的政府信息。顾某根不服，提起本案诉讼。

市第三中级人民法院一审认为，从政府信息公开的相关规定来看，虽然政府信息是行政机关在履职过程中制作或者获取的，但行政机关在作出答复的时候，也要按照不同的情形、根据不同的法定条件作出相应的答复。从本案庭审质证情况来看，顾某根认为其所申请的五项内容系市政府所制作或获取，对此不能提供证据证明。市政府告知顾某根“本机关未制作过如您所述的政府信息”具有适当性，其告知内容和方式并无不妥，与法不悖。判决驳回顾某根的诉讼请求。

顾某根不服一审判决，向市高级人民法院上诉。市高级人民法院二审判决驳回上诉、维持一审判决。

最高人民法院认为，公民、法人或者其他组织向行政机关申请公开的政府信息，必须客观存在且由行政机关制作或保存。否则，行政机关无法履行公开所申请政府信息的法定职责。本案中，市政府收到顾某根公开政府信息的申请后，经审查后认定其并未制作和保存所申请的信息；顾某根未提供有效证据证明其所申请的政府信息客观存在，亦未提供有效线索证明其所申请政府信息的实际制作主体或保存主体。在此情形下，市政府作出被诉《告知书》，符合《中华人民共和国政府信息公开条例》第二十一条第三项规定。原审法院判决驳回顾某根的诉讼请求，并无不当。裁定驳回再审申请人顾某根的再审申请。

郑某惠与某市人民政府政府信息公开案①

再审申请人（一审原告、二审上诉人）：郑某惠

再审被申请人（一审被告、二审被上诉人）：某市人民政府（以下简称某市政府）

2015 年 11 月 20 日，郑某惠向某市政府提出政府信息公开申请，请求公开于 2010 年 5 月 25 日成立某市招生委员会及其办公室所依据的上级人民政府规范性文件信息，以及确定某市招生委员会办公室编制、配置专职干部之规范性文件信息。某市政府经检索于 2010 年 5 月 25 日成立某市招生委员会及其办公室的相关文件，没有依据上级规范性文件，没有该机构编制、配置专职干部之规范性文件，于 2015 年 12 月 3 日答复郑某惠“你要求获取的政府信息不属于本机构的公开范围”，并建议郑某惠“向上一级政府相关部门咨询”，同时告知“如对本答复不服，可以在收到本答复之日起 60 个工作日内申请行政复议，或者在 3 个月内提起行政诉讼”。

2015 年 11 月 20 日，某市政府对郑某惠作出答复，告知其根据 17 号通知，“2010 年成立某市招生委员会，并下设办公室，办公室设在市考试管理中心，负责处理日常业务，无事业单位法人资格，无组织机构代码，无教育考试行政执法权，市招生委员会属临时协调议事机构”。

铁路运输中级法院一审判决驳回郑某惠的诉讼请求。

郑某惠不服，提起上诉。

省高级人民法院二审判决驳回上诉，维持一审判决。

最高人民法院认为，再审申请人郑某惠于 2015 年 11 月 20 日向再审被申请人某市政府申请公开的政府信息包括两项：一是某市

---

① 案号：最高人民法院（2016）最高法行申 3977 号。

政府于2010年5月25日成立某市招生委员会及某市招生委员会办公室所依据的上级人民政府规范性文件信息；二是确定某市招生委员会办公室编制、配备专职干部之规范性文件信息。本案的核心争议是再审被申请人某市政府于2015年12月3日就再审申请人的这两项政府信息公开申请所作答复是否合法。分别评述如下：

（一）关于再审被申请人某市政府对再审申请人的第一项政府信息公开申请所作答复是否合法。依照政府信息公开条例的规定，规范性文件系县级以上各级人民政府及其部门应当在各自职责范围内主动公开的政府信息。由于是在各自职责范围内主动公开，故规范性文件的制作机关应当承担主动公开义务。在规范性文件的制作机关未主动公开的情况下，公民、法人或者其他组织可以依照政府信息公开条例向其申请公开，以及对其答复或者逾期不予答复不服的，依照《最高人民法院关于审理政府信息公开行政案件若干问题的规定》第三条的规定向人民法院提起行政诉讼。尽管政府信息公开条例规定保存政府信息的行政机关负有公开义务，也不排除规范性文件制作机关以外的其他机关因工作原因获取、保存了规范性文件，但对于公民、法人或者其他组织获取政府信息而言，向规范性文件制作机关以外的其他机关申请政府信息公开无疑是舍近求远，且在随后提起的行政诉讼中，其对其他机关保存了规范性文件应承担更高的证明责任。本案中，对于再审申请人申请公开的上级人民政府规范性文件，再审被申请人某市政府不负有主动公开义务，且某市政府办公室于2010年5月25日就成立某市招生委员会及某市招生委员会办公室所作17号通知亦未援引任何上级人民政府的规范性文件。再审申请人向一、二审法院及本院提交的教育部2010年工作规定、省招生委员会2013年实施办法等证据既难以证明再审被申请人某市政府成立某市招生委员会及某市招生委员会办公室确实以某种上级人民政府规范性文件为据，又难以证明再审被申请人某市政府确实保存了其所申请公开的上级人民政府规范性文件，故再审被申请人某市政府告知再审申请人“你要求获取的政府信息不属于本机构的公开范围”，建议其“向上一级政府相关部门咨询”不违反政府信息公开条例的规定。

（二）关于再审被申请人某市政府对再审申请人的第二项政府信息公开申请所作答复是否合法。在该项政府信息公开申请中，再审申请人申请公开再审被申请人某市政府确定某市招生委员会办公室编制、配备专职干部之规范性文件。由于再审申请人在内容描述中将再审被申请人某市政府确定为该政府信息的制作机关，则再审被申请人某市政府应当明确答复该政府信息是否存在。若该政府信息不存在，则再审被申请人某市政府应当依照政府信息公开条例的规定予以告知。尽管再审被申请人某市政府于2015年11月20日所作答复隐含该政府信息不存在之意，但其于2015年12月3日所作答复中未予告知，不应视为已履行政府信息公开条例规定的法定告知义务。但是，行政机关事实上能否向公民、法人或者其他组织公开其所申请公开的政府信息是政府信息公开诉讼的根本关注点。某市政府办公室所作17号通知已经表明该政府信息不存在，且再审被申请人某市政府在本案诉讼及复议过程中已作说明。即使本院判决重新作出答复，再审被申请人某市政府也只会是再次答复该政府信息不存在，这对再审申请人知情权的保障而言并无实益。由于再审被申请人某市政府对该项政府信息公开申请的处理并未对再审申请人获取政府信息的权利造成实质侵害，即使本院确认违法，再审申请人也无据此取得行政赔偿的可能。因此，本案并无启动审判监督程序之必要，仅在此予以指正。

裁定驳回再审申请人郑某惠的再审申请。

王某华与某市某区人民政府政府信息公开案[①]

再审申请人（一审原告、二审上诉人）：王某华

被申请人（一审被告、二审被上诉人）：某市某区人民政府（以下简称某区政府）

最高人民法院认为，政府信息依申请公开，是指行政机关根据申请人的申请公开其在履行行政管理职能过程中制作或者获取的，以一定形式记录、保存的信息，以此保障公民、法人和其他组织依法获取政府信息的权利，提高政府工作透明度，促进依法行政，充分发挥政府信息对人民群众生产、生活和经济社会活动的服务作用。根据《中华人民共和国政府信息公开条例》的规定，依申请公开的义务主体，仅具有在根据申请查找、检索相关政府信息后，依法提供其已经制作或者保存的可以公开的政府信息的义务，并不具有另行制作政府信息再予以公开的义务。国办发〔2010〕5号《国务院办公厅关于做好政府信息依申请公开工作的意见》第二条第三款也规定："行政机关向申请人提供的政府信息，应当是现有的，一般不需要行政机关汇总、加工或重新制作（作区分处理的除外）。依据《条例》精神，行政机关一般不承担为申请人汇总、加工或重新制作政府信息，以及向其他行政机关和公民、法人或者其他组织搜集信息的义务。"也即行政机关未制作、未获取、未保存相关信息以及保管不善造成信息灭失是否合法问题，不属于政府信息公开行政案件的审查范围。

政府信息不存在的，应当告知申请人，对能够确定该政府信息的公开机关的，应当告知申请人该行政机关的名称、联系方式。在现行立法未对"政府信息不存在"的内涵和外延作出明确界定的情况下，除明确答复政府信息不存在外，行政机关答复"未制作"

① 案号：最高人民法院（2017）最高法行申9250号。

"未获取""未保存""未找到"相应的政府信息，均可视为属于"政府信息不存在"范畴。行政机关在尽到合理的查找和检索义务后，将相应查找和检索情况告知申请人，并就应当制作、获取、保存但未制作、未获取、未保存等情况作出合理说明的，即应视为履行了政府信息公开义务。原告起诉行政机关"政府信息不存在"答复违法的，应当提供该政府信息系由被告制作或者保存的相关线索；并可以依据《最高人民法院关于审理政府信息公开行政案件若干问题的规定》第五条第五款的规定，申请人民法院调取证据。

需要说明的是，政府信息公开条例为保障申请人的知情权，促进行政机关依法履行政府信息公开义务，对行政机关履行政府信息公开法定职责，不仅规定了司法审查程序，而且规定了行政机关内部监督程序和行政监察程序。因此，并非所有政府信息公开纠纷均需通过行政诉讼渠道解决。鉴于司法审查强度的有限性和人民法院依职权调取证据的局限性，行政机关内部监督程序和行政监察程序在解决政府信息不存在引发的纠纷方面有其自身优势。行政机关未尽合理检索和查找义务或者故意隐瞒政府信息，构成不依法履行政府信息公开义务的，信息公开申请人可依据政府信息公开条例的规定，向上级行政机关、监察机关或者政府信息公开工作主管部门举报。收到举报的机关应当予以调查处理。依据政府信息公开条例之规定，行政机关不依法履行政府信息公开义务的，由监察机关、上一级行政机关责令改正；情节严重的，对行政机关直接负责的主管人员和其他直接责任人员依法给予处分；构成犯罪的，依法追究刑事责任。

本案中，王某华申请公开的政府信息为"1994 年 1 月至 1996 年 2 月末政府与王某华谈话时制作的谈话笔录"，某区政府经检索后未找到其申请公开的政府信息，属于政府信息公开条例规定的政府信息"不存在"的情形，某区政府答复王某华其申请公开的信息未保存故无法提供，并不违反条例的规定。王某华认为某区政府应当作出其是否制作该信息的答复而非未保存该信息的答复，属于对政府信息公开条例的错误理解。某区政府在庭审中陈述其曾经制作过责令王某华限期拆迁的决定，但未查找到限期拆迁的案卷材料，未能发现申请公开的政府信息；且不排除曾经制作过该信息但因制作、保管、移交等方面出现疏漏导致案涉信息丢失或灭失的情形，因而只能答复未保存该政府信息。对某区政府档案管理方面存在的问题，二审判决也对某区政府进一步加强档案管理提出了要求。一、二审法院分别判决驳回王某华的诉讼请求和上诉，符合法律规定。裁定驳回再审申请人王某华的再审申请。

郑某海与某省人民政府政府信息公开案①

再审申请人（一审原告、二审被上诉人）：郑某海

再审被申请人（一审被告、二审上诉人）：某省人民政府

2011 年 8 月 26 日，某市某县城关乡沟李村朱某峰、郑某海等 17 人向某省人民政府提出行政复议申请，请求确认《某省人民政府关于局部调整叶县城关乡廉村乡田庄乡土地利用总体规划的批复》（豫政土〔2006〕362 号）违法并撤销。2011 年 8 月 27 日，某省人民政府法制办公室作出《关于调整土地利用总体规划的批复是否属于行政复议受理范围的请示》，针对朱某峰、郑某海等人的行政复议申请是否属于行政复议受案范围向国务院法制办公室书面请示。2011 年 9 月 5 日，某省人民政府作出豫政复中〔2011〕557 –573 号《中止行政复议通知书》，以“对调整土地利用总体规划的行为是否属于行政复议受案范围，需要有权机关作出确认”为由，中止复议案件审理。2015 年 3 月 20 日，某省人民政府法制办

① 案号：最高人民法院（2018）最高法行申 1574 号。

公室作出《恢复审理通知书》，称“中止的原因已消除，现决定恢复行政复议案件的审理”。2015 年 3 月 23 日，某省人民政府作出豫政复驳〔2011〕557－573 号《驳回行政复议申请决定书》。2015 年 5 月 30 日，郑某海向某省人民政府法制办公室邮寄《信息公开申请表》，请求公开该办收到的国务院法制办公室关于调整土地利用总体规划的行为是否属于行政复议受案范围的批复。2015 年 6 月 4 日，某省人民政府法制办公室作出本案被诉《政府信息公开答复书》，称“你申请获取的政府信息不存在”。郑某海不服该答复起诉至法院，请求撤销涉案信息公开答复，判令某省人民政府公开其收到的国务院法制办公室作出的批复。

某市中级人民法院一审认为：(1) 关于本案被告是否适格的问题。按通常理解，政府法制机构是政府内设机构，并不具备独立的行政主体资格，以其名义作出的行政行为，应由相应人民政府承担责任。本案省人民政府法制办公室主张其具有独立地位，可以以自己名义作出本案被诉行政行为并由此承担法律责任，但其并未向法庭提交相应证据，故对于该主张，不予支持。(2) 行政复议申请人查阅权是否排斥政府信息公开的问题。行政复议申请人查阅权属于行政案卷阅览权，按理论通说，行政案卷阅览权系行政程序中，行政行为相对人或特定关系人享有的，以保障其有效参与行政程序，行使对不利处分的防御权而设定的专门程序性权利。行政案卷阅览权是行政行为附属程序性权利，其存在且仅应存在于行政程序存续期间，此时，如行政行为相对人等特定人员要求查阅行政案卷材料，应属行政案卷阅览权范畴，当事人不服行政机关相应处置，可以作为行政行为程序违法事由而针对行政行为本身提起诉讼，而不应提起政府信息公开诉讼。但在行政程序结束后，行政案卷阅览权已不存在，此时行政行为相对人等特定人员要求查阅相应材料，应属政府信息公开范畴，当事人不服行政机关相应处置，可以直接提起政府信息公开诉讼。从本案查明的事实看，2015 年 3 月 23 日，某省人民政府作出豫政复驳〔2011〕557－573 号《驳回行政复议申请决定书》，行政复议程序已终结。郑某海是在此后的 2015 年 5 月 30 日申请政府信息公开，郑某海的请求应当视为政府信息公开申请而非行政复议申请人查阅权。且本案某省人民政府针对郑某海的请求已按照《中华人民共和国政府信息公开条例》的规定作出了本案被诉《政府信息公开答复书》。因此，某省人民政府关于本案不适用政府信息公开条例的答辩意见不能成立。(3) 关于本案被诉政府信息公开答复合法性的问题。从本案查明的事实看，某省人民政府是以“对调整土地利用总体规划的行为是否属于行政复议受案范围，需要有权机关作出确认”为由中止相应行政复议案件审理，并以正式行文方式向国务院法制办公室请示，其恢复行政复议案件审理的理由是“中止的原因已消除”。按正常逻辑推理应当是国务院法制办公室针对相关问题作出了回复。而本案被诉政府信息公开答复称“政府信息不存在”，对此，某省人民政府在被诉政府信息公开答复及本案诉讼过程中均未作进一步说明，也无相应证据支持，不足以说服法院支持其诉讼主张。《最高人民法院关于审理政府信息公开行政案件若干问题的规定》第五条第一款规定：“被告拒绝向原告提供政府信息的，应当对拒绝的根据以及履行法定告知和说明理由义务的情况举证。”因某省人民政府对此问题没有举证证明，应视为本案被诉政府信息公开答复证据不足，依法应予撤销。鉴于根据本案双方所举证据，无法得出郑某海申请公开的政府信息是否真实存在的确切结论，因此在判决撤销本案被诉政府信息公开答复的同时，应判令某省人民政府对郑某海的政府信息公开申请重新答复，而不直接判决某省人民政府公开相应政府信息。综上，判决某省人民政府于本判决生效之日起 20 个工作日内对郑某海的政府信息公开申请重新答复。

某省人民政府不服，提起上诉。

省高级人民法院二审认为，郑某海的诉讼请求是撤销某省人民政府作出的涉案信息公开答复，判令某省人民政府公开其收到的国务院法制办公室作出的批复。涉案政府信息是否存在是本案争议的关键，综合双方所举证据，不能得出郑某海所申请政府信息真实存在的结论，郑某海亦没有提供该政府信息由某省人民政府保存的相关线索，故人民法院不能作出责令某省人民政府公开相应政府信息的判决。郑某海的诉讼请求不应得到支持。综上，一审判决认定事实清楚，适用法律有误，应予纠正。据此判决驳回郑某海的诉讼请求。

最高人民法院认为，本案的争议焦点是，再审申请人郑某海向再审被申请人某省人民政府申请公开国务院法制办公室关于调整土地利用总体规划的行为是否属于行政复议受案范围的批复，再审被申请人作出答复，告知其申请获取的政府信息不存在。一审法院认为，“按正常逻辑推理应当是国务院法制办公室针对相关问题作出了回复”，故撤销被诉答复，判令某省人民政府重新答复。二审法院则认为，“综合双方所举证据，不能得出郑某海所申请政府信息真实存在的结论，郑某海亦没有提供该政府信息由某省人民政府保存的相关线索，故人民法院不能作出责令某省人民政府公开相应政府信息的判决”，遂撤销一审判决，驳回郑某海的诉讼请求。本院更支持二审法院的观点，因为行政机关提供政府信息的前提是政府信息确实存在。所谓确实存在，是指政府信息客观存在，而不能依据逻辑进行想当然的“推理”。在没有确凿证据否定行政机关关于政府信息不存在的答复，或者在申请人提供不出政府信息确实存在的相关线索的情况下，一般不宜判决行政机关重新答复。再审申请人的再审理由也主要是从逻辑推理的角度坚持认为政府信息存在，本院对此不予支持。

再审申请人还质疑，“二审开庭时，行政机关负责人未出庭应诉，再审被申请人的两名出庭人员均未持有行政机关负责人的委托手续，不符合出庭应诉的法定条件”。对此本院认为，行政机关负责人出庭应诉，有利于维护司法权威，和谐官民关系，促进行政争议的顺利解决。《中华人民共和国行政诉讼法》第三条第三款虽然确立了“被诉行政机关负责人应当出庭应诉”的原则，但同时也允许有“不能出庭”的例外。据此可知，法律并非要求每一起案件都由行政机关负责人出庭应诉。根据《最高人民法院关于适用〈中华人民共和国行政诉讼法〉的解释》第一百二十九条第一款的规定：“涉及重大公共利益、社会高度关注或者可能引发群体性事件等案件以及人民法院书面建议行政机关负责人出庭的案件，被诉行政机关负责人应当出庭。”除上列情形外，行政机关负责人未出庭应诉的，不构成违反法定程序。即使行政机关负责人应当出庭应诉而不出庭应诉，人民法院所应采取的处理方式也是《最高人民法院关于适用〈中华人民共和国行政诉讼法〉的解释》第一百三十二条规定的“记录在案和在裁判文书中载明，并可以建议有关机关依法作出处理”。如果案件裁判结果正确，不能仅以行政机关负责人未出庭应诉发回重审或者提起再审。此外，再审申请人提出“再审被申请人的两名出庭人员均未持有行政机关负责人的委托手续”，是对法律制度的误解。《最高人民法院关于适用〈中华人民共和国行政诉讼法〉的解释》第一百二十八条第二款规定：“行政机关负责人出庭应诉的，可以另行委托一至二名诉讼代理人。行政机关负责人不能出庭的，应当委托行政机关相应的工作人员出庭，不得仅委托律师出庭。”这里的“委托”，属于诉讼代理范畴，委托诉讼代理人的当事人是被诉行政机关，而非行政机关负责人。对此，《最高人民法院关于适用〈中华人民共和国行政诉讼法〉的解释》第一百三十一条第二款所规定的“行政机关委托相应的工作人员出庭应诉的，应当向人民法院提交加盖行政机关印章的授权委托书”，已经清楚地说明问题。质疑出庭人员未持有行政机关负责人的委托手续，没有法律依据。

至于再审申请人提出的二审审理期限过长的问题，因其同样不构成《中华人民共和国行政诉讼法》第九十一条第五项规定的“违反法律规定的诉讼程序，可能影响公正审判的”情形，本院亦不予采纳。

综上，裁定驳回再审申请人郑某海的再审申请。

马某与某市公安局某分局政府信息公开案[①]

原告：马某

被告：某市公安局某分局

原告于2010年8月2日向被告单位提交了政府信息公开申请书，申请公开：“1. 自2006年3月《中华人民共和国治安管理处罚法》实施以来至2009年12月底，被告（包括各派出所）接报殴打他人（含互殴）治安案件总数；其中构成轻微伤以下（含轻微伤）伤害结果的案件总数；经调解结案的案件总数；未经调解结案的案件总数；在未经调解结案的案件中，不予行政处罚结案的案件总数；予以行政处罚结案的案件总数。2. 在第一项申请公开的政府信息中，未经调解结案的案件（包括不予行政处罚结案的案件和予以行政处罚结案的案件）全部案卷材料。”原告后于同月19日又提出补正申请，申请公开：“自2006年3月《中华人民共和国治安管理处罚法》实施以来至2009年12月底，甲单位（包括各派出所）接报殴打他人（含互殴），构成轻微伤以下（含轻微伤）伤害结果的，未经调解结案的治安案件中，予以行政处罚结案的案件的全部

① 案号：上海市徐汇区人民法院（2010）徐行初字第77号。

案卷材料。上文所称的‘未经调解’是指案件处理过程中经过调解但最终未达成一致，或没有经过调解程序的。”被告于2010年9月9日以沪公徐〔2010〕第00000011号《政府信息公开申请答复书》答复，内容为：“经审查，您要求获取的政府信息属于本机关公开职责权限范围，但本机关未制作或未获取，该政府信息不存在。”

法院认为，被告作为政府信息公开的义务主体，在受理原告的申请后，应根据上述规定，查明原告对申请公开政府信息的内容描述能否指向特定的政府信息，如申请内容不明确，应当告知原告进行补正，对其申请公开的信息内容进行更为具体的描述。被告只有在明确原告申请信息的具体内容之后，方可依法进行处理答复。本案原告将申请公开的内容描述为“自2006年3月《治安管理处罚法》实施以来至2009年12月底，分局（包括各派出所）接报殴打他人（含互殴），构成轻微伤以下（含轻微伤）伤害结果的，未经调解结案的治安案件中，予以行政处罚结案的案件的全部案卷材料。上文所称的‘未经调解’是指案件处理过程中经过调解但最终未达成一致，或没有经过调解程序的”。原告的申请并不含有特定政府信息的文件名称、文号，对申请内容的特征描述也未能指向特定的政府信息。而被告在未要求原告进一步明确申请内容的情况下直接答复该政府信息不存在，属认定事实不清。被告依据上述事实，适用政府信息公开条例的规定作出答复，系适用法律错误。判决撤销被告于2010年9月9日作出沪公徐〔2010〕第00000011号《政府信息公开申请答复书》的行政行为。

魏某凡与某市住房和城乡建设委员会政府信息公开案[①]

上诉人（原审原告）：魏某凡

① 案号：北京市第一中级人民法院（2019）京01行终1102号。

被上诉人（原审被告）：某市住房和城乡建设委员会（以下简称某市住建委）

2018年10月31日，某市住建委收到魏某凡提交的政府信息公开申请表，要求公开“某汇景房地产开发有限公司与某市成套工程管理有限公司签订名门大厦项目《建设工程项目委托代建合同》复印件”的政府信息。之后，某市住建委向其内设机构建筑业处核查涉案信息。2018年11月13日，某市住建委建筑业处答复称：“经查，我处没有制作或获取某汇景房地产开发有限公司与某市成套工程管理有限公司签订的名门大厦项目《建设工程项目委托代建合同》。”2018年11月16日，某市住建委作出编号：DF20180441《信息不存在告知书》，告知魏某凡：“经审查，您申请公开的信息本单位未制作、未获取，因此您申请公开的信息我委不存在。”

2019年8月30日，一审法院经审理认为，判决驳回魏某凡的全部诉讼请求。

二审法院认为，结合当事人的诉辩意见，本案的争议焦点在于，某市住建委在作出信息不存在答复前，是否尽到了充分合理的查找、检索义务。本案中，魏某凡向某市住建委申请公开“某－汇景房地产开发有限公司与某市成套工程管理有限公司签订名门大厦项目《建设工程项目委托代建合同》复印件”的政府信息。对此，当时有效的《某市建设工程项目代建管理试行办法》第九条规定：“本市建设工程项目代建活动实行合同备案制度。建设工程项目采用代建方式实施的，业主单位应当与代建单位依法签订《建设工程项目委托代建合同》，并在签定合同15日内，按照我市建设项目管理权限分工，到项目所属的建设工程合同管理部门备案。”由此可知，如果业主单位与代建单位依法签订过代建合同并且严格按照上述规定进行了备案，则该项目所属的建设工程合同管理部门就能够获取到相应的代建合同。具体到个案中，客观上是否存在相应的代建合同，则需要建设工程合同管理部门对其备案的合同进行检索。

本案中，某市住建委在收到魏某凡提出的信息公开申请后，指派其具体负责上述业务工作的内设机构建筑业处进行检索，该做法符合行政机关的工作制度安排。建筑业处作为此项工作的归口管理机构，其查询结果能够全面客观地反映某市住建委在履行建设工程项目代建管理职责过程中所掌握的相关合同备案情况，其中也包含上诉人所主张的某市建设工程合同管理站的合同备案信息。结合现有证据，可以认定某市住建委已经履行了充分合理的查找、检索义务。而且，上诉人提供的证据也不能证明某市住建委实际保存了其申请公开的信息。因此，上诉人对此提出的上诉理由均不能成立，本院不予支持。

据此，判决驳回上诉，维持一审判决。

马某力与某市某区人民政府政府信息公开案[①]

原告：马某力

被告：某市某区人民政府（以下简称某区政府）

2018 年 11 月 8 日，原告以邮寄的方式向某区政府提交《政府信息公开申请表》，要求获取涉案信息。2018 年 11 月 9 日，某区政府向原告出具了某区（2018）第 58 号—回《登记回执》，告知原告收到其提出要求获取涉案信息的申请，并将于 2018 年 11 月 30 日前作出书面回复，该《登记回执》次日邮寄送达原告。后某区政府在某区政府数据库中以“福利厂腾退方案”为关键词进行检索查询，在某区政府信息公开专栏中以“福利厂、福利厂腾退”为关键词进行检索查询，在某区政府门户网站上以“福利厂”为关键词进行检索查询，查询结果均为不存在。2018 年 11 月 28 日，某区政府

① 案号：北京市第四中级人民法院（2019）京 04 行初 141 号。

作出某区（2018）第58号—告《政府信息答复告知书》，主要内容为：因“某市某区福利厂职工宿舍腾退方案”属于协议性内部腾退方案，没有法律规定需要区政府批准，故您申请“关于某市某区福利厂职工宿舍腾退方案的批准文件”的信息，我机关未制作、未获取、未保存。现告知您申请的信息不存在。次日送达原告。

另查，某市某区民政局于2018年11月6日向原告作出某市某区民政局（2018）第2号—非本《非本机关政府信息告知书》，告知原告所申请的涉案信息与某市某区政府信息和政务公开办公室职责相关，建议原告和某市某区政府信息和政务公开办公室联系，一并告知原告某市某区政府信息和政务公开办公室办公地址及联系电话。2018年11月30日向原告等人作出延民信答〔2018〕25号《某市某区民政局关于福利厂职工宿舍住户马某力等十人因宿舍腾退一事的信访事项的答复》，载明“厂区及宿舍纳入腾退之后，福利厂考虑大部分住户为残疾退休职工，存在安置需求，因此，经报请区政府同意，出台了《某市某区福利厂职工宿舍腾退方案》……”

法院认为，具有政府信息公开职责的行政机关在收到公民、法人或者其他组织提交的政府信息公开申请后，应当依法履行法定告知或者说明理由义务。本案中，原告提交的证据显示，某市某区民政局作出（2018）第2号—非本《非本机关政府信息告知书》，告知原告所申请的涉案信息与某市某区政府信息和政务公开办公室职责相关，并建议其与某市某区政府信息和政务公开办公室联系。且某市某区民政局向原告作出的延民信答〔2018〕25号《某市某区民政局关于福利厂职工宿舍住户马某力等十人因宿舍腾退一事的信访事项的答复》中明确记载了《某市某区福利厂职工宿舍腾退方案》的出台是经报请某区政府同意的，原告已提交涉案信息存在的相关线索，故原告有理由相信某区政府可能制作或保存了涉案信息。在此情况下，本院应采用更加严格的标准对《政府信息答复告知书》的合法性进行审查。首先，本案中某区政府在检索涉案信息时使用的关键词为“福利厂腾退方案”“福利厂、福利厂腾退”，并未以批准文件为关键词进行检索，不足以证明查找范围已经准确指向“关于某市某区福利厂职工宿舍腾退方案的批准文件”；其次，某区政府所采用的搜索方式亦不足以证明完全覆盖涉案信息可能存在的范围，在本单位进行检索涉案信息的同时，并未向有关单位发函要求协助查找或提供信息；最后，在原告已经在行政复议程序中提出了上述涉案信息可能存在的相关线索后，某区政府亦未向复议机关进行解释说明。综合上述意见，本院认为某区政府在本案中提供的证据尚不能证明其尽到了全面、谨慎的查找义务，《政府信息答复告知书》陈述的理由不足以消除本案存在的合理怀疑。故某区政府作出的《政府信息答复告知书》主要证据不足，本院依法应予撤销。某区政府应在重新调查核实后，对原告申请公开涉案信息的请求重新作出答复。

综上，判决责令被告某区政府于本判决生效之日起法定期限内对原告马某力重新作出政府信息公开答复。

苏某勤与某市某区发展和改革委员会政府信息公开案[①]

上诉人（一审原告）：苏某勤

被上诉人（一审被告）：某市某区发展和改革委员会（以下简称某发改委）

2018年1月4日，苏某勤向某发改委提出政府信息公开申请，主要内容为：“现依法向你某区发展和改革委员会申请：你委关于拆迁安置中央警卫团（驻玉泉山静明园四大队）——四中队营房项目建议书《代可行性研究报告》的请示［海计固字（2002）189

① 案号：北京市第一中级人民法院（2019）京01行终36号。

文，以下简称189号请示］政府信息。”2018年1月8日，某发改委收悉政府信息公开申请，并作出某区发改委（2018）第3号—回《登记回执》，于次日寄出。2018年2月13日，某发改委对苏某勤作出某区发改委（2018）第3号—不存《政府信息不存在告知书》，主要内容为：“根据您提供的文号，您申请获取的信息应形成于2002年。因信息形成时间久远，本机关政府信息档案材料中并未查找到您申请获取的信息。现向您告知，您申请获取的政府信息本机关未保存、不存在。”

2018年10月26日，一审法院作出判决，认为，某发改委已经履行说明理由义务，苏某勤申请公开的政府信息不存在，且某发改委作出被诉告知书程序合法，并无不当。一审法院判决驳回了苏某勤的诉讼请求。

二审法院认为，本案中，就上诉人向某发改委所申请公开的信息即189号请示，某发改委以关键词方式对其内部存档目录、某市固定资产投资项目信息管理平台进行查询但并未查找到。故某发改委作出被诉告知书告知苏某勤该信息不存在，已经尽到查找义务。一审法院判决驳回苏某勤的诉讼请求正确，本院应予维持。

苏某勤上诉主张被上诉人以年代久远、原办理人已经调离为由拒绝公开属于不履责，对此本院认为，政府信息公开申请人所申请信息是否存在应以信息客观上是否处于政府信息公开义务机关保存范围为准，而不以政府信息公开义务机关是否应当保存为准。对于应当保存相关信息但未保存的，政府信息公开申请人可通过监察途径解决，但并非行政诉讼审查的范围。行政诉讼对于信息不存在答复的审查，应着重以公开义务机关是否尽到查找义务为限。上诉人的该项上诉主张缺乏法律依据，本院不予支持。上诉人另主张被上诉人应通过向某市发展和改革委员会查档的方式调取并向其公开，而在案事实并不足以证明被上诉人尽到查找义务。对此本院认为，根据《最高人民法院关于审理政府信息公开行政案件若干问题的规定》第二条第三项之规定，行政机关并不负有为政府信息公开申请人收集相关信息的义务。上诉人的该项主张实际上是请求被上诉人为其收集信息，缺乏法律依据，本院亦不予支持。判决驳回上诉，维持一审判决。

明某、林某与某市某区人民政府政府信息公开案[①]

上诉人（一审被告）：某市某区人民政府（以下简称某区政府）

被上诉人（一审原告）：明某

被上诉人（一审原告）：林某

明某、林某于2018年11月17日向某区政府申请公开如下政府信息：某区政府将征收花溪镇建新村4、8、9社及村委会、新屋村村委会、光明村1社及村委会集体农用地和未利用地及建设用地的征地补偿费用预计4619.025万元存入区国土资源管理分局征地安置补偿专用账户的凭证即银行进账单。以上政府信息的公开形式为：复印件加盖某区政府公章即可。某区政府于2018年11月19日收到明某、林某的政府信息公开申请书后，在区政府办电子政务外网集群办公系统中“个人公文查询”一栏“公文标题”处，以“征地补偿费用”为关键词进行检索，检索截屏显示“某交通文〔2013〕71号关于将南涪路渣场征地补偿费用于南涪路隧道养护经费的请示”；在“流程监控”一栏“公文标题”处，以“银行进账单”为关键词进行检索，检索截屏显示的是空白。2018年12月5日，某区政府作出某府（2018）第21号（告）《政府信息公开告知书》，回复明某、林某其申请公开的政府信息不存在，并告知明

---

① 案号：重庆市高级人民法院（2019）渝行终232号。

某、林某不服该回复的救济渠道和方式。该告知书于2018年12月7日邮寄送达明某、林某。明某、林某不服，诉至一审法院。

一审另查明，某区政府于2008年9月27日作出《某市某区人民政府关于实施城市规划建设农用地转用和土地征收的请示》（某府文〔2008〕140号），就土地征收事宜向某市人民政府请示，该请示的附件2即《某市某区人民政府关于实施城市规划建设农用地转用和土地征收的审查意见》第2页最后一段载明“该宗土地的征地和补偿等费用预计4619.0250万元，我区已存入区国土资源管理分局征地安置补偿专用账户（银行进账单附后）”。

某市第五中级人民法院一审认为，明某、林某提交的《某市某区人民政府关于实施城市规划建设农用地转用和土地征收的审查意见》的内容，能够初步证明该进账单是存在的。某区政府提交的其在“区政府办电子政务外网集群办公系统”中，以“征地补偿费用”为关键词进行检索，显示的是一条请示类的公文；以“银行进账单”为关键词进行检索的检索截屏，显示的是空白。由此可见，某区政府使用该关键词进行检索，并未检索到相关类似信息，故不能证明使用该关键词进行检索的有效性，某区政府以此为据证明其对明某、林某申请的政府信息尽到了检索义务，在有其他证据证明明某、林某申请的银行进账单可能存在的情况下，某区政府仅以不十分有效的关键词在“区政府办电子政务外网集群办公系统”中检索未果为由，辩称该信息不存在显然证据不足。故某区政府以明某、林某申请的信息不存在为由答复明某、林某，理由不充分，主要证据不足。综上，判决责令某区政府在收到本判决书之日起重新对明某、林某的政府信息公开申请作出处理。

某区政府上诉称，我府收到明某、林某的信息公开申请之后检索档案并无征地安置补偿资金“银行进账单”信息，且通过某市某区国土资源管理分局查找也没有该信息存在。我府在已经尽到合理检索义务的情况下作出告知书回复申请人申请的政府信息不存在，事实清楚。因该信息根本就不存在，况且某区政府也没有故意隐藏该信息的必要，一审法院错误认定案件事实，判决某区政府重新作出处理决定，会导致各方当事人陷入反复答复与诉讼的“怪圈”。

二审另查明，某市人民政府《关于某区实施城市规划建设用地的通知》（渝府地〔2009〕173号）批复某区政府征收花溪镇建新村4、8、9社及村委会、新屋村村委会、光明村1社及村委会集体土地，某市某区国土资源管理分局在某区政府报批请示之前未收到征地安置补偿前置资金。2011年6月至2018年2月，某市某区征地办公室财务票据载明集体土地征收实施阶段收到征地项目业主单位分期缴纳的安置补偿款项。

本院认为，本案争议焦点在于涉案征地安置补偿资金“银行进账单”是否客观存在，以及某区政府作出的政府信息公开答复是否合法。本案中，明某、林某在信息公开申请阶段提交了《某市某区人民政府关于实施城市规划建设农用地转用和土地征收的请示》（某府文〔2008〕140号），从该请示附件描述的内容来看该“银行进账单”信息可能存在。围绕“银行进账单”信息本身是否客观存在，结合一、二审双方当事人提交的证据和查明的事实来看：(1)《某市某区人民政府关于实施城市规划建设农用地转用和土地征收的请示》（某府文〔2008〕140号）请示的附件2即《某市某区人民政府关于实施城市规划建设农用地转用和土地征收的审查意见》中载明“该宗土地的征地和补偿等费用预计4619.0250万元，我区已存入区国土资源管理分局征地安置补偿专用账户（银行进账单附后）”，而从某市某区国土资源管理分局提交的情况说明内容来看，该局当时并未有前置资金到账的事实，“银行进账单”也就根本未客观存在。除此之外，该局还陈述征地安置补偿资金系由项目业主单位直接支付至某市某区征地办公室。(2) 某区政府通过该单位“电子政务外网集群办公系统”的检索未能发现该“银行进账单”档案信息客观存在，该行政机关没有实际掌控该信息。(3)从某市人民政府办公厅《关于市级投融资机构储备土地有关问题的会议纪要》(专题会议纪要2009－36)中关于征地补偿安置资金前置事宜的意见来看，涉及征地上报请示阶段尚不需要提供前置资金到账，仅需要在具体实施征地时资金到账即可。(4)从某市某区征地办公室的情况说明和财务票据载明的内容来看，证明征地安置补偿资金系在集体土地实施征地阶段由业主单位直接缴纳至某市某区征地办公室账户上。综合上述事实分析，某区政府向某市人民政府上报土地征收请示环节并未发生缴纳征地安置补偿前置资金的事实，该“银行进账单”作为信息载体本身并未制作亦并未客观存在，也并无将其作为附件与征地请示同时上报的可能，故某区政府自然就谈不上对该信息的实际掌控。鉴于某区政府事实上根本无法提供当时客观不存在的所谓“银行进账单”信息，某区政府无须依据一审判决重新作出回复，且该处理方式无疑会增加当事人和行政机关的额外负担，而通过本案诉讼能够让当事人明确获知“银行进账单”信息是否存在，从而实际保障了明某、林某的知情权。倘若某区政府通过虚假方式提供本不存在的“银行进账单”，不但失信于民而且将会妨碍司法。综上，某区政府的上诉理由成立，本院据此予以支持。判决驳回明某、林某的诉讼请求。

袁某与某市国土资源和房屋管理局政府信息公开案[①]

上诉人（原审原告）：袁某

被上诉人（原审被告）：某市国土资源和房屋管理局（以下简称市国土房管局）

---

① 案号：山东省青岛市中级人民法院（2016）鲁02行终655号P508。

2014年5月15日，袁某提交了政府信息公开申请表，申请公开“关于四方区双山村××号房屋及宅基地建筑层数、建筑结构、面积、具体位置的航拍测绘图”。2014年5月30日，市国土房管局作出《关于袁某申请政府信息公开的告知书》，告知袁某宅基地档案是该机关在房地产产权登记管理活动中形成的专业档案资料，查询该资料需到房地产档案馆缴费查询。袁某对此不服，遂提起行政诉讼，法院判决撤销上述告知书并责令市国土房管局重新作出答复。2014年12月23日，市国土房管局作出《政府信息公开告知书》，告知袁某申请的政府信息不存在。袁某不服，再次提起行政诉讼。

某市中级人民法院经审理认为，市国土房管局提交的证据无法说明其在收到袁某的申请后，是如何履行检索义务的，其提交的“情况说明”也无法表明市国土房管局具体的检索时间、检索范围、检索方法等，不能证明市国土房管局尽到了合理的检索义务。因此，市国土房管局在此基础上作出袁某申请公开的信息不存在的答复缺乏证据支持。故判决撤销市国土房管局作出的《政府信息公开答复书》，并于判决生效之日起15日内按照袁某的申请重新作出行政行为。

本案的典型意义在于，公民相对于公权力来说往往处于弱势地位，特别是在政府信息公开方面，这种信息占有的不对称更加突出。为了保障公民的权利，《最高人民法院关于审理政府信息公开行政案件若干问题的规定》确定了在政府信息公开案件中，一般情况下应当由行政机关负举证责任的基本原则。行政机关主张申请人申请的信息不存在，应当对其是否尽到合理的检索义务负举证责任，而不能笼统地以情况说明的形式作出信息不存在的答复意见，行政机关在未完成举证责任的情况下，应当承担败诉的不利后果。

第三十六条第五项　【非本机关信息的答复】所申请公开信息不属于本行政机关负责公开的，告知申请人并说明理由；能够确定负责公开该政府信息的行政机关的，告知申请人该行政机关的名称、联系方式；

◆ **解读**

要深刻领会新修订的条例关于政府信息公开的规定和要求。重点对第三十六条第四项和第五项的条文含义及使用条件进行深刻领会。可以看出第三十六条第四项和第五项的内容和要求是截然不同的。第三十六条第四项突出的是行政机关收到申请人的申请后，经检索后发现没有该信息的，应当告知申请人该政府信息不存在，根据这条规定上下的文意，可以看出，这一项隐含了一个前提条件，那就是申请人要求公开的信息是属于本机关的职责。而第三十六条第五项则是规定所申请公开信息不属于本行政机关负责公开的，应当如何告知的问题。第四项和第五项分别从有职责和无职责这两方面进行规定，起到相互补充、相互印证的作用。因此，在政府信息公开工作中，工作人员一定要首先查清到底本机关有无公开申请人具体信息的职责。其次要查明申请公开的信息是否存在，是否涉及不予公开的情形。最后考虑适用第三十六条第四项或者第五项。如果不是本部门负责公开，一定要对该情况进行明确说明和阐述，再考虑适用第五项。如果是本部门公开的职责，只是因为没有检索到所申请的信息，再考虑适用第四项，检索过程必须要真实，并保存检索的记录、截图等证据，还要证明所检索的渠道具有唯一性。

处理政府信息申请，要注意进行深入调查，不能凭经验、凭感觉直接回复。一般而言，申请人既然能想到运用政府信息公开申请的方式向行政机关索取信息，说明申请人对法律法规有一定的了解，并且目的性很强，这样的人很少会对行政机关的职责一无所知。作为政府信息公开回复的承办人，应当认真细致地处理申请人提出的每一份申请，依法依规办理，不能主观臆断、犯经验主义的错误。对于行政机关获取的其他行政机关的政府信息，还要弄清制作或者最初获取该政府信息的行政机关。只有寻根究底、顺藤摸瓜，才能查明事实，客观准确地作出信息公开申请的回复，只有这样，才能从源头上杜绝因履职不力、不担当、不作为而引发的法律风险。

◆ 案例

刘某与某市人民政府政府信息公开案①

再审申请人（一审原告、二审上诉人）：刘某

再审被申请人（一审被告、二审被上诉人）：某市人民政府（以下简称市政府）

某市第三中级人民法院一审查明，市政府于2015年2月12日作出编号为SQ00242001702015020500１的《告知书》，对刘某申请要求获取：1. 依据土地管理法第六十五条，经农村集体经济组织报经原批准用地的人民政府批准，可以收回土地使用权之规定，集体经济组织闵行区颛桥镇群力村8队向市政府呈报收回刘某某市农村宅基地使用证所载集体所有宅基地使用权呈请报告信息。2. 依据土地管理法第六十五条，经农村集体经济组织报经原批准用地的人民政府批准，可以收回土地使用权之规定，市政府批准集体经济组织闵行区颛桥镇群力村8队收回刘某某市农村宅基地使用证所载集体

① 案号：最高人民法院（2016）最高法行申4456号。

所有宅基地使用权批准书信息。3. 依据土地管理法第六十五条，经农村集体经济组织报经原批准用地的人民政府批准，可以收回土地使用权之规定，市政府批准集体经济组织闵行区颛桥镇群力村8队收回刘某某市农村宅基地使用证所载集体所有宅基地使用权的公告信息。4. 依据土地管理法第六十五条，经农村集体经济组织报经原批准用地的人民政府批准，可以收回土地使用权之规定，市政府批准集体经济组织闵行区颛桥镇群力村8队收回刘某某市农村宅基地使用证所载集体所有宅基地使用权的批准书送达/签收信息。5. 市政府批准集体经济组织闵行区颛桥镇群力村8队收回刘某某市农村宅基地使用证所载集体所有宅基地转用、征用的批准文件信息的申请，依据《中华人民共和国政府信息公开条例》第二十一条第三项的规定，作出答复：经查，本机关未制作或获取过如您所述的政府信息。

一审法院经审理，判决驳回原告刘某的诉讼请求。

刘某不服，向市高级人民法院提起上诉。市高级人民法院二审判决驳回上诉，维持原判。

最高人民法院认为，根据《中华人民共和国政府信息公开条例》的规定，对能够确定该政府信息的公开机关的，市政府才有告知申请人该行政机关的名称、联系方式的法定职责。市政府在作出答复时，要按照案件的具体情况，区分不同的情形、根据不同的法定条件作出相应的答复。市政府告知刘某“本机关未制作过如您所述的政府信息”具有适当性，其告知内容和方式并不违反法律规定。原审判决并无不当。裁定驳回再审申请人刘某的再审申请。

王某珍与某市某区人民政府政府信息公开案[①]

再审申请人（一审原告、二审上诉人）：王某珍

① 案号：最高人民法院（2016）最高法行申1842号。

再审被申请人（一审被告、二审被上诉人）：某市某区人民政府（以下简称某区政府）

2014年7月3日，王某珍以邮寄方式向某区政府申请政府信息公开，内容为“公开贵机关大沽街道副书记王某明、信访科长于某栋于2012年9月24日强制将王某珍、周某铁、周某一家三口送某市公安局安康医院所依据的证据材料”。某区政府2014年7月5日收到王某珍的申请，经审查于2014年7月25日作出《关于王某珍依申请公开信息的答复》，内容为：您申请的信息不属于本机关公开范围。王某珍不服，提起行政诉讼。

某市第二中级人民法院一审认为，某区政府接到王某珍的申请后，经查询确认其未制作或者获取上述信息。某区政府依据上述规定，书面告知王某珍其申请的信息不属于本机关公开的范围，已经履行了相应的答复处理职责，符合法律法规的规定，王某珍要求某区政府公开上述信息没有事实及法律依据，不应予以支持。据此作出（2015）二中行初字第26号行政判决，驳回王某珍的诉讼请求。王某珍不服，提起上诉。

某市高级人民法院二审认为，某区政府经对其信息资料管理平台进行检索，未发现涉及王某珍及其家人的信息记录，作出被诉《关于王某珍依申请公开信息的答复》，告知王某珍申请的信息不属于其公开范围。诉讼中，某区政府进一步说明了其进行检索的信息平台系其与某市某区区委及人大等部门共用的信息资料管理平台，其制作和保存的信息均汇总录入该信息资料管理平台数据库的情况。被诉答复行为事实清楚，证据充分，符合政府信息公开条例的规定。王某珍主张某区政府应当公开其申请的信息，缺乏事实依据。据此判决驳回上诉，维持原判。

最高人民法院认为，政府信息公开诉讼在很多方面与传统行政诉讼不同，它既承继了合法性审查的因素，又不将其作为唯一的追求和考虑，而更着眼于争端的解决，也就是说，政府信息公开诉讼关注和解决的，始终是政府信息事实上能否公开这一实质问题。“以一定形式记录、保存”，是政府信息可以公开的前提。行政机关只提供已经存在的信息，并不因为申请人的请求而负担为其制作信息的义务。所以政府信息公开条例才规定，政府信息不存在的，应当告知申请人。政府信息不存在，既是政府信息公开条例通常规定的拒绝公开的一个法定理由，也是行政机关非常乐于使用的一个借口。又由于政府信息实际为行政机关掌握，这种信息的不对称导致政府信息事实上存在不存在的判断成为一个世界性难题。从国际通行做法来看，当行政机关主张政府信息不存在时，必须证明其已经尽到勤勉的检索义务。本案中，再审被申请人在接到再审申请人的政府信息公开申请后，即对其信息资料管理平台上的信息资料进行检索，未发现涉及再审申请人及其家人的信息记录，诉讼过程中又进一步说明了其进行检索的信息平台系与某市某区区委及人大等部门共用的信息资料管理平台，其制作和保存的信息均汇总录入该信息资料管理平台数据库的情况。应当说，再审被申请人能够证明其尽到了勤勉检索的义务，原审法院重点查证政府信息是否存在，也抓住了案件事实的本质，不存在再审申请人所称“原审判决认定事实不清”的问题。

再审申请人还质疑：“再审被申请人交替使用‘不属于本机关公开’和‘政府信息不存在’这两个答复理由。”本院注意到，这种“交替使用”确实存在，也确实在一定程度上表现出行政机关的不审慎以及对政府信息公开条例条文理解的不深入。政府信息公开条例规定了政府信息公开答复的各种情形，同时也规定了行政机关在作出答复时应当告知申请人并说明理由的义务，行政机关不仅应当遵循，而且应当尽可能地准确说明理由，并切实避免随意。“一个没有理由的决定，等于一个猜不透的谜语”，一个理由变来变去的决定，同样容易降低人们对它的信任。但在面对行政机关不说明理由、说明理由错误等瑕疵时，法院应当作何抉择，也是一个普遍性的见仁见智的难题。固然，说明理由既是行政机关应当遵循的法定义务，同时也是法律赋予行政相对人的程序权利，应当得到尊重，但在政府信息公开诉讼中，通说认为，行政机关在保持与基本事实同一性的范围内追加和变更理由一般可以允许，即以本案为例，行政机关在信息公开答复中称不公开是因为“不属于本行政机关公开”，这一理由并没有涉及政府信息是否存在的问题，当其在诉讼中将理由替换为“政府信息不存在”，而实际情况确实不存在时，就具备与基本事实的同一性。从实际效果来讲，如果法院判决行政机关重新作出答复，也仍然无法改变政府信息不存在的客观事实，程序的纠正并不能有助于再审申请人获得政府信息的愿望的实现。因此，原审法院判决驳回再审申请人的诉讼请求符合客观实际。

综上，裁定驳回再审申请人王某珍的再审申请。

国家铁路局与董某伟政府信息公开案[①]

上诉人（一审被告）：国家铁路局

被上诉人（一审原告）：董某伟

2014 年 4 月 22 日，国家铁路局作出国铁公开办函〔2014〕3 号告知函，主要内容如下：“董某伟公民：您的政府信息公开申请已于 4 月 1 日收悉。根据国家铁路局的职责，您所申请公开的‘铁路总公司制定调涨火车票 20% 退票费的过程中政府定价信息和退票成本信息’，不属于国家铁路局政府信息公开事项。特此告知。”董某伟不服被诉告知函，向北京市第一中级人民法院提起行政诉讼。

一审法院经审理查明，2014 年 4 月 1 日，国家铁路局收到董某

① 案号：北京市高级人民法院（2014）高行终字第 3428 号。

伟提出的政府信息公开申请。董某伟要求“公开铁路总公司制定调涨火车票20%退票费的过程中政府定价信息和退票成本信息等”。2014年4月22日，国家铁路局作出被诉告知函。

另查，2014年2月14日，国家铁路局发布《国家铁路局关于公开取消和保留的铁路行政审批事项的通知》（国铁科法〔2014〕12号），其中的附件3为：“暂列在国家铁路局名下的行政审批项目目录。”该附件的第6项载明：“项目名称：铁路客货运杂费项目和收费标准审核；审批类别：行政许可；设定依据：《铁路法》；共同审批部门：无；审批对象：企业。”同时，在2014版《国务院各部门行政审批事项汇总清单》下的国家铁路局行政审批事项清单中载明：“［53014］铁路客货运杂费项目和收费标准审核。”

一审法院经审理认为，本案的争议焦点在于，根据国家铁路局的职责，董某伟申请公开的政府信息，即“铁路总公司制定调涨火车票20%退票费的过程中政府定价信息和退票成本信息”是否属于国家铁路局的公开范围。

从本案查明的事实可知，“铁路客货运杂费项目和收费标准审核”这一行政审批事项被列入国家铁路局的职责范围，并在国家铁路局自行发布的规范性文件以及《国务院各部门行政审批事项汇总清单》中对外公示。故国家铁路局应当具有审核火车票退票费的法定职责。国家铁路局关于依据《国务院办公厅关于印发国家铁路局主要职责内设机构和人员编制规定的通知》和《财政部关于印发〈中国铁路总公司组建方案〉和〈中国铁路总公司章程〉的通知》可以说明其工作职责不包括审核火车票退票费收费标准以及上述职责的诉讼主张缺乏法律依据，不予支持。据此，对于董某伟提出的政府信息公开申请，国家铁路局以其不具有相关职责为由，答复称上述信息不属于其公开事项，属认定事实不清，依法应予撤销。在判决生效后，国家铁路局应进行调查、裁量，对董某伟的申请重新予以答复。

同时，根据修改前的《中华人民共和国行政诉讼法》第五条的规定，人民法院审理行政案件，对具体行政行为是否合法进行审查。合法性的审查应当包括对行政机关作出具体行政行为的事实依据、法律依据，以及作出的程序是否符合法律和法规的规定进行审查。行政机关作出政府信息公开答复，应当写明法律依据及具体条款。本案中，国家铁路局作出的被诉告知函未载明法律依据，应当视为国家铁路局作出被诉告知函适用法律错误，依法亦应予以撤销。

此外，董某伟提出的国家铁路局未能在政府信息公开指南中明确电子邮箱、传真号码等内容，给董某伟申请信息公开造成困扰等诉讼主张，与本案被诉告知函的合法性审查无关，不予评述。

综上，判决国家铁路局自判决生效之日起于法定期限内针对董某伟的政府信息公开申请重新予以答复。

二审法院认为，本案的争议焦点在于，国家铁路局对董某伟申请公开的政府信息，即“铁路总公司制定调涨火车票20%退票费的过程中政府定价信息和退票成本信息等”是否具有信息公开职责。按照《铁路客运运价规则》第六章“客运杂费”的规定，退票费属于铁路旅客运输杂费。因此，国家铁路局对“铁路总公司制定调涨火车票20%退票费的过程中政府定价信息和退票成本信息等”是否具有信息公开职责，争议核心在于国家铁路局对铁路客运杂费确定是否具有审核职责或者制作、获取相应定价信息和成本信息的职责。

在本案审理过程中，全国人民代表大会常务委员会于2015年4月24日对《中华人民共和国铁路法》（2009年）进行了修订，修改后的《中华人民共和国铁路法》（2015年）对铁路旅客运输杂费的收费项目和收费标准及其确定主体进行了调整。由于争议的政府信息公开行为发生在2014年4月，因此本案依法应当依照争议发生时有效的法律即《中华人民共和国铁路法》（2009年）的相关规定来审查本案政府信息公开行为的合法性。

经过2013年国务院机构改革，原铁道部作为国务院铁路主管部门不再存在，国家铁路局承接了原铁道部部分行政职责，但是在法律没有修改的情况下，国家铁路局认为董某伟申请公开的信息不属于其信息公开事项，缺乏法律依据。此外，被诉告知函还存在没有援引明确的法律依据问题，一审判决对此已予以指出，本院予以确认。因此，一审法院据此撤销国家铁路局作出的被诉告知函，并责令国家铁路局对董某伟的信息公开申请重新作出答复，并无不当。

本院注意到，本案发生在2013年国务院机构改革之后和国家铁路管理体制改革过程中，具有较强的政策性。特别是在本案二审审理过程中，修改后的《中华人民共和国铁路法》（2015年）颁布实施。遵照国务院机构改革方案和国家铁路体制改革的要求，该法对铁路旅客运输杂费的收费项目和收费标准及其制定主体作出了相应的调整，第二十五条明确规定，铁路旅客、货物运输杂费的收费项目和收费标准，以及铁路包裹运价率由铁路运输企业自主制定。因此，国家铁路局在重新作出信息公开答复时，应当考虑本案信息公开争议发生在政府体制转型和国家铁路法律制度调整过程中的背景，遵循2013年国务院机构改革方案的精神，并结合国家法律关于铁路旅客运输杂费收费项目和收费标准及其制定主体的调整，完善信息公开答复的内容和形式，依法重新作出相应的答复。

综上，判决驳回上诉，维持一审判决。

卢某与某市市中区人民政府政府信息公开案[①]

原告：卢某

被告：某市某区人民政府（以下简称区政府）

① 案号：山东省枣庄市市中区人民法院（2015）市中行初字第62号。

2015年3月，卢某通过申通快递向区政府邮寄了《拆迁补偿遗漏信息公开申请书》，其请求事项为："区政府公开某市畜牧珍禽示范园2011年4月拆迁补偿公告遗漏信息，对超过租赁合同面积每平方米补偿220元，是补偿的房屋还是补偿的没盖房屋空地款。"区政府没有给予答复。卢某认为区政府没有在规定的时间内给予答复，遂诉至法院。

某市市中区人民法院经审理认为，关于本案是否属于行政诉讼受案范围的问题。《最高人民法院关于审理政府信息公开行政案件若干问题的规定》第一条第一款规定："公民、法人或者其他组织认为下列政府信息公开工作中的具体行政行为侵犯其合法权益，依法提起行政诉讼的，人民法院应当受理：（一）向行政机关申请获取政府信息，行政机关拒绝提供或者逾期不予答复的……"卢某向区政府提出信息公开申请后，区政府没有给予答复，符合上述规定，本案属于行政诉讼的受案范围。关于卢某应当向谁提出信息公开申请的问题。区政府主张卢某应当向区政府信息中心提出申请，但信息中心是区政府负责信息公开工作的内设机构，政府信息公开条例没有规定申请人应当向行政机关内设机构提出政府信息公开申请，因此卢某向区政府申请政府信息公开并无不当。《最高人民法院关于审理政府信息公开行政案件若干问题的规定》第十二条规定："有下列情形之一，被告已经履行法定告知义务或者说明理由义务的，人民法院应当判决驳回原告的诉讼请求……（二）申请公开的政府信息已经向公众公开，被告已经告知申请人获取该政府信息的方式和途径的……"该条适用的前提是被告已经履行了法定告知义务或者说明理由义务，本案中区政府在收到原告卢某的申请后，没有履行告知或说明理由义务，因此区政府关于应该依据上述规定驳回卢某诉讼请求的主张，不应予以支持。遂判决区政府于判决生效后15个工作日内对卢某的申请给予书面答复。

本案的典型意义在于以下三个方面：一是政府信息公开条例明确规定，申请人申请获取政府信息而行政机关拒绝提供或逾期不予答复的，属于行政诉讼的受案范围。二是行政机关在收到申请人信息公开申请后，无论该信息是否属于自己掌握以及该信息是否存在，都应当对申请人给予答复。三是行政机关指定专门机构负责政府信息公开工作属于行政机关内部分工的问题，申请人只需向行政机关提出申请，而不应要求申请人必须将政府信息公开申请交由行政机关指定的政府信息公开工作机构。

李某与某市某区人民政府政府信息公开案①

上诉人（一审原告）：李某

被上诉人（一审被告）：某市某区人民政府（以下简称某区政府）

2017年10月9日，原告李某向被告某区政府提交《北京市某区政府信息公开申请表》，申请公开："1. 三虎桥南路南边安装隔离护栏的所有有关政府文件；2. 北京市规划委批准安装护栏的批准文件；3. 北京市道路交通管理局有关批准安装的文件。"被告某区政府于当日受理并向原告李某出具了《登记回执》。2017年10月9日，被告某区政府分别向区市政市容委、区规划分局、甘家口街道办发函进行查找。区市政市容委回函称隔离护栏属交通设施，其无此相关职能；区规划分局回函称其未制作相关信息；甘家口街道办回函称对于原告李某的第1项申请内容查找到12条信息，对于第2项、第3项申请内容没有查到相关信息。2017年11月15日，被告某区政府在本机关政务办公系统进行了查找，未查找到符合申请内容的信息。2017年10月27日，被告某区政府作出《政府信息延长

① 案号：北京市高级人民法院（2018）京行终1863号。

答复期告知书》并向原告李某送达。2017年11月17日，被告某区政府向原告李某作出被诉答复，主要内容为：1. 关于李某的第1项申请内容，甘家口街道办制作、获取了相关信息，本机关并无制作、获取安装隔离护栏相关文件的法定职责，在实际工作中亦未制作、获取和保存李某申请获取的信息，根据《中华人民共和国政府信息公开条例》的规定，告知李某该信息不属于本机关公开范围，建议李某向甘家口街道办提出申请。2. 关于李某的第2项申请内容，本机关并非该信息的制作主体，亦无制作、获取护栏安装批准文件的法定职责，且在实际工作中未获取和保存该信息，根据政府信息公开条例的规定，告知李某该信息不属于本机关公开范围，建议李某向北京市规划委员会提出申请。3. 关于李某的第3项申请内容，北京市现有政府机构中并无北京市道路交通管理局，且本机关在实际工作中未获取过其他机关批准安装护栏的批准文件，告知李某该信息不存在。原告李某不服被诉答复，提起行政诉讼。

北京市第四中级人民法院经审理认为，本案中，针对原告李某提出的3项政府信息公开申请内容，被告某区政府向区市政市容委、区规划分局、甘家口街道办发函进行查找，区市政市容委与区规划分局均回函称未查找到相关信息，甘家口街道办回函称针对第1项申请内容查找到12条相关信息，针对其他两项申请内容未查到相关信息。同时，被告某区政府以“三虎桥南路”“安装隔离护栏”“安装护栏”“护栏”等为关键词在本机关进行了查找，但未能查找到相关信息。本院认为，对于第1项、第2项信息内容，目前相关法律、法规及规章均未规定被告某区政府负有制作或获取上述信息的法定职责，且被告某区政府在本机关及向相关部门发函查找后，已履行了查找义务，故被告某区政府根据查找情况告知原告李某申请获取的第1项、第2项信息不属于本机关公开范围，并建议其向相关部门咨询并无不当。对于第3项申请内容，被告某区政府提出的关于原告李某陈述的信息制作主体“北京市道路交通管理局”不存在，该主体批准安装护栏的文件不可能存在的意见，本院予以采纳。被告某区政府根据上述情况及信息查找情况，告知原告李某申请的第3项信息不存在，符合法律规定。据此，判决驳回原告的诉讼请求。

经原告提起上诉，北京市高级人民法院作出驳回上诉，维持一审判决的终审判决。

第三十六条第六项　【不予重复处理】（六）行政机关已就申请人提出的政府信息公开申请作出答复、申请人重复申请公开相同政府信息的，告知申请人不予重复处理；

◆ **解读**

这是新修订的条例对滥用知情权新增的应对方式。判定滥用知情权，要考虑：

1. 行使知情权的方式是否正当。判断行为方式是否正当主要考虑是否存在以下情形：是否存在大量频繁申请的情形；是否存在向同一机关一次性提交大量申请的情形；是否存在就同一申请向不同机关或向同一机关在不同时间提出的情形；是否存在明知不是政府信息而执意要求公开的申请的情形；是否存在已经获取和知晓所申请的政府信息，仍以明显不能成立的理由逐一提起行政复议或行政诉讼的情形；是否在提出申请、行政复议、行政诉讼的程序中存在故意扰乱秩序行为的情形等。

2. 行使知情权的目的是否符合立法本意。判断行使知情权的目的是否符合立法本意需要根据行为方式进行认定，同时还要究其实质，如果形式目的是主张获取和知晓，实质目的是发泄对行政机关的不满而故意增加其工作负担等，应当认定是以形式上的合法目的掩盖实质上的违法目的；判断目的是否合法需要综合认定，虽然不能仅仅以提出政府信息公开的数量来判断当事人是否滥用知情权，但规制滥用知情权主要是针对大量申请情形下的手段；判断目的是否合法不能以偏概全，在提出大量申请的情形之下，不能因为个别申请违反立法目的就彻底否定申请人提出政府信息公开的权利，也不能因为个别申请符合立法目的就一概认定所有申请都符合立法目的。

3. 行使知情权是否对他人造成了严重的不利后果。由于滥用知情权占用了政府及其职能部门大量的人力、物力，必然使公共资源在维护个人利益与他人利益、公共利益之间明显失衡。当然，判断知情权行使的后果是否严重，不能以加重了行政机关的负担就简单予以认定，这种负担的增加必须是无谓的、令人难以理解和接受的，以致行政机关的正常工作秩序受到了严重干扰。

根据《国务院办公厅关于施行〈中华人民共和国政府信息公开条例〉若干问题的意见》（国办发〔2008〕36 号）第十三项规定："对于同一申请人向同一行政机关就同一内容反复提出公开申请的，行政机关可以不重复答复。"另外，按照《最高人民法院关于进一步保护和规范当事人依法行使行政诉权的若干意见》第十六条规定："……对于当事人明显违反《中华人民共和国政府信息公开条例》立法目的，反复、大量提出政府信息公开申请进而提起行政诉讼，或者当事人提起的诉讼明显没有值得保护的与其自身合法权益相关的实际利益，人民法院依法不予立案。公民、法人或者其他组织申请公开已经公布或其已经知晓的政府信息，或者请求行政机关制作、搜集政府信息或对已有政府信息进行汇总、分析、加工等，不服行政机关作出的处理、答复或者未作处理等行为提起诉讼的，人民法院依法不予立案。"参照上述规定，行政机关可以不予答复，当事人对不予答复行为不服提出行政复议申请的，不予复议立案。

◆ 案例

张某军与某市某镇人民政府政府信息公开案[①]

上诉人（原审原告）：张某军

被上诉人（原审被告）：某市某镇人民政府（以下简称某镇政府）

2013年3月29日，张某军向某镇政府寄送申请报告，要求公开皋南新居A、B、C、D小区住房户信息。同年4月1日，某镇政府收到该申请报告，并于同年4月16日作出答复，称张某军要求获取的信息，无现成信息留存，需要收集和重新制作。根据规定，行政机关不承担汇总、加工或重新制作政府信息的义务。张某军不服，向原审法院提起行政诉讼。

另查明，张某军曾于2013年3月6日向某镇政府申请公开皋南新居A、B、C、D小区住房户信息，同年3月22日，某镇政府作出答复称张某军要求获取的政府信息不存在。同年3月17日，张某军向某市皋南社区居委会提交申请报告，要求皋南社区居委会书面公开皋南新居A、B、C、D区新建的居民住宅安置使用情况。同年7月28日，张某军向某镇政府提交申请报告，要求被告调查核实皋南社区居委会不公开其所申请的皋南社区A、B、C、D区新建的居民住宅安置使用情况的事实，并责令皋南社区居委会向其公开该信息。

原审法院认为，本案中，某镇政府在收到张某军的申请后，在法定期限内已对其申请作出书面答复，对此双方不存在争议。本案的争议焦点是涉诉信息是否为某镇政府在履行职责过程中制作或者获取的

① 案号：江苏省南通市中级人民法院（2013）通中行终字第0158号。

政府信息，某镇政府所作答复内容是否合法，是否应予撤销。

《江苏省土地管理条例》第三十五条第一款规定，农村村民新建、翻建住宅使用本集体经济组织农民集体所有土地的，由村民提出用地申请，经村民会议或者农村集体经济组织全体成员会议讨论同意，乡（镇）人民政府审核后，报县级人民政府批准。其中，农村村民建住宅占用农用地的，由县级人民政府按照土地利用年度计划，按年度分批次办理农用地转用审批手续。事实上，张某军所申请公开的信息为皋南新居 A、B、C、D 区依号次各套住宅房房主信息，该信息与某镇政府在履行宅基地使用审核过程中所形成的审核信息并非同一概念。行政机关向申请人提供的政府信息，应当是现有的，一般不需要由行政机关汇总、加工或者重新制作。行政机关一般不承担为申请人汇总、加工或重新制作政府信息的责任。故对张某军所主张的认为其所申请公开的信息属于某镇政府在履行职责过程中形成的政府信息，且属于应当予以重点公开信息范围的意见，不予采纳。对张某军要求责令某镇政府在一定期限内向其书面公开皋南新居 A、B、C、D 区依号次各套住宅房主信息的诉讼请求，不予支持。故对张某军要求撤销某镇政府于 2013 年 4 月 16 日作出的答复书的诉讼请求不予支持。

张某军不服提起上诉。

市中级人民法院认为，本案中，针对张某军 2013 年 3 月 6 日的信息公开申请，某镇政府已于同年 3 月 22 日作出答复。张某军于 3 月 29 日向某镇政府提出的《关于公开皋南新居 A、B、C、D 小区住户信息问题重新作出答复的申请报告》系其对 3 月 22 日的答复不服提出的申辩，要求重新公开的内容亦与 3 月 6 日申请公开的内容相同。因此，某镇政府于 4 月 16 日作出的答复并未侵犯上诉人的合法权益，原审法院判决驳回张某军诉讼请求并无不当。判决驳回上诉，维持原判。

王某英与某市国家税务局政府信息公开案①

上诉人（原审原告）：王某英

被上诉人（原审被告）：某市国家税务局（以下简称某国税局）

原审法院查明，2017年8月25日，王某英向某国税局以挂号信形式邮寄《政府信息公开申请书》，要求提供“某市国家税务局局长、副局长以及享受局长、副局长待遇的领导人员包庇新业公司偷逃漏税违法行为的批准人员名单”的信息。同年9月11日，某国税局作出青国税告〔2017〕56号《某市国家税务局政府信息公开告知书》，告知王某英申请的信息不存在。王某英对此不服，提起本案诉讼。

另查明，王某英曾多次向多个行政机关提出政府信息公开申请，要求公开“某市城乡建设委员会主任和副主任、某市公安局局长和副局长、某市公安局市北分局局长和副局长”等包庇新业公司相关行为的人员名单。在得到答复后又向复议机关提出行政复议申请，并分别针对政府信息公开答复行为和行政复议行为向原审法院提起诉讼。原审法院已经分别以滥用诉权、滥用复议申请权和诉权的理由裁定驳回王某英的起诉。

原审法院认为，设置行政复议制度的目的是对遭受行政行为侵害的合法权益进行救济，公民提出行政复议申请必须具有目的的正当性和通过复议这一途径进行救济的必要性，应在现行法律框架内行使行政复议申请权。同时，保障当事人的诉权与制约恶意诉讼、无理缠诉是审判权的应有之义。对于个别当事人反复多次提起轻率的、相同的或者类似的诉讼请求，或者明知无正当理由而反复提起的诉讼，人民法院对其起诉应严格依法审查。

---

① 案号：山东省高级人民法院（2018）鲁行终2324号。

自2016年起，本案原告王某英因其与新业公司之间的民事纠纷，围绕与该公司有关的事项或王某英认为与该公司有关的行政机关的事项或应履行的职责，以其本人或其所担任法定代表人的枯桃公司的名义，向区、市两级政府及十余个行政机关提出政府信息公开申请或依法行政申请，并继而申请行政复议，进而提起行政诉讼。据统计，截至原审审理期间，全市法院已受理王某英提起的与新业公司相关的一审行政案件130余件，且其中近120件已经审结，王某英的诉求均未得到支持。而且，随着王某英所诉案件数量的不断增加，原审法院通过综合分析，已认定其绝大部分行政复议申请在客观上缺乏通过复议予以救济的合法的、现实的利益，构成滥用复议申请权；绝大部分起诉具有缺乏诉的利益、不具有正当性和违背诚实信用原则等特点，构成滥用诉权。

在上述情况下，王某英再次针对行政机关对其所提出的对权利义务不产生实际影响且不具有目的正当性的政府信息公开申请或依法行政申请作出答复或不予答复的行为申请行政复议，并进而提起行政诉讼，明显属于滥用复议申请权和滥用诉权行为。本案中，在原审法院已审结多个王某英所起诉的同类案件，认为其提出的复议申请构成滥用复议申请权、提起的诉讼构成滥用诉权的情况下，王某英仍然针对某国税局政府信息公开告知书的答复提起行政复议，进而又对国家税务总局的行政复议决定提起诉讼，显然符合上述特点，应认定为滥用行政复议申请权和滥用诉权。

复议资源和司法资源的有限性，决定了复议机关和人民法院只能满足当事人有效的复议和司法需求。王某英的复议申请行为和诉讼行为，已经使复议和司法资源在维护个人利益和公共利益之间有所失衡。综观本案及相关联的一系列案件，无论是王某英所提出的行政复议申请还是其向原审法院所提起的诉讼，均构成权利滥用。针对王某英滥用行政复议申请权、滥用诉权的行为，原审法院根据

《中华人民共和国行政复议法》《中华人民共和国行政诉讼法》的立法精神和立法目的，以及审判权的应有之义，对王某英的起诉不作实体审理。

综上，一审法院裁定驳回王某英的起诉。

山东省高级人民法院认为，本案的主要争议焦点就在于原审法院以上诉人的起诉属于滥用行政复议申请权、滥用诉权，无诉的利益为由驳回其起诉是否符合法律规定。

当事人提起诉讼虽然是发动审判权的前提，然而结合立法精神，根据审判权的应有之义和当前司法实践中的普遍认知，并非只要当事人提起的诉讼具备了法定形式并符合法定程序，人民法院就必须进行实体审理。诉最终能否获得审理判决还要取决于诉的内容，即当事人的请求是否足以具有利用国家审判制度加以解决的实际价值和必要性。

就本案而言，上诉人虽然是因不服被上诉人某国税局作出的政府信息公开告知书及国家税务总局作出的行政复议决定而提起诉讼。但根据当事人的诉讼请求可知，上诉人向某国税局邮寄《政府信息公开申请书》，要求提供“某市国家税务局局长、副局长以及享受局长、副局长待遇的领导人员包庇新业公司偷逃漏税违法行为的批准人员名单”的信息。从原审法院查明的事实看，自2016年起，上诉人因其与新业公司之间的民事纠纷，围绕与该公司有关的事项或上诉人认为与该公司有关的行政机关的事项或应履行的职责，以其本人或其所担任法定代表人的枯桃公司的名义，向包括但不限于市人民政府、某市市南区人民政府、某市市北区人民政府、某市城乡建设委员会、某市人力资源和社会保障局、某市公安局、某市公安消防支队、某市审计局、某市国土资源和房屋管理局、某市规划局、某市市北区审计局等部门提出政府信息公开申请或依法行政申请，在得到答复或相关部门未予答复后，分别向某市市北区人民政府、某市人民政府、山东省人民政府等提出过行政复议申请。依据行政诉讼和政府信息公开立法，对于一个恰当的政府信息公开行为不服的，信息公开申请人可以依法申请行政复议或者提起行政诉讼。但从上诉人上述行为可知，上诉人无论是申请政府信息公开还是采取行政复议、行政诉讼等救济手段，均不是为了保障其可以依法获取政府信息，而是为了将申请政府信息公开、行政复议或行政诉讼作为解决民事纠纷或验证行政机关和人民法院是否对民事纠纷相对方有包庇行为的手段。

当事人不断申请政府信息公开、履行法定职责进而提起行政复议、行政诉讼，具有反复性、纠缠性、非正当性的特点，既缺乏需要保护的合法权益和需要解决的实质性行政争议，也不具有利用国家审判制度加以解决的实际价值和必要性。原审法院认定上诉人的行为已构成对政府信息公开申请权、履行职责申请权、行政复议权和诉权的不当行使并无不当，符合《中华人民共和国行政诉讼法》第一条的立法本意和《最高人民法院关于进一步保护和规范当事人依法行使行政诉权的若干意见》的精神，本院亦予以支持。行政资源和司法资源的有限性，决定了行政机关和人民法院只能满足当事人的正当需求。当事人明显违背政府信息公开等立法目的，反复、大量提出政府信息公开申请、履行法定职责申请进而提起行政复议、行政诉讼，明显没有值得保护的与其自身权益相关的实际利益，也即无诉的利益，不应予以鼓励和支持。

综上，裁定驳回上诉，维持原裁定。

邹某与某市规划和国土资源委员会某管理局政府信息公开案[①]

原告：邹某

被告：某市规划和国土资源委员会某管理局（以下简称市规土委某局）

原告于2017年5月8日向被告市规土委某局申请政府信息公开，内容为“市规土委某局作为被告的（2016）粤0308行初2224号行政诉讼案件中，市规土委某局采购律师服务的全部采购文件（包括但不限于采购活动记录、采购预算、超标文件、谈判文件、询价通知书、投标文件、评标标准、评估报告、定标文件、合同文本、验收证明）。被申请人需就申请人提出的每一个事项一一回复，没有回复到位的，视为没有对申请人回复”。被告市规土委某局于2017年5月18日作出某规土某函〔2017〕535号《市规划国土委某管理局关于政府信息公开申请的复函》答复如下：“《国务院办公厅关于施行〈中华人民共和国政府信息公开条例〉若干问题的意见》（国办发〔2008〕36号）第五条第十四项规定，行政机关对申请人申请公开与本人生产、生活、科研等特殊需要无关的政府信息，可以不予提供。您虽系该案当事人，但我局委托律师参加案件诉讼程序的委托过程本身与该案件的诉讼审理程序无直接关联，故决定不予公开前述信息。”

经查，原告系某市某区居民，因其在以往日常工作生活中累积了对某区各行政机关的不满，因此频繁提起行政复议和行政诉讼。2017年，原告共向某区复议办公室提出以某区相关部门为被申请人的行政复议案件17宗，复议案件的主要原因为原告对某区部分违

① 案号：深圳市盐田区人民法院（2017）粤0308行初2476号。

法建筑投诉举报后，向相关部门申请有关投诉进程的信息公开，因对信息公开的答复不满而提出复议申请。原告提起的复议案件，已占某区复议办公室全年处理行政复议案件总量的38.5%，原告提起的涉某区的行政诉讼案件，已占某区政府全年处理行政诉讼案件总量的71.4%。自2016年8月至2018年5月，本院共受理原告提起的行政诉讼案件为52宗，其中以市规土委某局为被告的14宗，以某区规划土地监察局为被告的12宗，以某市某新区规划土地监察大队为被告的7宗，以某市公安局某分局为被告的13宗，而其中涉及律师采购服务信息公开案件的7宗。本院于2017年11月20日作出（2017）粤0308行初1462号《行政判决书》，判决驳回原告请求被告市规土委某局公开（2016）粤0308行初2224号行政诉讼中采购律师服务的全部采购文件，原告已向某市中级人民法院提出上诉。

综观原告向本院提起诉讼的7宗涉及律师采购服务的信息公开案件，其典型特征是：(1)“一案一公开”。即原告对被告提起一宗普通行政诉讼，则相应提起该宗案件律师采购服务的政府信息公开案件；(2)申请公开的内容相同或类似，主要围绕：行政机关聘请律师的法律依据、经费来源、诉讼代理合同、招标文件、询价通知书等内容。

本院认为，获取政府信息和提起诉讼是法律赋予公民的权利。为了保障公民知情权的实现，行政机关应当主动公开政府信息，以提高政府工作的透明度。为了监督行政机关依法行政，切实保障公民依法获取政府信息，公民认为行政机关在政府信息公开工作中的行政行为侵犯其合法权益的，可以依法提起行政诉讼。而需要指出的是，任何公民享有宪法和法律规定的权利，同时必须履行宪法和法律规定的义务；公民在行使自由和权利的时候，不得损害国家的、社会的、集体的利益和其他公民的合法的自由和权利；公民在行使权利时，应当按照法律规定的方式和程序进行，接受法律及其内在价值的合理规制。保障社会公众获取政府信息的知情权是政府信息公开条例最主要的立法目的之一。而有关“依法获取政府信息”的规定，表明申请获取政府信息也必须在现行法律框架内行使，应当按照法律规定的条件、程序和方式进行，必须符合立法宗旨，能够实现立法目的。

原告不间断地向多名被告申请获取所谓的律师服务采购信息，本院已经在（2017）粤0308行初1462号案件中对原告申请的此类信息公开作出了司法评判。原告申请的7宗涉及律师采购服务信息公开案件的特征表明，其真实目的并非获取和了解所申请的信息，而是向多名被告施加答复以及诉讼的压力，以实现个人利益的最大化。原告的申请行为和诉讼行为，已经使行政和司法资源在维护个人利益与公共利益之间有所失衡，条例的立法宗旨也在此种申请—答复—复议—诉讼的程序中被异化。原告所为已经背离了权利正当行使的本旨，超越了权利不得损害他人的界限。综观本案及相关联的一系列案件，原告所提出的政府信息公开申请构成明显的获取政府信息权利的滥用，其所提起的相关诉讼明显缺乏诉的利益、目的不当、有悖诚信，违背了诉权行使的必要性，因而失去了权利行使的正当性，属于典型的滥用诉权行为。保障当事人的诉权与制约恶意诉讼、无理缠诉均是审判权的应有之义，在现行法律规范尚未对滥用获取政府信息权、滥用诉权行为进行明确规制的情形下，根据审判权的应有之义，结合立法精神，本院认为本案原告的起诉没有值得保护的实际利益，不符合法定的起诉条件，依法应予驳回。

为了兼顾维护法律的严肃性、有效利用公共资源和保障原告依法获取政府信息、提起诉讼的权利，对于原告今后再次向行政机关申请类似的政府信息公开、向人民法院提起类似的行政诉讼，均应依据条例的现有规定进行严格审查，原告须举证说明其申请和诉讼是为了满足自身生产、生活、科研等特殊需要，否则将承担不利后果。

综上，裁定驳回原告邹某的起诉。

本案不收取案件受理费，原告邹某预交的案件受理费人民币50元，本院依法予以退回。

第三十六条第七项　【工商不动产登记信息查询】

（七）所申请公开信息属于工商、不动产登记资料等信息，有关法律、行政法规对信息的获取有特别规定的，告知申请人依照有关法律、行政法规的规定办理。

◆ 解读

当事人可否依据政府信息公开条例申请不动产、工商等登记资料查询？这在新条例修订前一直有争议。根据政府信息公开条例的规定，在法律、法规对政府信息公开的权限作出特别规定的情况下，应当优先适用特别法的规定。因不动产登记信息涉及特定的权利人或利害关系人，为平衡个人隐私与公众知情权，国家从法律、法规、规章等层面对不动产登记信息查询作出了专门规定。因此，当事人申请公开土地使用权登记情况的信息，不属于政府信息公开条例调整范围，不适用该条例的规定。

从现行法的规定和理论上说，政府信息公开与不动产登记资料的查询和复制是完全不同的制度，二者存在以下区别：

（1）立法目的不同。“阳光是最好的防腐剂。”我国制定政府信息公开条例就是为了“保障公民、法人和其他组织依法获取政府信息，提高政府工作的透明度，促进法治政府建设，充分发挥政府信息对人民群众生产、生活和经济社会活动的服务作用”。物权法建立不动产登记资料的查询和复制制度旨在贯彻落实物权的公示公信原则，从而维护交易安全，提高交易效率。

（2）法律位阶不同。政府信息公开条例属于行政法规，而物权法是法律，法律的效力高于行政法规，此外，即便规范政府信息公开的是法律，物权法对不动产登记资料查询和复制的规定，也属于对特殊的政府信息即不动产登记资料的公开方式的特别规定，应当适用特别规定优于一般规定的法律适用原则。故此，不能通过政府信息公开制度来规避不动产登记资料查询和复制的规定。因此，不动产登记资料虽然属于政府信息，但不适用政府信息公开条例，而只能依据物权法、不动产登记暂行条例的规定，依法申请查询和复制。

需要注意的是，除不动产登记资料外的不动产信息，如土地确权信息、社会主义改造时形成的房屋档案资料等，可以适用政府信息公开制度。

（3）公开程度不同。我国不动产登记信息查询采取有限公开原则，与政府信息公开的原则不同。之所以采取有限公开原则，是因为登记资料的查询是有特定目的的，既然有特定目的，只有符合这些特定目的的人才有查询权，也只有在这些特定目的的范围内，登记资料才需要提供。

“有限公开原则”与公平原则相联系，公平原则也就意味着登记资料的公开不仅需要考虑权利人或者利害关系主体的查询权，也需要考虑登记簿记载的权利人的权利，不动产登记可能牵涉权利人的隐私或者商业秘密，如果随意公开，对权利人是不公平的。只有对于确实有知情需要的人或者机关，法律才需要赋予其查询权，如果当事人毫无交易意愿，只是为了其他目的而想获得查询登记信息的权利，无疑会对登记簿的权威性产生某种损害。

也因为对登记信息采“有限公开”的原则，所以对于登记信息查询的限制不仅是程序上的，而且是实体上的。也就是说，登记信息并不是任何人只要履行相应的程序，就可以查询他想要的有关登记信息；只有法律规定的特定主体才有查询的权利，没有查询权的人就算履行程序，也不能查询。

故此，不动产登记信息的查询与政府信息公开的原则不一样，要适用不同的规则。①

根据政府信息公开条例第十七条以及国务院办公厅政府信息与政务公开办公室 2016 年 9 月 18 日作出的国办公开办函〔2016〕206 号《关于不动产登记资料依申请公开问题的函》的精神，不动产登记资料查询、户籍信息查询、工商登记资料查询等，属于特定行政管理领域的业务查询事项，其法律依据、办理程序以及法律后果均与政府信息公开条例所调整的政府信息公开行为存在根本性差别。当事人依据政府信息公开条例申请这类业务查询的，告知其依据相应的法律法规的规定办理。

本条也明确了不动产登记、工商登记、户籍登记等信息资料的获取方式。

◆ **政策解释**

国务院办公厅政府信息与政务公开办公室
关于明确政府信息公开与业务查询事项界限的解释

国办公开办函〔2016〕206 号

国土资源部办公厅：

---

① 参见李显冬主编：《〈不动产登记暂行条例〉及实施细则法律适用问答》，法律出版社 2016 年版，第 323～324 页；程啸、尹飞、常鹏翱：《不动产登记暂行条例及其实施细则的理解与适用》，法律出版社 2017 年版，第 121 页。

《关于不动产登记资料依申请公开问题的函》（国土资厅函〔2016〕363号）收悉。经研究，并经征求国务院法制办公室、最高人民法院的意见，答复如下：

不动产登记资料查询，以及户籍信息查询、工商登记资料查询等，属于特定行政管理领域的业务查询事项，其法律依据、办理程序、法律后果等，与《政府信息公开条例》所调整的政府信息公开行为存在根本性差别。当事人依据《政府信息公开条例》申请这类业务查询的，告知其依据相应的法律法规规定办理。

◆ 案例

耿某江与某市某区人民政府政府信息公开案[①]

再审申请人（一审原告、二审上诉人）：耿某江

再审被申请人（一审被告、二审被上诉人）：某市某区人民政府（以下简称某区政府）

某市第四中级人民法院一审查明，2016年11月15日，耿某江向某区政府提出政府信息公开申请，内容描述为"1. 京国用（2011出）第00069号《国有土地使用权证》；2. 某延国用（2011出）第00070号《国有土地使用权证》正本文件全部复印件"的政府信息。同日，某区政府收到上述申请并出具了登记回执。同年11月16日，某区政府信息公开办公室向某市国土资源局某分局致函咨询该局是否掌握耿某江要求获取的以上信息，如掌握此信息，是否能以政府信息依申请公开方式提供给耿某江。同年11月18日，某市国土资源局某分局复函说明，根据《不动产登记暂行条例》第二十七条第一款、第二十八条规定，当事人为权利人或提交

① 案号：最高人民法院（2018）最高法行申642号。

存在利害关系的证明材料，方可查询有关信息。同年 11 月 21 日，某区政府作出被诉告知书，并于当日送达给耿某江。

另据一审行政判决书载明，被诉告知书主要内容为：经与某市国土资源局某分局沟通核实，依据国土资厅函〔2016〕1648 号及国办公开办函〔2016〕206 号文件精神，《中华人民共和国政府信息公开条例》不适用于不动产登记资料查询。建议您前往某区不动产登记事务中心咨询相关事项。

一审法院认为，本案中，耿某江申请公开的信息为某区政府颁发的京国用（2011 出）第 00069 号《国有土地使用权证》以及某延国用（2011 出）第 00070 号《国有土地使用权证》正本复印件，该信息属于不动产登记信息。根据《不动产登记暂行条例》（国务院令第 656 号公布）第二十七条第一款规定："权利人、利害关系人可以依法查询、复制不动产登记资料，不动产登记机构应当提供。"第二十八条规定："查询不动产登记资料的单位、个人应当向不动产登记机构说明查询目的，不得将查询获得的不动产登记资料用于其他目的；未经权利人同意，不得泄露查询获得的不动产登记资料。"《不动产登记暂行条例实施细则》（国土资源部令第 63 号公布）第六章对不动产资料登记查询的主体、范围、方式和期限等作出了详细规定。上述规定充分保障了权利人、利害关系人获取不动产登记信息的权利。在此情况下，当事人如需获取相应的不动产登记信息，应根据上述法律、法规和规章的规定办理。因此，被诉告知书建议耿某江前往某区不动产登记事务中心咨询相关事项，并告知某区不动产登记事务中心的地址，该告知内容并无不当。判决驳回耿某江的诉讼请求。

耿某江不服，向市高级人民法院提起上诉。

某市高级人民法院二审判决驳回上诉，维持一审判决。

最高人民法院认为，本案中，耿某江向某区政府申请公开的信息为某区政府颁发的某国用（2011出）第00069号《国有土地使用权证》以及某延国用（2011出）第00070号《国有土地使用权证》正本复印件，该信息属于不动产登记信息。因不动产登记信息涉及特定的权利人或利害关系人，为平衡个人隐私与公众知情权，国家从法律、法规、规章等层面对不动产登记信息查询作出了专门规定。其中《中华人民共和国物权法》第十八条规定："权利人、利害关系人可以申请查询、复制登记资料，登记机构应当提供。"以中华人民共和国国务院令第656号公布、自2015年3月1日起施行的《不动产登记暂行条例》第二十七条第一款规定："权利人、利害关系人可以依法查询、复制不动产登记资料，不动产登记机构应当提供。"第二十八条规定："查询不动产登记资料的单位、个人应当向不动产登记机构说明查询目的，不得将查询获得的不动产登记资料用于其他目的；未经权利人同意，不得泄露查询获得的不动产登记资料。"以国土资源部令第63号公布、自2016年1月1日起施行的《不动产登记暂行条例实施细则》专设第六章"不动产登记资料的查询、保护和利用"，对不动产登记资料查询的主体、范围、方式和期限等作出了详细规定。上述规定充分保障了权利人和利害关系人获取不动产登记信息的权利。在此情况下，当事人如需获取相应的不动产登记信息，应根据上述法律、法规和规章的规定予以查询办理，而不应通过申请政府信息公开的方式。国务院办公厅政府信息与政务公开办公室于2016年9月18日针对国土资源部办公厅《关于不动产登记资料依申请公开问题的函》作出的国办公开办函〔2016〕206号答复亦明确："不动产登记资料查询，以及户籍信息查询、工商登记资料查询等，属于特定行政管理领域的业务查询事项，其法律依据、办理程序、法律后果等，与政府信息公开条例所调整的政府信息公开行为存在根本性差别，当事人依据政府信息公开条例申请这类业务查询的，告知其依据相应的法律法规规定办理。”这一解释性规定亦是基于同样的考虑。因此，某区政府以耿某江申请公开的信息不属于其公开范围答复耿某江并无不当。一审法院判决驳回耿某江的诉讼请求，二审法院判决驳回上诉、维持一审判决，符合法律规定。裁定驳回再审申请人耿某江的再审申请。

居某与某市公安局某分局政府信息公开案[①]

原告：居某

被告：某市公安局某分局

2017年12月28日，被告收到原告提出的政府信息公开申请，要求获取“1991年原闸北区宝昌路×××弄×××号变更为宝昌路×××弄×××号有关信息”。2018年1月12日，被告作出函复，告知原告其申请事项属于户籍人口信息业务查询范围，不属于政府信息公开工作范畴。建议原告向某市公安局某分局宝山路派出所咨询。原告不服，起诉至本院。

经审理查明，2017年12月28日，被告收到原告提出的政府信息公开申请，要求获取“1991年原闸北区宝昌路×××弄×××号变更为宝昌路×××弄×××号有关信息”。2018年1月12日，被告作出函复，告知原告其申请事项属于户籍人口信息业务查询范围，不属于政府信息公开工作范畴。建议原告向宝山路派出所咨询。原告不服，起诉至本院。

本院认为，本案争议焦点在于，原告申请涉及的事项是否属于户籍人口信息业务查询范围。对此，本院认为，5号文系公安部对吉林省公安厅《关于门（楼）牌编制管理交接工作有关问题的紧急请示》所作的批复，内容针对吉林省民政部门对公安机关管理门（楼）牌

① 案号：上海铁路运输法院（2018）沪7101行初518号。

的职能所提出的质疑。该批复引用了国务院在《批转公安部小城镇户籍管理制度改革试点方案和关于完善农村户籍管理制度意见的通知》（国发〔1997〕20号）中的规定："门（楼）牌的编制管理是公安机关实施户籍登记管理的重要组成部分，必须认真做好……"目的在于以门（楼）牌的编制管理与户籍登记管理之间的关联性来确定门（楼）牌的管理职能归属公安机关，但上述规定内容并不能推导出门（楼）牌的编制管理就是户籍登记管理，事实上，两者之间的管理内容存在明显差异。故，原告申请涉及的事项并不属于户籍人口信息业务查询范围。另，206号文规定："不动产登记资料查询，以及户籍信息查询、工商登记资料查询等，属于特定行政管理领域的业务查询事项，其法律依据、办理程序、法律后果等，与政府信息公开条例所调整的政府信息公开行为存在根本性差别。当事人依据政府信息公开条例申请这类业务查询的，告知其依据相应的法律法规规定办理。"故，即使原告申请涉及的事项属于户籍人口信息业务查询范围，也因被告未在函复中告知原告查询户籍信息所依据的法律法规，实际上导致原告无法查询相关信息，且被告在审理中也未能提供查询相关信息所依据的法律法规。综上，被告所作函复事实认定不清，主要证据不足，依法应予撤销。据此判决责令被告某市公安局某分局自本判决生效之日起15个工作日内依法针对原告居某于2017年12月28日提出的政府信息公开申请重新作出答复。

第三十七条　【政府信息的区分处理】申请公开的信息中含有不应当公开或者不属于政府信息的内容，但是能够作区分处理的，行政机关应当向申请人提供可以公开的政府信息内容，并对不予公开的内容说明理由。

◆ 解读

本条是关于依申请公开政府信息作区分处理的专门规定。行政机关负有公开政府信息的义务，应当公开的政府信息均应当公开。因此，即使申请公开的政府信息中含有不应当公开或者不属于政府信息的内容，但只要能够区分出的，可以公开的部分仍然要公开。行政机关就应当将依申请公开的政府信息中可以公开的信息内容进行区分后予以提供，不予公开的需附具体理由。

理解本条规定需要注意以下三个方面的要求：首先，对依申请公开的政府信息作区分处理，这是在保密原则基础上作出的一项特殊规定，在确定是否应当公开有关政府信息内容时必须首先履行发布审查义务，依照政府信息公开条例第十四条、第十五条、第十六条的规定，对那些涉及国家秘密、国家安全、公共安全、经济安全、社会稳定、商业秘密和个人隐私的政府信息内容进行审查，避免义务公开不当；其次，“能够区分处理”是判断依申请公开的政府信息中含有可以公开的政府信息的原则；最后，本条对于行政机关而言是一项义务性规定，对于凡是能够作区分处理的、凡符合条件的政府信息，行政机关都应当及时、准确地向申请人提供可以公开的信息内容。

◆ 案例

赵某金与某市某区房屋土地管理局政府信息公开案[①]

原告：赵某金

被告：某市某区房屋土地管理局

① 最高人民法院行政审判庭编：《中国行政审判指导案例（第1卷）》，第25号案例，中国法制出版社2010年版。

某区人民法院认定，原告赵某金系某市某区长阳路××弄居民。因该段地块进行道路改建工程，原告所住房屋于2003年4月被某市某区人民政府强迁。2008年7月8日，赵某金向被告区房管局提出政府信息公开申请，要求公开大连路（霍山路至控江路段）道路改建工程中银行出具的拆迁人拆迁补偿安置资金证明（包括后续到位资金证明）。被告受理后，认为原告申请获取的信息涉及第三人的商业秘密，遂分别于2008年7月14日和2008年7月17日向拆迁方桥盛公司和存款行某建设银行某支行征询意见。在两权利人均不同意公开的情况下，被告于2008年7月29日作出〔2008〕杨房地（答）第01号－权不告《政府信息公开申请答复书》，内容为：赵某金申请获取的政府信息涉及商业秘密，权利人不同意公开，本机关因此不予公开。赵某金仍不服，于2008年11月诉至某区人民法院。

某区人民法院经审理认为，根据政府信息公开条例第三十七条“申请公开的信息中含有不应当公开或者不属于政府信息的内容，但是能够作区分处理的，行政机关应当向申请人提供可以公开的政府信息内容”的规定，被告可以根据原告的申请，对已获取的信息予以公开。因此，被告作出的被诉行政行为，适用法律不当，应予以撤销，并重新作出答复。据此，判决撤销被告某市某区房屋土地管理局作出的《政府信息公开申请答复书》的行政行为，被告某市某区房屋土地管理局应于本判决生效之日起30日内向原告赵某金重新作出书面答复。

一审宣判后，双方均未上诉，一审判决现已生效。

本案说明：当事人申请公开的政府信息中同时包含可以公开和不应当公开内容且能够作区分处理的，行政机关应当在区分处理后公开可以公开的内容。未作区分处理，或者区分处理错误的，人民法院可以判决被告重作。

万豪家具公司与某市公安局某分局政府信息公开案[①]

上诉人（一审被告）：某市公安局某分局（以下简称某公安分局）

被上诉人（一审原告）：万豪家具公司

一审法院认定：2018年5月4日，某公安分局收到万豪家具公司提出的政府信息公开申请，要求获取“某市某区40号、46号地块（大中里）综合发展项目《室内装修材料见证取样检验结果通知单》”。经审查，某公安分局认定，万豪家具公司申请获取的信息属于过程性信息，不属于应予公开的政府信息，遂于2018年5月11日向万豪家具公司作出编号：沪公静〔2018〕020《告知书》（以下简称被诉告知），答复万豪家具公司其要求获取的信息依据《中华人民共和国政府信息公开条例》第二条的规定，不属于政府信息公开条例所指应予公开的政府信息，并邮寄送达万豪家具公司。万豪家具公司不服，起诉至法院。

铁路运输法院一审认为，某公安分局收到万豪家具公司的申请后，在法定期限内作出被诉告知，程序合法。某公安分局认定，万豪家具公司申请获取的信息是《建设工程检测报告确认证明》，是其在进行消防验收过程中获取的信息，不属于公开范围。但《建设工程检测报告确认证明》由第三方检测机构制作，在某公安分局已对相应建筑作出验收结论的情况下，不应将其认定为过程性信息，故被诉告知认定事实错误，主要证据不足。虽然某公安分局在本案诉讼过程中向万豪家具公司公开了5份相应建筑的《建设工程检测报告确认证明》，但并未涵盖申请所涉及的全部建筑，且对于其他建筑的信息未作出有效说明，未取得万豪家具公司认可，故某公安分局所

① 案号：上海市第三中级人民法院（2018）沪03行终809号。

作的被诉告知，依法应予撤销，某公安分局应对万豪家具公司提出的政府信息公开申请重新作出答复。判决责令某公安分局自本判决生效之日起15个工作日内依法针对万豪家具公司于2018年5月4日提出的政府信息公开申请重新作出答复。

上海市第三中级人民法院认为，行政机关应当依法公开其在履行行政管理职能过程中制作或者获取的，以一定形式记录、保存的信息。但并不是说凡行政机关在履行职责过程中形成的政府信息都必须公开。从世界范围来看，内部信息、过程信息通常被列为可以不公开的情形。政府信息公开条例虽然没有明确对此作出规定，但国务院办公厅国办发〔2010〕5号《关于做好政府信息依申请公开工作的意见》（以下简称国办发5号文）第二条第二款规定："……行政机关在日常工作中制作或者获取的内部管理信息以及处于讨论、研究或者审查中的过程性信息，一般不属于《条例》所指应公开的政府信息。"这一解释性规定符合国际通例，也有利于兼顾公开与效率的平衡。而过程性信息，也称为决策信息，指的是行政机关在正式决定形成过程中的信息。对正处于决定形成过程中的信息，保护的目的在于防止信息泄露影响执法活动的顺利进行，或者避免由于信息泄露引起的误解和社会混乱；行政决定作出以后，对曾处于决定形成过程中的政府信息，保护的目的在于保护行政机关内部的充分交流，从而使行政机关工作人员在决策制定过程中敢于畅所欲言，确保决策过程的科学性和民主性。例如，对于法律规范未作出刚性规定的上下级机关之间的请示和批复、非公众参与的行政决策过程性信息。法院在审理该类案件中，须从上述目的出发，判断相关政府信息是否属于不应公开的过程性信息。落实到本案而言，万豪家具公司在相关行政决定已作出的情况下申请《建设工程检测报告确认证明》，该份信息虽系行政机关在行政决定过程中获取的信息，但予以公开既不会影响执法活动的顺利进行，引起公众误解和社会混乱，也不属于行政机关内部的讨论、交流信息。对该份信息不予公开不符合上述保护目的。此外，根据当事人双方在原审中所述，万豪家具公司申请的信息中部分属于某公安分局依职权履责的范畴，还有部分并非某公安分局的处理职责。对此，某公安分局也未能作出区分处理。故，原审判决撤销其答复并责令其依法重作并无不当。据此，判决驳回上诉，维持原判。

第三十八条　【提供信息的现有性】行政机关向申请人提供的信息，应当是已制作或者获取的政府信息。除依照本条例第三十七条的规定能够作区分处理的外，需要行政机关对现有政府信息进行加工、分析的，行政机关可以不予提供。

◆ **解读**

本条是 2019 年 4 月 15 日修订后的条例的新增条款。也就是《最高人民法院关于审理政府信息公开行政案件若干问题的规定》第二条第三项规定的“要求行政机关为其制作、搜集政府信息，或者对若干政府信息进行汇总、分析、加工，行政机关予以拒绝的”。

根据政府信息公开的一般原理，申请者只能申请行政机关保存的现有材料或文件。政府机关没有义务为申请者收集其并不具有的信息，也没有义务为申请者研究或分析数据。因为，这种请求终究不属于已有信息的公开问题，实质上属于一种创制。如仅仅为了满足一项依据信息自由而提出的申请，行政机关即须设立包含过去未予记录的信息的新文件，这是不合理的。因此，在一些国家和地区，法律特别规定获取信息的权利并不扩展到要求对信息进行处理。政府信息公开条例虽然没有正面规定，但综观全部条文可以得知，政府信息公开条例所指的政府信息，仅包括公民提出申请时业已“生成”，并以一定形式记录、保存的信息，无论其来源属于行政机关制作，还是属于行政机关从公民、法人或者其他组织获取。因此，对于行政机关的此种拒绝行为的起诉，人民法院不应受理。

适用本项规定，最重要的是正确把握何为对政府信息的“制作、搜集、汇总、分析、加工”，若申请人要求公开信息的描述具有广泛性和不确定性，并不指向单一载体，行政机关需要对该内容进行分析辨识，对相关卷宗进行广泛查找后对可能存在的散见材料进行汇总、加工，从而形成申请人所要求公开的信息。但不能将行政机关在查找政府信息方面一些简单、必要的操作也予以混同。事实上，在已有文档中对申请人要求的政府信息进行查找、搜索，既不可避免，也是法定义务。我国政府信息公开条例虽然没有对信息搜索作出具体规定，但其第三十六条规定的“检索”，事实上承认了对政府信息进行必要“检索”是无可避免的。基于上述分析，可以明确，《最高人民法院关于审理政府信息公开行政案件若干问题的规定》中的“搜集”，仅指向被申请机关以外的公民、法人或者其他组织搜集。同理，“汇总、分析、加工”指的是对政府信息内容的处理，并不包括在政府信息存储方式转换方面所采取的必要技术措施。

◆ 案例

梦巴黎家具城、远东家具厂与某市某区人民政府政府信息公开案[①]

再审申请人（一审原告、二审上诉人）：梦巴黎家具城

再审申请人（一审原告、二审上诉人）：远东家具厂

---

① 案号：最高人民法院（2017）最高法行申 4414 号。

再审被申请人（一审被告、二审被上诉人）：某市某区人民政府（以下简称区政府）

梦巴黎家具城、远东家具厂的法定代表人均为陈某金。2015 年 3 月 4 日，原某市北塘区人民政府作出〔2015〕第 3 号《政府信息公开告知书》，向陈某金公开了 62 位执法人员的行政执法证复印件，执法证上发证日期为 2014 年 1 月 1 日。2016 年 1 月 5 日，陈某金向原北塘区政府提交涉案政府信息公开申请表，申请公开“某市北塘区城管局于 2012 年 12 月 6 日深夜违法强制拆除申请人房屋活动中 62 位执法人员初次取得执法证时间信息”。原北塘区政府收到该申请后，于 2016 年 1 月 25 日作出〔2016〕第 1 号《政府信息公开告知书》，告知陈某金，原北塘区政府客观上不具备提供现场执法人员初次申领行政执法证时间的条件。1 号《告知书》于 2016 年 1 月 26 日邮寄送达。

陈某金不服，以梦巴黎家具城、远东家具厂的名义提起本案行政诉讼。

另查明，区政府审理中提供了《情况说明》，该《情况说明》载明，因原某市崇安区、南长区、北塘区合并为某市某区，区政府于 2016 年 6 月 30 日正式成立。某市崇安区人民政府、某市南长区人民政府、某市北塘区人民政府的权利义务责任均由区政府承继。

一审法院判决驳回梦巴黎家具城、远东家具厂的诉讼请求。

二审法院判决驳回梦巴黎家具城、远东家具厂的上诉，维持一审判决。

最高人民法院认为，国办发〔2010〕5 号《国务院办公厅关于做好政府信息依申请公开工作的意见》对政府信息公开的范围进一步明确：“行政机关向申请人提供的政府信息，应当是现有的，一般不需要行政机关汇总、加工或重新制作（作区分处理的除外）。”据此，申请人申请公开的信息，是行政机关以一定形式记录、保存的现有信息，而不是需要汇总、加工或重新制作的政府信息。《江苏省行政执法证件管理办法》第八条规定："行政执法人员申领证件，必须填写《行政执法证件申领表》，经本人所在单位同意并加盖公章后，统一送交本级政府法制部门。各级行政执法机关还应将本单位的行政执法依据（包括法律、法规、规章和其他规范性文件）一并提供给本级政府法制部门。"本案中，梦巴黎家具城、远东家具厂申请公开2012年实施拆除其房屋的原北塘区城管局62位执法人员初次取得执法证时间信息，上述执法人员最初是否向原北塘区政府申领行政执法证、获准时间、获得之后证件是否换发、吊销或暂扣等信息需原北塘区政府进一步收集和调查方可确定，并在此基础上汇总、加工或重新制作。故再审申请人申请公开的信息，不属于政府信息公开条例所规定的政府信息。原北塘区政府作出1号《告知书》，告知梦巴黎家具城、远东家具厂"客观上不具备提供现场执法人员初次申领行政执法证时间的条件"，已经履行了政府信息公开的法定职责。裁定驳回再审申请人梦巴黎家具城、远东家具厂的再审申请。

史某荣与国家发展和改革委员会告知行为案①

再审申请人（一审原告、二审上诉人）：史某荣

再审被申请人（一审被告、二审被上诉人）：国家发展和改革委员会（以下简称国家发改委）

2016年7月12日，国家发改委针对史某荣提出的"公开《关于对史某荣退职处理等问题答复的复核意见》中的有关政策文件"作出告知，告知其申请公开的中组发〔1980〕7号、国务院〔1978〕国发104号、中发〔1979〕43号、中发〔66〕91号文件，不是由

① 案号：最高人民法院（2017）最高法行申7772号。

国家发改委制作的，不由被告负责公开。史某荣不服国家发改委告知行为，向北京市第一中级人民法院提起诉讼。北京市第一中级人民法院于2016年9月18日作出裁判。史某荣不服一审裁定，提起上诉，2017年2月6日北京市高级人民法院作出二审裁定。史某荣不服二审裁定，申请再审，2017年12月28日最高人民法院作出再审裁定。

一审法院认为，行政机关对政府信息公开申请的审查范围，在于针对原告的申请是否存在以一定形式记录、保存的信息，以及该信息是否应予公开。行政机关没有为原告的申请而就尚未以一定形式记录、保存的信息专门进行搜集、汇总、分析以及加工的职责，即行政机关没有创制信息的义务。本案中，史某荣已经明确表示其申请的信息不是复核意见中具体援引的文件，而是国家关于退职处理的相关政策文件，该申请内容显然需要行政机关对与退职处理相关的所有规定进行搜集、汇总和分析，故史某荣的申请不属于政府信息公开条例的调整范畴，史某荣的起诉不符合起诉条件，依法应予驳回。

二审法院认为，史某荣申请内容显然需要行政机关对与退职处理相关的所有规定进行搜集、汇总和分析。因此，史某荣的申请不属于政府信息公开条例的调整范畴，史某荣的起诉不符合法定起诉条件，依法应予驳回。

再审法院认为，该申请内容因需要行政机关进行搜集、汇总和分析。因此，史某荣的申请不属于政府信息公开条例的调整范畴。原审法院裁定驳回其起诉，并无不当。

张某颖等与某市某区人民政府政府信息公开案[①]

上诉人（一审原告）：张某颖等

被上诉人（一审被告）：某区人民政府

第三人：张某全等

2015年6月1日，张某颖等39人向被告某市某区人民政府提出政府信息公开申请，要求依法公开、复制某市某区人民政府城中村改造政策及法律依据。被告于2015年6月11日作出编号2015077予以公开告知书，将某区城中村改造宣传手册作为某市某区人民政府城中村改造政策提供给了申请人，同时作出编号2015078信息不存在告知书，告知申请人其申请公开的法律依据不存在。其中张某颖等29人不服编号2015078信息不存在告知书，诉至一审法院。

某市第一中级人民法院经审理认为，本案中，原告的申请实质上是就相关问题进行咨询并要求行政机关分析后解答，并非政府信息公开条例所规定的政府信息公开申请。因此，被诉告知书属于对公民、法人或者其他组织合法权益明显不产生实际影响的行为。原告针对被诉告知书提起的本案诉讼，不属于人民法院行政诉讼的受案范围。裁定驳回原告张某颖等29人的起诉。

张某颖等29人不服一审裁定，向市高级人民法院提起上诉。

市高级人民法院经审理认为，被上诉人某区人民政府只具有制定规章以下规范性文件的职权，而不具有制定法律、法规、规章的职权。上诉人申请公开的信息不是被上诉人在上诉人申请公开前已经制作的具有一定记录、保存形式载体的既存信息，其需要被上诉人受理申请后对相关法律、行政法规、规章进行实质性的分析、汇

① 案号：天津市高级人民法院（2016）津行终157号。

总才能形成。依据《最高人民法院关于审理政府信息公开行政案件若干问题的规定》第二条第三项的规定，公民、法人或者其他组织对要求行政机关为其制作、搜集政府信息，或者对若干政府信息进行汇总、分析、加工，行政机关予以拒绝的行为不服提起行政诉讼的，人民法院不予受理。裁定驳回上诉，维持原裁定。

王某军与某市人民政府政府信息公开案[①]

上诉人（一审原告）：王某军

被上诉人（一审被告）：某市人民政府

王某军诉称，2018 年 3 月 20 日，某市人民政府受理王某军申请："豫政土（2014）98 号征地批复《〈某市 2013 年第三批城乡挂钩试点项目征收土地〉某镇某村第三批土地征收补偿明细签字表》"的信件。2018 年 5 月 2 日，某市人民政府作出《某市人民政府信息公开答复书》，答复王某军："经查，您申请的政府信息由某市某镇人民政府保存，由某市某镇人民政府公开，建议您向某市某镇人民政府申请公开，电话 0371－625××××6。"

郑州市中级人民法院一审认为，根据《中华人民共和国政府信息公开条例》第二条的规定，政府信息应当是现有的，以一定形式记录、保存的信息。为准确把握政府信息的适用范畴，《国务院办公厅关于做好政府信息依申请公开工作的意见》（国办发〔2010〕5 号）第二条明确规定："……行政机关向申请人提供的政府信息，应当是现有的，一般不需要行政机关汇总、加工或重新制作（作区分处理的除外）……"本案中，王某军向某市人民政府申请公开"豫政土（2014）98 号征地批复《〈某市 2013 年第三批城乡挂钩试点项目征收土地〉某镇某村第三批土地征收补偿明细签字表》"，

① 案号：河南省高级人民法院（2019）豫行终 1083 号。

其实质是要求行政机关为其对若干政府信息进行汇总、分析、加工，某市人民政府所作《某市人民政府信息公开答复书》系对王某军上述申请的拒绝，且告知其向某市某镇人民政府申请公开亦无不当之处。综上，王某军申请公开“某村第三批土地征收补偿明细签字表”，不属于《中华人民共和国政府信息公开条例》调整的范畴，亦不属于行政诉讼受案范围，依法应驳回王某军的起诉。一审裁定：驳回王某军的起诉。

王某军不服一审裁定，提起上诉。

省高级人民法院认为，征收集体土地的组织实施机关是市、县人民政府。涉案集体土地经省政府批复征收后，负责组织实施的是某市人民政府，且在2018年即王某军提出信息公开申请时已基本组织实施完毕，其应当制作、保存或委托有关机关制作、保存反映补偿情况的相关信息。王某军所要求公开的“补偿明细签字表”，即上述补偿情况的表现形式，无论其以总家庭户或单个家庭户的形式反映补偿情况，都是应当存在的、客观的信息载体，不需要加工、整理，一审认为需要加工整理，并以不属于行政诉讼受案范围驳回起诉，属适用法律错误，应予纠正。裁定指令郑州市中级人民法院继续审理此案。

胡某玲与某省工商行政管理局政府信息公开案①

原告：胡某玲

被告：某省工商行政管理局（以下简称省工商局）

2015年3月24日，原告胡某玲以邮寄快递方式向省工商局提交政府信息公开申请，申请公开“我（胡某玲）不可以平等准入的法律、行政法规明确禁止该行业经营上述范围的法律、行政法规

① 案号：江苏省南京市中级人民法院（2016）苏01行初182号。

和公司、非公司企业、个体工商户名称冠以‘江苏’的条件、程序信息”。2016年1月12日，省工商局作出《答复告知书》，称“申请人申请公开的‘个体工商户不可以平等准入代理参加民事、经济、行政诉讼活动等法律业务的政府信息’以及‘明确禁止个体工商户经营代理参加民事、经济、行政诉讼活动等政府信息’，被申请人在履行职责过程中并未制作或者获取并以一定形式记录、保存此类信息，因此不属于被申请人政府信息公开的范围。申请人申请公开的‘公司、非公司企业、个体工商户名称冠以江苏的条件和程序’等政府信息，被申请人已于2014年3月28日在江苏省工商行政管理局网站上主动公开，申请人可以到江苏省工商局网站中关于政府信息公开模板进行查询”。省工商局在法定期限内以邮寄方式送达给胡某玲。

又查明，原告胡某玲及其他两名案外人，曾向省工商局申请“江苏城乡法律服务所（普通合伙）”名称预先核准，省工商局以材料不全及不符合规定为由决定驳回。原告等人对省工商局的上述决定不服，向法院提起行政诉讼，案号为（2016）苏01行初270号，目前该案尚在审理中。

南京市中级人民法院认为，在本案中，从原告向省工商局提交的书面申请来看，其申请公开的信息表述较为复杂，根据语法结构判断，其两项申请的前半段均为定语，用以表明其申请信息的特征，其最终均指向“法律、行政法规及规定”。本院认定原告向省工商局申请公开的两项信息均不属于政府信息，理由如下：(1) 政府信息应当是明确具体的某项信息材料，应当对应某项固定的载体或是从该载体中能够直接反映的部分内容。而原告申请公开的信息表述并不明确具体，其虽然指向为“法律、行政法规及规定”，但由于该指向范围过于宽泛，实际上根本无法根据原告的表述限定其要求公开的具体内容。(2) 政府信息应当是已经存在的，无须行政机关再行汇总、加工，而原告的申请是通过描述的方式来表明信息的特征，省工商局必须经过解释、判断，再从相关联材料中进行汇总、加工，才有可能得出原告意图申请的信息，原告的申请显然不符合上述规定。(3) 原告的两项申请，其实质应当为对其不能从事法律诉讼及法律服务行业和企业、个体工商户冠以江苏名称等事项的咨询，属于法律理解的范畴，其目的是要求省工商局对该问题进行回答，而并非要求省工商局提供相关的政府信息。

政府信息公开条例的首要立法宗旨是保护公民、法人和其他组织的知情权。《中华人民共和国行政诉讼法》第二条第一款规定："公民、法人或者其他组织认为行政机关和行政机关工作人员的行政行为侵犯其合法权益，有权依照本法向人民法院提起诉讼。"故而，公民、法人或者其他组织提起行政诉讼的前提应当是其合法权益受到侵害，必须通过行政诉讼的途径予以救济。本案中，本院认定省工商局作出的《答复告知书》并不影响原告的知情权，原告亦无必要提起本案诉讼以维护权益，理由如下：(1) 如前所述，本案原告提出的政府信息公开申请实质为咨询事项，其目的是解决其注册申请准入法律诉讼及法律服务行业和企业、个体工商户的冠名问题，而并非出于获取相关信息的需要，省工商局的答复内容如何均不会对工商登记行为产生影响，也不会损及原告的知情权。(2) 关于原告申请政府信息公开的第二项内容，原告等人已经就省工商局不予名称核准的行为提起了行政诉讼，故本案原告所要求省工商局回答的问题，实质上就是省工商局需要在工商登记一案中进行答辩的内容。原告所要求公开的法律、行政法规及规定，亦应当是工商登记一案中需要适用的法律规范。原告与省工商局之间的行政争议通过工商登记一案即可以解决，而无须提出政府信息公开申请或本案诉讼。(3) 启动诉讼程序应当以存在权利救济必要为前提，如果诉讼与权利救济无关，诉讼结果如何不产生权利义务的变动，则该诉讼不应当被法院受理。本案中因原告并不存在实质意义上的知情权，故原告提起本案诉讼无法对其权益进行救济。原告提起本案诉讼，属于救济权的错误行使，不能解决其根本问题，对其权利义务并不产生实际影响，没有诉的必要性和紧迫性，属于浪费司法资源的行为。

综上，裁定驳回原告胡某玲的起诉。

李某锋与国家市场监督管理总局政府信息公开案[①]

上诉人（一审原告）：李某锋

被上诉人（一审被告）：国家市场监督管理总局

2018年7月16日，原国家认证认可监督管理委员会收到李某锋的政府信息公开申请，李某锋申请公开“广州港湾工程质量检测有限公司提交用于办理申请人李某锋授权签字人的资料”。原国家认监委于2018年8月8日作出〔2018〕67号《政府信息公开答复书》，答复内容如下：“李某锋：您好！我委于2018年7月16日收到您关于‘广州港湾工程质量检测有限公司提交用于办理申请人李某锋授权签字人的资料’的政府信息公开申请。根据《中华人民共和国政府信息公开条例》（2007年公布）第二十一条的规定，现答复如下：现将您申请公开的政府信息（见附件）转去，请查收。”同时将附件广州港湾工程质量检测有限公司实验室资质认定申请书中提交的授权签字人李某锋的相关材料（《授权签字人申请一栏表（二）》《授权签字人申请表》）一并提供给李某锋。原国家认证认可监督管理委员会将被诉答复邮寄送达李某锋。李某锋不服，诉至法院，请求撤销被诉答复。

一审法院经审理认为，本案中，原国家认证认可监督管理委员

---

① 案号：北京市高级人民法院（2019）京行终2308号。

会收到李某锋的政府信息公开申请后，需要调取广州港湾工程质量检测有限公司的相关卷宗，并从中找出符合李某锋信息公开申请要求的相关内容，不能通过简单检索方式获得需要公开的政府信息，行政机关要对符合政府信息申请的相关材料进行汇总、分析、加工，故李某锋的起诉，不符合法定起诉条件，依法应予驳回。综上，裁定驳回李某锋的起诉。

上诉人李某锋不服一审裁定，提起上诉。

北京市高级人民法院认为，《最高人民法院关于审理政府信息公开行政案件若干问题的规定》第二条第三项规定，公民、法人或者其他组织要求行政机关为其制作、搜集政府信息，或者对若干政府信息进行汇总、分析、加工，行政机关予以拒绝，申请人不服提起行政诉讼的，人民法院不予受理。《国务院办公厅关于做好政府信息依申请公开工作的意见》规定，行政机关一般不承担为申请人汇总、加工或重新制作政府信息，以及向其他行政机关和公民、法人或者其他组织搜集信息的义务。本案中，李某锋要求公开的信息为“广州港湾工程质量检测有限公司提交用于办理申请人李某锋授权签字人的资料”，该项描述具有广泛性和不确定性，并不指向单一载体，原国家认证认可监督管理委员会需要对该内容进行分析辨识，对相关卷宗进行广泛查找后对可能存在的散见材料进行汇总、加工，从而形成本案中李某锋所要求公开的信息。故李某锋针对被诉答复的起诉，不符合法定起诉条件，依照《最高人民法院关于适用〈中华人民共和国行政诉讼法〉的解释》第六十九条第一款第十项的规定，应当裁定驳回李某锋的起诉。

第三十九条　【分渠道处理】申请人以政府信息公开申请的形式进行信访、投诉、举报等活动，行政机关应当告知申请人不作为政府信息公开申请处理并可以告知通过相应渠道提出。

申请人提出的申请内容为要求行政机关提供政府公报、报刊、书籍等公开出版物的，行政机关可以告知获取的途径。

◆ 解读

本条是新增加条款，目的在于解决以信息公开之名行信访、投诉、监督之实的问题。在如今社会的庞大信息体系中，政府机关作为最大的信息制作、拥有者，对信息有效利用起到至关重要的作用。政府信息的公开对各级政府、各级机关而言，是一种法定的信息公开义务；对社会公众而言，是保障公众知情权的一种体现。在我国宪法中虽然没有明确规定公民的知情权，但规定了人民主权、人民参与权和公民对政府的监督权。而信息公开制度正是保障公民上述权利最好的路径，让公民参与公共事务的管理，从而实现民主自治。但是，有些公民申请信息公开的目的渐渐变得扭曲，一些涉及信访、投诉、咨询类型的非正常的信息公开申请越来越多。政府信息公开信访化。申请人不是单纯地需要获取某些信息，实现自己的知情权，而是遇到某些纠纷以后以信息公开的方式寻求另一种救济途径。从而出现一些滥用信息公开权的个体，一人提出几十项甚至上百项信息公开申请，给行政机关施加压力，以实现其另外的目的。

以信息公开中的涉及信访案件为例。信访本身作为一种中国特色制度，是群众向政府及部门反映情况，提出建议、意见或投诉请求的渠道，对社会和谐与稳定承载着特殊的意义与作用。其是一种独立于行政诉讼、行政复议并使得现有的各种纠错、救济机制更加畅通、有效地运转的机制。具有专门的受案范围、受理条件、办理程序、后续的救济途径。同时，信访制度也未建立与诉讼、复议程序之间的关联性渠道，而是设置了专门的救济程序，即独立的复查、复核程序。《信访条例》的精神也是尽量避免信访途径与诉讼、仲裁、行政复议等法定途径的交叉和重复，并未规定可以寻求司法救济和复议救济，其中第三十四条和第三十五条规定的信访三级终结机制充分体现了这种排他性。所以信访信息与政府信息是相互完全独立的。

判断一个申请到底是属于政府信息公开，还是属于信访、投诉、监督、质疑咨询，不能仅凭申请的声称，也不能仅凭申请人自己贴上一个什么样的标签，而应通过申请内容与相关制度宗旨的对比，对其实质作出认定。信访、投诉、监督等申请内容都不属于政府信息公开制度调整的范畴。即使当事人行使上述权利，也应当按照法律的规定，向有管辖权的行政机关提出，不能通过随意向一个没有管辖权的机关提出一个诉求，并就此取得相对人资格，进而提起行政诉讼。当事人基于上述申请内容而以政府信息公开纠纷的名义提起行政诉讼，缺乏法律依据，可裁定驳回其起诉。

行政机关在信访处理过程中信息资料的获取方式。对信访事项的处理行为不是一般意义上的行政处理行为，其对当事人行政法上的权利义务不产生实质影响，行政机关根据《信访条例》作出的相关信访处理行为，依法不属于行政诉讼受案范围，公民、法人和其他组织对信访事项处理行为不服的，应按照《信访条例》的相关规定寻求救济。此外，政府信息公开条例是政府信息公开领域的一般法，而《信访条例》是调整信访领域相关行为的特别法，根据特别法优于一般法的原理，公民、法人和其他组织申请获取行政机关在信访处理过程中的相关信息，应按照《信访条例》的相关规定进行。

◆ **案例**

罗某英与某省人民政府政府信息公开案[①]

再审申请人（一审原告、二审上诉人）：罗某英

再审申请人（原审第三人）：德生缘益才公司

再审被申请人（一审被告、二审被上诉人）：某省人民政府（以下简称某省政府）

市中级人民法院一审查明：罗某英因丈夫去世后的抚恤待遇问题多次到多地的多个部门信访，要求为其补发丈夫因工死亡的经济补偿费。2016年6月6日，某省信访局向罗某英作出《信访事项不再受理告知书》，告知其反映的信访事项已于2011年以“鄂终备报〔2011〕486号”三级终结。罗某英对此不服，便和德生缘益才公司作为共同申请人，于2017年1月7日以邮寄的方式向某省政府申请政府信息公开，申请内容为：一、鄂终备报〔2011〕486号三级终结资料；二、信访法定程序的书面答复意见、复查意见、复核意见、听证意见及依法送达回证。同年1月10日，某省政府收到该申请，同月24日，某省政府作出鄂政办公开字〔2017〕3号《政府信息公开申请答复书》，答复称：你申请公开的信息属信访处理程序中的相关信息，应依照《信访条例》第十二条的规定，到省信访工作机构查询，本机关不负有适用《中华人民共和国政府信息公开条例》公开此类信息的法定职责。罗某英收到此答复书后不服，遂诉至法院。

---

① 案号：最高人民法院（2018）最高法行申3684号。

市中级人民法院一审认为，本案中罗某英及德生缘益才公司向某省政府申请公开的政府信息，属于信访程序中记录或保存的信息。而《信访条例》是规范信访行为和程序的专门制度，罗某英应当根据《信访条例》规定的程序办理，向法定的信访机构提出申请而非某省政府。判决驳回罗某英的诉讼请求。

罗某英不服，提起上诉。

省高级人民法院二审认为，本案中，罗某英及德生缘益才公司向某省政府申请公开的政府信息，属于信访程序中记录或保存的信息，应向法定的信访机构提出申请。某省政府作出的鄂政办公开字〔2017〕3号《政府信息公开申请答复书》符合相关法律规定。判决驳回上诉，维持原判决。

最高人民法院认为，再审申请人向再审被申请人申请公开的信息是：鄂终备报〔2011〕486号三级终结资料；信访法定程序的书面答复意见、复查意见、复核意见、听证意见及依法送达回证。对于此类在信访处理过程中形成的相关信息，是应当通过政府信息公开的途径予以获取，还是应当依照《信访条例》规定的程序予以查询，是本案的争议焦点。

一、信访处理过程中形成的信息是否属于政府信息

《信访条例》第三条第一款规定："各级人民政府、县级以上人民政府工作部门应当做好信访工作，认真处理来信、接待来访，倾听人民群众的意见、建议和要求，接受人民群众的监督，努力为人民群众服务。"第三十二条规定："对信访事项有权处理的行政机关经调查核实，应当依照有关法律、法规、规章及其他有关规定，分别作出以下处理，并书面答复信访人……"据此，信访程序中记录或者保存的信息是行政机关在履行信访处理职责过程中制作或获取的，并以一定形式记录、保存的信息，符合政府信息的构成要件。

二、信访处理过程中形成的信息能否通过申请政府信息公开的途径获取

《中华人民共和国政府信息公开条例》第十条规定："行政机关制作的政府信息，由制作该政府信息的行政机关负责公开。行政机关从公民、法人和其他组织获取的政府信息，由保存该政府信息的行政机关负责公开；行政机关获取的其他行政机关的政府信息，由制作或者最初获取该政府信息的行政机关负责公开。法律、法规对政府信息公开的权限另有规定的，从其规定……"根据该条规定，在法律、法规对政府信息公开的权限作出特别规定的情况下，应当优先适用特别法的规定。《信访条例》第十二条规定："县级以上各级人民政府的信访工作机构或者有关工作部门应当及时将信访人的投诉请求输入信访信息系统，信访人可以持行政机关出具的投诉请求受理凭证到当地人民政府的信访工作机构或者有关工作部门的接待场所查询其所提出的投诉请求的办理情况。具体实施办法和步骤由省、自治区、直辖市人民政府规定。"该条明确规定了信访人对信访事项处理过程中相关信息的查询方式。因此公民、法人或者其他组织申请获取行政机关在信访处理过程中的相关信息，应当按照作为调整信访领域相关行为的特别法——《信访条例》的相关规定办理。

具体到本案，再审申请人要求获取的鄂终备报〔2011〕486号三级终结资料（文书）、信访法定程序的书面答复意见、复查意见、复核意见、听证意见及依法送达回证为相关信访工作机构在处理罗某英信访事项中制作并保存的信息，应当属于政府信息的范畴。但再审申请人应当依照《信访条例》规定的途径进行查询，而不应通过申请政府信息公开的方式。因此，再审被申请人告知再审申请人应依照《信访条例》第十二条的规定到某省信访工作机构查询，并无不当。原审判决驳回再审申请人罗某英的诉讼请求，亦

无不妥。

关于再审申请人提交某省信访局于2018年4月18日作出的《政府信息公开答复意见书》，以此主张一审和二审判决错误的理由。该答复意见书内容为，“你要求获取的信息属于信访事项处理程序中的信息，不属于政府信息公开条例规定的信息公开范围”。可见，并非一审和二审判决理由有误，而只是再审申请人并未依照《信访条例》第十二条规定的查询途径予以办理。故该答复意见书并不足以推翻原判决。至于再审申请人在再审申请书中提及的二审判决中存在的文字错误等疏漏，经查证基本属实，确实值得警醒。由于不影响案件处理结果，本院在此予以指正，希望省高级人民法院采取相应补正措施，并切实引以为戒。

综上，裁定驳回再审申请人罗某英、德生缘益才公司的再审申请。

刘某平与某市人民政府政府信息公开案[①]

再审申请人（一审原告、二审上诉人）：刘某平

再审被申请人（一审被告、二审被上诉人）：某市人民政府（以下简称某市政府）

河南省新乡市中级人民法院一审查明：刘某平于2017年2月24日以邮寄方式向某市政府提出政府信息公开申请，要求依法调查公开河南省某市某区某办事处某村1993年、1996年、1999年、2002年、2005年、2008年、2011年、2014年1届至8届村班子换届选举的原始选票，请求鉴定原始选票笔迹，调查拉票贿选、破坏选举的犯罪嫌疑人，并将调查结果公开。某市政府收到该申请后，于2017年3月6日作出信息公开答复书并邮寄给刘某平，告知刘某平申请公开的信息不属于政府信息，刘某平可向该村所在地的

① 案号：最高人民法院（2018）最高法行申3687号。

乡、民族乡、镇的人民代表大会和人民政府或者县级人民代表大会常务委员会和人民政府及其有关部门了解咨询。刘某平对某市政府作出的答复不服，提起诉讼。

市中级人民法院一审认为，本案中，刘某平是申请某市政府就某村村班子换届选举的问题进行调查，并对调查的有关材料和结果予以公开，而非申请公开“现有的，且以一定形式记录、保存的”政府信息，该申请在性质上属于举报，不属于政府信息公开条例调整的范畴。据此，刘某平以政府信息公开的名义提起行政诉讼缺乏法律依据，对其起诉依法应予驳回。

刘某平不服，提起上诉。

省高级人民法院二审认为，本案刘某平申请的主要内容是要求某市政府对破坏当地村民委员会换届选举的相关情况进行调查，并公布调查材料和调查结果。而根据《中华人民共和国村民委员会组织法》第十七条第二款“对以暴力、威胁、欺骗、贿赂、伪造选票、虚报选举票数等不正当手段，妨害村民行使选举权、被选举权，破坏村民委员会选举的行为，村民有权向乡、民族乡、镇的人民代表大会和人民政府或者县级人民代表大会常务委员会和人民政府及其有关主管部门举报，由乡级或者县级人民政府负责调查并依法处理”的规定，某市政府对刘某平反映事项没有直接调查处理职权，刘某平的申请实质上是一种信访举报。某市政府对此申请所作答复为信访处置行为，属于信访制度调整范畴，不属于可诉的行政行为。刘某平不服提起行政诉讼，不符合行政案件受理条件，其起诉应予驳回。一审裁定认定事实清楚，适用法律正确，依法应予维持。据此裁定驳回上诉，维持原裁定。

最高人民法院认为，再审申请人刘某平申请再审的主要理由，是他认为生效裁判以其提出的政府信息公开申请属于信访事项为由驳回起诉是错误的。他主张，不能把“信访事项和政府信息公开行政案件混为一谈”。那么我们就有必要对信访和政府信息公开这两项制度做一番比较。所谓信访，按照《信访条例》第二条第一款的规定：“……是指公民、法人或者其他组织采用书信、电子邮件、传真、电话、走访等形式，向各级人民政府、县级以上人民政府工作部门反映情况，提出建议、意见或者投诉请求，依法由有关行政机关处理的活动。”而政府信息公开则不涉及对于任何实体诉求的处理，按照政府信息公开条例第一条的规定，这项制度的主要功能在于保障公民、法人和其他组织依法获取政府信息。信访制度的一个特点是“对下和对外”，即信访人可以针对行政机关及其工作人员，法律、法规授权的具有管理公共事务职能的组织及其工作人员，提供公共服务的企业、事业单位及其工作人员，社会团体或者其他企业、事业单位中由国家行政机关任命、派出的人员以及村民委员会、居民委员会及其成员的职务行为，向受理信访的有关行政机关反映情况，提出建议、意见。而政府信息公开则只具有“对己和对内”的特点，即申请人只能向行政机关申请公开由本机关制作或者保存的政府信息。并且，这些政府信息只能是现有的，以一定形式记录、保存的信息，行政机关一般不承担为申请人汇总、加工或重新制作政府信息，以及向其他行政机关和公民、法人或者其他组织收集信息的义务。

判断一个申请到底属于政府信息公开，还是属于信访事项，不能仅凭申请人的声称，也不能仅凭申请人自己贴上的标签，而应通过将特定申请与制度宗旨进行比对，对其实质作出认定。在本案中，再审申请人刘某平向某市政府提出政府信息公开申请，主要内容是要求对破坏当地村民委员会换届选举的相关情况进行调查，并公布调查材料和调查结果，这种要求行政机关履行监督调查职责进而创制信息的申请，明显与政府信息公开的制度宗旨不相符。河南省高级人民法院认为，刘某平的申请实质上是一种信访举报。某市政府对此申请所作答复为信访处置行为，属于信访制度调整范畴，不属于可诉的行政行为，虽然在认定不属于政府信息公开范畴方面并无不当，也指出了其具有“举报”的性质，但简单地将“举报”和“信访”归为同一个制度，似乎存在将“信访”泛化的倾向。

但无论是举报，还是信访，其都不能受政府信息公开制度调整，却是一个不争的问题。即使是行使举报的权利，公民、法人或者其他组织也应当按照法律的规定，向有管辖权的行政机关提出。不能通过随意向一个没有管辖权的行政机关提出一个诉求，就此取得“相对人”资格，进而提起行政诉讼。从本案再审申请人所反映的事项来看，《中华人民共和国村民委员会组织法》第十七条第二款规定：“对以暴力、威胁、欺骗、贿赂、伪造选票、虚报选举票数等不正当手段，妨害村民行使选举权、被选举权，破坏村民委员会选举的行为，村民有权向乡、民族乡、镇的人民代表大会和人民政府或者县级人民代表大会常务委员会和人民政府及其有关主管部门举报，由乡级或者县级人民政府负责调查并依法处理。”这就明显看出，某市政府对刘某平反映事项没有直接调查处理的职权。对于这样一个既不属于政府信息公开范畴，被告又不具备处理此类举报的法定职权的起诉，人民法院可以迳行驳回起诉。

综上，裁定驳回再审申请人刘某平的再审申请。

黄某台与某省地方税务局政府信息公开案①

再审申请人（一审原告、二审上诉人）：黄某台

再审被申请人（一审被告、二审被上诉人）：某省地方税务局（以下简称某省地税局）

① 案号：最高人民法院（2017）最高法行申5411号。

黄某台是某市某区地方税务局科员。在2008年年度考评中，黄某台被评定为不称职等次，按规定不发年终一次性奖金和年度综合奖，并扣发当年度工作岗位津贴，黄某台不服申诉。2009年11月6日，某市地方税务局作出穗地税申决字（2009）第1号《申诉处理决定书》，维持某区地税局对黄某台作出的处理，黄某台不服，继续申诉。2009年12月23日，某省地税局依据《公务员申诉规定（试行）》受理黄某台的再申诉。2010年2月23日，某省地税局公务员申诉公正委员会作出粤地税申决字（2010）第1号《再申诉处理决定书》，维持某市地税局作出的1号处理决定，并送达黄某台。2015年10月13日，黄某台向某省地税局递交《政府信息公开申请表》，申请公开内容：（1）公务员申诉公正委员会作出1号再处理决定的依据；（2）1号再处理决定"认定事实清楚"的依据；（3）认定"不存在考核结果未生效就进行扣发问题"的依据；（4）认定"不存在考核结果在群众测评前评定问题"的依据。同日，某省地税局收到该申请。2015年11月2日，某省地税局作出粤地税公开（2015）3号《关于政府信息公开申请的答复》，内容如下："关于您申请公开的第一项内容，可通过查询《公务员申诉规定（试行）》（人社部发〔2008〕20号）第六条、第二十八条、第二十九条等规定获悉。关于您申请的第二、三、四项内容，粤地税申决字（2010）第1号《某省地税局再申诉处理决定书》已对相关问题予以列明，上述决定已送达至您本人。"3号答复已送达黄某台。

铁路运输中级法院（2016）粤71行初72号行政判决认为，某省地税局在收到黄某台的申请后，于法定期限内向黄某台作出书面答复，告知其获取政府信息的方式和途径。3号答复适用法律、法规正确，符合法定程序。判决驳回黄某台的诉讼请求。

黄某台不服，提起上诉。

某省高级人民法院（2016）粤行终1568号行政判决驳回上诉，

维持一审判决。

最高人民法院经审查认为，本案中，某省地税局收到黄某台政府信息公开申请后，在法定期限内对黄某台提出的四项政府信息公开申请，逐一予以回复。3号答复程序、内容符合法律规定，一、二审判决驳回黄某台的诉讼请求，并无不当。黄某台主张，3号答复称“由公务员申诉公正委员会”作出1号再处理决定与人力资源社会保障部《告知书》关于“受理和作出申诉（再申诉）处理决定的主体为机关而非机关内部处室”的规定相冲突。但是，根据《公务员申诉规定(试行)》第六条第一款、第二款规定，公务员申诉公正委员会是负责受理和审理公务员申诉案件的法定机构，公务员申诉公正委员会在受理申诉后，应当对案件事实、适用法规、工作程序等进行全面审议，并向受理机关提出明确的审理意见，受理机关经审核依法作出处理。本案中，某省地税局所属公务员申诉公正委员会是处理黄某台公务员申诉事项的法定机构，有权受理并审查黄某台的申诉，并提出处理意见，报经某省地税局审核同意后，以某省地税局的名义作出3号答复，答复不违反上述法律规范的规定，本院予以支持。黄某台的上述主张缺乏事实和法律根据，本院不予支持。

应当指出的是，黄某台申请公开1号再处理决定的依据、事实根据、法律依据等，名义上是政府信息公开申请，实质上是对1号再处理决定不服继续提起的申诉。公务员法定再申诉程序结束后，黄某台继续申诉行为属于一般申诉上访行为。行政机关对当事人申诉上访行为作出的未对当事人权利义务产生实际影响的重复处理行为，不属于人民法院行政诉讼的受案范围。同时，根据《中华人民共和国行政诉讼法》第十三条第三项规定，对公务员的奖惩、任免等决定不属于行政诉讼的受案范围。某省地税局、某省政府以及一、二审均将本案作为政府信息公开案件处理不妥，本院予以指正。综上，裁定驳回黄某台的再审申请。

李某君与公安部政府信息公开案①

再审申请人（一审原告、二审上诉人）：李某君

再审被申请人（一审被告、二审被上诉人）：公安部

北京市第二中级人民法院一审认为，公民、法人或者其他组织提起行政诉讼，其请求事项应当属于行政诉讼受案范围。请求事项不属于行政诉讼受案范围的，已经立案的，应当裁定驳回起诉。本案中，李某君向公安部申请公开的事项不属于《中华人民共和国政府信息公开条例》的调整范围，其起诉不属于人民法院受案范围。对于李某君的起诉，法院应予驳回。裁定驳回李某君的起诉。

李某君不服，提起上诉。

北京市高级人民法院二审裁定驳回上诉，维持一审裁定。

最高人民法院认为，政府信息公开条例之立法宗旨在于保障公民、法人和其他组织依法获取政府信息，提高政府工作的透明度，促进依法行政，充分发挥政府信息对人民群众生产、生活和经济社会活动的服务作用。公民、法人和其他组织向行政机关申请公开政府信息，应当符合上述条例的立法宗旨。否则，政府信息公开的制度功能非但无从发挥，反而有可能产生制度异化后的负面效果。

行政诉讼是解决行政争议，保护民众合法权益，监督行政机关依法行使职权的法律救济途径。对于行政争议，应当依照行政诉讼法的规定提起行政诉讼，寻求权利保护。已经司法程序处理终结的争议，当事人应当尊重生效裁判。人民法院既要充分保障当事人正当诉权的行使，也有义务识别、判断当事人的请求是否具有足以利用国家审判制度加以解决的实际价值或必要性，从而避免因缺乏诉的利益而不当行使诉权的情形发生。

---

① 案号：最高人民法院（2016）最高法行申4405号。

本案中，再审申请人因对处理信访事项的行为不服，申请行政复议，提起行政诉讼，并经司法程序处理终结。继而又以申请政府信息公开形式要求获取公安部支撑行政复议不予受理决定的证据、事实依据和法律依据等信息，实质上是对行政复议不予受理决定提出质疑，试图以政府信息公开之名义再度启动已告终结的纠纷处理程序，已明显偏离政府信息公开的制度功能，不符合政府信息公开条例的立法宗旨。在公安部对再审申请人作出被诉答复后，其又提起包括本案在内的多起行政诉讼案件，以期达到扩大影响、反映信访诉求的目的，这些诉讼并不具有依法应予保护的诉讼利益，与行政诉讼法旨在保护公民、法人和其他组织合法权益的立法目的相悖，浪费了行政资源和司法资源，已构成信息公开申请权及诉权的滥用。原审法院裁定驳回再审申请人的起诉并无不当。另，再审申请人提出，二审法院没有开庭就作出裁定，因而程序违法。根据《中华人民共和国行政诉讼法》第八十六条的规定，人民法院对上诉案件，应当组成合议庭，开庭审理。经过阅卷、调查和询问当事人，对没有提出新的事实、证据或者理由，合议庭认为不需要开庭审理的，也可以不开庭审理。因此，二审法院对此案不予开庭审理，法律依据充分，李某君的该项主张不能成立。

综上，裁定驳回再审申请人李某君的再审申请。

石某利与教育部政府信息公开案[①]

原告：石某利

被告：教育部

2017年2月9日，被告收到原告邮寄的政府信息公开申请书。在申请书的申请公开信息内容部分载明：“申请公开：《国务院批转

① 案号：北京市第一中级人民法院（2017）京01行初398号。

国家教育委员会〈关于出国留学人员工作的若干暂行规定〉的通知》（国发〔1986〕107号）、《国务院办公厅关于在外留学人员有关问题的通知》（国办发〔1992〕44号），上述文件属中央行政法规，由国务院根据宪法和法律，按照法定程序指定有关机关行使行政权力，履行行政职责制定颁布的规范性文件，其法律地位和效力仅次于宪法和法律。行政法规是人民法院进行行政审判的重要依据，对于审判活动有绝对约束力。”所需信息的提供方式：回复文件或者复印件加盖公章，确认“与原件相符”的复制件。获取信息的方式：快递或者挂号信保证送达。

2017年2月9日，被告作出被诉告知书，告知原告，经查，其申请的《国务院批转国家教育委员会〈关于出国留学人员工作的若干暂行规定〉的通知》（国发〔1986〕107号）、《国务院办公厅关于在外留学人员有关问题的通知》（国办发〔1992〕44号）均属于主动公开范围，已在中国政府网主动公开。同时告知原告查询上述两通知的网址：“1. http：//www. gov. cn/zhengce/content/2012 – 09/21/content_ 6092. htm（国发〔1986〕107号）；2. http：//www. gov. cn/gongbao/shuju/1992/gwyb199223. pdf（国办发〔1992〕44号）。”

同日，被告作出被诉告知书，并于2月10日邮寄给原告。原告不服，于1月24日提起行政诉讼。

北京市第一中级人民法院经审理认为，本案中，被告根据原告信息公开申请中列明的信息名称，认为该信息属于公开范围，并已经主动公开。告知原告通过中国政府网查询该信息，并告知查询的网址链接，已经履行了政府信息公开义务，符合政府信息公开条例的规定。原告关于被告作出被诉告知书所公开的内容与其申请事项不对应的诉讼主张，缺乏事实依据。其要求撤销被诉告知书的诉讼请求，本院不予支持。

本案中，原告主张其要求被告公开的是107号通知以及44号通知的性质、法律效力以及适用范围。但该请求实质上是要求被告对上述两份通知的法律属性、位阶作出说明和确认。该请求事项需要被告结合上述两份通知以及相关法律规定进行分析后予以回复，并未指向具体明确的信息载体，不属于政府信息公开条例规定的依申请公开的范畴。原告关于被告没有针对其特殊需要公开上述内容，属于不履行政府信息公开职责的诉讼主张，缺乏事实根据。其要求本院判令被告针对其上述申请内容作出处理的诉讼请求，依法应予驳回。判决驳回原告石某利的全部诉讼请求。

李某与某市人民政府政府信息公开案①

上诉人（原审原告）：李某

被上诉人（原审被告）：某市人民政府（以下简称某市政府）

2013年12月19日，李某通过挂号信函方式向某市政府申请政府信息公开，要求公开：(1) 无锡市政府批准编号为3202022012HB0078的《国有建设用地划拨决定书》符合国土资源部《划拨用地目录》或者符合《江苏省划拨用地目录》的依据；(2) 没有某市政府分管领导签署姓名的［锡滨国土资建前拨］地呈字（2012）24号“同意供地方案”的审批意见，仍然作为市政府批准编号为3202022012HB0078的《国有建设用地划拨决定书》的合法有效文件的依据；(3) 用［锡滨国土资建前拨］地呈字［24］文件号作为某市政府批准编号为3202022012HB0078的《国有建设用地划拨决定书》的批准文件号的依据；(4) 用［锡滨国土资建前拨］地呈字［24］文件作为某市政府文件符合《党政机关公文处理工作条例》及《党政机关公文格式》国家标准的依据。2013年12月25日，某市政府收到该申请。2014年1月15日，某市政府向李某作

① 案号：江苏省高级人民法院（2015）苏行终字第00014号。

出《答复》，告知其申请公开的信息不属于政府信息。李某不服提起行政诉讼。

一审法院认为，李某的政府信息公开申请内容主要表述为《国有建设用地划拨决定书》的相关依据，但具体依据的名称不明确，而且并不能表明所申请的依据是某市政府制作或者保存的信息。因此，某市政府答复李某所申请的信息不属于《中华人民共和国政府信息公开条例》第二条规定的政府信息并无不当。《最高人民法院关于审理政府信息公开行政案件若干问题的规定》第十二条第一项规定，对于不属于政府信息的情形，被告已经履行法定告知或者说明理由义务的，人民法院应当判决驳回原告的诉讼请求。判决驳回李某的诉讼请求。

省高级人民法院二审认为，本案中，上诉人李某向被上诉人某市政府提出政府信息公开申请，要求公开某市政府批准编号为3202022012HB0078的《国有建设用地划拨决定书》符合《划拨用地目录》或者符合《江苏省划拨用地目录》的依据等四项“依据”。从李某申请公开的内容来看，其是要求某市政府对《国有建设用地划拨决定书》的合法性进行说明，而不属于政府信息。判决驳回上诉，维持原判。

张某功与某市人民政府政府信息公开案[①]

原告：张某功

被告：某市人民政府

在市中级人民法院两次开庭审理过程中，原告的代理人瞿某不遵从法庭指引进行庭审活动。在第一次庭审中，瞿某先是以“法庭没有同步显示器”为由，要求审判长的语速放慢不断重复说过的

① 案号：江苏省南通市中级人民法院（2015）通中行初字第00047号。

话，以方便其一字一句手写记录。在法庭核对完双方当事人身份后，原告代理人又反复询问法庭是否向行政机关首长发送出庭应诉函，并要求审判长先回答其提问。审判长向其进行释明，要求其按照法庭指引的庭审程序参加庭审。原告代理人以“审判长剥夺其对被告身份质疑权，违反法定程序”为由，申请合议庭全部审判人员回避。对于该回避申请，本院书面予以驳回。第二次开庭过程中，法庭依法核对第二次出庭参加诉讼当事人身份，原告代理人瞿某继续无理取闹，称“法庭未审查当事人身份，未询问其是否申请审判人员回避”。在庭审过程中，原告代理人对庭审程序横加干涉，擅自发言提问。原告代理人还不断指责书记员记录工作不实，要求书记员对庭审中双方当事人及审判人员所说的话逐字记录下来。审判长向其反复作出释明，要求其按照指引参与庭审，并给予其多次训诫，但原告代理人依旧我行我素。在法庭陈述行政争议阶段，审判长先后三次要求原告代理人陈述起诉请求、事实与理由，并告知其遵从法庭指引，否则将承担不利的法律后果。但原告代理人仍然不进行起诉陈述，致使庭审无法正常进行。

法院认为，任何当事人都必须依法行使诉讼权利，遵守诉讼秩序，庭审中听从人民法院的统一指挥，否则就应承担一定的责任或者不利的后果。原告代理人的上述行为，实质上是拒绝法庭审理的表现，意味着其以明示方式拒绝法院的裁判，并主动放弃了自己的诉讼权利，行为效果等同于原告未经法庭许可自动退庭，可以按撤诉处理。理由如下：

首先，诉讼法理论上的直接言词原则要求原告有义务向法庭陈述诉讼主张及事实和理由，否则不产生诉讼法上“告诉才处理”的法律效力，可以视为原告放弃自己的诉讼主张，并承担不利于自己的法律后果。诉讼法上的直接言词原则是直接原则和言词原则的合称，所谓言词原则是指参加诉讼的各方当事人应当以言词陈述的方式从事各种诉讼行为，所有未经言词方式在审判活动中进行的诉讼行为，不产生程序上的效力。本案中，原告提起的行政诉讼被本院依法受理后，即依法享有原告的诉讼权利，但同时也应承担原告的诉讼义务。作为诉讼一方的原告应当负有在法庭上陈述诉讼主张及案件事实和理由的义务，拒绝向法庭陈述的，视同放弃诉讼主张。虽然原告代理人客观上已经到庭参加诉讼活动，在庭审活动中没有离开法庭，也没有明确表示撤回起诉的意思，但原告代理人在法庭陈述行政争议阶段，拒不听从审判长的指挥，而且经过审判长的多次提醒，其仍然拒绝陈述其诉讼主张和事实、理由，并无理指责法院和法官不公，导致庭审无法正常进行。原告代理人在法庭上的言行，是以明示的方式拒绝本院对该案的审理和裁判，该行为无异于自动退庭，无异于自动放弃自己的诉讼权利，应当承担相应的法律后果，可以按撤诉处理。

其次，由于原告的原因致使庭审活动无法正常进行的，应当承担不利于原告自身的法律后果。《中华人民共和国人民法庭规则》第十七条规定，诉讼参与人应当遵守法庭规则，维护法庭秩序，不得喧哗、吵闹；发言、陈述和辩论，须经审判长或者独任审判员许可。法庭是提出权利主张，陈述事实和理由，依法维护合法权益的神圣和庄严之场所，不是当事人通过各种手段试图向政府机关或者司法机关施压，谋求法外利益的地方，更不是个别当事人发泄对社会或公权力机关不满情绪或者宣泄私愤的场所。从原告代理人无正当理由申请回避、无理要求书记员逐字逐句记录，无理指责法院、法官等种种行为可以看出，其提起行政诉讼的根本目的不在于寻求权利的合法救济，而是试图通过诉讼这一程序发泄对社会、对公权力机关的不满，对于此种因原告代理人的无理行为导致庭审活动无法正常进行的，应当坚决予以制止。否则，不仅浪费有限的司法资源，更是对滥用诉讼权利，恶意诉讼的放纵。原告代理人以种种理由阻碍庭审活动正常进行，经法庭一再提醒、教育仍不遵从法庭指挥，应当承担不利于其自身的法律后果，无异于原告自动退庭，应当按撤诉处理。

综上，原告代理人无正当理由拒绝陈述诉讼主张及案件的事实和理由，并以种种无理借口阻挠法庭庭审活动正常进行，其行为无异于放弃诉讼主张，行为效果等同于原告未经法庭许可中途退庭，可以按撤诉处理。据此，裁定本案按原告张某功撤诉处理。

孙某荣与某市公安局某分局某派出所政府信息公开案①

上诉人（一审原告）：孙某荣

被上诉人（一审被告）：某市公安局某分局某派出所（以下简称某派出所）

孙某荣向一审法院诉称，孙某、孙某麟以 21 万元行贿鑫阳公司侵占孙某荣两套安置回迁房。2017 年 9 月 21 日，孙某荣向派出所报警，但是某派出所一直没有答复。后孙某荣请求某派出所公开报警处理程序，但某派出所至今未予答复。现请求法院依法确认某派出所对于孙某荣 2018 年 10 月 8 日的信息公开申请书不予答复的行为违法。

一审法院认为，公民、法人或者其他组织向人民法院提起行政诉讼，应当符合法定的起诉条件，起诉不符合法定条件，已经立案的，应当裁定驳回起诉。本案中，孙某荣于 2018 年 10 月 8 日向某派出所以信息公开申请的方式所提申请内容实质上系对其 2017 年 9 月 21 日所报警案件的办理进展进行了解、咨询。对于此类咨询事项，公安机关作为案件办理部门依法并不具有必须作出答复的法定

① 案号：北京市第二中级人民法院（2019）京 02 行终 669 号。

职责。因此，针对孙某荣的申请，某派出所是否给予答复以及如何答复，不属于人民法院审理行政案件的受案范围。孙某荣所提本案之诉，不符合法定的起诉条件，法院依法应予驳回。裁定驳回孙某荣的起诉。

孙某荣不服一审裁定，提起上诉。

北京市第二中级人民法院认为，公民、法人或者其他组织向人民法院提起行政诉讼，应当符合法定的起诉条件，起诉不符合法定条件，已经立案的，应当裁定驳回起诉。本案中，孙某荣以信息公开申请的方式向某派出所提出申请，要求公开对其举报孙某、孙某麟行贿及鑫阳公司侵占一案的办案进程。其申请的内容实质上系对其所报警案件的办理进展进行了解、咨询，对于该咨询事项，公安机关作为案件办理部门并不具有必须作出答复的法定职责。据此，孙某荣所提本案诉讼，不属于人民法院审理行政案件的受案范围。一审法院裁定驳回孙某荣的起诉并无不当，本院应予维持。裁定如驳回上诉，维持一审裁定。

第四十条　【提供政府信息的具体形式】行政机关依申请公开政府信息，应当根据申请人的要求及行政机关保存政府信息的实际情况，确定提供政府信息的具体形式；按照申请人要求的形式提供政府信息，可能危及政府信息载体安全或者公开成本过高的，可以通过电子数据以及其他适当形式提供，或者安排申请人查阅、抄录相关政府信息。

◆ 解读

本条是关于行政机关向政府信息公开申请人提供依申请公开政

府信息的形式的规定。本条规定体现了行政机关向申请人提供依申请公开的政府信息，应当遵循便民、效率原则的要求。行政机关依申请公开政府信息首先应当遵循便民的原则提供优质服务。便民原则的一个重要体现就是公民、法人或者其他组织在向行政机关申请获取政府信息过程中，能够便捷地申请并获取自己所需要的政府信息。根据便民原则，行政机关依申请公开政府信息从提供政府信息的形式上而言，首先应当按照申请人要求的形式予以提供，做到尽量为公民、法人或者其他组织提供方便。需要注意的是，本条例所规定的“实际情况”指的是行政机关在无法按照申请人要求的形式提供政府信息时，仍然应当从最大限度地方便申请人获取政府信息出发采用申请人可以接受的经济、便捷的其他形式提供政府信息。

行政机关在作出依申请公开答复时，常常会遇到答复成本过高问题，如申请人请求公开规划部门的“规划图”、环保部门的“环评报告”等，这些图纸制作成本较高，如果申请人要求提供复印件，行政机关是不是一定要按申请人要求的形式提供呢？新政府信息公开条例第四十条对此进行了明确的规定，即“行政机关依申请公开政府信息，应当根据申请人的要求及行政机关保存政府信息的实际情况，确定提供政府信息的具体形式；按照申请人要求的形式提供政府信息，可能危及政府信息载体安全或者公开成本过高的，可以通过电子数据以及其他适当形式提供，或者安排申请人查阅、抄录相关政府信息”。故此，行政机关可以根据申请人的要求及信息的实际情况，确定提供政府信息的具体形式，并可以通过电子数据及其他适当形式提供，还可以安排查阅、抄录。对申请人要求的理解，新《政府信息公开条例》在第二十九条对政府信息申请应当包括内容第三项规定：“申请公开的政府信息的形式要求，包括获取信息的方式、途径”，该条明确了“形式要求”仅包括获取信息的方式（纸质或数据电文等信息载体）和获取途径（当面领取、邮寄或电子邮件），而非实践中某些申请人所提出的“必须用顺丰（或四通一达）邮寄”“必须盖骑缝章”“每页必须加盖你单位印章”等不合理的形式要求。

◆ **案例**

孙某荣与某省人民政府行政复议不予受理决定案①

再审申请人（一审原告、二审上诉人）：孙某荣

再审被申请人（一审被告、二审被上诉人）：某省人民政府

2010 年孙某荣向某省某市房地产管理局提出将其房屋用途由“住宅”变更为“商用”。登记机关称，依据某省住房和城乡建设厅 1999 年 11 月 17 日公布的吉建房字〔1999〕27 号《关于申请房屋用途变更登记有关问题的通知》，变更用途须经规划许可。在规划部门拒绝作出相应行政许可之后，2011 年 2 月孙某荣向某省住建厅提交了关于查询吉建房字〔1999〕27 号通知是否已过时效的申请，并要求给予书面答复。某省住建厅一直未予书面答复。2011 年 4 月 26 日，孙某荣以某省住建厅对其申请推托未予书面答复为由向某省人民政府提起行政复议，请求依据《中华人民共和国政府信息公开条例》及相关法律规定，责令某省住建厅依法给予书面答复。2011 年 4 月 28 日，某省人民政府作出吉政复不字〔2011〕号不予受理决定，认为孙某荣提出的行政复议申请不在行政复议范围之内，根据《中华人民共和国行政复议法》的规定，决定不予受理。2011 年 5 月 31 日，某省住建厅在其网站上公布废止了吉建房字〔1999〕27 号通知。2011 年 7 月 6 日，孙某荣向某省某市中级人民

---

① 案号：最高人民法院（2015）行提字第 19 号。

法院提起行政诉讼，请求人民法院撤销某省人民政府吉政复不字〔2011〕号不予受理决定，并责令重新作出行政行为。

市中级人民法院一审维持某省人民政府2011年4月28日作出的吉政复不字〔2011〕号不予受理决定。

省高级人民法院：驳回上诉，维持原判。

最高人民法院于2014年9月26日作出（2012）行监字第682号行政裁定，对本案进行提审。最高人民法院认为，政府信息公开条例第二条所指的政府信息，应当是现有的，以一定形式记录、保存的信息。为准确把握政府信息的适用范畴，《国务院办公厅关于做好政府信息依申请公开工作的意见》（国办发〔2010〕5号）第二条明确规定："……行政机关向申请人提供的政府信息，应当是现有的，一般不需要行政机关汇总、加工或重新制作（作区分处理的除外）……"本案中，孙某荣向某省住建厅申请了解的是吉建房字〔1999〕27号通知的效力问题，并非申请公开"以一定形式记录、保存的"政府文件本身，在性质上属于咨询，不属于政府信息公开条例调整的范畴，况且针对咨询作出答复以及答复与否，不会对咨询人的权利义务产生实际影响。因此，某省人民政府作出吉政复不字〔2011〕号不予受理决定，符合行政复议法的规定。孙某荣认为某省人民政府违反政府信息公开条例及相关法律规定，请求人民法院依法撤销不予受理决定的理由不能成立，本院不予支持。原一、二审法院维持某省人民政府作出的吉政复不字〔2011〕号不予受理决定，并无不当。

根据政府信息公开条例的规定，行政机关依申请公开的政府信息，应当按照申请人要求的形式予以提供。本案中，孙某荣的申请既然属于咨询性质，就不属于该条所规定的"应当按照申请人要求的形式予以提供"政府信息的情形。对于此类咨询申请，法律并无要求行政机关必须书面答复的明确规定。在某省住建厅已以口头方式作出答复，尤其是在孙某荣提起本案诉讼前某省住建厅已经公布废止吉建房字〔1999〕27号通知的情况下，孙某荣仍然要求人民法院责令行政机关对该通知的效力问题作出答复，其起诉并无应受司法保护的现实利益，其请求被申请人重新作出行政行为已丧失诉的基础。

综上，判决维持省高级人民法院（2011）吉行终字第21号行政判决。

张某平与某市某区人民政府政府信息公开案[①]

再审申请人（一审原告、二审上诉人）：张某平

再审被申请人（一审被告、二审被上诉人）：某市某区人民政府（以下简称某区政府）

河南省某市中级人民法院一审查明，张某平在2015年10月23日向某区政府邮寄了两份信息公开申请书，申请公开豫政土〔2014〕997号文涉及小所村的征地补偿方案批准后征用土地各项费用的支付明细和豫政土〔2014〕997号文涉及某区小所村征地补偿社会保障资金落实明细。2015年11月8日，某区政府信息公开办公室对张某平的信息公开申请作出了书面答复，称“关于征用土地费用问题，涉及补偿的费用相关清单已经在小所村公开栏公开公示。关于土地补偿社会保障资金，我区已按规定将相关费用上缴某区社保中心”。某区政府于2015年11月9日用邮政特快专递的形式将信息公开书面答复邮寄给了张某平。张某平认为某区政府的书面答复没有按其要求作出，于2015年12月29日提起行政诉讼。

市中级人民法院一审认为，某区政府在收到张某平的申请后，在法定期限内履行了受理、答复及送达的法定程序，其行政程序合法。张某平主张某区政府应按照其要求以书面形式向其提供申请的

---

① 案号：最高人民法院（2017）最高法行再93号。

信息公开内容，但张某平申请的信息属于主动公开的政府信息，某区政府已经在某区小所村的公开栏进行了公开公示，某区政府在对张某平作出的书面答复中已经明确告知了其查询所申请信息的方式和途径，故某区政府已履行了相应的法定职责。张某平要求某区政府以书面形式向其提供申请的信息公开内容并确认某区政府的信息公开答复违法的主张无事实和法律依据，不予支持。判决驳回张某平的诉讼请求。

张某平不服，提起上诉。

省高级人民法院二审判决驳回上诉，维持原判。

最高人民法院认为，本案的争议并不复杂，起因是，再审申请人张某平向再审被申请人某区政府申请公开两项政府信息，一项涉及某区小所村的征地补偿社会保障资金落实明细，另一项涉及某区小所村的征地补偿方案批准后征用土地各项费用的支付明细。某区政府在法定期间内作出答复，告知其：第一，“关于征用土地费用问题，涉及补偿的费用相关清单已经在小所村公开栏公开公示”；第二，“关于土地补偿社会保障资金，我区已按规定将相关费用上缴某区社保中心”。张某平提起诉讼，主张某区政府应当按照其要求以书面形式提供政府信息内容。一审法院认为，“张某平申请的信息属于主动公开的政府信息，某区政府已经在某区小所村的公开栏进行了公开公示，某区政府在对张某平作出的书面答复中已经明确告知了其查询所申请信息的方式和途径，故某区政府已履行了相应的法定职责”。二审法院亦认为，“属于行政机关应当主动公开的政府信息，某区政府已在某区小所村的公开栏张贴，进行了公开公示”。但张某平对一审和二审裁判并不服，她认为，其提供的小所村村民的签名证明，征用土地各项费用的支付明细从未张贴，虽然再审被申请人向法庭提供了张贴的照片，但“也可以贴上去再撕下来”。因此，本案的争议焦点就集中在：属于主动公开范围且行政机关认为已经主动公开的政府信息，行政机关是否有义务依申请再行公开。本案的再审也主要围绕这一争议焦点展开。

政府信息公开条例第三十六条第二项规定："所申请公开信息可以公开的，向申请人提供该政府信息，或者告知申请人获取该政府信息的方式、途径和时间；"本项规定包括两种情形：一是申请公开的政府信息已经主动公开的，行政机关应当告知申请人该政府信息主动公开的方式和获取途径，以便于申请人查找；二是申请公开的政府信息虽然属于公开范围，但尚未主动公开的，或者申请人对已经公开的信息有更具体的公开要求的，行政机关应当告知申请人办理获取政府信息手续的时间、地点、形式等程序性事项。据此，无论是属于主动公开范围且已经主动公开，还是属于依申请公开范围且尚未公开，行政机关的答复都是以保证申请人能够获取为目的。有所不同的是，对于属于主动公开范围且已经主动公开的，行政机关没有向特定申请人提供该政府信息的义务，只需告知其获取信息的方式和途径。这是因为，一旦允许这种索取量很大的重复申请，不仅会造成不必要的重复劳动，破坏行政机关履行义务的能力，也会增加巨额公共支出，同时，主动公开政府信息的制度价值也会大打折扣。

但是，不向特定申请人提供行政机关已经主动公开的政府信息，仅限于政府信息"确实可见"的情形。《最高人民法院关于审理政府信息公开行政案件若干问题的规定》第二条第二项规定的"政府公报、报纸、杂志、书籍等公开出版物"，就具备"确实可见"的特性。如果行政机关拒绝提供此类信息，申请人不服提起诉讼的，人民法院不予受理。此外，政府信息公开条例还规定了政府网站、公共查阅室、资料索取点、信息公告栏、电子信息屏以及国家档案馆和公共图书馆等可以发布和查阅政府信息的场所和设施，对于能够通过这些途径获取政府信息的，行政机关应当告知申请人具体的获取方式和途径，但是否认定为行政机关已经履行了法定职责，不应仅以是否告知为标准，还应当看申请人通过行政机关告知的方式和途径是否确实能够获取信息。对于信息公告栏、电子信息屏等具有“转瞬即逝”特性的公开载体而言，简单的一个告知未必会满足申请人真正能够获取他所需要的信息的需求。如果申请人对于这类已经主动公开但事后无法查阅的政府信息确有需要，行政机关可以在收取必要的成本费用之后再行提供。

本案就是如此。再审申请人申请获取的涉及某区小所村的征地补偿方案批准后征用土地各项费用的支付明细的政府信息，虽然再审被申请人举证证明已经在小所村公开栏公开公示，但这种公示显然具有“转瞬即逝”的特点，如果申请人确实需要，再审被申请人无妨再向其提供一份。至于再审申请人申请公开的某区小所村征地补偿社会保障资金落实明细，既然再审被申请人告知其“已按规定将相关费用上缴某区社保中心”，在另有申请渠道的情况下，不妨碍再审申请人实现获取信息的目的，但按照政府信息公开条例规定的“谁制作谁公开”的原则，由再审被申请人迳行公开，亦不是法外义务。

综上，判决责令某市某区人民政府在本判决生效之日起15个工作日内向张某平提供其所申请公开的政府信息。

韩某明与某市人民政府政府信息公开案①

上诉人（一审原告）：韩某明

被上诉人（一审被告）：某市人民政府（以下简称市政府）

2017年3月27日，北京市人民政府针对韩某明的信息公开申请作出（2017）第136号《答复告知书》，主要内容为：“经查，市领导对《关于对国Ⅰ及国Ⅱ排放标准轻型汽油车采取交通管理措施的通告》确有批示，但未有正式批复文件。根据国务院办公厅

① 案号：北京市高级人民法院（2017）京行终5028号。

《关于做好政府信息依申请公开工作的意见》（国办发〔2010〕5号）‘行政机关在日常工作中制作或者获取的内部管理信息以及处于讨论、研究或者审查中的过程性信息，一般不属于《条例》所指应公开的政府信息’和《北京市政府信息公开规定》[①]第二十八条第（五）项‘申请公开的政府信息属于行政机关在日常工作中制作或者获取的内部管理信息或者处于行政机关讨论、研究或者审查中的过程性信息，应当告知申请人不属于应当公开的政府信息’之规定，现告知您所申请的信息不属于《中华人民共和国政府信息公开条例》所指应公开的政府信息。”韩某明不服被诉告知书，向北京市第二中级人民法院提起行政诉讼。

一审法院经审理查明，2017年3月9日，韩某明通过市政府官网向市政府提出政府信息公开申请，要求公开“市政府同意京环发〔2016〕29号文件的同意函或者同意文件”。韩某明申请获取政府信息的方式为邮寄、政府信息的载体形式为纸质文本。同日，市政府向韩某明作出（2017）第136号－回《登记回执》。市政府经核查，查明“市领导对‘京环发〔2016〕29号文件’确有批示，但未有正式批复文件”。2017年3月27日，市政府作出被诉告知书，并于同年3月29日向韩某明邮寄送达。

一审法院经审理认为，《国务院办公厅关于做好政府信息依申请公开工作的意见》关于“准确把握政府信息的适用范畴”规定，“行政机关在日常工作中制作或者获取的内部管理信息以及处于讨论、研究或者审查中的过程性信息，一般不属于《条例》所指应公开的政府信息。”《北京市政府信息公开规定》第二十八条规定：“对申请公开的政府信息，行政机关根据下列情况分别作出书面答复……（五）申请公开的政府信息属于行政机关在日常工作中制作

① 已失效。

或者获取的内部管理信息或者处于行政机关讨论、研究或者审查中的过程性信息，应当告知申请人不属于应当公开的政府信息……”本案中，市政府根据韩某明所申请公开政府信息的内容描述，完成了必要的核查工作，查明“市领导对‘京环发〔2016〕29号文件’确有批示，但未有正式批复文件”，并告知韩某明所申请公开的信息不属于应当公开的政府信息，该答复符合上述规定。韩某明所申请公开的信息属于内部管理信息，市政府作出的被诉告知书具有事实根据，且适用法律正确。韩某明诉请撤销被诉告知书等主张，缺乏相应依据，对韩某明所提诉讼请求不予支持。据此，判决驳回韩某明的诉讼请求。

韩某明不服一审判决，提起上诉。

二审法院认为，本案中，被诉告知书告知韩某明“市领导对‘京环发〔2016〕29号文件’确有批示，但未有正式批复文件”，告知了韩某明“京环发〔2016〕29号文件”已经市政府批示，结合“京环发〔2016〕29号文件”本身载明“经市政府同意”的信息以及韩某明据此提出的本案信息公开申请的事实，联系起来理解可以看出，被诉告知书实质上是告知了韩某明“京环发〔2016〕29号文件”已经市政府批示同意的信息，只不过该信息载体系“市领导”在内部签报上批示同意的底稿，没有公文意义上的“正式批复文件”可以提供给韩某明，而该内部签报底稿本身又属于行政机关在日常工作中的内部事项范围，按照上述规定依法不属于应当公开的政府信息范围。由此可见，市政府在履行信息公开职责过程中已经履行了相应的信息公开告知义务，并对无法向韩某明提供其所要求的“纸质文本”进行了合理说明，被诉告知书并无不当。一审判决驳回韩某明的诉讼请求正确，本院应予支持。

对于韩某明认为涉案信息属于对相对人权利义务产生实际影响的信息，因而应当予以公开的主张。本院认为，信息公开与信息的表现形式"原原本本"公开既有联系又有区别，一般情况下信息公开就是信息的表现形式公开，但这也不是绝对的，有的情况下，信息的内容需要公开，但信息的表现形式却可能又不适宜公开，这就是政府信息公开条例第四十条的立法缘起所在。该条规定，行政机关依申请公开政府信息，一般应当按照申请人要求的形式予以提供，无法按照申请人要求的形式提供的，可以通过安排申请人查阅相关资料、提供复制件或者其他适当形式提供。本案中，韩某明要求获取政府信息的载体形式为"纸质文本"，但由于案涉信息的载体系市政府负责人内部签字的签报稿，没有正式批复文件，无法以韩某明要求的"纸质文本"的方式提供，在此情况下被诉告知书告知韩某明"市领导对'京环发〔2016〕29 号文件'确有批示，但未有正式批复文件"，属于以适当方式履行信息公开义务，并无不当。因此，韩某明认为市政府没有依法公开相应信息的主张，不能成立。

判决驳回上诉，维持一审判决。

第四十一条　【自身信息的更正】公民、法人或者其他组织有证据证明行政机关提供的与其自身相关的政府信息记录不准确的，可以要求行政机关更正。有权更正的行政机关审核属实的，应当予以更正并告知申请人；不属于本行政机关职能范围的，行政机关可以转送有权更正的行政机关处理并告知申请人，或者告知申请人向有权更正的行政机关提出。

◆ 解读

本条是关于公民、法人或者其他组织向行政机关申请提供或者更正与自身相关的政府信息的特别规定。本条例除对公民、法人或者其他组织向有关行政机关申请获取相关政府信息作出一般性规定外，还对公民、法人或者其他组织向行政机关申请提供与其自身相关的税费缴纳、社会保障、医疗卫生（包括且不限于）等政府信息，以及公民、法人或者其他组织有证据证明行政机关提供的与其自身相关的政府信息记录不准确时的相关更正程序作出了特别规定。

这样规定主要是考虑到以下三个方面的因素：一是这样规定是建立责任政府的内在要求。保证当事人有权获得与其自身密切相关的政府信息，并有权对信息中的错误内容提出更正的要求，是建立责任政府的一个重要方面。二是这样规定也是保证社会经济正常运行的必然要求。赋予公民、法人和其他组织获得自身信息的权利，尤其是对错误信息提出更正的权利，是保证市场经济秩序、维护交易安全的一项非常重要的制度。三是这样规定符合当前国际上政府信息公开立法的多数做法，也是许多国家政府信息公开制度的一项基本原则。

要求更正行政机关提供的与其自身相关的不准确的政府信息记录，其实属于个人信息保护的范畴。由于我国尚没有制定个人信息保护的法律，考虑到个人信息保护问题日益迫切，又与政府信息公开密切相关，在制定政府信息公开条例时就增加了这样一个“搭车条款”。既然公民、法人或者其他组织在有证据证明行政机关提供的与其自身相关的政府信息记录不准确的情况下有权要求该行政机关予以更正，行政机关也有更正的义务，那么在遭到拒绝或者不予答复时，就可以提起行政诉讼。此外，政府信息公开条例还规定，该行政机关无权更正的，应当转送有权更正的行政机关处理，并告知申请人。因此，行政机关在无权更正时不予转送有权更正的行政机关处理，也属于不履行法定义务，也是可以提起行政诉讼的。

在这里，存在一个混合举证责任问题。由于“被告对作出的具体行政行为负有举证责任”，作为被告的行政机关就要举证证明其拒绝更正行为的合法性。一般而言，证明对象包括两个方面：一是原告要求更正的理由不成立，如该政府信息记录并非“不准确”；二是被告并不具有更正该政府信息的权力。但是，被告相应的举证责任并不能替代原告应该承担的证明义务。一方面，更正政府信息记录属于一种依申请行为，原告起诉被告拒绝更正，原告就要举证证明其向被告提出过更正申请。另一方面，“政府信息记录不准确”既是对个人信息记录作出更正的法定事实要件，也是原告的主张，因此，原告也要证明其在申请的同时提供了证明政府信息记录不准确的事实根据。

◆ 规范性文件

市场监管总局关于撤销冒用他人身份信息取得公司登记的指导意见

国市监信〔2019〕128 号

各省、自治区、直辖市及新疆生产建设兵团市场监管局（厅、委）：

商事制度改革以来，各级市场监管部门深入贯彻落实党中央、国务院决策部署，着力提高市场准入便利化程度，降低制度性交易成本，营商环境得到显著优化，创新创业活力得到有效释放，群众满意度和获得感明显增强。与此同时，少数不法分子违背诚实信用原则，冒用他人身份信息取得公司登记（以下简称冒名登记），干扰了正常的公司登记注册秩序，群众反映强烈，社会高度关注。市场监管部门作为法定的企业登记机关，必须牢固树立以人民为中心的发展理念，想群众之所想，急群众之所急，扎实开展撤销冒名登记工作，有效回应公众期待和社会关切，切实维护商事登记权威性和“放管服”改革成果，切实保障广大人民群众的合法权益。为做好撤销冒名登记工作，现提出如下指导意见：

一、积极应对群众诉求

对于被冒用身份信息取得公司登记的人民群众（以下简称被冒用人）撤销冒名登记的反映，各级市场监管部门应积极应对负责。撤销冒名登记工作由作出该次登记决定的市场监管部门（以下简称登记机关）负责。登记机关发生过变更的，由现登记机关负责撤销。被冒用人本人向登记机关反映被冒名登记情况的，登记机关及时做好记录。被冒用人本人不能到场反映的，登记机关应对其进行远程身份核验。登记机关要认真核验被冒用人本人签字的撤销登记申请及其身份证件复印件（本人到场的，核实原件）。被冒用人还可以一并提供身份证件丢失报警回执、身份证件遗失公告、银行挂失身份证件记录、由专业机构出具的笔迹鉴定报告等有助于认定冒名登记基本事实的文件材料。

二、做好公示和调查工作

登记机关应将公司涉嫌冒名登记的情况（包括被冒名登记时间、具体登记事项、登记机关联系方式等）通过国家企业信用信息公示系统（以下简称公示系统）及时向社会公示。公示期 45 日。公示期内调查终结并作出调查结论的，终止公示。登记机关要通过查阅冒名登记行为涉及的档案材料，对公司住所或经营场所进行现场检查，询问公司相关人员、登记代理人或利害关系人等方式，对冒名登记基本事实进行调查，并根据需要征询公安、税务、金融、人力资源社会保障等相关部门意见。利害关系人主张与冒名登记相关的民事权利正在诉讼过程中，人民法院尚未作出判决、裁定或生效判决、裁定尚未执行完毕的；或者有证据证明冒名登记涉及的股权存在争议，各方尚未达成一致的，登记机关应中止调查，并相应延长公示期。

三、审慎作出撤销登记决定

登记机关在调查终结或公示期满后作出调查结论，并据此作出撤销或不予撤销登记的决定。公司在调查前已被吊销营业执照的，不影响登记机关作出撤销登记的决定，但因提交虚假材料或者采取其他欺诈手段隐瞒重要事实取得公司登记、被吊销营业执照的除外。登记机关调查认定冒名登记基本事实清楚，或者公司和相关人员无法取得联系或不配合调查且公示期内无利害关系人提出异议，登记机关认为冒名登记成立的，应依法作出撤销登记决定。有证据证明被冒用人对该次登记知情或事后曾予追认，或者公示期内利害关系人提出异议经调查属实，登记机关认为冒名登记不成立的，应依法作出不予撤销登记决定。人民法院生效判决或裁定已认定冒名登记事实的，登记机关应作出撤销登记决定。公安、税务、金融、人力资源社会保障等相关部门出具书面意见不同意撤销登记，或者撤销登记可能对公共利益造成重大损害的，登记机关应作出不予撤销登记决定。登记机关应将撤销（不予撤销）登记决定送达冒名登记的公司及被冒用人。在调查过程中已发现公司通过登记住所或经营场所无法联系的，可以直接采取公告方式送达该公司。

四、准确公示撤销信息

登记机关作出撤销登记决定后，应在登记注册系统标注作出撤销决定的状态，并通过公示系统向社会公示。撤销公司设立登记的，公示公司名称、成立日期、被撤销登记日期和原因、作出撤销决定的登记机关等基本信息。撤销公司变更登记的，恢复公示冒名登记前的信息，同时公示撤销冒名登记相关信息。撤销公司注销登记的，公示注销前的信息，并标注“已撤销注销登记，恢复主体资格”。撤销冒名登记所形成的全部材料，要单独立卷，归入公司登记档案。

五、强化信用惩戒

总局建立全国虚假登记责任人数据库。登记机关负责将冒名登记的直接责任人录入虚假登记责任人数据库。对再次提交登记申请材料或作为登记申请人的，可以进行严格审查。对虚构事实或提交虚假证明材料，逃避债务、偷漏税款或进行其他违法犯罪活动的，登记机关配合有关部门进行查处，并实施信用惩戒。对冒名取得公司变更或注销登记，被撤销登记的，应按照《严重违法失信企业名单管理暂行办法》的规定，将所涉公司列入严重违法失信企业名单。

六、做好后续处理工作

冒名登记被撤销后，因冒名登记导致的被冒用人相关信用惩戒和市场禁入措施停止执行。登记机关应及时更新数据，解除信用约束措施。登记机关或其上级机关认定撤销登记的决定错误的，可以撤销该决定，恢复公司原登记状态，并通过公示系统进行公示。

七、加强部门协调配合

各级市场监管部门要在地方党委政府的领导下，加强与公安、税务等相关政府部门和司法机关的协调配合。在撤销冒名登记工作中发现的其他违法行为线索，应当移送有管辖权的部门处理；涉嫌犯罪的，应当移送公安机关。要做好部门间信息共享工作，及时推送撤销冒名登记相关数据，推进被冒用人无辜受限问题的解决。

八、做好工作保障

各省（区、市）市场监管部门要结合实际情况，制定撤销冒名登记的细化措施，明确撤销冒名登记工作的职责分工、工作流程、审批权限、档案管理等。要按照总局相关技术方案的要求做好公示系统优化改造，及时调整登记注册系统，为撤销冒名登记工作提供有效支撑。撤销冒用他人身份信息取得个人独资企业、合伙企业、非公司制企业、农民专业合作社、个体工商户等市场主体的登记，以及撤销冒用他人身份取得公司董事、监事、高级管理人员、清算组成员等备案的，参照本意见执行。在撤销冒名登记工作中遇到的问题，请及时报告总局相关司局。

第四十二条 【信息公开的费用收取】行政机关依申请提供政府信息，不收取费用。但是，申请人申请公开政府信息的数量、频次明显超过合理范围的，行政机关可以收取信息处理费。

行政机关收取信息处理费的具体办法由国务院价格主管部门会同国务院财政部门、全国政府信息公开工作主管部门制定。

◆ **解读**

本条是关于行政机关依申请公开政府信息的收费原则和收费标准的规定。

1. 关于收费原则的规定。关于收费原则的规定，包括收费对象、收费项目和收费主体三个方面的含义。本条例在设定行政机关依申请公开政府信息的收费原则时借鉴了国外相关立法经验，同时也从我国实际情况出发作出规定。这主要包括三个方面的内容：收费的对象是申请公开政府信息的公民、法人或者其他组织，行政机关依照本条例规定提供公开政府信息不得向任何人收取任何费用，收费项目只能是信息处理费。收费的主体只能是行政机关，并且行政机关不得通过其他组织或者个人以有偿方式向公众提供政府信息。

2. 关于收费标准的规定。行政机关收取信息处理费的具体办法由国务院价格主管部门会同国务院财政部门、全国政府信息公开工作主管部门制定。之所以这样规定主要有以下原因：考虑到政府信息公开涉及面广，如果由各地方、各部门自行制定收费标准可能会出现各地方、各部门对同一类事项的收费标准差异过大，不利于申请人公平地获取政府信息的问题。因此，有必要由本条例授权确定的部门，根据实际情况对收费标准作出统一规定。收费项目由国务院财政部门统一核定收费标准，由国务院价格主管部门统一制定的收费项目和标准应当向社会公布。

3. 政府信息公开条例第四十二条明确规定，虽然行政机关依申请提供政府信息原则上不收取费用，但申请人申请公开政府信息的数量、频次明显超过合理范围的，行政机关可以收取信息处理费。此处修改有助于控制滥用政府信息公开申请权利的现象。关于信息公开申请权行使正当性的判断。民事诉讼法第十三条规定，民事诉讼应当遵循诚实信用原则。诚实信用原则作为帝王条款，要求一切诉讼当事人在实施申请行为、行使申请权利时都须遵守伦理道德，诚实守诺，在不损害对方利益和社会利益的前提下追求自己的利益。这一原则从根本上排斥诈欺、骚扰、泄愤、盲目、重复、琐碎性质的申请。

第四十三条　【特殊公民的帮助】申请公开政府信息的公民存在阅读困难或者视听障碍的，行政机关应当为其提供必要的帮助。

◆ **解读**

本条是关于行政机关为申请人提供帮助的规定，体现了以人为本政府为人民服务的精神。申请公开政府信息的公民存在阅读困难或者视听障碍的，他们因为自身生理或者认知水平方面的缺陷，在申请时往往难以迅速、准确、全面地表达自己的意思，这就需要行政机关从以人为本的原则出发耐心、细致地为他们提供所需要的帮助。行政机关的协助义务与政府信息公开立法的目的密切相关。政府信息公开的目的是提高政府的透明度，促进公众的参与，扩大政府信息的利用率。

本条规定充分体现了立法应当以人为本，构建社会主义和谐社会的精神。

第四十四条　【申请主动公开制度】多个申请人就相同政府信息向同一行政机关提出公开申请，且该政府信息属于可以公开的，行政机关可以纳入主动公开的范围。

对行政机关依申请公开的政府信息，申请人认为涉及公众利益调整、需要公众广泛知晓或者需要公众参与决策的，可以建议行政机关将该信息纳入主动公开的范围。行政机关经审核认为属于主动公开范围的，应当及时主动公开。

◆ **解读**

这是条例新增条款。总结现行条例实施经验，根据政务公开实践发展要求，明确各级行政机关应当主动公开机关职能、机构设置、行政处罚等行为的依据条件程序、公务员招考等 15 类信息，并规定设区的市级、县级人民政府及其部门，乡（镇）人民政府还应当根据本地方的具体情况主动公开与基层群众关系密切的政府信息。建立健全政府信息管理动态调整机制，要求行政机关对不予公开的政府信息进行定期评估审查，对因情势变化可以公开的政府信息应当公开；建立依申请公开向主动公开的转化机制，行政机关可以将多个申请人申请公开的政府信息纳入主动公开的范围，申请人也可以建议行政机关将依申请公开的政府信息纳入主动公开的范围，以此推动公开工作深入开展。

从我国的情况来看，宪法中虽然没有知情权的明确规定，但从一些条文中还是可以推导出知情权的宪法依据。如宪法第二条规定“中华人民共和国的一切权力属于人民……人民依照法律规定，通过各种途径和形式，管理国家事务，管理经济和文化事业，管理社会事务”。人民要行使主权，管理国家事务，自然离不开对公共事务的知情。第三十三条第三款明确“国家尊重和保障人权”，知情权作为《世界人权宣言》所确立的基本人权，我国作为成员国自然应当加以保护，据此可以推导出知情权受宪法保护的地位。从党中央和国务院的相关文件中，也可以得出知情权的公权利地位。如国务院2004年《全面推进依法行政实施纲要》中，在“程序正当”方面明确要求“要严格遵循法定程序，依法保障行政管理相对人、利害关系人的知情权、参与权和救济权”。

第四十五条　【信息公开工作制度】行政机关应当建立健全政府信息公开申请登记、审核、办理、答复、归档的工作制度，加强工作规范。

第五章 监督和保障

第四十六条 【信息公开考核评议制度】各级人民政府应当建立健全政府信息公开工作考核制度、社会评议制度和责任追究制度，定期对政府信息公开工作进行考核、评议。

◆ **解读**

本条是关于建立健全政府信息公开工作考核制度、社会评议制度和责任追究制度的规定。本条例专门规定各级人民政府应当建立健全政府信息公开工作考核制度、社会评议制度和责任追究制度，定期对政府信息公开进行考核、评议以促进行政机关加强队伍建设、提高工作人员素质，提高行政机关依法公开政府信息的能力和水平。

一是建立健全政府信息公开工作考核制度。通过建立健全政府信息公开工作考核制度，可以加强对各级行政机关、政府信息公开工作机构及其工作人员的工作情况的考核，对行政机关及其有关工作人员的政府信息公开工作情况进行全面系统的考察和评价，并根据考核的结果奖优罚劣、奖勤罚懒，以促使各级行政机关、政府信息公开工作机构及其工作人员尽职尽责，认真贯彻执行本条例的各项规定。

二是建立健全政府信息公开工作社会评议制度。把政府信息公开工作纳入社会评议政风、行风的范围，组织人民群众对政府信息公开的内容是否真实、准确，时间是否及时，程序是否符合规定，制度是否落实到位等进行评议。

三是建立健全政府信息公开工作责任追究制度。责任追究是确保政府信息公开工作各项制度落实的重要手段，各级人民政府及其部门应当明确政府信息公开工作各部门和有关人员的责任，以及相应的责任追究办法。

第四十七条　【日常监督检查制度】 政府信息公开工作主管部门应当加强对政府信息公开工作的日常指导和监督检查，对行政机关未按照要求开展政府信息公开工作的，予以督促整改或者通报批评；需要对负有责任的领导人员和直接责任人员追究责任的，依法向有权机关提出处理建议。

公民、法人或者其他组织认为行政机关未按照要求主动公开政府信息或者对政府信息公开申请不依法答复处理的，可以向政府信息公开工作主管部门提出。政府信息公开工作主管部门查证属实的，应当予以督促整改或者通报批评。

◆ **解读**

本条是关于政府内部对行政机关政府信息公开的实施情况进行监督检查的规定。为了推动政府信息公开工作的深入开展，保证各项规定得到有效落实，本条例还规定由政府信息公开工作主管部门和有权机关负责对行政机关政府信息公开的情况进行监督检查，通过行政机关内部监督来督促行政机关依照本条例规定开展政府信息公开工作。

一、政府信息公开工作主管部门的监督检查。依照本条例规定，政府信息公开工作主管部门负责推进、指导、协调、监督本行政区域内的政府信息公开工作。因此，政府信息公开工作主管部门主要是从政府信息公开工作业务方面，对行政机关政府信息公开的实施情况进行监督。主要包括：行政机关具体办理政府信息公开事宜，维护和更新本行政机关公开的政府信息组织、编制本行政机关的政府信息公开指南、政府信息公开目录和政府信息公开工作年度报告等方面工作、落实情况的监督检查。

二、有权机关的监督检查。本条例考虑到政府信息公开工作的重要性，为了进一步规范行政机关的政府信息公开行为，保障公民、法人或者其他组织及时、准确地获取政府信息，在本条重申了有权机关要对政府信息公开工作进行行政监察的法定义务。

三、对政府信息公开工作监督制度。可以从三个方面来理解：第一，有权提出的主体十分广泛，任何公民、法人或者其他组织都可以政府信息公开是国家一切权力属于人民原则的要求，通过公开的政府信息，将行政机关的权力运行置于人民的监督之下，有利于促使其依法行政。第二，提出监督的理由是行政机关未按照要求主动公开政府信息或者对政府信息公开申请不依法答复处理。在行政法中，行政职责就是行政主体在行使职权过程中依照法律规定所承担的义务，政府信息公开工作机构的任务就是要履行本法规定的职责。如果政府信息公开机构不主动公开属于本行政机关主动公开范围的政府信息，不及时维护和更新本行政机关公开的政府信息，不组织编制本行政机关的政府信息公开指南、政府信息公开目录和政府信息公开工作年度报告，以及不对拟公开的政府信息进行保密审查，都属于不依法履行政府公开义务的情况。具体来说，行政机关对于申请不予答复，或者不依法予以公开应当公开的政府信息等，都属于不依法履行义务。第三，受理的主体是政府信息公开工作主管部门，处理后果是查证属实的应当予以督促整改或者通报批评。

第四十八条　【定期培训】 政府信息公开工作主管部门应当对行政机关的政府信息公开工作人员定期进行培训。

第四十九条　【信息公开工作年度报告】 县级以上人民政府部门应当在每年1月31日前向本级政府信息公开工作主管部门提交本行政机关上一年度政府信息公开工作年度报告并向社会公布。

县级以上地方人民政府的政府信息公开工作主管部门应当在每年3月31日前向社会公布本级政府上一年度政府信息公开工作年度报告。

◆ **解读**

本条是关于行政机关公布本行政机关的政府信息公开年度报告的规定。本条主要包含了以下两个方面的内容：

一是规定了行政机关应当建立起本行政机关的政府信息公开年度报告制度，并在规定的期限前公布本行政机关的政府信息公开工作年度报告。本条规定了政府部门在每年1月31日之前公布本部门政府信息公开工作年度报告的义务，主要达到两个方面的效果：其一是可以汇总、掌握本部门在政府信息公开工作方面的基本情况，了解实施中存在的问题，研究提出改进方案；其二是通过公布政府信息公开工作年度报告的方式，能够让本部门以外的其他行政机关和社会公众充分、清晰地了解该部门上一年度的政府信息公开工作的有关情况，从而加强行政机关内部以及社会公众对部门的监督，促使部门进一步改进工作作风，提高政府信息公开的能力和水平。

二是确定了地方各级人民政府信息公开年度工作报告的公布时间。也就是说各行政机关在每年的第一季度之内必须依照本条例的规定公布本级政府信息公开工作年度报告，而不能迟延公布或者不公布。

总之，政府信息公开工作年度报告是监督行政机关切实履行政府信息公开义务的重要制度安排。既考虑到了法律的有关规定和国家政治生活实践，也考虑到了目前各地方的实际操作，从而可以更好地从实际出发，有效地开展对行政机关公开政府信息的监督工作。

第五十条　【年度报告的内容】政府信息公开工作年度报告应当包括下列内容：

（一）行政机关主动公开政府信息的情况；

（二）行政机关收到和处理政府信息公开申请的情况；

（三）因政府信息公开工作被申请行政复议、提起行政诉讼的情况；

（四）政府信息公开工作存在的主要问题及改进情况，各级人民政府的政府信息公开工作年度报告还应当包括工作考核、社会评议和责任追究结果情况；

（五）其他需要报告的事项。

全国政府信息公开工作主管部门应当公布政府信息公开工作年度报告统一格式，并适时更新。

◆ **解读**

本条是关于政府信息公开工作年度报告应当包括的内容的规定。行政机关按时公布本行政机关的政府信息公开工作年度报告，不但有利于加强政府信息公开主管部门和有权机关对该行政机关政府信息公开工作的内部监督，而且通过向社会公开的方式，让广大人民群众了解该行政机关的政府信息公开工作的情况，也有利于加强对其工作的监督。

一是行政机关主动公开政府信息的情况。本条例对地方各级人民政府以及县级以上人民政府及其部门在他们职责范围内，应当主动公开的政府信息的基本要求和应当重点公开的政府信息，作出了明确规定。因此行政机关按照本条例的规定主动公开政府信息的情况，是政府信息公开工作年度报告中应当包含的首要内容。

二是行政机关收到和处理政府信息公开申请的情况。应当通过政府信息公开工作年度报告让社会公众知晓。

三是因政府信息公开被申请行政复议、提起行政诉讼的情况。一方面可以促使该行政机关进一步对待自己的政府信息公开义务，正确理解和深入贯彻本条例的各项规定，更好地履行自己的法定责任；另一方面可以引导广大人民群众通过法律、行政法规规定的方式和途径，依法保障自己获取政府信息的合法权益不受侵犯。

四是政府信息公开工作存在的主要问题和改进情况。各级人民政府的政府信息公开工作年度报告还应当包括工作考核、社会评议和责任追究结果情况。在政府信息公开工作年度报告中包含政府信息公开工作存在的主要问题和改进情况，可以在反映行政机关的整改决心、整改措施和整改力度，加大行政机关的公信力的同时，进一步推动政府信息公开工作的顺利进行。

本条第五项专门规定了“其他需要报告的事项”这一兜底条款，各行政机关在本行政机关的政府信息公开工作年度报告中除必须公布上述五项内容外，还可以根据本行政机关上一年度的政府信息公开工作中的实际情况，在政府信息公开工作年度报告中公布其他有必要报告的事项。

◆ **政策解释**

国务院办公厅政府信息与政务公开办公室关于政府信息公开工作年度报告有关事项的通知

国办公开办函〔2019〕60号

各省、自治区、直辖市人民政府办公厅，国务院各部委、各直属机构办公厅（室）：

修订后的《中华人民共和国政府信息公开条例》（以下简称新条例）已于2019年5月15日起施行。新条例法定主动公开内容更加优化，依申请公开程序更加完备，行政机关责任约束更加刚性，相应地，对政府信息公开工作年度报告也提出了新的要求。新条例第五十条规定：“全国政府信息公开工作主管部门应当公布政府信息公开工作年度报告统一格式，并适时更新”。根据这一要求及授权，国务院办公厅政府信息与政务公开办公室在广泛征求意见基础上，研究制定了《中华人民共和国政府信息公开工作年度报告格式（试行）》。现就有关事项通知如下：

一、抓紧部署

政府信息公开工作年度报告涉及的行政机关量大面广，各行政机关法定报告时限比以往提前了两个月。今年的政府信息公开工作年度报告发布，时间紧、任务重。各政府信息公开工作主管部门要抓紧部署，确保新条例关于政府信息公开工作年度报告的规定落到实处。

二、有序衔接

今年是新条例颁布实施的第一年，相关工作有一个新旧衔接的过程。立足这一客观实际，2019 年政府信息公开工作年度报告，鼓励按照统一格式发布，确实存在现实困难的，可参照统一格式发布。为体现导向，国务院办公厅政府信息与政务公开办公室将在年度考评工作中，把按照统一格式发布情况作为激励性测评指标。

三、加强指导

《中华人民共和国政府信息公开工作年度报告格式（试行）》对政府信息公开工作年度报告格式提出了许多新要求，涉及大量数据汇总整理，专业性较强。各政府信息公开工作主管部门要切实加强工作指导，特别是对下级政府信息公开工作主管部门的指导，确保各项要求落实落细。

四、总结完善

《中华人民共和国政府信息公开工作年度报告格式（试行）》首次对政府信息公开工作年度报告格式作出统一规定。对具体执行过程中遇到的问题，各政府信息公开工作主管部门要认真总结，提出意见建议，及时反馈国务院办公厅政府信息与政务公开办公室，以便更新完善。

特此通知。

国务院办公厅政府信息与政务公开办公室
关于政府信息公开年度报告有关项目填报问题的解释

国办公开办函〔2016〕201 号

深圳市人民政府办公厅：

《关于对政府信息公开有关事项给予指导的函》（深府办函〔2016〕112 号）收悉。经研究并征求国务院法制办、最高人民法院意见，现答复如下：

根据《政府信息公开条例》第 32 条规定，应当在政府信息公开年度报告发布的行政诉讼案件数量，是“因政府信息公开申请行政复议、提起行政诉讼的情况”。行政复议机关作为共同被告的行政诉讼案件，主要的案由是原行为主体的政府信息公开行为，行政复议机关是因为履行行政复议职责成为原行为主体的共同被告，不是直接因为政府信息公开而被提起行政诉讼。据此，行政机关在依据《政府信息公开条例》的规定对外发布政府信息公开年度报告时，对于行政复议机关作为共同被告的行政诉讼案件，只计算原行为主体的案件数量，不计算行政复议机关的案件数量。

第五十一条　【救济途径】公民、法人或者其他组织认为行政机关在政府信息公开工作中侵犯其合法权益的，可以向上一级行政机关或者政府信息公开工作主管部门投诉、举报，也可以依法申请行政复议或者提起行政诉讼。

◆ **解读**

本条是关于对行政机关不依法履行政府信息公开义务和对行政机关在政府信息公开过程中具体行政行为侵犯公民、法人或者其他组织合法权益的救济途径的具体规定。

1. 对于行政机关不依法履行政府信息公开义务进行举报的规定，对于行政机关不依法履行政府信息公开义务的社会监督，可以通过投诉、举报制度来实现。主要包括三个方面的含义：一是任何公民、法人或者其他组织对行政机关侵犯其合法权益的行为都有权投诉、举报。二是受理投诉、举报的是上级行政机关或者政府信息公开工作主管部门。政府信息公开主管部门具有监督有关行政机关政府信息公开工作的职责，也应当受理行政机关不依法履行政府信息公开义务的投诉、举报。三是有关行政机关收到举报后应当依照各自职责及时调查处理。为了确保社会监督的效果，提高行政效能，本款在规定社会监督的同时，也规定了收到投诉、举报的行政机关的义务，即应当按照各自职责予以调查处理。

2. 行政复议和行政诉讼的规定。对行政机关在政府信息公开过程中的行政行为侵犯当事人合法权益的救济途径的规定，主要是关于行政复议和行政诉讼的规定。所谓行政复议是指公民、法人或者其他组织不服行政机关的行政行为，按照法定的程序和条件向作出该行政行为的行政机关或者上一级行政机关提出申请，由行政复议机关对争议的行政行为进行审查的法律制度。所谓行政诉讼是指公民、法人或者其他组织认为行政机关的行政机关工作人员的行政行为侵犯其合法权益，依照《中华人民共和国行政诉讼法》的规定，向人民法院提起诉讼，由人民法院依法对行政案件进行审理的法律制度。

行政复议和行政诉讼是我国解决行政机关与公民、法人或者其他组织之间行政纠纷的法定方式，也是行政相对人获得救济的基本方式。根据本条规定，申请行政复议或者提起行政诉讼的理由是公民、法人或者其他组织认为行政机关在政府信息公开工作中具体行政行为侵犯其合法权益。本条例对行政机关公开政府信息的范围、方式和程序作出了明确规定，行政机关实施行政行为、公开政府信息必须符合本条例的规定。

公民、法人或者其他组织可以依法申请行政复议或者提起行政诉讼，这里的“依法”主要指的是依照《中华人民共和国行政复议法》和《中华人民共和国行政诉讼法》。关于行政复议申请形式，《中华人民共和国行政复议法》第十一条规定："申请人申请行政复议，可以书面申请，也可以口头申请；口头申请的，行政复议机关应当当场记录申请人的基本情况、行政复议请求、申请行政复议的主要事实、理由和时间。"

依照《中华人民共和国行政诉讼法》向人民法院提起诉讼。公民、法人或者其他组织认为行政机关在政府信息公开工作中的行政行为侵犯其合法权益的，可以依法提起行政诉讼。

◆ **案例**

彭某丽与某省人民政府行政复议案[①]

再审申请人（一审原告、二审上诉人）：彭某丽

再审被申请人（一审被告、二审被上诉人）：某省人民政府

彭某丽申请再审称，再审申请人申请公开的政府信息属于被申请人"在履行行政管理职能过程中制作或获取的，以一定形式记录、保存的信息"，一、二审法院认定事实不清，适用法律错误，未将在审理过程中发现的违法违纪行为移送有关机关，违反法定程序。请求撤销一、二审裁定，判决撤销被诉政府信息公开告知书以及行政复议决定书，重新作出答复。

最高人民法院经审查认为，保障公民、法人和其他组织依法获取政府信息，提高政府工作的透明度，促进依法行政，充分发挥政府信息对人民群众生产、生活和经济社会活动的服务作用，是《中华人民共和国政府信息公开条例》的立法宗旨。公民、法人和其他组织向行政机关申请公开政府信息，应当符合该立法宗旨。

① 案号：最高人民法院（2019）最高法行申4790号。

行政诉讼是解决行政争议，保护公民、法人和其他组织合法权益，监督行政机关依法行使职权的法律救济途径。对于行政争议，应当依照《中华人民共和国行政诉讼法》的规定提起行政诉讼，寻求权利保护。人民法院既要充分保障当事人正当诉权的行使，也有义务识别、判断当事人的请求是否具有足以利用国家审判制度加以解决的实际价值或必要性，从而避免因缺乏诉的利益而不当行使诉权的情形发生。

据二审法院不完全统计，因彭某丽之夫王某被崇州市人民法院判处有期徒刑六年，从2016年至今，彭某丽、其女王甲、其婆母刘某群分别向三个市、某省人民政府及其所属有关部门等提起至少120件政府信息公开，要求公开相关党政领导等离职、任职经济责任审计信息、办理王某一案公安人员公务员考试信息、公安局办理王某一案时受案登记表及询问证人信息等，在以上政府信息公开申请中，针对崇州市主要领导在各地离职、任职经济责任审计信息等内容相同的信息30余件。彭某丽、王甲、刘某群在收到行政机关作出的政府信息公开申请告知书后，均提起行政复议；在经过行政复议程序后，又以政府信息告知和行政复议决定违法为由，向人民法院提起相应的政府信息公开之诉。彭某丽提起包括本案在内的多起行政诉讼案件以期扩大影响，并不具有依法应予保护的诉讼利益，与《中华人民共和国行政诉讼法》旨在保护公民、法人和其他组织合法权益的立法目的相悖，浪费了行政资源和司法资源，已构成信息公开申请权及诉权的不当行使。原审法院裁定驳回再审申请人起诉并无不当。

综上，裁定驳回彭某丽的再审申请。

谢某蓉与证监会政府信息公开案①

再审申请人（一审原告、二审上诉人）：谢某蓉

再审被申请人（一审被告、二审被上诉人）：证监会

谢某蓉于2014年10月29日向中国证券监督管理委员会提出政府信息公开申请，申请公开被告作出的证监信复字〔2013〕100095号答复中“不再受理”的法律依据是什么？2014年12月8日，证监会作出证监信息公开〔2014〕39号《监管信息告知书》，告知谢某蓉相关的法律依据是《中国证券监督管理委员会信访工作规则（试行）》（证监发〔2005〕70号）第二十二条，并指出了获取途径。谢某蓉亦不服，诉至北京市第一中级人民法院。北京市第一中级人民法院裁定驳回其起诉，谢某蓉不服提起上诉，北京市高级人民法院裁定驳回上诉，维持一审裁定。

最高人民法院认为，当事人向人民法院提起行政诉讼，应当符合法律规定的起诉条件，且属于《中华人民共和国行政诉讼法》规定的受案范围。人民法院受理行政案件的范围，是由法律设定，而非由行政机关或者行政机关的法律文书设定；行政机关法律文书错误告知当事人可以提起行政诉讼，当事人因此提起诉讼的，人民法院仍应依法审查立案，不符合法律规定条件的裁定不予立案，已经立案的裁定驳回起诉。本案系因谢某蓉向证监会申请政府信息公开，依据行政诉讼和政府信息公开立法，对一个恰当的政府信息公开行为不服的，信息公开申请人可以依法申请复议或者提起行政诉讼。但谢某蓉提起的系一个不成立的政府信息公开申请，其申请内容系要求公开‘证监信复字〔2013〕100095号答复中“不再受理”的法律依据’。对此种请求一、二审法院已经认定系咨询行为而非政

① 案号：最高人民法院（2016）最高法行申2308号。

府信息公开申请行为。证监会针对该咨询事项作出的〔2014〕39号《监管信息告知书》已经对谢某蓉的请求作了回答。此种以政府信息公开答复书的形式进行答复的行为，既未侵犯谢某蓉的人身权、财产权，也未侵犯其知情权，对其权益明显不产生实际影响，不论谢某蓉是否满意，均不属于可诉的行政行为，其亦无权对此申请复议或提起行政诉讼。此类针对法律咨询所作的答复行为如亦纳入行政诉讼受案范围，人民法院必然需要以判决方式回应行政机关就法律咨询事项的答复行为是否合法、正确、全面，此显然有悖于司法机关裁断纠纷的职能和国家设立司法机关的目的。因为司法机关仅能对已经存在的具体纠纷进行裁断，而不能在没有现实纠纷的前提下，对行政机关依据何法律规范进行监督管理问题予以审查。因此，针对行政机关根据当事人就法律问题咨询所作出的答复，不论该种答复是否合法、正确和全面，均不属人民法院司法审查的范围。

综上，裁定驳回再审申请人谢某蓉的再审申请。

陈某明与某省某市某区人民政府政府信息公开案①

再审申请人（一审原告、二审上诉人）：陈某明

再审被申请人（一审被告、二审被上诉人）：某省某市某区人民政府（以下简称某区政府）

原审法院查明，陈某明于2015年7月22日通过EMS向某区政府办公室邮寄了6份政府信息公开申请表，分别要求书面公开陈某明房屋所在区域进行征收的以下政府信息：（1）房屋征收决定（含征收红线图），以及作出该征收决定所依据的全部申报材料；（2）建设活动符合国民经济和社会发展规划、土地利用总体规划、

① 案号：最高人民法院（2017）最高法行申6861号。

城乡规划和专项规划的证明材料；(3) 征收补偿方案，以及对该方案进行论证并公布征求公众意见的相关材料；(4) 征收补偿费用足额到位、专户存储、专款专用的证明材料；(5) 征收评估工作的房地产价格评估机构对陈某明房屋价值进行评估的分户评估报告及送达回证；(6) 征收补偿档案，以及对陈某明房屋进行分户补偿情况的公布材料。某区政府信息公开办公室于2015年7月28日作出政府信息公开告知书，告知陈某明申请的相关信息已指定某区住房和城乡规划建设局办理。如需要请与某区住建局联系，落款为“某区政府信息公开办（代章）”，并加盖“某区人民政府办公室”印章。2015年8月11日，某区住建局向陈某明作出政府信息公开延期答复告知书。某区住建局以自己的名义于2015年10月12日对陈某明要求公开的信息进行回复。陈某明不服，向某市人民政府申请复议，请求确认某区政府不依法履行政府信息公开的行为违法，并责令其限期公开相关信息。某市政府经复议，于2016年1月19日作出泸市府复决字（2015）56号行政复议决定，认为陈某明向某区政府申请政府信息公开，某区政府应以自己为答复主体直接答复，某省某市某区政府信息公开办公室作出答复，主体不适格，遂决定责令某区政府自接到复议决定书之日起15日内对申请人（陈某明）提交的政府信息公开申请予以答复。某区政府于2016年2月4日作出《政府信息公开答复》，内容为“陈某明，你要求书面公开太平街宰牛院××号至××号，北城机房院××号房屋征收决定、申报材料、补偿方案、补偿费用发放、分户补偿情况、房屋价值评估及该区域发展规划等信息的申请，我区于2015年7月23日指定主管部门某区住建局办理，该局已于2015年8月11日向你作出了延期答复的告知，并于2015年10月12日对你提交的申请作出了答复。”陈某明认为某市政府责令履行公开职责后，某区政府仍未依法履行政府信息公开的法定职责，遂向某省某市中级人民法院提起诉讼，请求法院判令某区政府限期公开相关信息。

某省某市中级人民法院一审作出（2016）川05行初13号行政裁定驳回陈某明的起诉。

陈某明提起上诉，某省高级人民法院二审作出（2016）川行终994号行政裁定以同一理由维持了一审裁定。

最高人民法院经审查认为，本案争议焦点为陈某明在行政复议机关某市政府作出行政复议决定后，被申请机关某区政府并未实质履行行政复议决定，再次就同一请求提起行政诉讼是否符合行政诉讼受理条件。本案是否符合行政诉讼受理条件主要取决于以下几个方面：

（一）从法律规定来看，当事人就同一个行政行为寻求救济，只能在行政复议与行政诉讼之间择一而行之，而不得同时提出

《中华人民共和国行政诉讼法》第四十四条规定对于行政诉讼和行政复议的选择以当事人自由选择作为原则，法律规定的应当复议前置或者复议终局的情形除外，公民、法人或者其他组织对行政机关作出的行政行为不服的，可以选择向相应行政机关申请行政复议，或者直接向人民法院起诉。这种自由选择的立法模式充分尊重了行政相对人的意愿，但也应遵循“行政复议与行政诉讼，当事人应择一而行之”之原则。这一原则包括如下三个方面的内容：一是不得对同一行政行为同时提起行政复议与行政诉讼；二是不得对已经进入行政诉讼程序的行政行为提起行政复议，亦不得对已经进入行政复议程序的行政行为提起行政诉讼；三是不得对已经有行政诉讼结论的行政行为提起行政复议。本案中，某市政府已经作出责令某区政府进行答复的行政复议决定，某区政府却未就信息有无、是否属公开的范围等实质性内容进行答复，陈某明再次就同一请求提起行政诉讼，不仅违反《中华人民共和国行政诉讼法》第四十四条的规定及立法精神，亦不符合人民法院行政诉讼受理条件。

同时，法律并未规定复议机关改变原行政行为后，当事人还可以就原行政行为提起行政诉讼。对于复议决定改变原行政行为的情形，法律规定可以复议机关作为被告提起行政诉讼，而不得对原行政行为提起行政诉讼。本案中，某市政府认为答复主体不适格，责令某区政府重新进行答复的复议决定事实上已经对某区政府先前的答复予以了否定评价。陈某明如不服该行政复议决定，可以某市政府作为被告就其作出的行政复议决定依法提起行政诉讼，而其绕过行政复议决定，迳直以同一诉请再次提起行政诉讼等同于起诉原行政行为，并无法律依据。

（二）有关法律对于行政机关不履行行政复议决定的救济路径进行了明确规定

《中华人民共和国行政复议法》第三十一条第三款规定，行政复议决定书一经送达，即发生法律效力。作为复议机关的下级机关的被申请人，应当在收到决定书之后履行复议决定。“履行”是指采取措施，实施复议决定的内容。被申请人履行复议机关的复议决定，是该机关的法定职责，且行政机关是上级领导下级，即使被申请人对复议决定有不同意见，亦应按行政复议决定的内容办理，然后再以合适的方式（如报告、请示等）向上级表示不同意见，不可以采取置之不理或者故意违背的态度。为了保证行政复议决定的履行，《中华人民共和国行政复议法》第三十二条规定，被申请人应当履行行政复议决定。被申请人不履行或者无正当理由拖延履行行政复议决定的，行政复议机关或者有关上级行政机关应当责令其限期履行。“不履行”是指明确表示不能执行复议决定或者不予理睬复议决定的内容，仍然按照自己的原来意愿去办理，或者仍然坚持原行政行为；“无正当理由拖延履行”则是指被申请人坚持自己的意见不立即采取措施执行行政复议决定。对无正当理由延缓履行复议决定或者不履行的，行政复议机关或者有关机关可以依照该规定，责令被申请人履行复议决定；如果复议机关或上一级行政机关对被申请人没有采取责令限期履行措施的，申请人也可以依照《中华人民共和国行政诉讼法》和最高人民法院有关执行的司法解释向人民法院申请强制执行。故对于某区政府不履行某市政府行政复议决定的行为，某市政府或者有关上级行政机关应当责令其限期履行，陈某明无须就同一请求另行提起本案行政诉讼，否则容易引起行政诉讼与行政复议在实践中的衔接混乱。

（三）陈某明迳直提起本案行政诉讼亦不符合行政行为效力理论

在行政法学中，行政行为效力和效力内容是两个不同的法律概念。行政行为效力是指行政行为在成立后，若非为无效，依其外形和内容可产生应当影响相对人、原行为机关，以及其他组织与人员的作用力。而行政行为的效力内容，视其行为所依据的法律规范、所针对的行政事项及行为的内容等方面的不同而不尽相同。在德国，行政行为效力以存续力为主，它包括形式存续力（不可争诉性）与实质存续力（不可变更性）；此外，行政行为效力还包括构成要件效力、确认效力和执行力。在日本，行政行为效力内容分为公定力、拘束力、不可争力、不可变更力和执行力。在我国，行政行为效力内容分为确定力、拘束力、公定力和执行力等。根据行政行为的稳定性功能、拘束性或赋权性功能以及实现性功能，行政行为效力内容包括以下三个方面：

一是行政行为的稳定性功能要求行政行为所规制的内容具有稳定性，不得朝令夕改，从而形成行政行为的“确定力”。确定力分为形式确定力和实质确定力。前者又叫不可争力，它是基于体现法治的安定性原则的期限制度而产生的，该效力的实质在于为了保持行政行为的稳定性，在法定救济期限届满后，行政行为具有不可诉请撤销性；而后者指的是行政行为一经作出，作出该行为的行政机关原则上不得随意变更行政行为，强调行政行为的有限“变更禁止”。所以，行政行为的实质确定力又被称为不可变更力。本案中，某市政府作出责令某区政府进行答复的复议决定，在当事人未于法定期限内提起行政诉讼的情况下，具有形式确定力或者不可争力，这种形式确定力或者不可争力决定了某区政府未依法进行答复，构成实质上的不履行行政复议决定，应当属于生效法律文书是否得到执行的问题，陈某明不宜再次就同一请求提请行政诉讼，否则容易形成相互矛盾的法律文书，损害国家机关的权威及公信力。

二是行政行为的拘束性或赋权性功能要求行政行为所规制的内容约束所有人（尤其是相关组织及人员），要求其必须服从，并以此为依据作出行为，或者以作为或不作为方式让他人行使权利，从而形成行政行为的“既决力”。既决力，类似于法院判决的“既判力”，是指行政行为一经作出或者生效，其具体内容对相关组织及人员产生的法律上的约束效力，相关组织及人员必须遵守和服从。“相关组织及人员”的范围，不仅限于行政行为的相对人与关系人以及作出行政行为的行为机关，还包括原行为机关以外的其他行政机关与法院，甚至包括一般公众。本案中，某市政府作出责令某区政府进行答复的复议决定作为具有既决力的行政行为，不仅拘束行政复议申请人陈某明和复议被申请人某区政府，还拘束人民法院，排除人民法院对本案的管辖权，人民法院受理本案则属于违反“一事不再理”原则。

三是行政行为的实现性功能要求行政行为所规制的内容具有实现性，在该行为无法实施之时，拥有要求得到实现的能力，从而形成行政行为的“实现力”。行政行为所规制的内容要加以实现，必须在相关主体不按照“既决力”进行活动之时，或者对该行政行为不遵守或不承认之时，有关组织及个人具有依据法律以各种方式（甚至包括强制方式）加以实现的效力。本案中，某市政府已经作出责令某区政府进行答复的复议决定，某区政府未依法进行答复，构成实质上的不履行行政复议决定，陈某明有权依据《中华人民共和国行政复议法》第三十二条的规定寻求救济，而无须舍近求远再次就同一请求提起行政诉讼，故其提起本案诉讼亦缺乏诉的利益。

综上，陈某明就同一请求在已选择行政复议进行救济且有复议决定的情况下，再次迳直提起本案行政诉讼，不仅违反了“一事不再理”原则及缺乏诉的利益，亦不符合行政行为效力理论。裁定驳回陈某明的再审申请。

鑫信服装厂与某省某市某区人民政府不履行征收公告职责案①

再审申请人（一审原告、二审上诉人）：鑫信服装厂

再审被申请人（一审被告、二审被上诉人）：某省某市某区人民政府（以下简称某区政府）

市中级人民法院一审查明，2014 年 7 月 14 日，某区政府发布《关于广梅铁路龙湖南至汕头段增建第二线及厦深联络线工程建设有关事项的通告》（安府〔2014〕18 号），该通告的主要内容为：“一、广梅汕铁路龙湖南至汕头段增建第二线及厦深联络线起于我区石镇湖美村，止于安埠镇梅溪村，途经金石、龙湖、东凤、彩塘、安埠等五个镇。征地拆迁范围为：广梅汕铁路龙湖南至汕头段增建第二线及厦深联络线主线路段及站场的征地红线图界内，具体以标示红线或界桩为准。二、征地拆迁范围内所有建（构）筑物及附着物因工程建设需要征用拆迁的，由其所有权人或使用权人（以下简称被拆迁人）与区国土资源部门签订征地拆迁补偿协议，补偿标准按《某省交通基础设施建设征地拆迁补偿实施办法》的规定执行。三、征地拆迁范围内的被拆迁人应在接到拆迁通知书并办理有

① 案号：最高人民法院（2019）最高法行申 3804 号。

关补偿手续后十五日内自行拆迁；逾期拒不拆迁的，由有关部门依法强制拆迁。”2016年9月28日，某市某区龙湖镇人民政府向李某鑫发出《通知书》，该通知的主要内容为：“你户坐落于我镇三英上社村（国测标识码：2－3－40）的房屋及其附着物属拆迁范围。现六方已确认，请你自接到本通知后三日内到镇政府厦深联络线工作协调组办理构筑物拆迁补偿签领手续。另：根据粤府办〔2003〕46号《某省交通基础设施建设征地拆迁补偿实施办法》以及相关法律、法规的规定，限你在办理有关补偿手续后五日内对拆迁范围内的房屋及其附着物予以自行拆迁。逾期不拆迁者，由镇政府组织相关部门依法强制拆除。”2016年12月1日，鑫信服装厂提起行政诉讼，请求判决某区政府限期对厦深铁路联络线工程潮安段范围内实施征收的国有土地上房屋的征收决定及补偿方案予以公告。

某省某市中级人民法院认为，《最高人民法院关于审理政府信息公开行政案件若干问题的规定》第三条规定：“公民、法人或者其他组织认为行政机关不依法履行主动公开政府信息义务，直接向人民法院提起诉讼的，应当告知其先向行政机关申请获取相关政府信息。对行政机关的答复或者逾期不予答复不服的，可以向人民法院提起诉讼。”《国有土地上房屋征收与补偿条例》第十条第二款规定，市、县级人民政府应当组织有关部门对征收补偿方案进行论证并予以公布，征求公众意见。征求意见期限不得少于30日。第二十六条第一款规定，房屋征收部门与被征收人在征收补偿方案确定的签约期限内达不成补偿协议，或者被征收房屋所有权人不明确的，由房屋征收部门报请作出房屋征收决定的市、县级人民政府依照本条例的规定，按照征收补偿方案作出补偿决定，并在房屋征收范围内予以公告。国有土地上房屋征收决定与征收补偿方案属于行政法规规定的政府应主动公开的政府信息，鑫信服装厂认为某区政府不依法履行主动公开厦深铁路联络线工程潮安段范围内实施征收的国有土地上房屋的征收决定及补偿方案的政府信息义务，应当先向某区政府提出信息公开申请，对某区政府的答复或者逾期不予答复行为不服的，可以向人民法院提起行政诉讼。但鑫信服装厂未能提供证据证明其在提起本案行政诉讼之前已向某区政府提出上述信息公开的申请，因此，鑫信服装厂的起诉不符合法定的起诉条件，裁定驳回鑫信服装厂的起诉。鑫信服装厂不服一审裁定，提起上诉。

某省高级人民法院（2017）粤行终1444号行政裁定驳回上诉、维持一审裁定。

另查明，2017年2月15日，某区政府尚未与鑫信服装厂达成征收补偿协议，即对鑫信服装厂的房屋实施拆除。2017年6月15日，鑫信服装厂提起行政诉讼，请求确认某区政府强制拆除该厂房屋的行政行为违法。2018年1月4日，某市中级人民法院作出（2017）粤51行初10号行政判决，确认某区政府拆除行为违法。某区政府不服提起上诉，某省高级人民法院于2018年11月28日作出（2018）粤行终918号行政判决，驳回某区政府的上诉，维持一审判决。目前，鑫信服装厂正处于申请国家赔偿程序中。

最高人民法院经审查认为，本案系不履行征收公告法定职责案件。《国有土地上房屋征收与补偿条例》第十三条第一款规定，市、县级人民政府作出房屋征收决定后应当及时公告，公告应当载明征收补偿方案和行政复议、行政诉讼权利等事项。《中华人民共和国行政诉讼法》第三十八条第一款第一项规定，在起诉被告不履行法定职责的案件中，原告应当提供其向被告提出申请的证据，但被告应当依职权主动履行法定职责的除外。根据上述规定，市、县级人民政府在国有土地上房屋征收过程中，具有依法主动公告征收决定及补偿方案的法定职责。被征收人就市、县级人民政府不履行征收公告法定职责提起诉讼，无须承担其已向市、县级人民政府提出履行法定职责申请的证明责任。本案中，因交通建设公共利益需要，某区政府在厦深铁路联络线工程潮安段范围内实施征收工作，本应依法作出征收决定、征收补偿方案并进行公告。某区政府未主动将征收决定及征收补偿方案进行公告，即组织实施了对案涉国有的土地征收、拆除等行为，缺乏法律依据。鑫信服装厂所属房屋系国有土地上房屋，位于征收红线范围内，某区政府未依法公告征收决定及征收补偿方案的行为，对其权利产生实质影响，鑫信服装厂提起行政诉讼，符合法定起诉条件。一审认为该案系政府信息公开诉讼，二审则认为鑫信服装厂没有提供证据证明其向政府申请履行法定职责，裁定驳回鑫信服装厂的起诉，均属于适用法律错误，本院予以纠正。

需要指出的是，根据《中华人民共和国国家赔偿法》第四条第三项的规定，行政机关违法征收、征用财产，侵犯财产权的，受害人有取得赔偿的权利。本案中，某区政府在未依法作出征收决定及补偿决定的情形下，将鑫信服装厂的案涉房屋予以拆除，侵犯了鑫信服装厂的房屋产权。鉴于某区政府强拆行为现已被生效判决确认违法，某区政府对鑫信服装厂所负的补偿责任亦随之转变为赔偿责任。经过本院询问，鑫信服装厂述称其已经依法提起国家赔偿请求。鉴于某区政府的征收行为业已实施，鑫信服装厂亦正处于申请国家赔偿程序中，其诉某区政府未履行征收公告法定职责已不再具有诉的利益，鑫信服装厂的合法权益完全可以通过国家赔偿程序获得救济。本案即使指令原审法院进入审理程序，对鑫信服装厂的实际权利也不会产生任何影响，徒增各方当事人诉累，消耗司法资源，无助于行政争议的实质性化解，故本院不对本案提起再审。

综上，裁定驳回鑫信服装厂的再审申请。

韩某春与某街道办事处撤销政府信息不存在告知书案[①]

再审申请人（一审原告、二审上诉人）：韩某春

再审被申请人（一审被告、二审被上诉人）：某街道办事处

再审申请人韩某春因诉某街道办事处撤销政府信息不存在告知书一案，不服辽宁省高级人民法院（2018）辽行终330号行政裁定，向最高人民法院申请再审。

最高人民法院认为，本案的争议焦点是韩某春是否具有本案原告主体资格。《中华人民共和国行政诉讼法》第二十五条第一款规定，行政行为的相对人以及其他与行政行为有利害关系的公民、法人或者其他组织，有权提起诉讼。人民法院审查原告主体资格时，应当审查起诉人是否与被诉行政行为有利害关系。《最高人民法院关于审理政府信息公开行政案件若干问题的规定》第一条第一款规定，公民、法人或者其他组织认为下列政府信息公开工作中的具体行政行为侵犯其合法权益，依法提起行政诉讼的，人民法院应当受理：（一）向行政机关申请获取政府信息，行政机关拒绝提供或者逾期不予答复的；（二）认为行政机关提供的政府信息不符合其在申请中要求的内容或者法律、法规规定的适当形式的；（三）认为行政机关主动公开或者依他人申请公开政府信息侵犯其商业秘密、个人隐私的；（四）认为行政机关提供的与其自身相关的政府信息记录不准确，要求该行政机关予以更正，该行政机关拒绝更正、逾期不予答复或者不予转送有权机关处理的；（五）认为行政机关在政府信息公开工作中的其他具体行政行为侵犯其合法权益的。在政府信息公开案件中，申请获取政府信息，是政府信息公开条例赋予公民、法人或者其他组织的权利。行政机关针对申请作出不予公开

---

① 案号：最高人民法院（2019）最高法行申1701号。

决定、部分公开决定或者逾期未作出任何决定，均影响了申请人信息获取权的行使或实现。而针对“利害关系”的审查系针对政府信息公开行为，并非政府信息公开行为的标的（政府信息的内容）。本案中，韩某春申请公开海域使用权征收的相关信息，某街道办事处于2017年4月19日作出告知书。人民法院审查原告主体资格时，应当审查韩某春与某街道办事处作出的告知书是否有利害关系，而非韩某春与告知书中的具体内容是否有利害关系。韩某春系告知书的相对人，与被诉行政行为有利害关系，其对告知书不服有权提起行政诉讼，具有原告主体资格。一审法院认为韩某春不具有原告主体资格，裁定驳回起诉，二审予以维持，确有不当。

综上，韩某春的再审申请符合《中华人民共和国行政诉讼法》第九十一条规定的情形。依照《中华人民共和国行政诉讼法》第九十二条第二款之规定，裁定指令辽宁省高级人民法院再审本案。

邱某权与工业和信息化部行政复议案①

原告：邱某权

被告：工业和信息化部

2014年4月，原告向被告申请公开“1. 查阅和复制工信部无（2009）11号《关于1900－1920MHz频段无线接入系统相关事宜的通知》的原件；2. 查阅和复制关于工信部无（2009）11号《关于1900－1920MHz频段无线接入系统相关事宜的通知》执行后，依据《中华人民共和国行政许可法》第八条给予“小灵通”业户的补偿方案；3. 查阅和复制工信部无（2009）11号《关于1900－1920MHz频段无线接入系统相关事宜的通知》文件的执行检查情况和对违反这两个文件电信企业的处罚卷宗原件”。

---

① 案号：北京市第一中级人民法院（2015）一中行初字第1543号。

2014年9月5日，被告作出工信公开（2014）117号政府信息公开申请答复告知书，内容如下：“申请人邱某权：根据《中华人民共和国政府信息公开条例》和工业和信息化部《行政复议决定书》（工信复决字（2014）第31号），现答复如下：

1. 同意申请人查阅和复制《关于1900－1920MHz频段无线接入系统相关事宜的通知》（工信部无（2009）11号）的申请。

2. 关于申请人要求‘查阅和复制给予小灵通业务的补偿方案’，我部未制作、收集和保存相关信息，建议申请人向相关企业咨询。

3. 关于申请人要求查阅和复制11号文执行检查情况和对违反两个文件电信企业的处罚卷宗的申请，因1900－1920MHz频段的频率许可和频率管理由省级无线电管理机构负责，我部并无相关检查情况的资料和行政处罚的案卷，建议申请人向相关省级无线电管理机构咨询。”

原告收到第117号告知书后，针对第117号告知书第2项、第3项向被告申请行政复议，被告于2014年11月21日收到行政复议申请书，截至原告向本院提起行政诉讼前，被告没有作出行政复议决定。原告于2015年1月20日向本院提起行政诉讼。

另查，2015年8月5日，被告在本院开庭审理本案前向原告送达了第91号行政复议决定书，被告维持了被诉第117号告知书第2项、第3项。

人民法院认为，《中华人民共和国行政复议法》第三十一条规定：“行政复议机关应当自受理申请之日起六十日内作出行政复议决定；但是法律规定的行政复议期限少于六十日的除外。情况复杂，不能在规定期限内作出行政复议决定的，经行政复议机关的负责人批准，可以适当延长，并告知申请人和被申请人；但是延长期限最多不超过三十日……行政复议决定书一经送达，即发生法律效力。”《中华人民共和国行政诉讼法》第七十四条第一款规定：“行政行为有下列情形之一的，人民法院判决确认违法，但不撤销行政行为……（二）行政行为程序轻微违法，但对原告权利不产生实际影响的。”

根据上述规定，被告作出行政复议决定行为是其作为行政主体意志的外部化、客观化，应当包括行政主体制作处理决定书和向相对人送达或公示决定书。本案中，被告于 2014 年 11 月 21 日收到原告提交的行政复议申请书，被告迟至 2015 年 8 月 5 日在本院开庭审理本案前才向原告送达了行政复议决定书，被告的行为超过了法定期限，依法应当确认其行为违法。被告关于其已经在法定期限内按照原告预留的地址邮寄行政复议决定书但被退回的诉讼主张，因不符合《中华人民共和国行政复议法》的上述规定和该法关于送达的规定，故本院不予支持。

综上，判决确认被告工业和信息化部于 2015 年 1 月 9 日作出的工信复决字（2014）第 91 号行政复议决定违法。

范某良与某省环境保护厅政府信息公开案①

上诉人（一审原告）：范某良

被上诉人（一审被告）：某省环境保护厅（以下简称某省环保厅）

范某良于 2014 年 7 月 21 日向某省环保厅提出政府信息公开申请，申请公开（2014）宁行初字第 60 号范某良诉某省环保厅政府信息公开案审理过程中，某省环保厅答辩书中所陈述的“去年以来，范某良除向我厅申请大量信息外，还向环保部申请各类信息 400 多件，向南通市政府申请信息近百件”“恶意申请”“恶意诉讼”“国家信息公开的初衷”“某种利益”“申请信息和提起诉讼的

① 案号：江苏省高级人民法院（2015）苏环行终字第 00001 号。

行为属于恶意申请、恶意诉讼，一定程度上已经背离了国家信息公开的初衷，滥用权力或实现某种利益的手段”的具体含义以及所根据的事实和法律依据。某省环保厅于2014年7月23日收到范某良政府信息公开申请书，于2014年8月7日出具《告知书》，告知范某良所描述的信息不属于《中华人民共和国政府信息公开条例》所指应公开的政府信息，并于2014年8月11日送达该《告知书》。

一审法院判决驳回范某良的诉讼请求。

某省高级人民法院认为，本案的争议焦点是上诉人范某良向某省环保厅申请公开的信息是否属于政府信息。政府信息公开条例第二条规定，本条例所称政府信息，是指行政机关在履行行政管理职能过程中制作或者获取的，以一定形式记录、保存的信息。某省环保厅的法定职责是环境行政管理，其在履行环境行政管理职责过程中所制作或者获取的信息属于政府信息。提交答辩状是某省环保厅作为行政案件被告，依据《中华人民共和国行政诉讼法》的规定，为证明被诉的行政行为合法而行使的诉讼权利。答辩状内容是否具备事实和法律依据，应当由人民法院在行政案件审理过程中，依照行政诉讼法的规定进行审查。某省环保厅提交答辩状的行为与履行环境行政管理职责无关。范某良申请公开的事项不属于政府信息公开条例所规定的政府信息。某省环保厅认定范某良所申请公开的信息不属于政府信息正确。判决驳回上诉，维持原判。

◆ 工作实务

佛山市人民政府办公室关于在政府信息依申请公开答复中明确救济渠道的通知

各区人民政府，市政府各部门、直属各机构：

根据《国务院办公厅关于印发2017年政务公开工作要点的通

知》（国办发〔2017〕24 号）、《广东省人民政府办公厅印发广东省贯彻落实国务院办公厅 2017 年政务公开工作要点分工方案的通知》（粤办函〔2017〕259 号）及《佛山市人民政府办公室关于印发佛山市贯彻落实广东省人民政府办公厅 2017 年政务公开工作要点分工方案的通知》（佛府办函〔2017〕348 号）要求，各区各部门要进一步规范依申请公开答复工作，明示救济渠道。经研究，现对有关工作规范如下：

一、各单位在答复最后应明确救济渠道。

（一）以市人民政府名义作出的答复应在最后加上“如不服本答复，可以自收到本答复之日起 60 日内向广东省人民政府申请行政复议，或者自收到本答复之日起 6 个月内直接向佛山市中级人民法院提起行政诉讼”。

（二）各区人民政府作出的答复应在最后加上“如不服本答复，可以自收到本答复之日起 60 日内向佛山市人民政府行政复议委员会申请行政复议，或者自收到本答复之日起 6 个月内直接向佛山市中级人民法院提起行政诉讼”。

（三）市直部门作出的答复应在最后加上“如不服本答复，可以自收到本答复之日起 60 日内向佛山市人民政府行政复议委员会或广东省某某局（厅、委等）（注：被申请人的上一级主管部门）申请行政复议，或者自收到本答复之日起 6 个月内直接向佛山市顺德区人民法院提起行政诉讼”。

二、对于补正告知书、征询意见书等过程性文书无需明示救济渠道。

第五十二条　【处分规定】行政机关违反本条例的规定，未建立健全政府信息公开有关制度、机制的，

由上一级行政机关责令改正；情节严重的，对负有责任的领导人员和直接责任人员依法给予处分。

◆ 解读

本条是关于行政机关未建立健全政府信息公开有关制度、机制应当承担的法律责任的规定。

建立健全政府信息公开有关制度、机制建设是政府信息公开工作的一个重要方面。本条就是对行政机关违反规定应当承担行政责任的规定。

主要包括下列四个方面的含义：（1）本条例规定的承担法律责任的主体，是行政机关，负有责任的领导人员和直接责任人员。（2）本条规定的违法行为，是未建立健全政府信息公开有关制度、机制的行为。（3）本条规定的法律责任包括责令改正和处分。责令改正。严格地说责令改正不是一种制裁，而是对违法行为后果及其本身的一种纠正，目的是强制实现行政机关的法定义务。处分。《中华人民共和国公务员法》《行政机关公务员处分条例》规定处分是一种对行政机关公务员的惩戒措施，属于纪律责任范畴。行政机关公务员处分分为警告、记过、记大过、降级、撤职、开除六类。本条规定处分行政机关主要负责人的前提是“情节严重”，是指长时间不建立机制，经责令仍不改正，或者造成严重的后果等情形。（4）本条例规定的追究行政责任的主体，是上一级行政机关。

◆ 案例

张某田与某省某市人民政府行政复议案①

再审申请人（一审原告、二审上诉人）：张某田

再审被申请人（一审被告、二审被上诉人）：某省某市人民政府（以下简称某市政府）

再审申请人张某田因诉某市政府行政复议一案，不服某省高级人民法院（2019）皖行终86号行政判决，向本院申请再审。

张某田申请再审称：张某田向新站高新技术产业开发区建设发展局（以下简称新站区建发局）申请政府信息公开，但该局拒绝向张某田作出答复。张某田不服，向合肥新站高新技术产业开发区管理委员会（以下简称新站区管委会）申请履行法定职责，要求其督促新站区建发局公开政府信息。因新站区管委会不履行法定职责，张某田向某市政府申请行政复议，某市政府认为该申请不属于行政复议受案范围，作出不予受理决定。某市政府不予受理决定错误，一、二审判决适用法律错误。请求：撤销一、二审判决，改判支持张某田的诉讼请求。

本院经审查认为，根据《中华人民共和国行政复议法实施条例》第二十八条第五项的规定，提起行政复议的申请事项应当属于行政复议法规定的行政复议范围。本案中，张某田向新站区建发局申请政府信息公开，该局作出政府信息公开答复。张某田不服，向新站区管委会提出履行法定职责申请，请求其督促新站区建发局履行行政信息公开法定职责。新站区管委会是否履行督促职责，以及如何履行督促职责，属于行政机关内部层级监督问题，并不直接对

---

① 案号：最高人民法院（2019）最高法行申10112号。

张某田的权利义务产生实际影响。张某田以新站区管委会未督促、查处新站区建发局为由申请行政复议，该事项不属于行政复议的受案范围。某市政府决定不予受理其复议申请，并无不当。一审法院判决驳回张某田的诉讼请求，二审法院予以维持，亦无不当。

综上，张某田的再审申请不符合《中华人民共和国行政诉讼法》第九十一条规定的情形。依照《最高人民法院关于适用〈中华人民共和国行政诉讼法〉的解释》第一百一十六条第二款之规定，裁定驳回张某田的再审申请。

第五十三条　【法律责任】行政机关违反本条例的规定，有下列情形之一的，由上一级行政机关责令改正；情节严重的，对负有责任的领导人员和直接责任人员依法给予处分；构成犯罪的，依法追究刑事责任：

（一）不依法履行政府信息公开职能；

（二）不及时更新公开的政府信息内容、政府信息公开指南和政府信息公开目录；

（三）违反本条例规定的其他情形。

◆ **解读**

本条是关于行政机关违反本条例应当承担的法律责任的规定。

1. 本条例规定的法律责任。法律责任是法律规范的重要构成部分。它是指行为人对其违法行为所应承担的不利的法律后果。任何法律规范不仅要明确规定法律主体的权利和义务，而且要明确规定因违反义务或者侵犯权利而应当承担的责任。法律责任以法律制裁为必然后果。通过法律制裁对人们起到教育和警示作用从而达到预防和制止违法行为之目的。法律责任的主要形式有行政责任、民事责任和刑事责任。

2. 本条规定的违法行为主体。本条规定的违法行为主体是指行政机关实施了本条规定的违法行为，应当承担相应的法律责任。

3. 本条规定的违法行为。依照本条规定行政机关在实施政府信息公开行为时的违法行为主要有以下三种：一是不依法履行政府信息公开职能。行政机关是政府信息的主要拥有者，也是政府信息公开义务的主要承担者。对不履行这一职能的应当追究其法律责任。二是不及时更新公开的政府信息内容、政府信息公开指南和政府信息公开目录的。一些政府信息会在行政管理过程中发生改变，如行政法规、政府规章以及规范性文件根据实际情况进行修改、废止政府政策、规划的调整等，政府信息公开工作机构应当对改变了的政府信息及时更新，保证所发布的政府信息准确。三是兜底条款。考虑到采取列举式方式设置的法律责任，难以覆盖所有违法行为，为此本条第三项通过设置兜底条款，以避免出现挂一漏万的问题。

与旧条例相比，删除了违反规定收取费用以及通过其他组织、个人以有偿服务方式提供政府信息的，公开不应当公开的政府信息的，因为条例实施十余年来并不存在这三种行为。

4. 本条规定的追究法律责任的主体。行政机关出现本条规定的违法行为，情节不严重的由上一级行政机关责令改正。对于情节严重的，应当依照《中华人民共和国监察法》《中华人民共和国公务员法》《行政机关公务员处分条例》等法律、行政法规的规定，根据各自职责权限对负有责任的领导人员和直接责任人员给予处分。处分分为警告、记过、记大过、降级、撤职、开除六类。对于构成犯罪的，应当及时移交给有关司法机关，由司法机关依照《中华人民共和国刑法》《中华人民共和国刑事诉讼法》等有关法律规定，追究相应的刑事责任。

◆ 案例

王某华与某市某区人民政府政府信息公开案[①]

再审申请人（一审原告、二审上诉人）：王某华

再审被申请人（一审被告、二审被上诉人）：某市某区人民政府（以下简称某区政府）

最高人民法院认为，根据《中华人民共和国政府信息公开条例》的规定，依申请公开的义务主体，仅具有在根据申请查找、检索相关政府信息后，依法提供其已经制作或者保存的可以公开的政府信息的义务，并不具有另行制作政府信息再予以公开的义务。国办发〔2010〕5号《国务院办公厅关于做好政府信息依申请公开工作的意见》第二条第三款也规定："行政机关向申请人提供的政府信息，应当是现有的，一般不需要行政机关汇总、加工或重新制作（作区分处理的除外）。依据《条例》精神，行政机关一般不承担为申请人汇总、加工或重新制作政府信息，以及向其他行政机关和公民、法人或者其他组织搜集信息的义务。"也即行政机关未制作、未获取、未保存相关信息以及保管不善造成信息灭失是否合法问题，不属于政府信息公开行政案件的审查范围。

在现行立法未对"政府信息不存在"的内涵和外延作出明确界定的情况下，除明确答复政府信息不存在外，行政机关答复"未制作""未获取""未保存""未找到"相应的政府信息，均可视为属于"政府信息不存在"范畴。行政机关在尽到合理的查找和检索义务后，将相应查找和检索情况告知申请人，并就应当制作、获取、保存但未制作、未获取、未保存等情况作出合理说

---

① 案号：最高人民法院（2017）最高法行申9250号。

明的，即应视为履行了政府信息公开义务。原告起诉行政机关“政府信息不存在”答复违法的，应当提供该政府信息系由被告制作或者保存的相关线索；并可以依据《最高人民法院关于审理政府信息公开行政案件若干问题的规定》第五条第五款规定，申请人民法院调取证据。

需要说明的是，条例为保障申请人的知情权，促进行政机关依法履行政府信息公开义务，对行政机关履行政府信息公开法定职责，不仅规定了司法审查程序，而且规定了行政机关内部监督程序和行政监察程序。因此，并非所有政府信息公开纠纷均需通过行政诉讼渠道解决。鉴于司法审查强度的有限性和人民法院依职权调取证据的局限性，行政机关内部监督程序和行政监察程序在解决政府信息不存在引发的纠纷方面有其自身优势。行政机关未尽合理检索查找义务，或者故意隐瞒政府信息，构成不依法履行政府信息公开义务的，信息公开申请人可依据条例第五十一条的规定，向上级行政机关或者政府信息公开工作主管部门的投诉、举报。收到举报的机关应当予以调查处理。依据条例第五十三条之规定，行政机关违反本条例的规定，有下列情形之一的，由上一级行政机关责令改正；情节严重的，对负有责任的领导人员和直接责任人员依法给予处分；构成犯罪的，依法追究刑事责任：（一）不依法履行政府信息公开职能；（二）不及时更新公开的政府信息内容、政府信息公开指南和政府信息公开目录；（三）违反本条例规定的其他情形。

本案中，王某华申请公开的政府信息为“1994 年 1 月至 1996 年 2 月末贵府与王某华谈话时制作的谈话笔录”，某区政府经检索后未找到其申请公开的政府信息，属于条例规定的政府信息“不存在”情形，某区政府答复王某华其申请公开的信息未保存故无法提供，并不违反条例的规定。王某华认为某区政府应当作出其是否制作该信息的答复而非未保存该信息的答复，属于对条例的错误理解。某区政府在庭审中陈述其曾经制作过责令王某华限期拆迁的决定，但未查找到限期拆迁的案卷材料，未能发现申请公开的政府信息；且不排除曾经制作过该信息但因制作、保管、移交等方面出现疏漏导致案涉信息丢失或灭失的情形，因而只能答复未保存该政府信息。对某区政府档案管理方面存在的问题，二审判决也对某区政府进一步加强档案管理提出了要求。一、二审法院分别判决驳回王某华的诉讼请求和上诉，符合法律规定。综上，裁定驳回再审申请人王某华的再审申请。

第六章 附 则

第五十四条 【具有管理公共事务职能的组织适用本条例】法律、法规授权的具有管理公共事务职能的组织公开政府信息的活动，适用本条例。

◆ **解读**

本条是关于法律、法规授权的具有管理公共事务职能的组织，公开政府信息的行为规范的规定。

从性质上而言，具有管理公共事务职能的组织通常不属于行政机关，一般是事业单位，一般也不能作为行政主体管理社会公共事务。

本条例规定法律、法规授权的具有管理公共事务职能的组织公开政府信息的活动也要适用本条例。

法律、法规授权的具有管理公共事务职能的组织，虽然在性质上属于事业单位，但是由于它们在法律、法规的授权下，对外能够行使相应的管理职能，并以自己的名义承担相应的职责，对于它们在管理公共事务过程中所制作或者获取的有关信息的公开也应当使用本条例。

能否成为政府信息公开的主体必须同时符合两个条件：（1）行政机关或者法律、法规授权的具有管理公共事务职能的组织；（2）信息的制作者或者保存者。

对于条件（1）而言，行政机关与行政机构的区别主要体现在，行政机关是按照宪法和有关组织法的规定而设立，代表国家依法行使行政权、组织和管理国家行政事务的国家机关，具有独立的行政主体资格，对外可以以自己的名义进行行政活动、作出行政行为。行政机构是行政机关的组成部分，一般对外表现为内设机构、派出机构、办事机构等形式。行政机构只有在获得法律、法规和规章授权的情况下，才能具备行政主体资格，否则只能以其所代表的行政机关名义作出行政行为。对于条件（2）而言，政府信息公开的对象是政府信息，而政府信息是行政机关或者法律、法规授权的具有管理公共事务职能的组织在履行职责过程中制作或者获取的，以一定形式记录、保存的信息。

◆ 案例

大正公司与某市某区人民政府不履行政府信息公开职责案[①]

再审申请人（一审原告、二审上诉人）：大正公司

再审被申请人（一审被告、二审被上诉人）：某市雁塔区人民政府（以下简称某区政府）

大正公司向西安铁路运输中级法院起诉称，2015年11月2日，其以邮寄的方式向某区政府的派出机构某市某区鱼化工业园管理委员会（以下简称鱼化管委会）提交了《政府信息公开申请书》，要求鱼化管委会以纸质文本的形式公开有关某市某区鱼化工业园一期开发用地的房屋拆迁批准文件、房屋拆迁公告、房屋拆迁安置方案、房屋拆迁补偿标准等信息。但鱼化管委会拒收并将该邮件退回大正公司，对此并未作出任何解释或答复。大正公司不服，提起行

① 案号：最高人民法院（2018）最高法行再61号。

政诉讼。

法院查明，2015年11月2日，大正公司分别向某区政府和鱼化管委会邮寄了《政府信息公开申请书》，请求公开有关鱼化工业园一期开发用地涉及房屋拆迁的政府信息。2015年11月4日，邮局以“拒收退回”为由将寄往鱼化管委会的快递退回大正公司。2015年12月9日，某区政府向大正公司邮寄送达了〔2015〕第39号《某市某区政府信息公开申请告知书》，告知大正公司鱼化工业园一期开发用地的房屋拆迁安置方案为《某市某区鱼化工业园管理委员会关于印发〈园区市政道路建设用地征地拆迁补偿工作计划〉和〈园区道路建设征地拆迁补偿工作实施方案〉的通知》，大正公司可向鱼化管委会申请公开。

法院认为，依据《中华人民共和国政府信息公开条例》第二条、第十七条的规定，政府信息的公开主体应当是该政府信息的制作者或保存者。本案中，鱼化管委会承担着鱼化工业园区开发建设的具体工作，是涉案政府信息的实际制作者和保存者，且鱼化管委会具有事业法人资格。因此，鱼化管委会在法规的授权下具有以自己名义公开相关政府信息的权限和职责，应为本案适格的被告。大正公司将某区政府列为被告有误。经法院释明，大正公司拒绝变更被告，故对其起诉应予驳回。据此，一审西安铁路运输中级法院作出（2016）陕行71初97号行政裁定驳回大正公司的起诉，二审陕西省高级人民法院作出（2016）陕行终318号行政裁定驳回大正公司的上诉，维持一审裁定。

最高人民法院认为，结合原审裁定和大正公司的再审事由，本案争议的焦点问题有两项：一是本案信息公开的主体如何确定；二是本案适格被告如何确定。

关于信息公开主体的问题。《中华人民共和国政府信息公开条例》（2019 修订）第五十四条规定："法律、法规授权的具有管理公共事务职能的组织公开政府信息的活动，适用本条例。"依照上述规定，能否成为政府信息公开的主体必须同时符合两个条件：（1）行政机关或者法律、法规授权的具有管理公共事务职能的组织；（2）信息的制作者或者保存者。对于条件（1）而言，行政机关与行政机构的区别主要体现在，行政机关是按照宪法和有关组织法的规定而设立，代表国家依法行使行政权、组织和管理国家行政事务的国家机关，具有独立的行政主体资格，对外可以以自己的名义进行行政活动、作出行政行为。行政机构是行政机关的组成部分，一般对外表现为内设机构、派出机构、办事机构等形式。行政机构只有在获得法律、法规和规章授权的情况下，才能具备行政主体资格，否则只能以其所代表的行政机关名义作出行政行为。本案中，鱼化管委会根据《中共某市某区委、某市某区人民政府关于印发〈某市某区政府机构改革实施方案〉的通知》（雁发〔2010〕2 号）文件成立，《某市某区鱼化工业园管理委员会职能配置内设机构和人员编制规定》又对鱼化管委会的职责作出明确规定："某市某区鱼化工业管理委员会是承担鱼化工业园区开发建设的区政府派出机构"，"代表区政府在工业园区规划区域内实行封闭式管理，即实行统一领导，统一开发，统一管理"。由上述可知，鱼化管委会是某区政府的派出机构，代表某区政府在鱼化工业园内行使公共事务的管理权。鱼化管委会不是行政机关，也不是法律、法规授权的具有管理公共事务职能的组织，故鱼化管委会不符合该条件。对于条件（2）而言，政府信息公开的对象是政府信息，而政府信息是行政机关或者法律、法规授权的具有管理公共事务职能的组织在履行职责过程中制作或者获取的，以一定形式记录、保存的信息。大正公司申请公开的政府信息涉及多个部门，但和某区政府和鱼化管委会有关的《某市某区鱼化工业园管理委员会关于印发〈园区市政道路建设用地征地拆迁补偿工作计划〉和〈园区道路建设征地拆迁补偿工作实施方案〉的通知》由鱼化管委会制作并保存。故鱼化管委会符合该条件。综上所述，虽然涉案信息是鱼化管委会在履行职责过程中制作和保存，但鱼化管委会不是行政机关，也不是法律、法规授权的具有管理公共事务职能的组织，故鱼化管委会不是《中华人民共和国政府信息公开条例》规定的信息公开的主体，本案信息公开的主体应是鱼化管委会在履行职责过程中代表的某区政府。

关于本案适格被告的问题。大正公司申请公开鱼化工业园一期开发用地涉及房屋拆迁的政府信息，属于鱼化管委会制作并保存的政府信息，因鱼化管委会不是信息公开的主体，亦不具有行政诉讼主体资格，故大正公司起诉某区政府要求履行政府信息公开法定职责，应以鱼化管委会在履行职责过程中所代表的某区政府为被告。某区政府作为政府信息公开的主体，在收到大正公司的政府信息公开申请后，应根据《中华人民共和国政府信息公开条例》的规定作出答复，但某区政府在告知书中告知大正公司“申请人可向鱼化管委会申请公开”，即某区政府在未依法作出答复的情况下，将本应由其依法处理的政府信息公开申请，因鱼化管委会是政府信息制作者和保存者，又将处理该政府信息公开申请的职责转交给鱼化管委会。鱼化管委会因是政府信息的实际制作者和保存者，为了方便当事人查询，可以直接对当事人申请的政府信息进行公开。但在鱼化管委会拒收大正公司政府信息公开申请的情况下，并不能因鱼化管委会是政府信息的制作者和保存者而承担依法处理政府信息公开申请的职责。因此，某区政府并未对大正公司的政府信息公开申请依法作出答复，某区政府作出的向其派出机构鱼化管委会申请政府信息公开的告知不能视为履行了法定职责。大正公司对此不服提起行政诉讼，应以某区政府为被告。

综上，一审法院认为鱼化管委会是在法规授权下具有公开政府信息的职责，没有法律依据；二审法院认为某区政府的告知行为属于履行了信息公开法定职责的行为，并以鱼化管委会具有事业法人资格为由认定其属于政府信息公开的主体，存在适用法律和认识错误。一、二审法院以某区政府被告不适格为由，裁定驳回大正公司的起诉及上诉不当，依法应予撤销。西安铁路运输中级法院应就大正公司信息公开申请的内容是否应予公开进行审理。裁定指令西安铁路运输中级法院继续审理。

第五十五条　【公共企事业单位不适用本条例】 教育、卫生健康、供水、供电、供气、供热、环境保护、公共交通等与人民群众利益密切相关的公共企事业单位，公开在提供社会公共服务过程中制作、获取的信息，依照相关法律、法规和国务院有关主管部门或者机构的规定执行。全国政府信息公开工作主管部门根据实际需要可以制定专门的规定。

前款规定的公共企事业单位未依照相关法律、法规和国务院有关主管部门或者机构的规定公开在提供社会公共服务过程中制作、获取的信息，公民、法人或者其他组织可以向有关主管部门或者机构申诉，接受申诉的部门或者机构应当及时调查处理并将处理结果告知申诉人。

◆ 解读

就政府信息公开主体而言，新条例主要带来了重要的一点变化，那就是：新条例修改后，公共企事业单位，公开提供社会公共服务过程中制作、获取的信息，依照相关法律、法规和国务院有关主管部门或者机构的规定执行，不再参照政府信息公开条例执行。

2019年4月3日，修订后的《中华人民共和国政府信息公开条例》正式公布，将原条例第三十七条替换为第五十五条，在双重意义上实现了公共企事业单位信息公开的“脱条例化”：一方面，公开规范依据不再是“参照条例执行”，而是“依据相关法律、法规和国务院有关主管部门或者机构的规定执行”，同时授权“全国政府信息公开主管部门可以根据实际需要制定专门的规定”。另一方面，监督救济方式亦不再“参照条例执行”，包括行政复议、诉讼，而是变为“公民、法人和其他组织可以向其主管部门申诉，后者应及时调查处理并告知处理结果”。有此变化，根本原因是在我国政府信息公开的理论与实践中，公共企事业单位信息公开是一个“特殊”的问题。2007年通过的条例曾将信息公开主体分成两类：前36条指向“适用”旧条例的行政主体，包括行政机关和法律、法规授权的具有管理公共事务职能的组织；第三十七条则指向“参照执行”旧条例的非行政主体，即公共企事业单位。我国行政法上，行政主体与非行政主体的核心差异在于仅有前者才受行政诉讼之约束。因此，基于实定法规则，公共企事业单位无法纳入旧条例第三十三条第二款规定的诉讼救济机制，这也正是第三十七条规定参照执行的根本原因。尽管如此，十余年来，实践中早已出现了众多涉及公共企事业单位信息公开的行政诉讼案件。但由于旧条例和相关司法解释并未对哪些组织属于公共企事业单位以及如何参照执行作详细说明，即便是进入诉讼程序后，以公共企事业单位为被告的行政案件仍然体现出“究竟如何参照适用，是个尚不清楚的问题”。为了回避上述规范和实践难题，此轮修法删去了参照执行的规定，并把向主管部门申诉列为相关纠纷的解决机制。

第五十六条　【生效时间】本条例自2019年5月15日起施行。

◆ **解读**

本条是关于本条例施行时间的规定。《中华人民共和国政府信息公开条例》于2007年1月17日国务院第165次常务会议通过，由国务院总理温家宝签署国务院令第492号，于2007年4月5日发布，自2008年5月1日起施行。

2019年4月3日国务院总理李克强签署第711号国务院令，公布修订后的《中华人民共和国政府信息公开条例》自2019年5月15日起施行。

法律法规修正后，整个法律法规的生效日期是原生效日期还是现行修改的日期呢？对此，在法学界有不同认识，为了减少争议，这次修改中直接明确了施行时间。

2007年的条例公布日期与施行日期间隔长达一年，主要是考虑以下三个方面的原因：一是政府信息公开涉及面广，直接关系广大人民群众的知情权、参与权和监督权，应当让全社会有个了解、适应的过程；二是政府信息公开具有较强政策性，也有一定技术性，对行政机关而言，政府信息公开的工作量很大，需要进行个案的分析和权衡；三是考虑到一些地方和部门，在本条例公布前已经制定了关于政府信息公开的地方性法规、部门规章、地方政府规章和规范性文件，其中可能会有冲突或者不一致，需要时间进行清理、修改，从而与本条例保持衔接一致。

新、旧政府信息公开条例适用衔接问题。新、旧法律的适用衔接一直都是司法实践中的难点问题，新、旧条例的适用衔接问题亦不例外。新、旧法律衔接一般原则为行政相对人的行为发生在新法施行以前，行政行为作出在新法施行以后，审查具体行政行为的合法性时，实体问题适用旧法规定，程序问题适用新法规定，即“实体从旧，程序从新”原则，但下列情形除外：（1）法律、法规或规章另有规定的；（2）适用新法对保护行政相对人的合法权益更为有利的；（3）按照行政行为的性质应当适用新法的实体规定的。对照上述规则，对新、旧政府信息公开条例适用衔接如下：（1）2019年5月15日之前收到并作出处理的申请，原则上一律按照旧条例处理；（2）2019年5月15日前收到，5月15日后作出处理的申请，参照适用“实体从旧、程序从新、更有利于保护申请人”的原则，原则上也按旧条例处理，但如果按照新条例更有利于申请人的，可以按照新条例处理；（3）2019年5月15日之后收到的申请，一律按照新条例处理。

历史遗留问题相关信息的公开。条例中没有历史信息这一概念。在实践中，一般是将条例颁布前形成的政府信息统称为历史信息。这里所讲的历史信息，主要是指历史遗留问题相关信息，既包括特殊历史时期形成的相关信息，也包括此后直至当前为解决历史遗留问题而制作的相关信息，如文件、处理结果等。实践中，公开机关在信息公开阶段，对历史信息的答复较为多样，主要有：（1）告知不属于政府信息。理由是这类信息形成于特殊时期，如公开容易引发问题，答复称非信息，有助于从根本上解决问题。（2）告知不受条例调整。理由是特殊历史阶段形成的信息，属于政策调整范畴，而信息公开属于法律范畴，故不受调整。（3）告知已归档，根据条例规定的“法律、法规对政府信息公开的权限另有规定的，从其规定”，告知申请人可依照档案法有关档案利用的规定查阅。(4) 通过定密，以属于国家秘密为由不予公开。

历史遗留问题相关信息在我国属于落政范畴，其实体权益纠纷的处理与保障，均属于政策调整范畴，并不受法律调整。知情权作为一项法律权利，其覆盖范围自然也不应超过法律调整的社会关系范畴。基于该特殊情况，特殊历史信息自然也不受条例调整。问题在于当事人申请公开特殊历史信息的，行政机关应当如何答复。目前行政机关无论是以不属于条例第二条所指政府信息、已归档、国家秘密，还是以不受条例调整为由不予公开，形式上均按照信息公开程序处理，作出信息公开答复，由此引发复议、诉讼，客观上并没有减少复议诉讼。为从源头上解决此类问题，对此类以信息公开为名，实为解决历史遗留问题的申请，均按照信访方式，告知当事人不受条例调整，应按落政办理，当事人不服的，行政复议不予受理。

◆ 规范性文件

国务院办公厅关于施行《中华人民共和国政府信息公开条例》若干问题的意见

（国办发〔2008〕36 号）

各省、自治区、直辖市人民政府，国务院各部委、各直属机构：

为有利于贯彻施行《中华人民共和国政府信息公开条例》（以下简称条例），积极稳妥地推进政府信息公开工作，保障公民、法人和其他组织依法获取政府信息，经国务院同意，现就条例施行中的若干问题提出以下意见：

一、关于政府信息公开管理体制问题

（一）县级以上人民政府各部门（单位）要在本级人民政府信

息公开工作主管部门的统一指导、协调、监督下开展政府信息公开工作。

（二）实行垂直领导的部门（单位）要在其上级业务主管部门（单位）的领导下，在所在地地方人民政府统一指导、协调下开展政府信息公开工作。实行双重领导的部门（单位）要在所在地地方人民政府的领导下开展政府信息公开工作，同时接受上级业务主管部门（单位）的指导。

二、关于建立政府信息发布协调机制问题

（三）各级人民政府信息公开工作主管部门要组织、协调有关行政机关建立健全政府信息发布协调机制，形成畅通高效的信息发布沟通渠道。行政机关拟发布的政府信息涉及其他行政机关的，要与有关行政机关沟通协调，经对方确认后方可发布；沟通协调后不能达成一致意见的，由拟发布该政府信息的行政机关报请本级政府信息公开工作主管部门协调解决。

（四）根据法律、行政法规和国家有关规定，发布农产品质量安全状况、重大传染病疫情、重大动物疫情、重要地理信息数据、统计信息等政府信息，要严格按照规定权限和程序执行。

三、关于发布政府信息的保密审查问题

（五）行政机关在制作政府信息时，要明确该政府信息是否应当公开；对于不能确定是否可以公开的，要报有关业务主管部门（单位）或者同级保密工作部门确定。

（六）行政机关要严格依照《中华人民共和国保守国家秘密法》及其实施办法等相关规定，对拟公开的政府信息进行保密审查。凡属国家秘密或者公开后可能危及国家安全、公共安全、经济安全和社会稳定的政府信息，不得公开。

（七）对主要内容需要公众广泛知晓或参与，但其中部分内容涉及国家秘密的政府信息，应经法定程序解密并删除涉密内容后，予以公开。

（八）已经移交档案馆及档案工作机构的政府信息的管理，依照有关档案管理的法律、行政法规和国家有关规定执行。

四、关于主动公开政府信息问题

（九）各级行政机关特别是国务院各部门（单位）、各省（区、市）人民政府及其部门（单位）要建立健全政府信息主动公开机制，增强工作的主动性和实效性。要充分利用政府网站、政府公报等各种便于公众知晓的方式，及时公开政府信息，并逐步完善政府信息公开目录及网上查询功能，为公众提供优质服务。

（十）因政府机构改革不再保留的部门（单位）的政府信息公开工作，由继续履行其职能的部门（单位）负责。

五、关于依申请公开政府信息问题

（十一）国务院各部门（单位）和地方各级人民政府及其部门（单位）要切实做好依申请公开政府信息的工作。要采取多种方式，方便公民、法人和其他组织申请公开政府信息。特别是设区的市级人民政府及其部门（单位）、县级人民政府及其部门（单位）、乡（镇）人民政府，直接面向基层群众，要充分利用现有的行政服务大厅、行政服务中心等行政服务场所，或者设立专门的接待窗口和场所，为人民群众提供便利，确保政府信息公开申请得到及时、妥善处理。省（区、市）人民政府、国务院各部门（单位）在做好本行政机关依申请公开政府信息工作的同时，要加强对下级政府和部门（单位）的指导。国务院办公厅不直接受理公民、法人和其他组织提出的政府信息公开申请。

（十二）行政机关要按照条例规定的时限及时答复申请公开政府信息的当事人。同时，对于可以公开的政府信息，能够在答复时提供具体内容的，要同时提供；不能同时提供的，要确定并告知申请人提供的期限。在条例正式施行后，如一段时间内出现大量申请公开政府信息的情况，行政机关难以按照条例规定期限答复的，要及时向申请人说明并尽快答复。

（十三）对于同一申请人向同一行政机关就同一内容反复提出公开申请的，行政机关可以不重复答复。

（十四）行政机关对申请人申请公开与本人生产、生活、科研等特殊需要无关的政府信息，可以不予提供；对申请人申请的政府信息，如公开可能危及国家安全、公共安全、经济安全和社会稳定，按规定不予提供，可告知申请人不属于政府信息公开的范围。

六、关于监督保障问题

（十五）国务院各部门（单位）和地方各级人民政府要抓紧制订完善政府信息公开工作考核办法，明确考核的原则、内容、标准、程序和方式。要建立社会评议制度，把政府信息公开工作纳入社会评议政风、行风的范围，并根据评议结果完善制度、改进工作。

（十六）国务院各部门（单位）和地方各级人民政府及其部门（单位）要建立健全分层级受理举报的制度，及时研究解决政府信息公开工作中反映出来的问题。公民、法人或者其他组织认为行政机关不依法履行政府信息公开义务的，可向本级监察机关、政府信息公开工作主管部门举报；对本级监察机关和政府信息公开工作主管部门的处理不满意的，可向上一级业务主管部门、监察机关或者政府信息公开工作主管部门举报。

（十七）国务院各部门（单位）和地方各级人民政府要按照《国务院办公厅关于做好施行〈中华人民共和国政府信息公开条例〉准备工作的通知》（国办发〔2007〕54 号）的要求，落实业务经费，加强队伍建设。

（十八）国务院各部门（单位）和地方各级人民政府可以根据条例的规定，结合本部门（单位）、本地区的实际情况，制定施行条例的具体办法，保证条例的各项规定得到落实。

七、关于公共企事业单位的信息公开工作

（十九）国务院有关主管部门（单位）要按照条例的要求，把公共企事业单位的信息公开纳入本部门（单位）信息公开工作的总体部署，在2008年10月底前制定具体的实施办法，积极推动公共企事业单位的信息公开工作。同时，要加强对各省（区、市）人民政府有关部门的工作指导，把公共企事业单位信息公开工作全面推向深入。

（二十）公共企事业单位要以涉及人民群众切身利益、社会普遍关心的内容为重点，切实做好信息公开工作。要创新公开形式，拓展公开渠道，完善公开制度，全面提高公开工作水平。

◆ 案例

张某与某市某区人民政府政府信息公开案①

再审申请人（一审原告、二审上诉人）：张某

再审被申请人（一审被告、二审被上诉人）：某市某区人民政府（以下简称某区政府）

最高人民法院经审查认为，《最高人民法院关于审理政府信息公开行政案件若干问题的规定》第十二条第一项规定，不属于政府信息、政府信息不存在、依法属于不予公开范围或者依法不属于被告公开的，被告已经履行法定告知或者说明理由义务的，人民法院

① 案号：最高人民法院（2019）最高法行申5540号。

应当判决驳回原告的诉讼请求。也就是说，“以一定形式记录、保存”，是政府信息可以公开的前提。行政机关只提供已经存在的信息，对于不属于政府信息或者政府信息不存在的，行政机关并无为其制作信息进行答复的义务。

本案中，经原审查明，2001 年 4 月 20 日，湖南省长沙市黄兴南路步行商业街工程拆迁指挥部对黄兴南路 233 号张某仙（系再审申请人张某祖母)、张某户作出《限期搬迁腾地通告》，认定该户房屋属历史性违章建筑，按照有关政策不予任何补偿和安置。2017 年 6 月 28 日，张某向某区政府邮寄《政府信息公开申请表》，要求某区政府提供认定该房屋为历史性违章建筑的证据和不予任何补偿安置的政策和法律依据。2017 年 7 月 18 日，某区政府向张某作出告知书答复如下：“长沙市黄兴南路步行商业街工程拆迁指挥部要求你户于 2001 年 4 月 25 日之前自行搬迁腾空房屋交与指挥部拆除。你户在拆迁工作中拒绝提供任何档案，拆迁办工作人员在房地产产权处也未调到关于你户的房屋档案。经多方查证，也无结果，故认定你户房屋属于历史性违章建筑。”张某不服该告知书，提起本案行政诉讼。根据上述事实，涉案房屋被认定为历史性违章建筑的事实，只体现在 2001 年 4 月 20 日由拆迁指挥部作出的《限期搬迁腾地通告》中，某区政府在 2017 年 7 月 18 日作出的告知书中已予以答复，履行了法定告知义务。对于张某申请公开认定该房屋为历史性违章建筑的证据和不予任何补偿安置的政策和法律依据，其实质是对拆迁指挥部强制拆除其房屋的行为不服，一、二审法院认为不属于政府信息，并无不当。张某如认为拆迁指挥部的强拆行为导致其合法权益遭受损失，可依法另循其他途径予以解决。综上，裁定驳回张某的再审申请。

附　录

中华人民共和国政府信息公开条例

（2007 年 4 月 5 日中华人民共和国国务院令第 492 号公布
2019 年 4 月 3 日中华人民共和国国务院令第 711 号修订
自 2019 年 5 月 15 日起施行）

第一章　总　　则

第一条　为了保障公民、法人和其他组织依法获取政府信息，提高政府工作的透明度，建设法治政府，充分发挥政府信息对人民群众生产、生活和经济社会活动的服务作用，制定本条例。

第二条　本条例所称政府信息，是指行政机关在履行行政管理职能过程中制作或者获取的，以一定形式记录、保存的信息。

第三条　各级人民政府应当加强对政府信息公开工作的组织领导。

国务院办公厅是全国政府信息公开工作的主管部门，负责推进、指导、协调、监督全国的政府信息公开工作。

县级以上地方人民政府办公厅（室）是本行政区域的政府信息公开工作主管部门，负责推进、指导、协调、监督本行政区域的政府信息公开工作。

实行垂直领导的部门的办公厅（室）主管本系统的政府信息公开工作。

第四条　各级人民政府及县级以上人民政府部门应当建立健全本行政机关的政府信息公开工作制度，并指定机构（以下统称政府信息公开工作机构）负责本行政机关政府信息公开的日常工作。

政府信息公开工作机构的具体职能是：

（一）办理本行政机关的政府信息公开事宜；

（二）维护和更新本行政机关公开的政府信息；

（三）组织编制本行政机关的政府信息公开指南、政府信息公开目录和政府信息公开工作年度报告；

（四）组织开展对拟公开政府信息的审查；

（五）本行政机关规定的与政府信息公开有关的其他职能。

第五条 行政机关公开政府信息，应当坚持以公开为常态、不公开为例外，遵循公正、公平、合法、便民的原则。

第六条 行政机关应当及时、准确地公开政府信息。

行政机关发现影响或者可能影响社会稳定、扰乱社会和经济管理秩序的虚假或者不完整信息的，应当发布准确的政府信息予以澄清。

第七条 各级人民政府应当积极推进政府信息公开工作，逐步增加政府信息公开的内容。

第八条 各级人民政府应当加强政府信息资源的规范化、标准化、信息化管理，加强互联网政府信息公开平台建设，推进政府信息公开平台与政务服务平台融合，提高政府信息公开在线办理水平。

第九条 公民、法人和其他组织有权对行政机关的政府信息公开工作进行监督，并提出批评和建议。

第二章 公开的主体和范围

第十条 行政机关制作的政府信息，由制作该政府信息的行政机关负责公开。行政机关从公民、法人和其他组织获取的政府信息，由保存该政府信息的行政机关负责公开；行政机关获取的其他行政机关的政府信息，由制作或者最初获取该政府信息的行政机关负责公开。法律、法规对政府信息公开的权限另有规定的，从其规定。

行政机关设立的派出机构、内设机构依照法律、法规对外以自己名义履行行政管理职能的，可以由该派出机构、内设机构负责与所履行行政管理职能有关的政府信息公开工作。

两个以上行政机关共同制作的政府信息，由牵头制作的行政机关负责公开。

第十一条　行政机关应当建立健全政府信息公开协调机制。行政机关公开政府信息涉及其他机关的，应当与有关机关协商、确认，保证行政机关公开的政府信息准确一致。

行政机关公开政府信息依照法律、行政法规和国家有关规定需要批准的，经批准予以公开。

第十二条　行政机关编制、公布的政府信息公开指南和政府信息公开目录应当及时更新。

政府信息公开指南包括政府信息的分类、编排体系、获取方式和政府信息公开工作机构的名称、办公地址、办公时间、联系电话、传真号码、互联网联系方式等内容。

政府信息公开目录包括政府信息的索引、名称、内容概述、生成日期等内容。

第十三条　除本条例第十四条、第十五条、第十六条规定的政府信息外，政府信息应当公开。

行政机关公开政府信息，采取主动公开和依申请公开的方式。

第十四条　依法确定为国家秘密的政府信息，法律、行政法规禁止公开的政府信息，以及公开后可能危及国家安全、公共安全、经济安全、社会稳定的政府信息，不予公开。

第十五条　涉及商业秘密、个人隐私等公开会对第三方合法权益造成损害的政府信息，行政机关不得公开。但是，第三方同意公开或者行政机关认为不公开会对公共利益造成重大影响的，予以公开。

第十六条　行政机关的内部事务信息，包括人事管理、后勤管理、内部工作流程等方面的信息，可以不予公开。

行政机关在履行行政管理职能过程中形成的讨论记录、过程稿、磋商信函、请示报告等过程性信息以及行政执法案卷信息，可以不予公开。法律、法规、规章规定上述信息应当公开的，从其规定。

第十七条 行政机关应当建立健全政府信息公开审查机制，明确审查的程序和责任。

行政机关应当依照《中华人民共和国保守国家秘密法》以及其他法律、法规和国家有关规定对拟公开的政府信息进行审查。

行政机关不能确定政府信息是否可以公开的，应当依照法律、法规和国家有关规定报有关主管部门或者保密行政管理部门确定。

第十八条 行政机关应当建立健全政府信息管理动态调整机制，对本行政机关不予公开的政府信息进行定期评估审查，对因情势变化可以公开的政府信息应当公开。

第三章 主动公开

第十九条 对涉及公众利益调整、需要公众广泛知晓或者需要公众参与决策的政府信息，行政机关应当主动公开。

第二十条 行政机关应当依照本条例第十九条的规定，主动公开本行政机关的下列政府信息：

（一）行政法规、规章和规范性文件；

（二）机关职能、机构设置、办公地址、办公时间、联系方式、负责人姓名；

（三）国民经济和社会发展规划、专项规划、区域规划及相关政策；

（四）国民经济和社会发展统计信息；

（五）办理行政许可和其他对外管理服务事项的依据、条件、程序以及办理结果；

（六）实施行政处罚、行政强制的依据、条件、程序以及本行政机关认为具有一定社会影响的行政处罚决定；

（七）财政预算、决算信息；

（八）行政事业性收费项目及其依据、标准；

（九）政府集中采购项目的目录、标准及实施情况；

（十）重大建设项目的批准和实施情况；

（十一）扶贫、教育、医疗、社会保障、促进就业等方面的政策、措施及其实施情况；

（十二）突发公共事件的应急预案、预警信息及应对情况；

（十三）环境保护、公共卫生、安全生产、食品药品、产品质量的监督检查情况；

（十四）公务员招考的职位、名额、报考条件等事项以及录用结果；

（十五）法律、法规、规章和国家有关规定规定应当主动公开的其他政府信息。

第二十一条 除本条例第二十条规定的政府信息外，设区的市级、县级人民政府及其部门还应当根据本地方的具体情况，主动公开涉及市政建设、公共服务、公益事业、土地征收、房屋征收、治安管理、社会救助等方面的政府信息；乡（镇）人民政府还应当根据本地方的具体情况，主动公开贯彻落实农业农村政策、农田水利工程建设运营、农村土地承包经营权流转、宅基地使用情况审核、土地征收、房屋征收、筹资筹劳、社会救助等方面的政府信息。

第二十二条 行政机关应当依照本条例第二十条、第二十一条的规定，确定主动公开政府信息的具体内容，并按照上级行政机关的部署，不断增加主动公开的内容。

第二十三条 行政机关应当建立健全政府信息发布机制，将主动公开的政府信息通过政府公报、政府网站或者其他互联网政务媒体、新闻发布会以及报刊、广播、电视等途径予以公开。

第二十四条 各级人民政府应当加强依托政府门户网站公开政府信息的工作，利用统一的政府信息公开平台集中发布主动公开的政府信息。政府信息公开平台应当具备信息检索、查阅、下载等功能。

第二十五条 各级人民政府应当在国家档案馆、公共图书馆、政务服务场所设置政府信息查阅场所，并配备相应的设施、设备，为公民、法人和其他组织获取政府信息提供便利。

行政机关可以根据需要设立公共查阅室、资料索取点、信息公告栏、电子信息屏等场所、设施，公开政府信息。

行政机关应当及时向国家档案馆、公共图书馆提供主动公开的政府信息。

第二十六条 属于主动公开范围的政府信息，应当自该政府信息形成或者变更之日起20个工作日内及时公开。法律、法规对政府信息公开的期限另有规定的，从其规定。

第四章 依申请公开

第二十七条 除行政机关主动公开的政府信息外，公民、法人或者其他组织可以向地方各级人民政府、对外以自己名义履行行政管理职能的县级以上人民政府部门（含本条例第十条第二款规定的派出机构、内设机构）申请获取相关政府信息。

第二十八条 本条例第二十七条规定的行政机关应当建立完善政府信息公开申请渠道，为申请人依法申请获取政府信息提供便利。

第二十九条 公民、法人或者其他组织申请获取政府信息的，应当向行政机关的政府信息公开工作机构提出，并采用包括信件、数据电文在内的书面形式；采用书面形式确有困难的，申请人可以口头提出，由受理该申请的政府信息公开工作机构代为填写政府信息公开申请。

政府信息公开申请应当包括下列内容：

（一）申请人的姓名或者名称、身份证明、联系方式；

（二）申请公开的政府信息的名称、文号或者便于行政机关查询的其他特征性描述；

（三）申请公开的政府信息的形式要求，包括获取信息的方式、途径。

第三十条　政府信息公开申请内容不明确的，行政机关应当给予指导和释明，并自收到申请之日起 7 个工作日内一次性告知申请人作出补正，说明需要补正的事项和合理的补正期限。答复期限自行政机关收到补正的申请之日起计算。申请人无正当理由逾期不补正的，视为放弃申请，行政机关不再处理该政府信息公开申请。

第三十一条　行政机关收到政府信息公开申请的时间，按照下列规定确定：

（一）申请人当面提交政府信息公开申请的，以提交之日为收到申请之日；

（二）申请人以邮寄方式提交政府信息公开申请的，以行政机关签收之日为收到申请之日；以平常信函等无需签收的邮寄方式提交政府信息公开申请的，政府信息公开工作机构应当于收到申请的当日与申请人确认，确认之日为收到申请之日；

（三）申请人通过互联网渠道或者政府信息公开工作机构的传真提交政府信息公开申请的，以双方确认之日为收到申请之日。

第三十二条　依申请公开的政府信息公开会损害第三方合法权益的，行政机关应当书面征求第三方的意见。第三方应当自收到征求意见书之日起 15 个工作日内提出意见。第三方逾期未提出意见的，由行政机关依照本条例的规定决定是否公开。第三方不同意公开且有合理理由的，行政机关不予公开。行政机关认为不公开可能对公共利益造成重大影响的，可以决定予以公开，并将决定公开的政府信息内容和理由书面告知第三方。

第三十三条 行政机关收到政府信息公开申请，能够当场答复的，应当当场予以答复。

行政机关不能当场答复的，应当自收到申请之日起20个工作日内予以答复；需要延长答复期限的，应当经政府信息公开工作机构负责人同意并告知申请人，延长的期限最长不得超过20个工作日。

行政机关征求第三方和其他机关意见所需时间不计算在前款规定的期限内。

第三十四条 申请公开的政府信息由两个以上行政机关共同制作的，牵头制作的行政机关收到政府信息公开申请后可以征求相关行政机关的意见，被征求意见机关应当自收到征求意见书之日起15个工作日内提出意见，逾期未提出意见的视为同意公开。

第三十五条 申请人申请公开政府信息的数量、频次明显超过合理范围，行政机关可以要求申请人说明理由。行政机关认为申请理由不合理的，告知申请人不予处理；行政机关认为申请理由合理，但是无法在本条例第三十三条规定的期限内答复申请人的，可以确定延迟答复的合理期限并告知申请人。

第三十六条 对政府信息公开申请，行政机关根据下列情况分别作出答复：

（一）所申请公开信息已经主动公开的，告知申请人获取该政府信息的方式、途径；

（二）所申请公开信息可以公开的，向申请人提供该政府信息，或者告知申请人获取该政府信息的方式、途径和时间；

（三）行政机关依据本条例的规定决定不予公开的，告知申请人不予公开并说明理由；

（四）经检索没有所申请公开信息的，告知申请人该政府信息不存在；

（五）所申请公开信息不属于本行政机关负责公开的，告知申请人并说明理由；能够确定负责公开该政府信息的行政机关的，告知申请人该行政机关的名称、联系方式；

（六）行政机关已就申请人提出的政府信息公开申请作出答复、申请人重复申请公开相同政府信息的，告知申请人不予重复处理；

（七）所申请公开信息属于工商、不动产登记资料等信息，有关法律、行政法规对信息的获取有特别规定的，告知申请人依照有关法律、行政法规的规定办理。

第三十七条 申请公开的信息中含有不应当公开或者不属于政府信息的内容，但是能够作区分处理的，行政机关应当向申请人提供可以公开的政府信息内容，并对不予公开的内容说明理由。

第三十八条 行政机关向申请人提供的信息，应当是已制作或者获取的政府信息。除依照本条例第三十七条的规定能够作区分处理的外，需要行政机关对现有政府信息进行加工、分析的，行政机关可以不予提供。

第三十九条 申请人以政府信息公开申请的形式进行信访、投诉、举报等活动，行政机关应当告知申请人不作为政府信息公开申请处理并可以告知通过相应渠道提出。

申请人提出的申请内容为要求行政机关提供政府公报、报刊、书籍等公开出版物的，行政机关可以告知获取的途径。

第四十条 行政机关依申请公开政府信息，应当根据申请人的要求及行政机关保存政府信息的实际情况，确定提供政府信息的具体形式；按照申请人要求的形式提供政府信息，可能危及政府信息载体安全或者公开成本过高的，可以通过电子数据以及其他适当形式提供，或者安排申请人查阅、抄录相关政府信息。

第四十一条 公民、法人或者其他组织有证据证明行政机关提供的与其自身相关的政府信息记录不准确的，可以要求行政机关更正。有权更正的行政机关审核属实的，应当予以更正并告知申请人；不属于本行政机关职能范围的，行政机关可以转送有权更正的行政机关处理并告知申请人，或者告知申请人向有权更正的行政机关提出。

第四十二条 行政机关依申请提供政府信息，不收取费用。但是，申请人申请公开政府信息的数量、频次明显超过合理范围的，行政机关可以收取信息处理费。

行政机关收取信息处理费的具体办法由国务院价格主管部门会同国务院财政部门、全国政府信息公开工作主管部门制定。

第四十三条 申请公开政府信息的公民存在阅读困难或者视听障碍的，行政机关应当为其提供必要的帮助。

第四十四条 多个申请人就相同政府信息向同一行政机关提出公开申请，且该政府信息属于可以公开的，行政机关可以纳入主动公开的范围。

对行政机关依申请公开的政府信息，申请人认为涉及公众利益调整、需要公众广泛知晓或者需要公众参与决策的，可以建议行政机关将该信息纳入主动公开的范围。行政机关经审核认为属于主动公开范围的，应当及时主动公开。

第四十五条 行政机关应当建立健全政府信息公开申请登记、审核、办理、答复、归档的工作制度，加强工作规范。

第五章 监督和保障

第四十六条 各级人民政府应当建立健全政府信息公开工作考核制度、社会评议制度和责任追究制度，定期对政府信息公开工作进行考核、评议。

第四十七条 政府信息公开工作主管部门应当加强对政府信息公开工作的日常指导和监督检查，对行政机关未按照要求开展政府信息公开工作的，予以督促整改或者通报批评；需要对负有责任的领导人员和直接责任人员追究责任的，依法向有权机关提出处理建议。

公民、法人或者其他组织认为行政机关未按照要求主动公开政府信息或者对政府信息公开申请不依法答复处理的，可以向政府信息公开工作主管部门提出。政府信息公开工作主管部门查证属实的，应当予以督促整改或者通报批评。

第四十八条 政府信息公开工作主管部门应当对行政机关的政府信息公开工作人员定期进行培训。

第四十九条 县级以上人民政府部门应当在每年 1 月 31 日前向本级政府信息公开工作主管部门提交本行政机关上一年度政府信息公开工作年度报告并向社会公布。

县级以上地方人民政府的政府信息公开工作主管部门应当在每年 3 月 31 日前向社会公布本级政府上一年度政府信息公开工作年度报告。

第五十条 政府信息公开工作年度报告应当包括下列内容：

（一）行政机关主动公开政府信息的情况；

（二）行政机关收到和处理政府信息公开申请的情况；

（三）因政府信息公开工作被申请行政复议、提起行政诉讼的情况；

（四）政府信息公开工作存在的主要问题及改进情况，各级人民政府的政府信息公开工作年度报告还应当包括工作考核、社会评议和责任追究结果情况；

（五）其他需要报告的事项。

全国政府信息公开工作主管部门应当公布政府信息公开工作年度

报告统一格式，并适时更新。

第五十一条 公民、法人或者其他组织认为行政机关在政府信息公开工作中侵犯其合法权益的，可以向上一级行政机关或者政府信息公开工作主管部门投诉、举报，也可以依法申请行政复议或者提起行政诉讼。

第五十二条 行政机关违反本条例的规定，未建立健全政府信息公开有关制度、机制的，由上一级行政机关责令改正；情节严重的，对负有责任的领导人员和直接责任人员依法给予处分。

第五十三条 行政机关违反本条例的规定，有下列情形之一的，由上一级行政机关责令改正；情节严重的，对负有责任的领导人员和直接责任人员依法给予处分；构成犯罪的，依法追究刑事责任：

（一）不依法履行政府信息公开职能；

（二）不及时更新公开的政府信息内容、政府信息公开指南和政府信息公开目录；

（三）违反本条例规定的其他情形。

第六章 附 则

第五十四条 法律、法规授权的具有管理公共事务职能的组织公开政府信息的活动，适用本条例。

第五十五条 教育、卫生健康、供水、供电、供气、供热、环境保护、公共交通等与人民群众利益密切相关的公共企事业单位，公开在提供社会公共服务过程中制作、获取的信息，依照相关法律、法规和国务院有关主管部门或者机构的规定执行。全国政府信息公开工作主管部门根据实际需要可以制定专门的规定。

前款规定的公共企事业单位未依照相关法律、法规和国务院有关主管部门或者机构的规定公开在提供社会公共服务过程中制作、获取的信息，公民、法人或者其他组织可以向有关主管部门或者机构申诉，接受申诉的部门或者机构应当及时调查处理并将处理结果告知申诉人。

第五十六条 本条例自2019年5月15日起施行。

最高人民法院关于审理政府信息公开行政案件若干问题的规定

（2010年12月13日最高人民法院审判委员会第1505次会议通过 2011年7月29日最高人民法院公告公布 自2011年8月13日起施行 法释〔2011〕17号）

为正确审理政府信息公开行政案件，根据《中华人民共和国行政诉讼法》、《中华人民共和国政府信息公开条例》等法律、行政法规的规定，结合行政审判实际，制定本规定。

第一条 公民、法人或者其他组织认为下列政府信息公开工作中的具体行政行为侵犯其合法权益，依法提起行政诉讼的，人民法院应当受理：

（一）向行政机关申请获取政府信息，行政机关拒绝提供或者逾期不予答复的；

（二）认为行政机关提供的政府信息不符合其在申请中要求的内容或者法律、法规规定的适当形式的；

（三）认为行政机关主动公开或者依他人申请公开政府信息侵犯其商业秘密、个人隐私的；

（四）认为行政机关提供的与其自身相关的政府信息记录不准确，要求该行政机关予以更正，该行政机关拒绝更正、逾期不予答复或者不予转送有权机关处理的；

（五）认为行政机关在政府信息公开工作中的其他具体行政行为侵犯其合法权益的。

公民、法人或者其他组织认为政府信息公开行政行为侵犯其合法权益造成损害的，可以一并或单独提起行政赔偿诉讼。

第二条 公民、法人或者其他组织对下列行为不服提起行政诉讼的，人民法院不予受理：

（一）因申请内容不明确，行政机关要求申请人作出更改、补充且对申请人权利义务不产生实际影响的告知行为；

（二）要求行政机关提供政府公报、报纸、杂志、书籍等公开出版物，行政机关予以拒绝的；

（三）要求行政机关为其制作、搜集政府信息，或者对若干政府信息进行汇总、分析、加工，行政机关予以拒绝的；

（四）行政程序中的当事人、利害关系人以政府信息公开名义申请查阅案卷材料，行政机关告知其应当按照相关法律、法规的规定办理的。

第三条 公民、法人或者其他组织认为行政机关不依法履行主动公开政府信息义务，直接向人民法院提起诉讼的，应当告知其先向行政机关申请获取相关政府信息。对行政机关的答复或者逾期不予答复不服的，可以向人民法院提起诉讼。

第四条 公民、法人或者其他组织对国务院部门、地方各级人民政府及县级以上地方人民政府部门依申请公开政府信息行政行为不服提起诉讼的，以作出答复的机关为被告；逾期未作出答复的，以受理申请的机关为被告。

公民、法人或者其他组织对主动公开政府信息行政行为不服提起诉讼的，以公开该政府信息的机关为被告。

公民、法人或者其他组织对法律、法规授权的具有管理公共事务职能的组织公开政府信息的行为不服提起诉讼的，以该组织为被告。

有下列情形之一的，应当以在对外发生法律效力的文书上署名的机关为被告：

（一）政府信息公开与否的答复依法报经有权机关批准的；

（二）政府信息是否可以公开系由国家保密行政管理部门或者省、自治区、直辖市保密行政管理部门确定的；

（三）行政机关在公开政府信息前与有关行政机关进行沟通、确认的。

第五条 被告拒绝向原告提供政府信息的，应当对拒绝的根据以及履行法定告知和说明理由义务的情况举证。

因公共利益决定公开涉及商业秘密、个人隐私政府信息的，被告应当对认定公共利益以及不公开可能对公共利益造成重大影响的理由进行举证和说明。

被告拒绝更正与原告相关的政府信息记录的，应当对拒绝的理由进行举证和说明。

被告能够证明政府信息涉及国家秘密，请求在诉讼中不予提交的，人民法院应当准许。

被告主张政府信息不存在，原告能够提供该政府信息系由被告制作或者保存的相关线索的，可以申请人民法院调取证据。

被告以政府信息与申请人自身生产、生活、科研等特殊需要无关为由不予提供的，人民法院可以要求原告对特殊需要事由作出说明。

原告起诉被告拒绝更正政府信息记录的，应当提供其向被告提出过更正申请以及政府信息与其自身相关且记录不准确的事实根据。

第六条 人民法院审理政府信息公开行政案件，应当视情采取适当的审理方式，以避免泄露涉及国家秘密、商业秘密、个人隐私或者法律规定的其他应当保密的政府信息。

第七条 政府信息由被告的档案机构或者档案工作人员保管的，适用《中华人民共和国政府信息公开条例》的规定。

政府信息已经移交各级国家档案馆的，依照有关档案管理的法律、行政法规和国家有关规定执行。

第八条　政府信息涉及国家秘密、商业秘密、个人隐私的，人民法院应当认定属于不予公开范围。

政府信息涉及商业秘密、个人隐私，但权利人同意公开，或者不公开可能对公共利益造成重大影响的，不受前款规定的限制。

第九条　被告对依法应当公开的政府信息拒绝或者部分拒绝公开的，人民法院应当撤销或者部分撤销被诉不予公开决定，并判决被告在一定期限内公开。尚需被告调查、裁量的，判决其在一定期限内重新答复。

被告提供的政府信息不符合申请人要求的内容或者法律、法规规定的适当形式的，人民法院应当判决被告按照申请人要求的内容或者法律、法规规定的适当形式提供。

人民法院经审理认为被告不予公开的政府信息内容可以作区分处理的，应当判决被告限期公开可以公开的内容。

被告依法应当更正而不更正与原告相关的政府信息记录的，人民法院应当判决被告在一定期限内更正。尚需被告调查、裁量的，判决其在一定期限内重新答复。被告无权更正的，判决其转送有权更正的行政机关处理。

第十条　被告对原告要求公开或者更正政府信息的申请无正当理由逾期不予答复的，人民法院应当判决被告在一定期限内答复。原告一并请求判决被告公开或者更正政府信息且理由成立的，参照第九条的规定处理。

第十一条　被告公开政府信息涉及原告商业秘密、个人隐私且不存在公共利益等法定事由的，人民法院应当判决确认公开政府信息的行为违法，并可以责令被告采取相应的补救措施；造成损害的，根据原告请求依法判决被告承担赔偿责任。政府信息尚未公开的，应当判决行政机关不得公开。

诉讼期间，原告申请停止公开涉及其商业秘密、个人隐私的政府信息，人民法院经审查认为公开该政府信息会造成难以弥补的损失，并且停止公开不损害公共利益的，可以依照《中华人民共和国行政诉讼法》第四十四条的规定，裁定暂时停止公开。

第十二条 有下列情形之一，被告已经履行法定告知或者说明理由义务的，人民法院应当判决驳回原告的诉讼请求：

（一）不属于政府信息、政府信息不存在、依法属于不予公开范围或者依法不属于被告公开的；

（二）申请公开的政府信息已经向公众公开，被告已经告知申请人获取该政府信息的方式和途径的；

（三）起诉被告逾期不予答复，理由不成立的；

（四）以政府信息侵犯其商业秘密、个人隐私为由反对公开，理由不成立的；

（五）要求被告更正与其自身相关的政府信息记录，理由不成立的；

（六）不能合理说明申请获取政府信息系根据自身生产、生活、科研等特殊需要，且被告据此不予提供的；

（七）无法按照申请人要求的形式提供政府信息，且被告已通过安排申请人查阅相关资料、提供复制件或者其他适当形式提供的；

（八）其他应当判决驳回诉讼请求的情形。

第十三条 最高人民法院以前所作的司法解释及规范性文件，凡与本规定不一致的，按本规定执行。

后 记

13 年政府信息公开，给我们带来了什么？

2020 年春节，我开始写作这本信息公开的工具书。《中华人民共和国政府信息公开条例》自 2007 年 4 月 5 日由第 492 号令公布，到 2020 年已经 13 年了，2019 年国务院对条例进行了修订。

作为一名政府法律人，一名政府信息公开的实践者、研习者，复议案件的审理者和行政诉讼的被告机关代理人，想起这 13 年关于政府信息公开的点点滴滴，真是感慨不已。政府信息公开条例施行 13 年，给我们带来了什么？

一是给政府带来了越来越多的阳光。作为中国的阳光法案，这部政府信息公开条例被全社会寄予厚望。13 年来，以“以公开为常态以不公开为例外”的政府信息公开格局逐步打开，这一理念已经深入到人民群众的心里。

二是给政府带来了越来越多的法治。法治国家、法治政府、法治社会三位一体正在全力推进。政府信息公开工作已经在法治的轨道上前行。尽管我们前进的道路上或许有曲折或许有徘徊，但法治的车轮永远滚滚向前。

三是给老百姓带来了维权利器。许多群众以信息公开为切入点，将信息公开作为维护自己权利的肇始和启动阀。通过信息公开，倒逼政府的法治建设，成为促进政府依法行政的推动者和实践者。当然，不可避免，也带来了一批职业申请人，他们动辄一次几十上百甚至上千的信息公开申请增加了行政成本，加重了本来已经忙碌不已的政府机关的工作负担。

这 13 年，我不知道为信息公开付出了多少精力。

苦。相信没有从事过政府信息公开工作的人都很奇怪，不就是公开政府信息吗，还苦什么苦？前段时间，为我的两位老朋友的信息公开（质政函），竟然愁得我一夜未睡，然后去广州请专家咨询，最终作出了个“我府没有此法定职责”的答复，为许多人所耻笑。

辣。我们的政府信息公开处理说来无非就是四件事：是不是，有没有，给不给，怎么给。是不是政府信息公开条例第二条所称的政府信息，这个信息有没有制作或者保存，要不要给申请人公开，不公开的理由是什么，是否正当，以怎样的方式给申请人，是邮寄还是面给，是网址还是纸面。

酸。面对近 13 年来的行政诉讼，原告还是那个原告，被告代理人还是我，不同的是法官在变化。

甜。尽管这项工作不易，尤其是许多人都分不清政务公开和信息公开。但曾作为政府法制人，我仍然对自己的工作表示肯定，因为“以公开为常态以不公开为例外”已经成了基层公务员的常识。现如今，在公务员的心目中已经有了政府信息公开的基本知识。信息公开最终落脚不在于公开了多少，不在于自吹自擂，也不在于个别人的非分利益是否满足，而更多在于群众的获得感和认同感。

林花谢了春红，太匆匆！无奈朝来寒雨晚来风。信息公开，真是怎一个难字了得。于是，借着春节，我编了这本工具书，一方面让基层信息公开工作者作为案头书，方便查阅；另一方面是对自己 13 年的政府信息公开答复、审理、诉讼代理工作进行一个总结。也算是不负人生，不负韶华。

是为后记。

王学堂

2021 年 7 月

图书在版编目（CIP）数据

政府信息公开一本通／王学堂编著．—北京：中国法制出版社，2021.7

ISBN 978－7－5216－1890－7

Ⅰ.①政… Ⅱ.①王… Ⅲ.①国家行政机关－信息管理－案例－中国 Ⅳ.①D630.1

中国版本图书馆 CIP 数据核字（2021）第 095965 号

责任编辑：谢　雯　　　封面设计：周黎明

政府信息公开一本通

ZHENGFU XINXI GONGKAI YIBENTONG

编著/王学堂

经销/新华书店

印刷/三河市国英印务有限公司

开本/880 毫米×1230 毫米　32 开　　　印张/17.5　字数/432 千

版次/2021 年 7 月第 1 版　　　2021 年 7 月第 1 次印刷

中国法制出版社出版

书号 ISBN 978－7－5216－1890－7　　　定价：69.00 元

北京西单横二条 2 号

邮政编码 100031　　　传真：010－66031119

网址：http：//www.zgfzs.com　　　**编辑部电话：010－63141792**

市场营销部电话：010－66033393　　　**邮购部电话：010－66033288**

（如有印装质量问题，请与本社印务部联系调换。电话：010－66032926）